OS SÍMBOLOS DA CIÊNCIA SAGRADA

RENÉ GUÉNON

OS SÍMBOLOS DA CIÊNCIA SAGRADA

Tradução de
J. CONSTANTINO KAIRALLA RIEMMA

EDITORA PENSAMENTO
SÃO PAULO

Título do original:
SYMBOLES FONDAMENTAUX DE LA SCIENCE SACRÉE

Edição	Ano
2-3-4-5-6-7-8-9	89-90-91-92-93

Direitos de tradução reservados para o Brasil pela
EDITORA PENSAMENTO
Rua Dr. Mário Vicente, 374 – 04270 São Paulo, SP – fone 63-3141

Impresso em nossas
oficinas gráficas.

SUMÁRIO

O SIMBOLISMO TRADICIONAL E ALGUMAS DE SUAS APLICAÇÕES GERAIS

SÍMBOLOS DO CENTRO E DO MUNDO

SÍMBOLOS DA MANIFESTAÇÃO CÍCLICA

ALGUMAS ARMAS SIMBÓLICAS

SIMBOLISMO DA FORMA CÓSMICA

SIMBOLISMO CONSTRUTIVO

SIMBOLISMO AXIAL E SIMBOLISMO DA PASSAGEM

SIMBOLISMO DO CORAÇÃO

APRESENTAÇÃO

O presente volume reúne todos os artigos de René Guénon que tratam especificamente dos símbolos tradicionais e que não foram reelaborados pelo Autor em reapresentações posteriores em suas próprias obras.

Com exceção do texto *Sayful-Islam*, que apareceu nos *Cahiers du Sud*, todos os outros foram publicados na revista católica *Regnabit* e em *Le Voile d'Isis* que, a partir de 1936, passou a se chamar *Études Traditionelles*.

As datas de publicação vêm indicadas em notas de rodapé.

O SIMBOLISMO TRADICIONAL
E ALGUMAS DE SUAS APLICAÇÕES GERAIS

1
A REFORMA DA MENTALIDADE MODERNA*

A civilização moderna aparece na história como uma verdadeira anomalia: de todas que conhecemos, é a única que se desenvolveu num sentido puramente material, e também a única que não se apóia em qualquer princípio de ordem superior. Este desenvolvimento material, que vem já de vários séculos, e que se vai acelerando cada vez mais, tem sido acompanhado de uma regressão intelectual totalmente incapaz de ser compensada. Trata-se, aqui, bem entendido, da verdadeira e pura intelectualidade, que se poderia também denominar espiritualidade, qualificação esta que nos recusamos atribuir àquilo que os modernos têm-se aplicado de um modo particular: o cultivo das ciências experimentais, em vista das aplicações práticas que delas podem decorrer. Um único exemplo permitiria medir a extensão dessa regressão: a *Suma Teológica* de Santo Tomás de Aquino era, em seu tempo, um manual para uso dos estudantes; onde estão hoje os estudantes capazes de aprofundá-lo e assimilá-lo?

O declínio não ocorreu de modo súbito: poderíamos seguir suas etapas através da filosofia moderna. Foi a perda ou o esquecimento da verdadeira intelectualidade que tornou possível dois erros que se opõem apenas na aparência, mas que são, na realidade, correlativos e complementares: o racionalismo e o sentimentalismo. Desde que se passou a negar ou a ignorar todo conhecimento puramente intelectual, como se fez a partir de Descartes, devia-se chegar, de um lado, ao positivismo, ao agnosticismo e a todas as aberrações do "cientismo", e, de outro lado, a todas as teorias contemporâneas que, não se contentando com o que a razão pode dar, buscam outra coisa, mas pela veia do sentimento e do instinto, isto é, abaixo da razão e

* Publicado na revista *Regnabit*, jun. 1926.

não acima, e chegam, como William James, por exemplo, a ver na subsconsciência o meio pelo qual o homem pode entrar em comunicação com o Divino. A noção da verdade, após ter sido rebaixada a nada mais que uma simples representação da realidade sensível, é por fim identificada, pelo pragmatismo, à utilidade, o que significa suprimi-la pura e simplesmente. Com efeito, que interesse poderia ter a verdade num mundo em que as aspirações são apenas materiais e sentimentais?

Não é possível desenvolver aqui todas as conseqüências desse estado de coisas. Vamos limitar-nos a indicar algumas, dentre as que se referem mais em particular ao ponto de vista religioso. É de notar, em primeiro lugar, que o desprezo e a repulsa que outros povos, os orientais em especial, experimentam em relação aos ocidentais, resultam em grande parte de que estes lhes parecem, em geral, como homens sem tradição, sem religião, o que é a seus olhos uma verdadeira monstruosidade. Um oriental não pode admitir uma organização social que não repouse sobre princípios tradicionais. Para um muçulmano, por exemplo, toda legislação nada mais é que uma simples dependência da religião. Em outros tempos acontecia o mesmo no Ocidente; que se reflita sobre o que foi a Cristandade na Idade Média. Hoje, porém, as relações estão invertidas. De fato, encara-se agora a religião como um simples fato social; em vez de a ordem social, como um todo, estar ligada à religião, esta, ao contrário, quando se consente ainda em lhe dar um lugar, é olhada tão-somente como um dentre os elementos que constituem a ordem social. E quantos católicos – pobres de nós! – aceitam esse modo de ver sem a menor dificuldade! Já é tempo de reagir contra essa tendência, e, a esse respeito, a afirmação do Reino social de Cristo é uma manifestação particularmente oportuna; mas, para torná-la uma realidade, toda mentalidade atual precisa ser reformada.

Convém não dissimular que mesmo aqueles que crêem com sinceridade ser religiosos possam ter, na realidade, e na maioria dos casos, uma idéia eficaz da religião; esta quase não tem influência efetiva sobre o seu pensamento, nem sobre o seu modo de agir, estando como que separada do resto de sua existência. Praticamente, crentes e incrédulos comportam-se quase da mesma maneira. Para muitos católicos, a afirmação do sobrenatural tem só um valor teórico, e ficariam muito pouco à vontade se tivessem que constatar um fato milagroso. É o que se poderia chamar de materialismo prático, de materialismo de fato; não seria este mais perigoso ainda que o materialismo reconhecido, precisamente porque os atingidos por ele não têm mesmo consciência disso?

Por outro lado, para a maioria das pessoas, a religião é apenas um assunto de sentimento, sem qualquer alcance intelectual. Confunde-se a religião com uma vaga religiosidade, reduzindo-a a uma moral. Diminui-se o mais possível o lugar da doutrina, que é entretanto o essencial, e da qual todo o restante nada mais deve ser, logicamente, que uma conseqüência. Sob esse ponto de vista, o protestantismo, que acabou por se tornar um moralismo puro e simples, é muito representativo das tendências do espírito moderno. Cometeríamos, porém, grande injustiça se acreditássemos que o próprio catolicismo não tenha sido afetado por essas mesmas tendências, não em seus princípios, certamente, mas na forma pela qual é apresentado habitualmente. A pretexto de torná-lo aceitável à mentalidade atual, fizeram-se deploráveis concessões, encorajando-se, assim, o que, ao contrário, seria preciso combater com energia. Não vamos insistir sobre a cegueira daqueles que, a pretexto da "tolerância", tornaram-se cúmplices inconscientes de verdadeiras contrafacções da religião, cujas intenções ocultas estão longe de suspeitar. Assinalemos apenas de passagem, a esse respeito, o freqüente e deplorável abuso da própria palavra "religião", empregada a todo instante em expressões como "religião da pátria", "religião da ciência", "religião do dever". Não se trata de simples descuidos de linguagem, mas sim de sintomas da confusão que reina por toda parte do mundo moderno, pois a linguagem, em suma, representa fielmente o estado de espírito vigente, e tais expressões são incompatíveis com o verdadeiro sentido religioso.

Mas, chegando ao que há de mais essencial, falaremos do enfraquecimento do ensino doutrinário, quase por inteiro substituído por vagas considerações morais e sentimentais que, talvez,agradem muito a alguns, mas, ao mesmo tempo, repelem e afastam aqueles que têm aspirações de ordem intelectual, e que, apesar de tudo, ainda existem em nossa época. A prova disso é que um certo número de pessoas, muito maior do que se poderia pensar, deplora tal ausência de doutrina; e vemos como sinal favorável, apesar das aparências, o fato de que, de diversos lados, as pessoas parecem dar-se conta disso muito mais nos dias atuais do que há alguns anos. Não há razão para sustentar-se, como temos ouvido freqüentemente, que ninguém compreenderia uma exposição de doutrina pura; em primeiro lugar, por que motivo querer sempre se manter em nível inferior, a pretexto de que é o da maioria, como se fosse necessário considerar antes a quantidade que a qualidade? Não será isso uma conseqüência do espírito democrático, que é dos aspectos característicos da mentalidade moderna? Por outro lado, deve-se realmente acreditar que tantas pessoas seriam incapazes de compreender, caso tivessem sido habituadas a um ensinamento doutrinário? Não se deveria pensar também que mesmo aqueles que não compreendessem tudo, poderiam, apesar disso, obter um certo benefício, talvez muito maior do que se possa supor?

Mas o que constitui, sem dúvida, o obstáculo mais grave é uma espécie de desconfiança que se manifesta em muitos meios católicos, e mesmo eclesiásticos, em relação à intelectualidade em geral; dizemos ser o mais grave, porque é um sinal de incompreensão até mesmo entre aqueles que têm por incumbência a tarefa do ensino. Foram de tal forma contagiados pelo espírito moderno a ponto de não mais saberem, do mesmo modo que os filosófos a que nos referimos há pouco, o que é a verdadeira intelectualidade, a ponto de confundirem, às vezes, intelectualismo com racionalismo, fazendo, assim, involuntariamente o jogo dos adversários. Pensamos, em especial, que o importante, antes de tudo, é restaurar a verdadeira intelectualidade e, com ela, o sentido da doutrina e da tradição. É tempo de mostrar que a religião não se reduz apenas a uma devoção sentimental, a preceitos morais ou a consolações para uso de espíritos enfraquecidos pelo sofrimento, mas que se pode nela encontrar o "alimento sólido" de que fala São Paulo na *Epístola aos Hebreus*.

Sabemos que isso encontra a oposição de certos hábitos adquiridos e de difícil abandono; contudo, não se trata de inovar, longe disso, mas, sim, ao contrário, de retornar à tradição de que nos afastamos e reencontrar o que deixamos se perder. Não seria isso preferível a fazer as mais injustificáveis concessões ao espírito moderno, como, por exemplo, as que encontramos em tantos tratados de apologética, que se esforçam em conciliar o dogma com tudo o que há de mais hipotético e de menos fundamentado na ciência atual, sob o risco de ter de recolocar tudo em questão a cada vez que tais teorias, auto-intituladas científicas, vierem a ser substituídas por outras? Seria, no entanto, muito fácil mostrar que a religião e a ciência não podem realmente entrar em conflito, pela simples razão de que não se aplicam ao mesmo domínio. Como não ver o perigo que há em se buscar, para a doutrina das verdades imutáveis e eternas, um ponto de apoio no que há de mais cambiante e incerto? E o que não pensarmos então de certos teólogos católicos afetados pelo espírito do "cientismo" a ponto de se acreditarem obrigados a levar em conta, num grau mais ou menos extenso, os resultados da exegese moderna e da "crítica de textos", quando seria tão fácil, sob a condição de se ter uma base doutrinária bastante segura, evidenciar a inutilidade daqueles resultados? Como não se perceber que a pretensa "ciência das religiões", tal como é ensinada nos meios universitários, apenas tem sido, na realidade, uma máquina de guerra dirigida contra a religião e, de modo geral, contra tudo o que pode ainda subsistir do espírito tradicional, que se encontra sob a mira daqueles que dirigem o mundo moderno num sentido que só pode terminar em catástrofe?

Haveria muito o que dizer sobre isso tudo, mas quisemos apenas indicar sumariamente alguns dos pontos nos quais uma reforma se faz necessária e urgente.

Gostaríamos de concluir lançando uma questão que nos interessa muito em especial: por que há tanta hostilidade, mais ou menos declarada, em relação ao simbolismo? Seguramente, porque há nele um modo de expressão que se tornou inteiramente estranho à mentalidade moderna, e porque o homem está acostumado a suspeitar do que não compreende. O simbolismo é o meio melhor adaptado ao ensino das verdades de ordem superior, religiosas e metafísicas, ou seja, de tudo o que é repelido ou descuidado pelo espírito moderno. O simbolismo é inteiramente o oposto do que convém ao racionalismo, e todos os seus adversários comportam-se, por certo sem o saber, como verdadeiros racionalistas. De nossa parte, pensamos que, se o simbolismo é hoje incompreendido, esta é uma razão a mais para insistirmos sobre ele, expondo, de modo tão completo quanto possível, o significado real dos símbolos tradicionais, restituindo-lhes todo seu alcance intelectual, ao invés de fazê-lo um simples tema de algumas exortações sentimentais, caso em que, no entanto, o uso do simbolismo é coisa inteiramente inútil.

A reforma da mentalidade moderna, com tudo o que ela implica – restauração da verdadeira intelectualidade e da tradição doutrinária, que para nós não estão separadas –, é por certo uma tarefa considerável. Mas seria isso uma razão para não empreendê-la? Parece-nos, ao contrário, que tal tarefa se constitui numa das mais elevadas e importantes que se poderiam propor à atividade de uma sociedade como a da Irradiação Intelectual do Sagrado Coração, ainda mais porque todos os esforços realizados nesse sentido serão necessariamente orientados para o Coração do Verbo encarnado, Sol Espiritual e Centro do Mundo, "no qual estão ocultos todos os tesouros da sabedoria e da ciência", não dessa vã ciência profana, que é a única conhecida da maioria de nossos contemporâneos, mas da verdadeira ciência sagrada, que abre, a todos aqueles que a estudam convenientemente, horizontes insuspeitados e verdadeiramente ilimitados.

2

O VERBO COMO SÍMBOLO*

Já tivemos ocasião de falar da importância da forma simbólica na transmissão dos ensinamentos doutrinários de ordem tradicional. Voltamos ao assunto para expor algumas particularidades complementares e mostrar, de modo ainda mais explícito, os diferentes pontos de vista sob os quais pode ser considerado.

Em primeiro lugar, o simbolismo nos parece especialmente adaptado às exigências da natureza humana, que não é puramente intelectual e tem necessidade de uma base sensível para elevar-se às esferas superiores. É preciso tomar o composto humano tal como é, ao mesmo tempo uno e múltiplo em sua complexidade real, fato esse que se tem grande tendência a esquecer, desde que Descartes pretendeu estabelecer uma separação radical e absoluta entre a alma e o corpo. Para uma inteligência pura, seguramente, nenhuma forma exterior, nenhuma expressão, é requerida para compreender a verdade, nem mesmo para comunicá-la a outras inteligências puras, na medida em que forem comunicáveis. Mas o mesmo não acontece com o homem. No fundo, toda expressão, toda formulação, seja qual for, é um símbolo do pensamento traduzido exteriormente. Nesse sentido, a própria linguagem nada mais é que um simbolismo. Conseqüentemente, não deve haver oposição entre o emprego de palavras e de símbolos figurativos. Esses dois modos de expressão seriam antes complementares (aliás, eles podem combinar-se, já que a escrita é primitivamente ideográfica e, às vezes, como na China, conservou esse caráter). De um modo geral, a forma da linguagem é analítica, "discursiva", como a razão humana, da qual é o instrumento próprio, seguindo ou reproduzindo seu desenrolar, tão exatamente quanto

* Publicado na revista *Regnabit*, jan. 1926.

possível. O símbolo propriamente dito, ao contrário, é essencialmente sintético e, por isso mesmo, "intuitivo" de um certo modo, o que o torna mais apto que a linguagem para servir de ponto de apoio à "intuição intelectual", que está acima da razão e não deve ser confundida com a intuição inferior, à qual recorrem diversos filósofos contemporâneos. Portanto, se não nos contentarmos em constatar uma diferença e se quisermos falar de superioridade, esta estaria, apesar do que pretendem alguns, com o simbolismo sintético, que abre possibilidades de concepção verdadeiramente ilimitadas, enquanto que a linguagem, com significações mais definidas e mais determinadas, impõe sempre limites mais ou menos estreitos ao entendimento.

Que não se vá dizer, portanto, que a forma simbólica só é boa para o vulgar; o contrário é que seria verdade; ou, melhor ainda, ela é boa para todos, pois ajuda a compreender, de modo mais ou menos completo e mais ou menos profundo, a verdade que representa, na medida das possibilidades intelectuais próprias de cada um. É assim que as mais altas verdades, que não seriam de modo algum comunicáveis ou transmissíveis por qualquer outro meio, tornam-se acessíveis até certo ponto, desde que sejam, se pudermos assim dizer, incorporada aos símbolos, que as dissimularão sem dúvida a muitos, mas que as manifestarão em todo seu resplendor aos olhos daqueles que sabem ver.

Isso quer dizer, então, que o uso do simbolismo é uma necessidade? Aqui, é preciso estabelecer uma distinção: em si e de modo absoluto, nenhuma forma exterior é necessária; todas são de igual modo contingentes e acidentais em relação ao que expressam ou representam. É assim que, de acordo com o ensinamento dos hindus, uma figura qualquer; por exemplo, uma estátua que simboliza algum aspecto da Divindade, só deve ser considerada como um "suporte", um ponto de apoio para a meditação; trata-se, pois, de um simples "auxiliar" e nada mais. Um texto védico oferece a esse respeito uma comparação que esclarece perfeitamente o papel dos símbolos e das formas exteriores em geral: tais formas são como o cavalo que permite ao homem concluir mais rápido uma viagem e com muito menos esforço do que se tivesse que empreendê-la através de seus próprios recursos. Sem dúvida, se esse homem não tivesse um cavalo à sua disposição, poderia apesar de tudo alcançar o seu objetivo, mas quão maior não seria a dificuldade! Se ele pode servir-se de um cavalo, seria um grande contra-senso recusá-lo, a pretexto de ser mais digno não recorrer a qualquer ajuda. Não será assim, precisamente, que agem os detratores do simbolismo? Além disso, se a viagem for longa e penosa, mesmo que não haja uma impossibilidade absoluta de se fazê-la a pé, pode ocorrer uma verdadeira impossibilidade prática de se chegar à meta. O mesmo se passa com os ritos e os símbolos: eles não são necessários por causa de uma necessidade absoluta, mas sim, de algum modo, por necessidade de conveniência, face às condições da natureza humana.

Mas não basta considerar o simbolismo pelo lado humano, como fizemos até aqui. Convém, para descobrirmos, todo o seu alcance, considerá-lo também pelo lado divino, se for lícito assim dizer. Já que se constata que o simbolismo tem seu fundamento na própria natureza dos seres e das coisas, que está em perfeita conformidade com as leis dessa natureza, e se já refletimos sobre o fato de que as leis naturais nada mais são que uma expressão e uma exteriorização da Vontade divina, isso tudo não nos autorizaria a afirmar que o simbolismo tem origem "não-humana", como dizem os hindus, ou, em outros termos, que seu princípio origina-se além e acima da humanidade?

Não é sem razão que se podem lembrar, a propósito do simbolismo, as primeiras palavras do Evangelho de São João: "No princípio era o Verbo." O Verbo, o *Logos,* é, ao mesmo tempo, Pensamento e Palavra: em si, Ele é o Intelecto divino, o "lugar dos possíveis". Em relação a nós, Ele se manifesta e se exprime pela Criação, na qual se realizam, na existência atual, alguns desses possíveis que, enquanto essências, estão contidas Nele desde toda eternidade. A Criação é obra do Verbo. Ela é também, por isso mesmo, sua manifestação, sua afirmação exterior. Por isso, o mundo é como uma linguagem divina àqueles que sabem compreendê-la: *Caeli enarrant gloriam Dei* (Salmos 19, 2). Desse modo, o filósofo Berkeley estava certo ao afirmar que o mundo é "a linguagem que o Espírito infinito fala aos espíritos finitos", todavia, não tinha razão ao acreditar que essa linguagem é apenas um conjunto de sinais arbitrários, já que, na realidade, nada existe de arbitrário, mesmo na linguagem humana, onde toda significação deve ter na origem, seu fundamento em alguma conveniência ou harmonia natural entre o signo e a coisa significada. Por ter Adão recebido de Deus o conhecimento da natureza de todos os seres vivos é que pôde dar-lhes os nomes (*Gênesis* 2, 19-20). Todas as tradições antigas concordam ao ensinar que o verdadeiro nome de um ser estabelece uma unidade com sua natureza ou sua própria essência.

Se o Verbo é Pensamento no interior e Palavra no exterior, e se o mundo é o efeito da Palavra divina proferida na origem dos tempos, a natureza toda pode ser tomada como um símbolo da realidade sobrenatural. Tudo o que existe, sob qualquer forma que seja, por ter seu princípio no Intelecto divino, traduz ou representa esse princípio à sua maneira e segundo sua ordem de existência. Assim, de uma ordem à outra, todas as coisas se encadeiam e se correspondem, concorrendo para a harmonia universal e total, que é como um reflexo da própria Unidade divina. Essa correspondência é o verdadeiro fundamento do simbolismo e é por isso que as leis de um domínio podem ser tomadas para simbolizar realidades de uma ordem superior, na qual têm sua razão profunda, o que constitui, ao mesmo tempo, seu princípio e fim. Assinalemos, nesta oportunidade, o erro das modernas interpretações "naturalistas" a propósito das antigas doutrinas tradicionais, interpretações essas que invertem, pura e simplesmente, a hierarquia das relações entre as diferentes ordens de realidades. Por exemplo: os símbolos ou os mitos jamais tiveram a função de representar o movimento dos astros; a verdade é que se encontram muitas vezes figuras inspiradas nesse movimentos, mas destinadas a exprimir de modo analógico alguma outra coisa, pois as leis do movimento dos astros traduzem fisicamente os princípios metafísicos dos quais elas dependem. O inferior pode simbolizar o superior, mas o inverso é impossível. Além disso, se o símbolo não estiver mais próximo da ordem sensível, como poderá cumprir a função a que se destina? Na natureza, o sensível pode simbolizar o supra-sensível, e toda ordem natural, por sua vez, pode ser um símbolo da ordem divina. E, justamente por isso, se considerarmos o homem em especial, não seria legítimo dizer que ele é também um símbolo, já que foi "criado à imagem de Deus" (Gênesis, 1, 26-27)? Acrescentemos, ainda, que a natureza apenas adquire toda sua significação quando é considerada como provedora de um meio para nos elevar ao conhecimento das verdades divinas, o que também é, precisamente, o papel essencial que reconhecemos para o simbolismo.[1]

Essas considerações poderiam ser desenvolvidas quase que indefinidamente. Preferimos, no entanto, deixar a cada um o cuidado de empreender tal desenvolvimento, através do esforço de reflexão pessoal, pois nada poderia ser mais proveitoso. Tal como os símbolos que estamos estudando, estas notas devem ser apenas um ponto de partida à meditação. As palavras, além disso, só de forma muito imperfeita podem traduzir o que estamos tratando. No entanto, existe ainda um aspecto da questão, e não dos menos importantes, que tentaremos fazer com que seja compreendido ou, pelo menos, pressentido por uma breve indicação.

1. Talvez seja útil observar que esse ponto de vista, de acordo com o qual a natureza é considerada como um símbolo do sobrenatural, não é de modo algum novo, e que, ao contrário, foi de uso corrente na Idade Média, principalmente pela escola franciscana e, em particular, por São Boaventura. Notemos também que a analogia, no sentido tomista dessa palavra, que permite remontar ao conhecimento de Deus a partir do conhecimento das criaturas, nada mais é que um modo de expressão simbólica baseado na correspondência entre a ordem natural e a sobrenatural.

O Verbo Divino, dizíamos, exprime-se na Criação. E isso é comparável, analogicamente e guardadas as devidas proporções, ao pensamento expresso mediante formas (não cabe mais aqui fazer uma distinção entre a linguagem e os símbolos propriamente ditos) que o velam e o manifestam ao mesmo tempo. A Revelação primordial, obra do Verbo, do mesmo modo que a Criação, incorpora-se, por assim dizer, nos símbolos transmitidos através das idades desde as origens da humanidade. Esse processo também é análogo, em sua ordem, ao da própria Criação. Por outro lado, não poderíamos ver, nessa incorporação simbólica da tradição "não-humana", uma espécie de imagem antecipada, de "prefiguração" da Encarnação do Verbo? E isso também não permitiria perceber, em certa medida, a misteriosa relação existente entre a Criação e a Encarnação, que é seu coroamento?

Concluiremos com uma última observação relativa à importância do símbolo universal do Coração e, em particular, à forma de que se reveste na tradição cristã, ou seja, do Sagrado Coração. Se o simbolismo está em sua essência estritamente conforme o "plano divino", e se o Sagrado Coração é o centro do ser, tanto real como simbolicamente, o próprio símbolo do Coração, ou seus equivalentes, deve ocupar um lugar verdadeiramente central em todas as doutrinas originárias, de forma mais ou menos direta, da tradição primordial. É o que tentaremos demonstrar em alguns estudos a seguir.

3

O SAGRADO CORAÇÃO E A LENDA DO SANTO GRAAL*

Em seu artigo "Iconographie ancienne du Coeur de Jésus", o Sr. Charbonneau-Lassay indica, com muita precisão, as ligações entre o que se poderia denominar "a pré-história do Coração eucarístico de Jesus" e a lenda do Santo Graal, escrita no século XII, mas de origem bem anterior, visto ser, na realidade, uma adaptação cristã de tradições célticas muito antigas. A idéia dessa vinculação já nos ocorrera por ocasião de seu artigo anterior intitulado "Le Coeur humain et la notion du Coeur de Dieu dans la religion de l'ancienne Égypte", muito interessante do ponto de vista em que nos colocamos, do qual transcreveremos a seguinte passagem: "Nos hieróglifos, escrita sagrada em que muitas vezes a imagem de uma coisa representa a própria palavra que a designa, o coração foi, apesar disso, figurado por um emblema: o *vaso*. Não será o coração do homem, com efeito, o vaso em que sua vida é continuamente elaborada com seu sangue?".

Esse vaso, tomado como símbolo e substituto do coração na ideografia egípcia, é que nos fez pensar de imediato no Santo Graal, ainda mais que neste último, além do sentido geral do símbolo (considerado ao mesmo tempo sob os seus dois aspectos, divino e humano), vemos também uma relação especial e muito mais direta com o próprio Coração de Cristo.

De fato, o Santo Graal é o cálice que contém o precioso sangue de Cristo, e duplamente, visto que serviu primeiro para a Santa Ceia e depois, com ele, José de Arimatéia recolheu o sangue e a água que escorriam do ferimento aberto pela lança do centurião no costado do Redentor. Esse cálice, portanto, substitui de algum modo o Coração de Cristo, como receptá-

* Publicado na revista *Regnabit*, ago.-set. 1925.

culo de seu sangue; toma, por assim dizer, seu lugar e torna-se um equivalente simbólico. Nessas condições, não fica ainda mais notável que o vaso tenha sido anteriormente um emblema do coração? Além disso, o cálice, sob uma ou outra forma (taça, copa), do mesmo modo que o coração, desempenha um papel bastante importante em muitas tradições antigas. E, sem dúvida, foi isso o que ocorreu de modo especial entre os celtas, pois veio deles aquilo que se constituiu no próprio fundamento ou, pelo menos, na trama da lenda do Santo Graal. É lamentável que quase nada se possa saber com precisão sobre a forma dessa tradição, no período anterior ao cristianismo, o que aliás acontece com tudo que se refere às doutrinas célticas, visto que para elas o ensinamento oral foi sempre o único modo de transmissão utilizado. Mas, por outro lado, existe concordância suficiente para que possa ser estabelecido, ao menos, o sentido de seus principais símbolos, o que é, em suma, o mais essencial.

Mas voltemos à lenda, sob a forma em que nos chegou. O que ela diz sobre a própria origem do Graal é bastante digno de atenção: o cálice teria sido trabalhado pelos anjos numa esmeralda desprendida da fronte de Lúcifer, por ocasião de sua queda. Essa esmeralda lembra, de modo surpreendente, a *urnâ*, a pérola frontal que, na iconografia hindu, ocupa o lugar do terceiro olho de Shiva e representa o que se poderia denominar "sentido da eternidade". Essa comparação nos parece mais apropriada que outra qualquer para esclarecer de modo perfeito o simbolismo do Graal. Pode-se também perceber nela uma outra relação com o coração, que é, para a tradição hindu e para muitas outras, talvez de modo ainda mais claro, o centro do ser integral e ao qual, portanto, o "sentido da eternidade" deve estar diretamente ligado.

Diz a lenda, a seguir, que o Graal foi confiado a Adão no Paraíso Terrestre, mas que, por ocasião da queda, Adão, por sua vez, perdeu-o, pois não pôde levá-lo consigo ao ser expulso do Éden. Esse ponto torna-se ainda mais claro com o sentido que acabamos de indicar. O homem, afastado de seu centro original por sua própria falta, encontrou-se, desde então, encerrado na esfera temporal e não pôde mais reunir-se ao ponto único em que todas as coisas são contempladas sob o aspecto da eternidade. O Paraíso Terrestre, com efeito, era na verdade o "Centro do Mundo", que em toda parte é assimilado simbolicamente ao Coração divino. Não poderíamos, então, afirmar que Adão, enquanto esteve no Éden, vivia em realidade no Coração de Deus?

O que se segue é mais enigmático: Set conseguiu retornar ao Paraíso Terrestre e pôde assim recobrar o precioso vaso. Porém, Set é uma das faces do Redentor, tanto mais que seu próprio nome exprime as idéias de fundamento e estabilidade, e anuncia de algum modo a restauração da ordem primordial destruída pela queda do homem. Conseqüentemente, desde então ocorreu pelo menos uma restauração parcial, o que significa que Set e aqueles que, após ele, possuíram o Graal podiam, com isso, estabelecer em algum lugar da Terra um centro espiritual, à imagem do Paraíso perdido. A lenda, aliás, não diz onde e nem por quem o Graal foi conservado até a época de Cristo, nem como foi assegurada a sua transmissão. Mas a origem céltica que lhe é atribuída permite-nos, provavelmente, entender que os druidas tiveram uma parte nisso e devem ser incluídos entre os conservadores regulares da tradição primordial. Em todo caso, a existência de tal centro espiritual, ou mesmo de vários, simultânea ou sucessivamente, parece isenta de qualquer dúvida, seja o que for que se pense a respeito de sua localização. Digno de nota é que sempre, e por toda parte, está ligada a esses centros, entre outras, a designação de "Coração do Mundo", e que, em todas tradições, as descrições que se referem a eles baseiam-se em idêntico simbolismo, que é possível seguir até os mínimos detalhes. Isso não mostraria, de modo suficiente, que o Graal, ou o que assim é representado, possuía, mesmo antes do cristianismo, e em todos os tempos, um laço dos mais estreitos com o Coração divino e com o *Emanuel,* ou seja, com a manifestação virtual ou real, conforme as idades, mas sempre presente, do Verbo eterno no seio da humanidade terrestre?

Após a morte de Cristo, o Santo Graal foi transportado, segundo a lenda, para a Grã-Bretanha por José de Arimatéia e Nicodemos. Começa, então, a desenrolar-se a história dos Cavaleiros da Távola Redonda e de suas façanhas, que não pretendemos examinar aqui. A Távola Redonda estava destinada a receber o Graal quando um dos cavaleiros conseguisse conquistá-lo e trazê-lo da Grã-Bretanha à Armórica.

Essa távola, ou mesa, é também um símbolo provavelmente muito antigo, um dentre os que foram associados à idéia dos centros espirituais a que nos referimos acima. A forma circular da mesa, aliás, está ligada ao "ciclo zodiacal" (outro símbolo que mereceria um estudo especial, pela presença de doze personagens principais ao seu redor, particularidade esta que se encontra na constituição de todos os centros de que estamos falando. Assim sendo, não poderíamos ver no número dos doze Apóstolos um sinal, entre tantos outros, da perfeita conformidade do cristianismo com a tradição primordial, à qual o nome de "pré-cristianismo" conviria tão exatamente? Em outra ocasião, a propósito da Távola Redonda, observamos uma estranha concordância com as revelações simbólicas feitas a Marie des Vallées,[1] nas quais se menciona "uma mesa redonda de jaspe, que representa o Coração de Nosso Senhor", ao mesmo tempo em que se trata de "um jardim que é o Santo Sacramento do altar", e que, com suas "quatro fontes de água viva", identifica-se misteriosamente com o Paraíso Terrestre. Não está aí de novo uma confirmação bastante surpreendente e inesperada das relações que indicamos acima?

Naturalmente, essas notas muito rápidas não poderiam ter a pretensão de se constituir num estudo completo sobre uma questão tão pouco conhecida. Devemos nos limitar, no momento, a dar simples indicações e compreendemos que existem nelas considerações que, à primeira vista, podem surpreender um pouco aqueles que não estão familiarizados com as tradições antigas e com os seus modos habituais de expressão simbólica. Mas esperamos desenvolvê-las e justificá-las de forma mais ampla em artigos posteriores, nos quais pensamos poder abordar muitos outros pontos igualmente dignos de interesse.

Enquanto isso, mencionaremos ainda, no que diz respeito à lenda do Santo Graal, uma estranha complicação que, até aqui, não levamos em conta: por uma dessas assimilações verbais – que, no simbolismo, desempenha muitas vezes um papel destacável, e que, além disso, pode ter razões mais profundas do que à primeira vista se poderia imaginar – o Graal é, ao mesmo tempo, um vaso (*grasale*) e um livro (*gradale* ou *graduale*). Em algumas versões, os dois sentidos encontram-se mesmo estreitamente ligados, pois o livro torna-se, então, uma inscrição traçada por Cristo ou por um anjo sobre o próprio cálice. Não pretendemos, no momento, extrair daí qualquer conclusão, ainda que existam paralelos fáceis de serem feitos entre o "Livro da Vida" e certos elementos do simbolismo apocalíptico.

Podemos acrescentar ainda que a lenda associa ao Graal outros objetos, em especial uma lança que, na adaptação cristã, é a lança do centurião Longinos. Mas, o que existe de muito curioso é a preexistência, nas tradições antigas, dessa lança, ou de algum de seus equivalentes, como símbolo de certa forma complementar ao cálice. Entre os gregos, por outro lado, admitia-se que a lança de Aquiles curava os ferimentos que provocava. A lenda medieval atribui precisamente a mesma virtude à lança da Paixão. E isso nos lembra uma outra semelhança do mesmo gênero: no mito de Adônis (cujo nome, aliás, significa "o Senhor"), quando o herói é mortalmente ferido pela presa de um javali (a presa substitui a lança), o seu sangue, ao derramar-se, dá nascimento a uma flor. A propósito, o Sr. Charbonneau assina-

1. V. *Regnabit*, nov. 1924.

lou na *Regnabit*[2]: "uma espada de cavaleiro, do século XII, onde se vê o sangue das chagas do Crucificado cair em gotinhas que se transformam em rosas, e um vitral do século XIII, em que o sangue divino, correndo em filete, desabrocha sob a forma de rosas".

Retomaremos a seguir o simbolismo floral, examinando-o sob um aspecto um pouco diferente. Mas, seja qual for a multiplicidade de sentidos que quase todos os símbolos apresentam, tudo isso se completa e se harmoniza de modo perfeito. E essa própria multiplicidade, longe de ser um inconveniente ou defeito, é, ao contrário, para quem sabe compreendê-la, uma das vantagens principais de uma linguagem incomparavelmente mais ampla que a linguagem usual.

Para encerrar estas notas, indicaremos alguns símbolos que, nas tradições, substituem, às vezes, o cálice, mas que, no fundo, lhe são idênticos. Isso não significa afastarmo-nos de nosso assunto, pois o próprio Graal, como se pode facilmente compreender através de tudo o que acabamos de dizer, tem na sua origem a mesma significação que possui, em geral, o vaso sagrado por toda parte em que é encontrado. No Oriente, em especial, o cálice sacrifical que contém o *Soma* védico (ou o *Haoma* masdeísta) é uma extraordinária "prefiguração" eucarística, sobre a qual voltaremos a falar talvez, numa outra ocasião. O que propriamente representa o *Soma* é a "bebida da imortalidade" (a *Amrita* dos hindus, a Ambrosia dos gregos, duas palavras etimologicamente semelhantes), que confere ou restitui, àqueles que a recebem com a requerida disposição, o "sentido da eternidade", do qual já tratamos.

Um dos símbolos que desejamos citar é o triângulo com a ponta voltada para baixo. Ele é como uma espécie de representação esquemática do cálice sacrifical, e é encontrado com esse atributo em certos *iantras* ou símbolos geométricos da Índia. Por outro lado, é notável, do nosso ponto de vista, que a mesma figura seja igualmente um símbolo do coração, reproduzindo-lhe a forma de modo simplificado. O "triângulo do coração" é uma expressão corrente nas tradições orientais. Isso nos leva a uma observação, também muito interessante, ou seja, é inteiramente legítima a representação do coração inscrito num triângulo com a ponta para baixo, quer se trate do coração humano ou do Coração Divino. Tal representação é bastante significativa quando a comparamos com emblemas utilizados por certos hermetismos cristãos da Idade Média, cujas intenções foram sempre inteiramente ortodoxas. Se nos tempos modernos, às vezes, pretendeu-se atribuir a essas re-

2. V. *Regnabit*, jan. 1925.

presentações um sentido blasfematório, é porque, conscientemente ou não, alterou-se a significação inicial dos símbolos, até inverter seu valor normal. Ocorre aí um fenômeno do qual poder-se-iam citar inúmeros exemplos, e que tem, além disso, sua explicação no fato de que certos símbolos são, efetivamente, passíveis de uma dupla interpretação e têm como que duas faces opostas. A serpente e o leão, por exemplo, não significam ao mesmo tempo, conforme o caso, Cristo e Satã?

Não podemos pensar em expor aqui, sobre o tema em questão, uma teoria geral, o que nos levaria muito longe. Contudo, pode-se compreender que existe alguma coisa que torna muito delicado o manejo dos símbolos e que esse ponto requer uma atenção especial quando se trata de descobrir o sentido real de certos emblemas e de traduzi-los de forma correta.

Outro símbolo que com freqüência, equivale ao cálice é um símbolo floral. A flor, com efeito, não evoca por sua forma a idéia de um "receptáculo"? E não se fala também do "cálice" de uma flor? No Oriente, a flor simbólica por excelência é o lótus; no Ocidente, em geral, é a rosa que desempenha o mesmo papel. Não pretendemos dizer, bem entendido, que seja esse o único significado da rosa ou do lótus, visto que, ao contrário, indicamos outro antes. No entanto, é o que pode ser facilmente visto no desenho ornamental do cânon[3] do altar da abadia de Fontevrault, em que a rosa está colocada ao pé de uma lança, ao longo da qual caem gotas de sangue. A rosa aparece aí associada a uma lança, exatamente como o cálice em outras situações, e mais parece recolher as gotas de sangue que resultar da transformação de uma delas. Mas, afinal, as duas significações completam-se, ainda mais porque não se opõem, pois as gotas, ao caírem sobre a rosa, fazem com que ela vivifique e desabroche. É o "orvalho [ou rocio] celeste", de acordo com a imagem tão freqüentemente empregada com relação à idéia da Redenção, ou às idéias correlatas de regeneração e ressurreição. Esse assunto exigiria ainda longas explicações, mesmo que nos limitássemos a ressaltar apenas a concordância das diferentes tradições a respeito desse símbolo.

Por outro lado, já que se tratou da questão rosa-cruz a propósito do Selo de Lutero, diremos que esse emblema hermético foi, antes de tudo, especificamente cristão, sejam quais forem as falsas interpretações mais ou menos naturalistas que lhe tenham atribuídas a partir do século XVIII. Não é notável que nesse selo a rosa ocupe, no centro da cruz, o próprio lugar do Sagrado Coração? Exceto as representações em que as cinco chagas do Cru-

3. Quadro impresso que contém algumas orações da missa. (N. T.)

cificado são figuradas por igual número de rosas, a rosa central, quando está só, pode muito bem ser identificada ao próprio Coração, ao vaso que contém o sangue, que é o centro da vida e também o centro do ser como um todo.

Existe ainda, pelo menos, um outro equivalente simbólico do cálice, ou seja, o quarto crescente da Lua. Isso, no entanto, para ser explicado de modo conveniente exigiria desenvolvimentos que estão fora do tema do presente estudo; só o mencionamos para não omitir inteiramente qualquer lado da questão.

De todos os paralelos que acabamos de assinalar, podemos extrair, desde já, uma conclusão que, a seguir, esperamos evidenciar ainda mais. Quando se encontram por toda parte tais concordâncias, não existiria nisso alguma coisa a mais que um simples indício da existência de uma tradição primordial? E como explicar que, muito freqüentemente, mesmo aqueles que se julgam obrigados a admitir em princípio essa tradição primordial, não pensam mais nisso depois, e raciocinam, de fato, exatamente como se ela não tivesse jamais existido, ou então como se nada tivesse sido conservado no correr dos séculos? Se quiséssemos refletir de fato sobre o que existe de anormal em tal atitude, talvez estivéssemos menos dispostos a nos surpreender com certas considerações que, na verdade, só parecem estranhas em virtude dos hábitos mentais próprios da nossa época. Além disso, basta procurar um pouco, com a condição de não se ter qualquer opinião preconcebida, para descobrir por todo lado os sinais dessa unidade doutrinária essencial, cuja consciência pôde, às vezes, obscurecer-se na humanidade, mas que jamais desapareceu por inteiro. À medida que se avança nessa procura, os pontos de comparação multiplicam-se como que por si mesmos, e novas provas aparecem a cada instante. Por certo, o *Querite et invenietis* do Evangelho não é palavra vã.

ADENDO[4]

Desejamos dizer algumas palavras sobre uma objeção que nos foi endereçada a propósito das relações que estabelecemos entre o Santo Graal e o Sagrado Coração, ainda que, para dizer a verdade, a resposta dada então pela revista nos pareça plenamente satisfatória.[5]

Pouco importa, de fato, que Chrestien de Troyes e Robert de Borron não tenham visto, na antiga lenda da qual foram apenas os adaptadores, toda a significação que nela estava contida. Essa significação não se tor-

4. Publicado na revista *Regnabit*, dez. 1925.
5. Ver *Regnabit*, out. 1925, pp. 358-59. Um correspondente havia escrito à revista:

na menos real por isso, e a única coisa que pretendemos é tê-la tornado explícita, sem introduzir o que quer que seja de "moderno" em nossa interpretação. Quanto ao mais, é muito difícil dizer ao certo o que os escritores do século XII viam ou deixavam de ver na lenda. E dado que só desempenhavam, em suma, o mero papel de "transmissores", concordamos de bom-grado que não devem ter visto, sem dúvida, o que viram seus inspiradores, ou seja, os verdadeiros detentores da doutrina tradicional.

Por outro lado, no que se refere aos celtas, tivemos o cuidado de lembrar quais precauções são necessárias para se falar deles, visto a total ausência de documentos escritos. Mas, por que suporíamos, a despeito dos indícios contrários disponíveis apesar de tudo, que os celtas tenham sido menos favorecidos que os outros povos antigos? Vemos por toda parte, e não só no Egito, a assimilação simbólica estabelecida entre o coração e o cálice ou o vaso. Em toda parte o coração é encarado como o centro do ser, centro ao mesmo tempo divino e humano nas múltiplas aplicações que propiciam. Por toda parte, também, o cálice sacrifical representa o Centro ou o Coração do Mundo, a "morada da imortalidade".[6] O que mais seria preciso? Sabemos que o cálice e a lança, os seus equivalentes, tiveram ainda outras significações além das que indicamos, e, sem nos demorarmos nisso, podemos dizer que todas essas significações, por mais estranhas que algumas delas possam parecer aos olhos modernos, são perfeitamente concordantes entre si e exprimem, na realidade, aplicações de um mesmo princípio a ordens diversas, de acordo com uma lei de correspondência sobre a qual se fundamenta

"Muito interessante o estudo do sr. René Guénon sobre o Santo Graal e o Coração de Jesus. Mas, não se poderia lançar contra sua tese uma objeção que a faria desmoronar pela base? Chrestien de Troyes provavelmente jamais pensou no Coração de Cristo. Em todo caso, os celtas da velha Gália certamente não pensaram. Ver então no Santo Graal um emblema do Coração de Cristo é uma interpretação totalmente moderna do velho mito: uma interpretação que pode ser engenhosa, mas que teria supreendido nossos antepassados."

6. Poderíamos ter lembrado, também, o *atanor* hermético, o vaso em que se realiza a "Grande Obra" e que, segundo alguns, teria seu nome derivado do grego *athanatos*, isto é, "imortal". O fogo invisível, que é conservado perpetuamente no *atanor*, corresponde ao calor vital que reside no coração. Poderíamos ainda ter feito comparações com o *ovo*, outro símbolo muito difundido que significa ressurreição e imortalidade, sobre o qual voltaremos a falar talvez numa outra oportunidade. Assinalemos ainda, ao menos a título de curiosidade, que a *copa* do Tarô (cuja origem é, de resto, bem misteriosa) foi substituída pelo *coração* nas cartas do baralho comum, o que é também um indício da equivalência entre os dois símbolos.

a harmoniosa multiplicidade de sentidos que estão incluídos em todo simbolismo.

Outrossim, esperamos poder demonstrar em outros estudos que não só o Centro do Mundo se identifica com o Coração de Cristo, como também que essa identidade foi claramente indicada nas doutrinas antigas.[7]

Por certo, a expressão "Coração de Cristo", nesse caso, deve ser tomada num sentido que não é precisamente aquele que poderíamos denominar sentido "histórico". Todavia, deve-se observar ainda que os fatos históricos em si, como tudo mais, traduzem, de acordo com seu modo próprio, realidades superiores e conformam-se à lei de correspondência que acabamos de referir, lei que, por si só, permite explicar certas "prefigurações". Trata-se, poderíamos dizer, do Cristo-Princípio, isto é, do Verbo manifestado no ponto central do Universo. E quem ousaria sustentar que o Verbo Eterno e sua manifestação histórica, terrestre e humana, não são, real e substancialmente, um único Cristo sob dois aspectos diferentes? Tocamos aqui, ainda, nas relações do temporal e do intemporal, mas talvez não conviesse insistir mais sobre isso, pois trata-se justamente de coisas que só o simbolismo permite exprimir, na medida em que são expressáveis. Em todo caso, basta saber ler os símbolos para descobrir tudo o que nós próprios encontramos. Mas, por infelicidade, especialmente em nossa época, ninguém mais sabe ler os símbolos.

7. V. cap. 8, "A Idéia de Centro nas Tradições Antigas".

4

O SANTO GRAAL*

O Sr. Arthur Edward Waite publicou uma obra sobre as lendas do Santo Graal,[1] que se impõe por suas dimensões e pela soma de pesquisas que apresenta. Nela poderá ser encontrada, por todos aqueles que se interessam pelo tema, uma exposição completa e metódica dos múltiplos textos existentes e das diversas teorias que foram propostas para explicar a origem e a significação dessas lendas muito complexas e, por vezes, até contraditórias em alguns de seus elementos. É preciso acrescentar que o Sr. Waite não pretendeu realizar apenas uma obra de erudição, e é oportuno louvá-lo por isso também, pois partilhamos inteiramente de sua opinião sobre o pequeno valor de todo trabalho que não ultrapassa tal ponto de vista e cujo interesse, em suma, só pode ser "documental". Ele quis evidenciar o sentido real e "interior" do simbolismo do Santo Graal e da "demanda". Infelizmente, devemos dizer que essa parte de sua obra é a que nos parece a menos satisfatória; as conclusões a que chega são mesmo decepcionantes, sobretudo se pensarmos em todo trabalho realizado para chegar até aí. É sobre isso que gostaríamos de formular algumas observações que se referirão ainda, como é natural, às questões por nós já tratadas em outras ocasiões.

Não ofenderíamos o Sr. Waite, acreditamos, se disséssemos que a sua obra é um tanto *one-sighted*; poderíamos traduzir por "pacial"? Talvez não fosse rigorosamente exato e, em todo caso, não pretendemos afirmar com isso que o tenha sido de modo intencional. Seria antes uma espécie de defeito muito freqüente entre aqueles que, sendo "especializados" numa certa ordem de estudos, são levados a submeter tudo a essa especialidade ou

* Publicado na revista *Le Voile d'Isis*, fev.-mar. 1934.

1. *The Holy Grail, its Legends and Symbolism*. Rider and Co., Londres, 1933.

a descuidar do que não se deixa reduzir a ela. Que a lenda do Graal seja cristã, por certo não se contesta, e o Sr. Waite tem razão ao fazer tal afirmação. Mas isso impediria necessariamente que ela fosse ao mesmo tempo, também, uma outra coisa? Aqueles que têm consciência da unidade fundamental de todas as tradições não verão nisso qualquer incompatibilidade! Porém, o Sr. Waite, de sua parte, não quer vê-la de qualquer outra maneira que não seja cristã, fechando-se, assim, numa forma tradicional particular; a partir daí, parece que se lhe escapam as relações das formas tradicionais entre si, em especial quanto à sua dimensão "interior". Não que ele negue a existência de elementos de uma outra procedência, provavelmente anteriores ao cristianismo, pois isso seria ir contra todas as evidências; mas ele só lhes concede uma importância bem medíocre, parecendo considerá-los "acidentais", como se tivessem vindo "de fora" juntar-se à lenda, em razão do meio em que foi elaborada. Assim, esses elementos são vistos por ele como dependentes do que se convencionou denominar folclore, nem sempre por desdém como o próprio nome poderia levar a supor, mas antes para satisfazer a uma espécie de "moda" de nossa época, e sem nunca se dar conta das intenções que se encontram aí implicadas. Não será inútil insistir um pouco sobre esse ponto.

A própria concepção de folclore, tal como é habitualmente entendida, repousa sobre uma idéia radicalmente falsa, ou seja, de que existem "criações populares", produtos espontâneos de massa; observa-se de imediato a estreita relação desse modo de ver com os preconceitos "democráticos". Como já foi dito, com muita justiça, "o interesse profundo de todas as tradições ditas populares reside em especial no fato de que não são populares na origem.[2] Acrescentaremos que, em se tratando de elementos tradicionais no verdadeiro sentido da palavra, como quase sempre é o caso, por mais deformados, reduzidos ou fragmentários que às vezes podem ser, e de coisas que têm um valor simbólico real, tudo isso, muito longe de ser de origem popular, nem mesmo é de origem humana. O que pode ser popular, quando tais elementos pertencem a formas tradicionais desaparecidas, é apenas o fato da "sobrevivência". Desse ponto de vista, o termo folclore adquire um sentido bastante próximo de "paganismo", levando-se em conta só a etimologia deste último, sem qualquer intenção "polêmica" ou injuriosa.

O povo conserva assim, sem compreendê-los, os resquícios de tradições antigas, que remontam algumas vezes a um passado tão longínquo, que seria impossível determiná-lo e que muitos se contentam em atribuir,

2. Luc Benoist, *La Cuisine des Anges, une esthétique de la pensée*, p. 74.

por essa razão, ao obscuro domínio da "pré-história". O povo preenche, aí, a função de uma espécie de memória coletiva mais ou menos "subconsciente", cujo conteúdo veio evidentemente de outra parte.[3] E o que mais pode parecer surpreendente é que, quando se vai ao fundo das coisas, constata-se que aquilo que foi assim conservado contém, sobretudo sob uma forma mais ou menos velada, uma soma considerável de dados de ordem esotérica, ou seja, precisamente tudo o que existe de menos popular por essência.

Tal fato sugere por si mesmo uma explicação que nos limitaremos a indicar em poucas palavras. Quando uma forma tradicional está a ponto de extinguir-se, seus últimos representantes podem muito bem confiar voluntariamente à memória coletiva, à qual acabamos de nos referir, tudo aquilo que de outro modo se perderia para sempre. Trata-se, em suma, do único meio de salvar o que for possível em certa medida. Ao mesmo tempo, a incompreensão natural da massa é uma garantia suficiente para aquele que possuir um caráter esotérico não ser por isso despojado e permanecer apenas como uma espécie de testemunho do passado àqueles que, em outros tempos, forem capazes de compreendê-lo.

Dito isso, não vemos por que se atribuiria ao folclore, sem exame mais amplo, tudo o que pertence às demais tradições, como se o cristianismo fosse a única exceção. Tal parece ser a intenção do Sr. Waite ao aceitar essa denominação para os elementos "pré-cristãos" e, particularmente, célticos que se encontram nas lendas do Graal. Não há, a esse respeito, formas tradicionais privilegiadas; a única distinção a ser feita é entre as formas desaparecidas e as que estão atualmente vivas. Toda a questão se resumiria, portanto, em saber se a tradição céltica já se extinguira realmente quando se constituíram as lendas de que estamos tratando. Isso é, pelo menos, discutível. Por um lado, essa tradição pode ter-se mantido muito mais tempo do que se acredita habitualmente, com uma organização mais ou menos oculta. Por outro lado, essas lendas podem ser muito mais antigas do que imaginam os "críticos"; não que tenham existido textos hoje perdidos, no que não acreditamos tanto quanto o Sr. Waite, mas porque podem ter sido de início objeto de uma transmissão oral que durou vários séculos, fato este que está longe de ser excepcional.

Vemos aí, de nossa parte, o sinal de uma "junção" entre duas formas tradicionais, uma antiga e outra nova – a tradição céltica e a tradição

3. Trata-se de uma função "lunar" por excelência e deve-se notar que, segundo a astrologia, a massa popular corresponde de fato à Lua, o que, ao mesmo tempo, indica muito bem o seu caráter puramente passivo, incapaz de iniciativa ou de espontaneidade.

cristã. Trata-se de uma junção mediante a qual o que devia ser conservado da primeira foi incorporado à segunda, modificando-se sem dúvida, até certo ponto, quanto à forma exterior, por adaptação e assimilação, mas de modo algum transpondo-se de um plano a outro, como desejaria o Sr. Waite, pois há equivalência entre todas as tradições regulares. Existe nisso, portanto, algo mais que uma simples questão de "fontes", no sentido que entendem os eruditos. Seria talvez difícil precisar com certeza o lugar e a data em que tal junção ocorreu, mas isso teria apenas um interesse secundário e quase que unicamente histórico. Além do mais, é fácil conceber que essas coisas são do tipo que não deixam traços em "documentos" escritos. Talvez a "Igreja celta" ou "culdeana" mereça a esse respeito mais atenção do que o Sr. Waite parece disposto a conceder-lhes e que sua própria denominação poderia dar-lhe a entender. Não é de modo algum improvável a existência por trás dela de alguma coisa pertencente a outra ordem, não mais religiosa, mas iniciática, pois tudo o que se refere aos vínculos existentes entre as diferentes tradições, como é o caso aqui, depende necessariamente do âmbito iniciático ou esotérico. O exoterismo, seja religioso ou outro, jamais vai além dos limites da forma tradicional à qual pertence com exclusividade; o que ultrapassar esses limites não pode pertencer a uma "Igreja" enquanto tal, e esta pode somente servir-lhe de "suporte" exterior. Aí está uma questão sobre a qual ainda teremos ocasião de voltar.

Outra observação digna de nota diz respeito mais em particular ao simbolismo. Existem símbolos que são comuns às formas tradicionais, por mais diversas e afastadas que estejam umas das outras, não em conseqüência de "empréstimos" que, em muitos casos, seriam impossíveis, mas porque pertencem na realidade à tradição primordial, da qual todas essas formas provêm direta ou indiretamente. É esse o caso preciso do cálice ou do vaso. Por que, então, o que a ele se refere seria apenas folclore, quando se trata de tradições "pré-cristãs", enquanto que, só no cristianismo, seria um símbolo essencialmente "eucarístico"?

Não são as assimilações feitas por Burnouf ou por outros que devem ser rejeitadas, mas sim as interpretações "naturalistas" que quiseram estender ao cristianismo e a tudo mais, mas que, na realidade, não são válidas em parte alguma. Seria preciso, portanto, fazer aqui exatamente o contrário do que fez o Sr. Waite, que, detendo-se em explicações exteriores e superficiais, e aceitando-as sem hesitação quando não se trata do cristianismo, acaba vendo sentidos radicalmente diferentes e sem relação entre si, onde existem apenas aspectos mais ou menos múltiplos de um mesmo símbolo ou de suas diversas aplicações. Sem dúvida, teria sido diferente se ele não estivesse afetado pela idéia preconcebida de uma espécie de heterogeneidade do cristianismo em relação a outras tradições. Do mesmo modo, o Sr. Waite repele com muita razão, no que diz respeito à lenda do Graal, as teorias que apelam para pretensos "deuses da vegetação", mas é lamentável que ele seja muito menos claro a respeito dos mistérios antigos, que também nunca tiveram qualquer coisa em comum com esse "naturalismo" de invenção moderna. Os "deuses da vegetação" e outras histórias do mesmo gênero só existiram na imaginação de Frazer e de seus iguais, cujas intenções antitradicionais, aliás, não deixam margem a dúvidas.

Na verdade, também parece que o Sr. Waite está mais ou menos influenciado por um certo "evolucionismo". Essa tendência revela-se de modo particular ao declarar que o mais importante não é a origem da lenda, mas o último estágio ao qual chegou afinal, parecendo assim acreditar que deve ter ocorrido, de um ponto a outro, uma espécie de aperfeiçoamento progressivo. Na realidade, ocorre completamente o contrário se for alguma coisa que tenha um verdadeiro caráter tradicional: tudo deve estar presente desde o começo, e os desenvolvimentos posteriores servem apenas para explicitá-lo, sem acrescentar elementos novos, vindos do exterior.

O Sr. Waite parece admitir uma espécie de "espiritualização", pela qual um sentido superior poderia ter-se enxertado numa coisa que, de início, não o comportava. Isso lembra muito os pontos de vista profanos dos "historiadores das religiões". Mas, de fato, o que em geral ocorre é o oposto. Encontramos, a propósito da alquimia, um exemplo nítido desse tipo de inversão. O Sr. Waite pensa que a alquimia material precedeu a alquimia espiritual, e que esta só apareceu com Kuhnrath e Jacob Boehme, mas se ele conhecesse certos tratados árabes muito anteriores a estes últimos, seria obrigado a modificar sua opinião, mesmo limitando-se aos documentos escritos. Além disso, já que ele reconhece que a linguagem empregada é a mesma nos dois casos, poderíamos perguntar-lhe como pode estar certo de que, neste ou naquele texto, trata-se apenas de operações materiais. A verdade é que os autores antigos nunca sentiram necessidade de declarar de forma expressa que tratavam de outra coisa, a qual, ao contrário, devia ser inclusive velada pelo simbolismo colocado em uso. Se aconteceu mais tarde que alguns o tenham declarado, isso decorreu em especial da presença de degenerações provocadas por pessoas que, já então, ignorantes do valor dos símbolos, tomavam tudo ao pé da letra e num sentido exclusivamente material, como é o caso dos "assopradores", precursores da química moderna. Pensar que pode ser dado a um símbolo algum sentido novo que não possuía por si mesmo, é quase negar o simbolismo, pois é torná-lo algo artificial, até mesmo inteiramente arbitrário, ou, em qualquer caso, puramente humano. Nessa ordem de idéias, o Sr. Waite chegou mesmo a dizer que cada qual encontra num símbolo o que ele próprio coloca, de modo que a sua significação mudaria com a mentalidade de cada época. Não teríamos razão para reconhecer aí as teorias "psicologicas" e "evolucionistas", tão caras a um bom número de nossos contemporâneos?

Dissemos já muitas vezes, e nunca repetiríamos o bastante, que todo símbolo verdadeiro traz em si os seus múltiplos sentidos, desde a origem, pois ele não se constitui como tal em virtude de uma convenção humana, mas em virtude da "lei de correspondência", que une todos os mundos entre si. Enquanto certas pessoas vêem esses sentidos, outras não o fazem ou apenas vêem em parte, mas nem por isso todos os sentidos deixam de estar realmente contidos; é o "horizonte intelectual" de cada um a causa dessa diferenciação. O simbolismo é uma ciência exata, e não um devaneio em que as fantasias individuais têm livre curso.

Em assuntos dessa ordem não acreditamos nas "invenções dos poetas", às quais, no entanto, o Sr. Waite parece disposto a atribuir uma grande participação. Tais invenções, longe de se basearem no essencial, servem apenas para dissimulá-lo, voluntariamente ou não, envolvendo-o com as aparências enganosas de uma "ficção" qualquer. Às vezes, essas aparências dissimulam-no de forma excessiva e se tornam tão invasoras que fazem com que fique impossível descobrir-se o sentido profundo e original. Não terá sido assim que, entre os gregos, o simbolismo degenerou em "mitologia"? Esse perigo é de se temer, especialmente quando o próprio poeta não tem consciência do valor real dos símbolos, pois é evidente que esse caso pode ocorrer. A fábula do "asno que transporta relíquias" aplica-se aqui, como em muitas outras coisas, e o poeta, então, desempenhará em suma um papel análogo ao do povo profano que conserva e transmite, sem o saber, dados iniciáticos, tal como dizíamos antes. A questão se coloca aqui de modo muito particular: os autores dos romances do Graal incluíam-se nesse último caso ou, ao contrário, estavam conscientes, em algum grau, do sentido profundo daquilo que exprimiam? Na verdade, não é fácil responder com certeza, porque também nesse caso as aparências podem enganar. Em presença de uma mistura de elementos insignificantes e incoerentes, somos tentados a pensar que o autor não sabia de que falava. No entanto, não é forçosamente assim, pois ocorre muitas vezes que as obscuridades e mesmo as contradições sejam intencionais, e que os detalhes inúteis tenham o objetivo expresso de desviar a atenção dos profanos, do mesmo modo que um símbolo pode ser dissimulado intencionalmente num motivo ornamental mais ou menos complicado. Exemplos desse gênero são abundantes, de modo especial na Idade Média, e não só em Dante e nos "Fiéis de Amor".

O fato de que o sentido superior da lenda do Graal transparece menos em Chrestien de Troyes, por exemplo, do que em Robert de Borron, não prova, necessariamente, que o primeiro tenha sido menos consciente do que o segundo. Mais ilícito seria ainda concluir que esse sentido está ausente de seus escritos, o que consistiria num erro comparável ao de atribuir aos antigos alquimistas preocupações de ordem unicamente material, pela única razão de que não julgaram oportuno escrever com todas as letras que sua ciência era, na realidade, de natureza espiritual.[4]

Finalmente, a questão da "iniciação" dos autores dos romances talvez tenha menor importância do que se poderia acreditar à primeira vista, porque, de qualquer modo, não muda em nada as aparências sob as quais o tema é apresentado. Desde que se trate de uma "exteriorização" de dados esotéricos, sem ser de modo algum uma "vulgarização", é fácil compreender que deva ser assim mesmo. Iremos mais longe: um profano pode até, para uma tal "exteriorização", ter servido de "porta-voz" de uma organização iniciática, que o terá escolhido simplesmente por suas qualidades de poeta ou de escritor, ou por qualquer outra razão contingente. Dante escrevia com perfeito conhecimento de causa. Chrestien de Troyes, Robert de Borron e muitos outros foram provavelmente bem menos conscientes daquilo que expressavam, e talvez alguns dentre estes não o foram em absoluto. Mas, no fundo, pouco importa isso tudo, pois, se havia por trás deles uma organização iniciática, qualquer perigo de deformação devido à falta de compreensão seria afastado, podendo essa organização guiá-los, sem que desconfiassem, seja por intermédio de alguns de seus membros, que lhes fornecessem elementos para empregar na obra, seja por meio de sugestões ou de influências de outro gênero, mais sutis e menos "tangíveis", mas nem por isso menos reais ou eficazes. Pode-se compreender sem dificuldade de que isso nada tem a ver nem com a suposta "inspiração" poética, tal como a entendem os modernos e que nada mais é que pura e simples imaginação, nem com a "literatura", no sentido profano da palavra. Acrescentaremos que não se trata também de "misticismo". Este último ponto, no entanto, toca diretamente em outras questões que devemos agora examinar de modo especial.

4. Se o Sr. Waite acredita, como parece, que certas coisas são por demais "materiais" para serem compatíveis com a existência de um sentido superior nos textos onde elas se encontram, poderíamos perguntar-lhe o que pensa, por exemplo, de Rabelais e de Boccaccio.

Não temos dúvida de que as origens da lenda do Graal devem ser atribuídas à transmissão de elementos tradicionais, de ordem iniciática, do druidismo para o cristianismo. Essa transmissão, tendo ocorrido de forma regular, quaisquer que tenham sido as suas modalidades, fez com que tais elementos se tornassem parte integrante do esoterismo cristão. Estamos de acordo com o Sr. Waite a propósito deste segundo ponto, mas devemos dizer que o primeiro parece ter-lhe escapado. A existência do esoterismo cristão na Idade Média é uma coisa absolutamente certa; provas de todo gênero existem em abudância, e as contestações provenientes da incompreensão moderna, seja por parte dos partidários ou dos adversários do cristianismo, nada podem fazer contra esse fato. Já tivemos inúmeras ocasiões de falar sobre essa questão para que seja necessário insistir aqui sobre ela. Porém, mesmo entre aqueles que admitem a existência desse esoterismo, são muitos os que têm uma concepção mais ou menos inexata, e tal nos parece ser também o caso do Sr. Waite, a julgar por suas conclusões. Existem nelas, ainda, confusões e mal-entendidos que é importante desfazer.

Em primeiro lugar, é bom que se note que dizemos "esoterismo cristão" e não "cristianismo esotérico". Não se trata de modo algum, com efeito, de uma forma especial de cristianismo, mas sim do lado "interior" da tradição cristã. É fácil compreender que existe aí algo mais do que uma simples nuance de linguagem. Por outro lado, quando há motivos para distinguir duas faces numa forma tradicional, uma exotérica e outra esotérica, deve ser bem entendido que não se referem ao mesmo domínio, embora não possa haver entre elas conflito ou oposição de qualquer espécie. Em particular, quando o exoterismo se reveste de caráter especificamente religioso, como é aqui o caso, o esoterismo correspondente, sem deixar de ter aí sua base e seu suporte, nada tem em si a ver com o domínio religioso e situa-se numa ordem totalmente diferente. Disso resulta, de imeditato, que esse esoterismo não pode ser, em caso algum, representado por quaisquer "Igrejas" ou "seitas" que, por definição, são sempre religiosas e, portanto, exotéricas.

Estamos diante de um ponto que já tratamos em outras circunstâncias que, portanto, basta lembrar de modo sumário. Algumas "seitas" puderam nascer de uma confusão entre os dois domínios e de uma "exteriorização" errônea de dados esotéricos mal compreendidos e mal aplicados. Mas, as organizações iniciáticas verdadeiras, que se mantêm de forma estrita em seu terreno próprio, permanecem necessariamente afastadas de tais desvios, e sua própria "regularidade" as obriga a só reconhecer o que apresenta um caráter de ortodoxia. Mesmo que seja na ordem exotérica. Podemos assegurar assim que todos aqueles que pretendem atribuir às seitas o que diz respeito ao esoterismo e à iniciação estão em caminho errado e só podem extraviar-se. Não é necessário exame mais amplo para afastar qualquer hipótese desse gênero, e se encontramos em algumas "seitas" elementos que parecem ser de natureza esotérica, é preciso concluir não que tiveram nela sua origem, mas, ao contrário, que foram desviados de sua verdadeira significação.

Sendo assim, certas dificuldades aparentes são resolvidas de imediato, ou melhor, percebe-se que elas não existem. Desse modo, não cabe de forma alguma perguntar-se qual pode ser a situação, em relação à ortodoxia cristã entendida no sentido usual, de uma linha de transmissão fora da "sucessão apostólica", como ocorre por vezes em certas versões da lenda do Graal. Tratando-se de uma hierarquia iniciática, a hierarquia religiosa nunca poderia ser afetada pela sua existência, nem mesmo ser reconhecida "oficialmente", se é que se pode assim dizer, pois esta só exerce jurisdição legítima no domínio exotérico. De igual modo, quando se trata de uma fórmula secreta em relação a certos ritos, existe, falemos francamente, uma singular ingenuidade em perguntar-se se a perda ou a omissão dessa fórmula não acarretaria o risco de impedir que a celebração da missa pudesse ser considerada válida. A missa, tal como é, consiste num rito religioso e não num rito iniciático. Cada um tem valor em sua ordem e, mesmo que possuam um caráter "eucarístico" em comum, isso não altera em nada a distinção essencial; assim como o fato de um mesmo símbolo poder ser interpretado simultaneamente dos pontos de vista exotérico e esotérico não impede que estes sejam inteiramente distintos e se refiram a domínios diferentes. Sejam quais forem as possíveis semelhanças exteriores, explicáveis aliás por certas correspondências, o alcance e o objetivo dos ritos iniciáticos são muito diferentes dos ritos religiosos. Pelo mesmo motivo, não há por que investigar se uma fórmula misteriosa poderia ser identificada com uma outra em uso nessa ou naquela Igreja que possui um ritual mais ou menos especial. Em primeiro lugar, na medida em que se trata de Igrejas ortodoxas, as variantes de ritual são inteiramente secundárias e não podem de modo algum ter por objeto qualquer coisa de essencial. Além disso, os diversos rituais nada mais são que religiosos e, como tais, estão em perfeita equivalência, de modo que a consideração de um ou de outro não nos aproximaria em nada do ponto de vista iniciático. Quantas pesquisas e discussões inúteis não seriam economizadas se estivéssemos, antes de mais nada, bem fundamentados nos princípios!

Agora, que os escritos relativos à lenda do Graal tenham procedido, direta ou indiretamente, de uma organização iniciática, não implica em absoluto que se constitua em ritual de iniciação, como supuseram alguns extravagantes. É curioso notar que semelhante hipótese jamais foi lançada, ao que sabemos, com referência a obras que, no entanto, descrevem de modo muito mais evidente um processo iniciático, como é o caso da *Divina Comédia* ou do *Romance da Rosa*. É evidente que os escritos que apresentam caráter esotérico não são, por esse motivo, rituais. O Sr. Waite rejeita com muita razão essa suposição e destaca suas inconsistências, como no caso de o iniciante colocar uma questão, ao invés de ter, ao contrário, que responder às perguntas do iniciador, tal como ocorre em geral. Poderíamos acrescentar que as divergências existentes entre as diferentes versões são incompatíveis com o caráter de um ritual que tem, necessariamente, uma forma fixa e bem definida. Mas, em que isso tudo impediria que a lenda se ligue, sob qualquer outro título, ao que o Sr. Waite demonina *Instituted Mysteries*, e que nós chamamos mais simplesmente de organizações iniciáticas? É que, sob vários aspectos, se tem dessas organizações uma idéia muito estreita e inexata. Por um lado, ele parece concebê-las como alguma coisa quase que exclusivamente "cerimonial", o que, assinalemos de passagem, corresponde a um modo de ver bem típico do anglo-saxão. Por outro lado, se de acordo com um erro muito difundido e sobre o qual já insistimos o suficiente, ele as retrata como se fossem parecidas às "sociedades", mas, se algumas delas chegaram a adotar essa forma, isso nada mais é que o efeito de uma espécie de degradação bem moderna.

O Sr. Waite, sem dúvida, conheceu por experiência direta um bom número dessas associações pseudo-iniciáticas que pululam atualmente no Ocidente e, se como parece, isso o decepcionou, nem por isso deixou de se influenciar, num certo sentido, pelo que viu. Devemos dizer que, na falta de ter percebido de forma clara a diferença entre a iniciação autêntica e a pseudo-iniciação, ele atribui injustamente às verdadeiras organizações iniciáticas as características das contrafacções com as quais entrou em contato. Esse equívoco arrasta ainda outras conseqüências que afetam diretamente, como veremos, as conclusões positivas de seu estudo.

É evidente, com efeito, que tudo o que pertence à ordem iniciática não poderia, de modo algum, caber num quadro tão estreito como o das "sociedades" constituídas à maneira moderna. E precisamente a partir do ponto em que o Sr. Waite nada mais encontra que se pareça com tais "sociedades", ele se perde e chega a admitir a suposição fantástica de que possa existir uma iniciação fora de toda organização e de toda transmissão regular.

Nada mais podemos fazer aqui além de indicar os estudos que já consagramos a essa questão.[5]

Além das chamadas "sociedades" ele não vê aparentemente outra possibilidade senão uma coisa vaga e indefinida que denomina "Igreja Secreta" ou "Igreja Interior", de acordo com expressões tomadas de místicos como Eckartshausen e Lopoukine, em que a própria palavra "igreja" indica que nos encontramos, na realidade, reduzidos pura e simplesmente ao ponto de vista religioso, mesmo que fosse alguma dessas variedades mais ou menos aberrantes, nas quais o misticismo tende a se desenvolver quando escapa ao controle de uma ortodoxia rigorosa. De fato, o Sr. Waite encontra-se também entre aqueles, infelizmente tão numerosos hoje em dia, que, por diversas razões, confundem misticismo e iniciação. Ele chega mesmo a se referir indistintamente às duas coisas, incompatíveis entre si, como se fossem quase que sinônimas. O que ele acredita ser a iniciação reduz-se, em definitivo, a uma simples "experiência mística", e podemos nos perguntar se, no fundo, não concebe tal "experiência" como alguma coisa de "psicológica", o que nos conduziria a um nível ainda inferior ao do misticismo, entendido em seu sentido próprio, visto que os verdadeiros estados místicos escapam inteiramente ao domínio da psicologia, apesar de todas as modernas teorias do gênero, cujo representante mais conhecido é William James.

Os estados interiores, cuja realização está na dependência da ordem iniciática, não são estados psicológicos e nem mesmo místicos; trata-se de algo muito mais profundo e, ao mesmo tempo, não são em absoluto coisas que se possa afirmar de onde vêm e nem o que são ao certo, mas que implicam, ao contrário, um conhecimento exato e uma técnica precisa. O sentimentalismo e a imaginação já não têm aí a menor participação. Transpor as verdades da ordem religiosa para a ordem iniciática não significa, de modo algum, dissolvê-las em nuvens de um "ideal" qualquer; ao contrário, implica penetrar ao mesmo tempo no sentido mais profundo e mais "positivo", afastando toda densa nebulosidade que detém e limita a visão intelectual da humanidade comum. Para dizer a verdade, uma concepção como a do Sr. Waite não consiste numa transposição; trata-se, quando muito, se o quisermos, de uma espécie de prolongamento ou de extensão em sentido "horizontal", visto que todo misticismo está incluído no domínio religioso e não vai além. Mas, para ir além, de modo efetivo, é preciso alguma outra coisa mais que agregar-se a uma "Igreja" qualificada de "interior", sobretudo porque, ao que parece, ela tem apenas uma existência simplesmente "ideal", o

5. V. *Aperçus sur l'Initiation*, caps. XI e XII.

que, traduzido em termos mais claros, equivale a dizer que ela é, de fato, uma organização de sonho.

Não poderia ser esse o verdadeiro "segredo do Santo Graal", e nem mesmo qualquer outro segredo iniciático real. Se desejarmos saber onde se encontra esse segredo, precisaremos nos reportar à constituição muito "positiva" dos centros espirituais, tal como foi indicado explicitamente em nosso estudo sobre *O Rei do Mundo*. A esse respeito nos limitaremos a observar que o Sr. Waite toca, às vezes, em coisas cujo alcance parece escapar-lhe. É assim que chega a falar, em diversas passagens, de coisas "substituídas", que podem ser palavras ou objetos simbólicos. Mas isso pode se referir tanto aos diversos centros secundários, na medida em que são imagens ou reflexos do Centro Supremo, quanto às fases sucessivas do "obscurecimento" que se produz gradualmente, de conformidade com as leis cíclicas, na manifestação desses mesmos centros em relação ao mundo exterior. Além disso, o primeiro desses dois casos está compreendido de certo modo no segundo, pois a própria constituição de centros secundários, correspondentes às formas tradicionais particulares, sejam quais forem, marca já um primeiro grau de obscurecimento em comparação com a tradição primordial. De fato, desde então o Centro Supremo não está mais em contato direto com o exterior, e o vínculo só é mantido por intermédio de centros secundários. Por outro lado, se um destes vier a desaparecer, poder-se-á dizer que ele será, de algum modo, reabsorvido pelo Centro Supremo, do qual é uma emanação. Apesar disso, existem, também aqui, graus a serem observados: pode ocorrer que um certo centro torne-se apenas mais oculto e mais fechado, e esse fato pode ser representado pelo mesmo simbolismo do seu desaparecimento completo, visto que todo afastamento do exterior é, ao mesmo tempo e em medida equivalente, um retorno ao Princípio.

Queremos fazer ainda uma referência ao simbolismo do desaparecimento final do Graal: que ele tenha sido levado ao Céu segundo certas versões, ou que tenha sido transportado ao "Reino do Preste João", segundo outras, significa exatamente a mesma coisa, mas o Sr. Waite parece não suspeitar disso.[6]

6. Pelo fato de uma carta atribuída a Preste João ser evidentemente apócrifa, o Sr. Waite pretende concluir por sua inexistência, o que é uma argumentação no mínimo singular. A questão das relações entre a lenda do Graal e a Ordem do Templo também é tratada de forma sumária pelo autor. Ele parece ter, sem dúvida, inconscientemente, uma certa pressa em afastar certas coisas muito significativas, porém inconciliáveis com seu "misticismo"; e, de um modo geral, as versões alemãs da lenda nos parecem ser merecedoras de muito mais consideração do que a que ele concede.

Trata-se sempre da mesma retirada do exterior para o interior, em razão do estado do mundo numa certa época, ou, para falar mais exatamente, daquela parte do mundo que está em relação com a forma tradicional considerada. Essa retirada, aliás, só se aplica ao lado esotérico da tradição, permanecendo o lado exotérico, no caso do cristianismo, sem mudança aparente. Porém, é precisamente pelo lado esotérico que são estabelecidos e mantidos os vínculos efetivos e conscientes com o Centro Supremo. Alguma coisa, entretanto, deve necessariamente subsistir, de algum modo invisível, enquanto essa forma tradicional permanecer viva. Se fosse de outro modo, isso significaria dizer que o "espírito" se retirou inteiramente e que resta apenas um corpo morto.

Diz-se que o Graal não foi mais visto como antes, mas não se diz que ninguém mais o viu. Seguramente, ao menos em princípio, ele se faz sempre presente àqueles que são "qualificados". Mas, de fato, estes se tornaram cada vez mais raros, a ponto de só se constituírem numa ínfima exceção. E, desde a época em que se diz que os Rosa-Cruzes se retiraram para a Ásia, o que pode ser entendido literal ou simbolicamente, quais as possibilidades de chegarem à iniciação efetiva podem eles ainda encontrar abertas no mundo ocidental?

5

TRADIÇÃO E "INCONSCIENTE"*

Já expusemos em outra parte o papel da psicanálise na obra de subversão que, depois da "solidificação" materialista do mundo, constitui-se na segunda fase da ação antitradicional característica da época moderna como um todo.[1] Devemos retomar esse assunto, pois há algum tempo constatamos que a ofensiva psicanalítica avança cada vez mais; atualmente ao atacar diretamente a tradição com o pretexto de explicá-la, tende a deformar-lhe a própria noção de modo ainda mais perigoso.

Cabe, a esse respeito, fazer uma distinção entre as variedades desigualmente "avançadas" da psicanálise: tal como foi concebida de início por Freud, encontrava-se ainda limitada até certo ponto pela atitude materialista que ele sempre pretendeu manter. Mas nem por isso a psicanálise deixava já de possuir um nítido caráter "satânico", embora isso a impedisse de pretender abordar certos domínios ou, mesmo que tenha pretendido, ela só atingia contrafacções muito grosseiras, o que tornava relativamente fácil dissipar as confusões que provocava. Assim, quando Freud falava do "simbolismo", estava, na realidade, apenas designando abusivamente um simples produto da imaginação humana, variável de um indivíduo para outro, e que não tem na verdade nada em comum com o autêntico simbolismo tradicional. Essa, porém, foi a primeira etapa, e estava reservado a outros psicanalistas modificar as teorias de seu "mestre" em direção a uma falsa espiritualidade, a fim de poder, através de uma confusão muito mais sutil, aplicá-las à interpretação do próprio simbolismo tradicional. É esse, em especial, o caso de C. G. Jung, cujas primeiras tentativas nesse campo datam já de

* Publicado na revista *Études Traditionnelles*, jul.-ago. 1949.

1. V. *Le Règne de la Quantité et les Signes des Temps*, cap. XXXIV.

há muito tempo.[2] É curioso notar, pois isso é muito significativo, que para essa interpretação ele partiu de uma comparação que acreditava poder estabelecer entre certos símbolos e os desenhos traçados por doentes. É preciso reconhecer, com efeito, que esses desenhos apresentam, às vezes, em relação aos verdadeiros símbolos, uma espécie de semelhança "paródica", que não deixa de ser inquietante no que se refere à natureza daquilo que os inspira.

O que agravou muito as coisas é que Jung, para explicar tudo aquilo que os fatores individuais parecem não conseguir abranger, foi levado a formular a hipótese de um pretenso "inconsciente coletivo", que existiria no ou dentro do psiquismo de todos os indivíduos humanos, e ao qual ele acreditou poder referir simultânea e indistintamente a origem dos próprios símbolos e de suas caricaturas psicológicas. Sabe-se que o termo "inconsciente" é inteiramente impróprio e que serve para designar, na medida em que pode ter alguma realidade, aquilo que os psicólogos, de hábito denominam "subconsciente", isto é, o conjunto dos prolongamentos inferiores da consciência.

Já observamos, em outra parte, a confusão que se comete constatemente entre "subconsciente" e "supraconsciente". Como o "supraconsciente" escapa, devido à sua própria natureza, ao domínio das investigações dos psicólogos, estes jamais deixam, quando têm oportunidade de tomar conhecimento de algumas de suas manifestações, de atribuí-las ao "subconsciente". É precisamente essa confusão que encontramos aqui. Que as produções dos doentes observados pelos psiquiatras procedem do "subconsciente", é coisa que não se coloca em dúvida; mas, em contrapartida, tudo o que é de ordem tradicional, em especial o simbolismo, só pode ser referido ao "supraconsciente", ou seja, àquilo mediante o que se estabelece uma comunicação com o supra-humano, enquanto que o "subconsciente" tende, ao contrário, para o infra-humano. Ocorre aí uma verdadeira inversão, que é muito característica desse gênero de explicação, e que tem uma aparência de legitimidade, pois nesse caso, como no outro que citamos, graças ao seu contato com influências psíquicas da ordem mais inferior, o "subconsciente" de fato "macaqueia" o "supraconsciente". É isso que produz, àqueles que se deixam levar pelas contrafacções e são incapazes de discernir sua verdadeira natureza, a ilusão que desemboca no que denominamos uma "espiritualidade às avessas".

Pela teoria do "inconsciente coletivo", acredita-se poder explicar

2. V. a esse respeito A. Préau, *La Fleur d'or et le Taoisme sans Tao.*

o fato de que o símbolo seja "anterior ao pensamento individual" e que o ultrapasse. Mas a verdadeira questão, que não chega a ser colocada, seria saber em que direção ele o ultrapassa: se é para baixo, como parece indicar esse apelo ao pretenso "inconsciente", ou se é, ao contrário, para o alto, como afirmam expressamente todas as doutrinas tradicionais. Destacamos num artigo recente uma frase em que essa confusão aparece do modo mais claro possível: "A interpretação dos símbolos... é a porta aberta para o Grande Todo, ou seja, o caminho que conduz à luz total, através do labirinto dos fundos obscuros da nossa individualidade." Infelizmente, a possibilidade maior consiste em se extraviar nesses "fundos obscuros" e chegar-se a uma coisa muito diferente da "luz total". Assinalemos, também, o perigoso equívoco do "Grande Todo", que, do mesmo modo que a "consciência cósmica", em que alguns aspiram fundir-se, nada mais pode ser aí do que o psiquismo difuso das regiões mais inferiores do mundo sutil. É assim que a interpretação psicanalítica dos símbolos e a interpretação tradicional conduzem, na realidade, a fins diametralmente opostos.

Cabe ainda fazer uma outra observação importante: entre as diversas coisas que, supõe-se, o "inconsciente coletivo" possa explicar encontra-se, naturalmente, o folclore, que é um dos casos em que a teoria pode ter certa aparência de verdade. Para ser mais exato, seria preciso falar de uma espécie de "memória coletiva", que é como uma imagem ou um reflexo, no domínio humano, da "memória cósmica", que corresponde a um dos aspectos do simbolismo da Lua. No entanto, querer deduzir a origem da própria tradição, a partir da natureza do folclore, é cometer um erro idêntico àquele, tão difundido em nossos dias, que considera como "primitivo" o que não passa afinal de uma degradação. É evidente que o folclore, sendo em essência constituído de elementos que pertencem a tradições extintas, representa inevitavelmente um estado de degeneração em relação à tradição original. Trata-se, porém, do único meio pelo qual alguma coisa pôde ser salva. Deveríamos também perguntar em quais condições a conservação desses elementos foi confiada à "memória coletiva". Como já tivemos ocasião de dizer,[3] apenas podemos ver nisso o resultado de uma ação perfeitamente consciente dos últimos representantes de antigas formas tradicionais que estavam a ponto de desaparecer. O certo é que a mentalidade coletiva, na medida em que exista alguma coisa que possa ser assim denominada, reduz-se na verdade a uma memória, o que pode ser expresso em termos de simbolismo astrológico, dizendo-se que ela é de natureza lunar. Em outros termos,

3. V. cap. 4, *O Santo Graal.*

ela pode preencher uma certa função de conservação, que é no que consiste em especial o folclore, mas é totalmente incapaz de produzir ou de elaborar seja o que for, sobretudo coisas de ordem transcendente, como é, por definição o caso dos dados tradicionais.

A interpretação psicanalítica visa, na realidade, negar essa transcendência da tradição, porém de um modo novo, poderíamos dizer, diferente daquelas interpretações que circularam até então. Não se trata mais, como ocorria com o racionalismo sob todas as suas formas, de uma negação brutal ou de uma ignorância pura e simples da existência de todo elemento "não-humano". Ela parece, ao contrário, admitir que a tradição tem de fato um caráter "não-humano", mas deturpando completamente a significação desse termo. É assim que, no final do artigo que citamos acima, pode-se ler: "Voltaremos talvez a essas interpretações psicanalíticas do nosso tesouro espiritual, cuja 'constante', através dos tempos e das diversas civilizações, demonstra bem o caráter tradicional, não-humano, se tormarmos a palavra 'humano' num sentido separativo, individual."

Aí está, talvez, o que melhor mostre, no fundo, qual é a verdadeira intenção de tudo isso, intenção que, aliás, queremos acreditar não ser sempre consciente entre aqueles que escrevem coisas desse gênero, pois o que deve ficar claro a esse respeito é que não está em questão este ou aquele indivíduo, mesmo que seja um "fundador de escola" como Jung, mas sim a "inspiração" das mais suspeitas de onde procedem tais interpretações. Não é preciso ter-se aprofundado no estudo das doutrinas tradicionais para saber que, quando se trata de um elemento "não-humano", o que se entende por isso, e que pertence aos estados supra-individuais do ser, nada tem a ver, em absoluto, com o fator "coletivo", o qual em si mesmo, só evidencia o domínio individual humano. Do mesmo modo, o que se qualifica de "separativo" só pode abrir, em virtude do seu caráter "subconsciente", uma comunicação com estados que estão na direção do infra-humano. Podemos portanto compreender agora, de modo imediato, o processo de subversão que consiste em apossar-se de certas noções tradicionais e mudá-las de algum modo, substituindo o "supraconsciente" pelo "subconsciente" e o supra-humano pelo infra-humano.

Não será essa subversão ainda mais perigosa que uma simples negação? Não se pensará que exageramos ao dizer que ela contribui para preparar o caminho da verdadeira "contratradição", destinada a servir de veículo para essa "espiritualidade às avessas", por meio da qual, no fim do ciclo atual, o "reino do Anti-Cristo" deve assimilar seu triunfo aparente e passageiro?

6

A CIÊNCIA DAS LETRAS *

(Ilmul-Hurûf)

Nos preâmbulos de um estudo sobre *La Théodicée de la Kabbale* [A Teodicéia da Cabala], F. Warrain, após ter dito que "a hipótese cabalística consiste em que a língua hebraica é a língua perfeita ensinada por Deus ao primeiro homem", acredita-se no dever de colocar algumas reservas à "pretensão ilusória de conservar os elementos puros da língua natural, quando só possui fragmentos e deformações". E o máximo que ele admite é que "permanece provável que as línguas antigas resultam de uma língua hierática composta por inspirados", e que "devem existir aí, portanto, palavras que exprimem a essência das coisas e suas relações numéricas", e que "o mesmo pode ser afirmado para as artes divinatórias". Pensamos que será bom trazer algumas elucidações sobre a questão, mas devemos observar, logo de início, que o Sr. Warrain coloca-se sob um ponto de vista que se poderia dizer, em princípio, filosófico, enquanto que pretendemos nos manter aqui, estritamente, como aliás o fazemos sempre, no terreno iniciático e tradicional.

Vejamos um primeiro ponto sobre o qual é importante chamar a atenção. A afirmação segundo a qual a língua hebraica seria a língua da própria revelação primitiva parece ter apenas um mero caráter exotérico e não corresponder ao fundo da doutrina cabalística, mas sim, na realidade, estar encobrindo simplesmente alguma coisa mais profunda. A prova disso é que se encontra a mesma coisa a respeito de outras línguas, e que essa afirmação

* Publicado na revista *Le Voile d'Isis*, fev. 1931. (Manteve-se, nesta edição, a transliteração francesa dos vocábulos da língua árabe.) [N. T.]
[N. T.]

justificável, se tomada ao pé da letra, pois levaria a uma evidente contradição.

Igual situação ocorre com a língua árabe: existe uma opinão bastante difundida, nos países em que é utilizada, de que teria sido a língua original da humanidade. Mas, o que é notável e nos faz pensar que deve ser o mesmo caso no que diz respeito ao hebreu, é que essa opinião comum, tão pouco razoável e tão desprovida de autoridade, está em contradição formal com o verdadeiro ensinamento tradicional do Islã, segundo o qual a língua "adâmica" era a "língua siríaca", *loghah sûryâniyah*, que não tem, aliás, nada a ver com o país atualmente designado pelo nome de Síria, nem com qualquer das línguas mais ou menos antigas, cuja lembrança foi conservada pelos homens até nossos dias. Esta *loghah sûryâniyah* é provavelmente, segundo a interpretação dada ao seu nome, a língua da "iluminação solar", *shems-ish-râqyah*. De fato, *Sûryâ* é o nome sânscrito do Sol, e isso parece indicar que sua raiz *sur*, uma dentre as que designam a luz, pertencia a essa língua original. Trata-se, portanto, daquela Síria primitiva da qual Homero fala como sendo uma ilha situada "além de Ogígia", o que a identifica à *Tula* hiperbórea, e "onde estão as revoluções do Sol". Segundo Josefo, a capital desse país chamava-se Heliópolis, "cidade do Sol",[1] nome dado a seguir à cidade do Egito também denominada *On*, do mesmo modo que Tebas teria sido inicialmente um dos nomes da capital de Ogígia. As transferências sucessivas desses nomes, e de muitos outros também, seriam particularmente interessantes para estudar no que diz respeito à constituição de centros espirituais secundários de diversos períodos, constituição esta que está em estreita relação com as línguas destinadas a servir de "veículos" às formas tradicionais correspondentes. São essas as línguas às quais se pode dar, apropriadamente, o nome de "línguas sagradas". É em particular sobre a distinção que deve ser feita entre as línguas sagradas e as línguas vulgares ou profanas que repousa essencialmente a justificação dos métodos cabalísticos, bem como dos processos similares que se encontram em outras tradições.

Podemos dizer o seguinte: do mesmo modo que todo centro espiritual secundário é como uma imagem do Centro Supremo e Primordial, tal como explicamos em nosso estudo sobre *O Rei do Mundo*, toda língua sagrada, ou "hierática" se o quisermos, pode ser considerada como uma imagem ou reflexo da língua original, que é a língua sagrada por excelência.

1. Cf. *A Cidadela Solar* dos Rosa-cruzes, *A Cidade do Sol* de Campanella, etc. É a essa primeira Heliópolis que deveria ser referido, na realidade, o simbolismo cíclico da Fênix.

Esta é a "Palavra Perdida", ou antes, ocultada dos homens da "idade sombria", do mesmo modo que o Centro Supremo tornou-se para eles invisível e inacessível. Mas não se trata aí, de modo algum, de "fragmentos e deformações"; trata-se, ao contrário, de adaptações regulares exigidas pelas circunstâncias de tempo e lugar, ou seja, pelo fato de que, conforme ensina Seyidi Mohyiddin ibn Arabi no início da segunda parte de *El-Futûhâtul-Mekkiyah* [As revelações da Meca], cada profeta ou revelador devia forçosamente empregar uma linguagem passível de ser compreendida por aqueles a quem se dirigia, portanto adaptada mais em particular à mentalidade de um povo e de uma época específicos. Essa é a razão da diversidade de formas tradicionais, que tem por sua vez como conseqüência imediata a diversidade de línguas que lhes devem servir de meios de expressão. Todas as línguas sagradas, portanto, devem ser vistas, na verdade, como obra de "inspirados", sem o que não estariam aptas a desempenhar o papel ao qual essencialmente se destinam. No que se refere à língua primitiva, sua origem, como a da própria tradição primordial, devia ser "não-humana"; e toda língua sagrada participa também desse caráter, na medida em que, em sua estrutura (*el-mabâni*) e significação (*el-maâni*), constitui-se num reflexo dessa língua primitiva. Isso pode, aliás, traduzir-se de diferentes modos, que não têm a mesma importância em todos os casos, pois a questão da adaptação também intervém aí, como acontece, por exemplo, com a forma simbólica dos signos empregados na escrita[2] e, em especial, no hebreu e no árabe, com a correspondência entre os números e as letras e, conseqüentemente, as palavras compostas por essas letras.

Certamente, é difícil aos ocidentais darem-se conta do que são na verdade as línguas sagradas, pois, ao menos nas condições atuais, não têm contato direto com nenhuma delas. A esse respeito podemos lembrar o que já dissemos, em outras ocasiões e de modo geral, sobre a dificuldade de assimilação das "ciências tradicionais", muito maior que a dos ensinamentos de ordem puramente metafísica, em razão de seu caráter especializado, que as vinculam de modo indissolúvel a essa ou àquela forma determinada, e que não permite transportá-las, tais como se encontram, de uma civilização a

2. Essa forma pode, além disso, ter sofrido modificações correspondentes a readaptações tradicionais posteriores, tal como a que ocorreu com o hebreu depois do cativeiro de Babilônia; dizemos que se trata de uma readaptação porque é improvável que a antiga escrita se tenha realmente perdido num curto período de setenta anos, e é surpreendente que isso em geral não seja percebido. Fatos do mesmo gênero, em épocas mais ou menos afastadas, devem ter-se produzido de igual modo com outras escritas, principalmente com o alfabeto sânscrito e, em certa medida, com os ideogramas chineses.

outra, sob o risco de torná-las inteiramente ininteligíveis ou de obter um resultado ilusório e, até mesmo, completamente falso. Assim, para compreender de fato todo alcance do simbolismo das letras e dos números, é preciso vivê-lo, de algum modo, em suas aplicações, inclusive em circunstâncias da vida corrente, tal como é possível em certos países orientais. Por isso seria absolutamente quimérico pretender introduzir considerações e aplicações dessa espécie nas línguas européias, que não as comportam e para as quais, particularmente, o valor numérico das letras é algo inexistente. As tentativas realizadas nessa ordem de idéias, fora de qualquer dado tradicional, estão portanto erradas já de seu ponto de partida. Se, às vezes, obteve-se algum resultado justo, por exemplo do ponto de vista "onomatomântico", isso não prova o valor e a legitimidade dos processos, mas apenas a existência de uma espécie de faculdade "intuitiva" (que, bem entendido, nada tem em comum com a verdadeira intuição intelectual) entre aqueles que se dedicaram a isso, tal como acontece freqüentemente com as "artes divinatórias".[3]

Para expor o princípio metafísico da "ciência das letras" (em árabe *ilmul-hurûf*), Seyidi Mohyiddin, no *El-Futûhâtul-Mekkiyah*, considera o universo como simbolizado por um livro: é o símbolo bem conhecido do *Liber Mundi* da Rosa-cruz e do *Liber Vitae* apocalíptico.[4] Os caracteres desse livro são, em princípio, escritos todos simultânea e indivisivelmente pela "pena divina" (*El-Qalamul-ilâhi*); essas "letras transcendentes" são as essências eternas ou as idéias divinas. Como cada letra é, ao mesmo tempo, um número, podemos notar a concordância desse ensinamento com a doutrina pitagórica. Essas mesmas "letras transcendentes", que são todas as criaturas, após terem sido condensadas originariamente na onisciência divina, desceram através do sopro divino às linhas inferiores, compondo e formando o Universo manifestado. Aqui, impõe-se um paralelo com o papel que desempenham as letras na doutrina cosmogônica do *Sepher Ietsirah*. A "ciência

3. Parece que a mesma coisa pode ser dita, apesar da aparência "científica" de seus métodos, a respeito dos resultados obtidos pela astrologia moderna, tão afastada da verdadeira astrologia tradicional. Essa última, cujas chaves parecem inteiramente perdidas, era por sinal muito mais que uma simples "arte divinatória", ainda que, é evidente, fosse aplicável a essa ordem, mas de modo secundário e "acidental".

4. Já tivemos ocasião de assinalar a relação que existe entre o simbolismo do "Livro da Vida" e o da "Árvore da Vida": as folhas da árvore e os caracteres do livro representam também todos os seres do universo (os "dez mil seres" da tradição extremo-oriental).

das letras" tem, aliás, uma importância quase igual na cabala hebraica e no esoterismo islâmico.[5]

Partindo desse princípio, pode-se compreender sem dificuldade que seja estabelecida uma correspondência entre as letras e as diferentes partes do Universo manifestado e, em particular, do nosso mundo. A existência de correspondências planetárias e zodiacais é, a esse respeito, bastante conhecida para que se torne dispensável insistir mais sobre ela; basta notar que isso coloca a "ciência das letras" em estreita relação com a astrologia considerada como ciência "cosmológica".[6] Por outro lado, em virtude da analogia constitutiva do "microcosmo" (*el-kawnus-seghir*) com o "macrocosmo" (*el-kawnul-kebir*), essas mesmas letras correspondem também às diferentes partes do organismo humano. A esse propósito, assinalaremos, de passagem, que existe uma aplicação terapêutica da "ciência das letras", empregando-se cada letra de um modo específico para curar doenças que afetam especialmente o órgão correspondente.

Do que acaba de ser dito, conclui-se que a "ciência das letras" deve ser considerada em diferentes ordens que podem, em suma, referir-se aos "três mundos": entendida em seu sentido superior é o conhecimento de todas as coisas no próprio princípio, enquanto essências eternas além de toda manifestação; no sentido que se poderia dizer médio, é a cosmogonia, ou seja, o conhecimento da produção ou da formação do mundo manifestado; finalmente, no sentido inferior, é o conhecimento das virtudes dos nomes e dos números, enquanto exprimem a natureza de cada ser; conhecimento que permite, a título de aplicação, exercer por seu intermédio, e em razão dessa correspondência, uma ação de ordem "mágica" sobre os próprios seres e sobre os acontecimentos que lhes dizem respeito. De fato, de acordo com o que expõe Ibn Khaldûn, as fórmulas escritas, sendo compostas dos mesmos elementos que constituem a totalidade dos seres, têm, por isso, a faculdade de agir sobre eles. É por isso também que o conhecimento do nome de um ser, expressão de sua própria natureza, pode proporcionar

5. É preciso também notar que o "Livro do Mundo" é, ao mesmo tempo, a "Mensagem Divina" (*Er-Risâlatul-ilâhiyah*), arquétipo de todos os livros sagrados; as escrituras sagradas nada mais são que sua tradução em linguagem humana. Isso é afirmado de forma expressa com relação ao *Veda* e ao Alcorão; a idéia do "Eterno Evangelho" mostra também que a mesma concepção não era inteiramente estranha ao cristianismo ou que, pelo menos, nem sempre o foi.

6. Há também outras correspondências com os elementos, as qualidades sensíveis, as esferas celestes, etc. Sendo em número de vinte e oito, as letras do alfabeto árabe têm ainda relação com as mansões lunares.

um poder sobre ele. Essa aplicação da "ciência das letras" é habitualmente designada pelo nome *sîmiâ*.[7] É importante notar que isso ultrapassa em muito um simples processo "divinatório". Pode-se, em primeiro lugar, por meio de um cálculo (*hisâb*) efetuado sobre os números correspondentes às letras e aos nomes, chegar à previsão de certos acontecimentos.[8] Mas isso apenas constitui, de certo modo, um primeiro grau, o mais elementar de todos. É possível efetuar a seguir, sobre os resultados desse cálculo, mutações que deverão ter por efeito uma correspondente modificação nos próprios acontecimentos. Aqui ainda é necessário distinguir graus bem diferentes, como no caso do próprio conhecimento, do qual isto não é senão uma aplicação e um emprego. Quando essa ação se exerce apenas no mundo sensível, trata-se do grau mais inferior, e é nesse caso que se pode falar propriamente em "magia". Mas é fácil conceber que se trata de uma coisa de ordem inteiramente distinta quando uma ação tem repercussão em mundos superiores. Neste último caso, estamos, por certo, na ordem "iniciática", no estrito sentido da palavra. Só pode operar de forma ativa em todos os mundos aquele que chegou ao grau do "enxofre vermelho" (*El-Kebritul-ahmar*), designação que indica uma assimilação, que poderia a alguns parecer inesperada, da "ciência das letras" com a alquimia.[9] Com efeito, essas duas ciências, entendidas em seu sentido profundo, são, na realidade, apenas uma. E o que uma e outra exprimem, sob aparências tão diferentes, nada mais é que o próprio processo de iniciação, que, além disso, reproduz rigorosamente o processo cosmogônico. A realização total das possibilidades de um ser efetua-se necessariamente passando pelas mesmas fases de realização da Existência Universal.[10]

7. A palavra *sîmiâ* não parece ser puramente árabe; vem provavelmente do grego *sêmeia*, "sinal", o que a torna quase equivalente ao nome da *gematria* cabalística, palavra também de origem grega e derivada não de *geometria* como se diz muitas vezes, mas de *grammateia* (de *grammata*, "letras").
8. Pode-se também, em certos casos, obter por tais cálculos a solução de questões de ordem doutrinária. E essa solução apresenta-se por vezes sob uma forma simbólica das mais notáveis.
9. Seyidi Mohyiddin é chamado *Es-Sheikhul-akbar wa el-Kebrîtul-ahmar*.
10. É pelo menos curioso notar que o próprio simbolismo maçônico, no qual a "Palavra Perdida" e sua busca desempenham também um papel importante, caracteriza os graus iniciáticos com expressões claramente tomadas de empréstimo à "ciência das letras": soletrar, ler, escrever. O "Mestre", que tem entre seus atributos a "prancha de desenho", se ele fosse o que deve ser, seria capaz, não só de ler, mas, também, de escrever no "Livro da Vida", ou seja, de cooperar de modo consciente para a realização do plano do "Grande Arquiteto do Universo". Por aí podemos julgar a distância que separa a posse nominal e a posse efetiva desse grau!

7

A LINGUAGEM DOS PÁSSAROS *

Wa eç-çâffâti çaffan,
Faz-zâjirâti zajran,
Fat-tâliyâti dhikran. . .
("Para os que estão enfileirados em ordem,
E que dão caça repelindo,
E que recitam a invocação. . .")

(Alcorão, XXXVII, 1 - 3)

Nas diversas tradições, fala-se com freqüência de uma linguagem misteriosa denominada "linguagem dos pássaros", designação evidentemente simbólica, pois a importância atribuída a ela, como prerrogativa de uma alta iniciação, não permite que seja tomada de forma literal. Tanto é, que se lê ainda no Alcorão: "E Salomão foi o herdeiro de Davi; e disse: Ó homens, temos sido instruídos na linguagem dos pássaros (*ullimna mantiqat-tayri*) e cumulados de todas as coisas. . ." (XXVII, 15). Por outro lado, vê-se que os heróis vencedores do dragão, como Siegfried na lenda nórdica, compreendem também a linguagem dos pássaros, o que nos permite interpretar facilmente o simbolismo em questão. De fato, a vitória sobre o dragão tem por conseqüência imediata a conquista da imortalidade, representada por algum objeto que o dragão defendia de qualquer aproximação. Essa conquista da imortalidade implica essencialmente a reintegração no centro do estado humano, isto é, no ponto em que se estabeleceu a comunicação com os estados superiores do ser. Tal comunicação é representada pela compreensão da linguagem dos pássaros, pois, de fato, os pássaros são tomados com freqüên-

* Publicado na revista *Le Voile d'Isis*, nov. 1931.

cia como símbolo dos anjos, ou seja, precisamente dos estados superiores. Já tivemos ocasião de citar, em outra parte,[1] a parábola evangélica na qual se fala, nesse sentido, de "pássaros do céu" que vêm pousar sobre os ramos da árvore, a mesma árvore que representa o eixo que passa pelo centro de cada estado de ser, ligando todos os estados entre si.[2]

No texto do Alcorão, que reproduzimos acima, considera-se o termo *eç-çâffât* designa literalmente os pássaros, mas que se aplica simbolicamente aos anjos (*el-malaïkah*); assim, o primeiro versículo significa a constituição das hierarquias celestes ou espirituais.[3] O segundo versículo exprime a luta dos anjos contra os demônios, das potências celestes contra as potências infernais, ou seja, a oposição entre os estados superiores e os inferiores.[4] É a mesma luta, na tradição hindu, dos *Devas* contra os *Asuras*, e também, de acordo com um simbolismo inteiramente semelhante ao que estamos tratando, do combate de *Garuda* contra o *Naga*, no qual encontramos ainda a serpente ou o dragão de que falávamos. *Garuda* é a águia, às vezes substituída por outros pássaros como o íbis, a cegonha e a garça, todos destruidores de répteis.[5] Enfim, no terceiro versículo, vê-se os anjos recitando o *dhikr*, que, na interpretação mais comum, é considerado como sendo a

1. *L'Homme et son devenir selon le Vêdânta*, cap. III.
2. No simbolismo medieval do *Peridexion* (corruptela de *Paradision*), observam-se pássaros sobre os ramos da árvore e o dragão a seu pé (ver *Le Symbolisme de La Croix*, Cap. IX). Num estudo sobre o simbolismo do "pássaro do paraíso" (*Le Rayonnement intellectuel*, maio-junho, 1930), o Sr. L. Charbonneau-Lassay reproduziu uma escultura em que esse pássaro está figurado apenas pela cabeça e asas, forma sob a qual os anjos são muitas vezes representados.
3. A palavra *çaff*, "fila", "ordem", está entre muitas outras que alguns julgaram possível atribuir a origem dos termos *çûfî* e *taçawwuf*. Ainda que essa derivação não pareça aceitável do ponto de vista lingüístico, não deixa de ser verdade que, como muitas outras do mesmo gênero, ela representa na verdade uma das idéias contidas nesses termos, pois as "hierarquias espirituais" identificam-se essencialmente aos graus da iniciação.
4. Essa oposição é traduzida em todo ser pelas tendências ascendentes e descendentes, denominadas *sattwa* e *tamas* na doutrina hindu. É também o que o Masdeísmo simboliza pelo antagonismo da luz e das trevas personificadas, respectivamente, por *Ormuzd* e *Arimã*.
5. Ver a esse respeito, os notáveis trabalhos do Sr. Charbonneau-Lassay sobre os símbolos animais de Cristo. É importante notar que a oposição simbólica do pássaro e da serpente só se aplica quando esta última é encarada sob seu aspecto maléfico; ao contrário, sob seu aspecto benéfico, ela se une às vezes ao pássaro, como na figura de *Quetzalcóatl* das antigas tradições americanas. No entanto, encontra-se também no México o combate da águia contra a serpente. Pode-se, para o caso da associação do pássaro e da serpente, lembrar o texto evangélico: "Sejam doces como as pombas e prudentes como as serpentes" (Mateus, 10, 16).

recitação do Alcorão, não, bem entendido, do Alcorão expresso em linguagem humana, mas de seu protótipo eterno inscrito na "tábua guardada" (*el-lawhul-mahfûz*), que, como a escada de Jacó, estende-se do céu à terra, portanto através de todos os graus da Existência Universal.[6]

Do mesmo modo, na tradição hindu, diz-se que os *Devas*, em sua luta contra os *Asuras*, protegeram-se (*achhan dayan*) pela recitação dos hinos do Veda, motivo pelo qual esses hinos receberam o nome de *chhandas*, palavra que designa precisamente o "ritmo". A mesma idéia está ainda contida na palavra *dhikr*, que, no esoterismo islâmico, aplica-se às fórmulas ritmadas que correspondem de modo exato aos *mantras* hindus. Trata-se de fórmulas cuja repetição tem por objetivo produzir uma harmonização dos diferentes elementos do ser e de determinar as vibrações capazes de estabelecer, por sua repercussão, através da série de estados em hierarquia indefinida, uma comunicação com os estados superiores o que é, aliás, de modo geral, a razão de ser essencial e primordial de todos os ritos.

Somos assim reconduzidos, como se vê, ao que dizíamos no início sobre a "linguagem dos pássaros", que também podemos chamar "linguagem angélica", cuja imagem no mundo humano é a linguagem ritmada, pois é na "ciência do ritmo", a qual comporta múltiplas aplicações, que se baseiam em definitivo todos os meios que podem ser colocados em ação para estabelecermos comunicação com os estados superiores. É por isso que uma tradição islâmica diz que Adão, no Paraíso Terrestre, falava em versos, isto é, em linguagem ritmada. Trata-se da "língua siríaca" (*loghah sûryâniyah*) da qual falamos em nosso estudo precedente sobre a "ciências das letras" e que deve ser vista como tradução direta da "iluminação solar" e "angélica", tal como se manifesta no centro do estado humano. É também por isso que os Livros Sagrados são escritos em linguagem ritmada, o que os torna completamente diferentes de simples "poemas", no sentido profano do termo, como quer o preconceito antitradicional dos "críticos" modernos. Aliás, a poesia não era, na origem, essa vã "literatura" que surgiu da degradação que se explica pela marcha descendente do ciclo humano, e tinha um verdadeiro caráter sagrado.[7] Vestígios do que estamos dizendo podem ser encontrados até na Antigüidade ocidental clássica, quando a poesia era ainda denominada "língua

6. Sobre o simbolismo do Livro, ao qual este se refere diretamente, ver *Le Symbolisme de la Croix*, cap. XIV.

7. Pode-se dizer, de modo geral, que as artes e as ciências tornaram-se profanas apenas por causa dessa degradação, que as despojou de seu caráter tradicional e, portanto, de todo significado de ordem superior. Já discorremos sobre esse assunto nos livros *O Esoterismo de Dante*, cap. II, e *A Crise do Mundo Moderno*, cap. IV.

dos Deuses", expressão equivalente à que já indicamos, visto que os "Deuses", isto é, os *Devas,*[8] são, como os anjos, a representação dos estados superiores. Em latim, os versos eram denominados *carmina*, designação que se referia à sua utilização no cumprimento dos ritos; a palavra *carmem* é idêntica ao sânscrito *Karma*, que deve aqui ser tomado em seu sentido especial de "ação ritual".[9] Desse modo, o poeta, intérprete da "língua sagrada", através da qual transparece o Verbo Divino, era *vates*, palavra que o caracterizava como dotado de inspiração de algum modo profética. Mais tarde, por uma outra degeneração o *vates* reduziu-se a um vulgar "adivinho",[10] e o *carmem* (que deu a palavra francesa "charme") tornou-se um "encantamento", isto é, uma operação de baixa magia. Aí está um exemplo do fato de que a magia, e mesmo a feitiçaria, é o que subsiste como último vestígio de tradições desaparecidas.

Essas poucas indicações bastarão, acreditamos, para mostrar o quanto estão errados aqueles que zombam das narrativas que tratam da "linguagem dos pássaros". É, na verdade, muito fácil e muito simples tratar com desdém, como "superstições", tudo aquilo que não se compreende. Mas os antigos sabiam, muito bem o que diziam quando empregavam a linguagem simbólica. A verdadeira "superstição", no sentido estritamente etimológico (*quod superstat*), é o que sobrevive a si mesmo, ou seja, numa palavra, a "letra morta". Mas essa conservação, por menos digna de interesse que possa parecer, não é contudo uma coisa tão desdenhável, pois o espírito que "sopra onde quer" e quando quer pode sempre vir revivificar os símbolos e os ritos, e restituir-lhes, com seu sentido perdido, a plenitude de sua virtude original.

8. O sânscrito *Deva* e o latim *Deus* são a mesma palavra.

9. A palavra "poesia" deriva-se, também, do verbo grego *poiein*, que tem a mesma significação que a raiz sânscrita *Kri*, da qual vem *Karma*, e que se encontra no verbo latino *creare*, entendido em sua acepção primitiva. Tratava-se, na origem, portanto, de uma coisa completamente diferente da simples produção de uma obra artística ou literária, no sentido profano que Aristóteles parece ter empregado ao falar do que denominava "ciências poéticas".

10. A palavra "adivinho" também se desviou de seu sentido, pois etimologicamente era o mesmo que *divinus*, significando então "intérprete dos deuses". Os "auspícios" (que vem de *aves spicere*, "observar os pássaros), presságios obtidos do vôo e do canto dos pássaros, estão mais próximos da "linguagem dos pássaros", entendida neste caso em seu sentido mais material, mas no entanto ainda identificada com a "linguagem dos deuses", visto admitir-se que estes manifestavam sua vontade através de presságios; os pássaros desempenhavam assim o papel de "mensageiros", análogo ao que em geral se atribui aos anjos (daí seu próprio nome, visto que é precisamente esse o sentido próprio da palavra grega *angelos*), se bem que tomado sob um aspecto muito inferior.

SÍMBOLOS DO CENTRO E DO MUNDO

8

A IDÉIA DE CENTRO NAS TRADIÇÕES ANTIGAS*

Já tivemos ocasião de nos referir ao "Centro do Mundo" e aos diversos símbolos que o representam. Devemos voltar agora a essa idéia de Centro, que tem a maior importância em todas as tradições antigas, e indicar algumas de suas principais significações. Para os modernos, de fato, essa idéia não mais evoca de imediato tudo aquilo que evocava para os antigos. Aí, como em tudo o mais que se refere ao simbolismo, muitas coisas foram esquecidas e certos modos de pensar parecem ter-se tornado totalmente estranhos à grande maioria de nossos contemporâneos. Cabe portanto insistir sobre isso, em particular porque a incompreensão é geral e completa a esse respeito.

O Centro é, antes de tudo, a origem, o ponto de partida de todas as coisas; é o ponto principal, sem forma e sem dimensões, portanto invisível, e, por conseguinte, a única imagem que se pode atribuir à Unidade primordial. Dele, por sua irradiação, todas as coisas são produzidas, do mesmo modo que a Unidade gera todos os números, sem que sua essência seja por isso modificada ou afetada de alguma forma. Há, aí, um perfeito paralelismo entre dois modos de expressão: o simbolismo geométrico e o simbolismo numérico, de tal modo que se pode empregá-los indiferentemente e passar-se de um a outro da maneira mais natural. É preciso não esquecer, contudo, que em ambos os casos estamos lidando sempre com símbolos: a unidade aritmética não é a Unidade metafísica; trata-se apenas de uma representação, embora nada tenha de artibrária, pois existe entre elas uma relação analógica real. E é essa relação que permite transpor a idéia da Unidade além do domínio da quantidade, à ordem transcendental.

* Publicado na revista *Regnabit*, mai. 1926.

O mesmo acontece com a idéia de Centro, que é passível de uma transposição similar, mediante a qual se despoja de seu caráter espacial, que só é evocado a título de símbolo: o ponto central é o Princípio, o Ser puro. O espaço que ele preenche com sua irradiação, e só por essa irradiação (o *Fiat Lux* do *Gênesis*), sem a qual esse espaço apenas seria "privação" e nada, é o Mundo no sentido mais amplo da palavra, o conjunto de todos os seres e de todos os estados de existência que constituem a manifestação universal.

A representação mais simples da idéia que acabamos de formular é o ponto no centro do círculo (fig. 1): o ponto é o emblema do Princípio, e o

Fig. 1

Fig. 2

círculo é o emblema do Mundo. É impossível determinar quaquer origem no tempo para o emprego dessa representação, pois é encontrada com freqüência em objetos pré-históricos. Sem dúvida, é preciso ver nessa representação um dos signos que se ligam diretamente à tradição primordial. Às vezes, o ponto é rodeado de vários círculos concêntricos, que parecem representar os diferentes estados ou graus da existência manifestada, dispondo-se hierarquicamente conforme seu maior ou menor afastamento do Princípio primordial.

O ponto no centro do círculo também foi utilizado, provavelmente desde uma época muito antiga, como uma representação do Sol, visto ser ele em verdade, na ordem física, o Centro ou o "Coração do Mundo". E essa figura permaneceu até nossos dias como o signo astrológico e astronômico usual do Sol. É talvez por essa razão que a maior parte dos arqueólogos, sempre que encontra esse símbolo, atribui-lhe uma significação exclusivamente "solar", enquanto que, na realidade, esta é muito mais ampla e profunda. Esquecem-se ou ignoram que o Sol, do ponto de vista de todas as tradições antigas, nada mais é em si que um símbolo do verdadeiro "Centro do Mundo", isto é, do Princípio divino.

A relação que existe entre o centro e a circunferência, ou entre o que representam respectivamente, já está claramente indicada pelo fato de que a circunferência não poderia existir sem o seu centro, enquanto que este é absolutamente independente daquela. Tal relação pode ser indicada de modo ainda mais claro e explícito através de raios provenientes do centro e que terminam na circunferência. Esses raios, é evidente, podem ser representados em número variável, pois sua quantidade é indefinida, do mesmo modo que os pontos da circunferência que lhe assinalam as extremidades. Mas, na realidade, escolheu-se sempre, para as representações dessa espécie, números que têm, por si próprios, um valor simbólico particular. Nesse caso, a forma mais simples é a que apresenta apenas quatro raios dividindo a circunferência em partes iguais, ou seja, dois diâmetros retangulares formando uma cruz no interior dessa circunferência (fig. 2). Essa nova figura tem a mesma significação geral da primeira, mas a ela se juntam algumas outras secundárias que a completam: a circunferência, se a considerarmos sendo percorrida num certo sentido, é a imagem de um ciclo de manifestação, tal como os ciclos cósmicos, sobre os quais a doutrina hindu, em particular, oferece uma teoria bastante desenvolvida. As divisões determinadas na circunferência pelas extremidades dos braços da cruz correspondem, então, aos diferentes períodos ou fases nos quais se divide o ciclo. Tal divisão pode ser vista, por assim dizer, em diversas escalas, de acordo com a maior ou menor extensão dos ciclos. Teremos desse modo, por exemplo, e para permanecermos numa única ordem da existência terrestre, os quatro principais momentos do dia, as quatro fases da lua, as quatro estações do ano, e também, segundo a concepção que encontramos tanto nas tradições da Índia e da América Central, quanto da Antiguidade greco-latina, as quatro idades da humanidade. Aqui apenas indicamos sumariamente essas considerações, para dar uma idéia de conjunto daquilo que os símbolos em questão exprimem; no entanto, elas se vinculam mais diretamente ao que trataremos a seguir.

Entre as figuras que comportam maior número de raios, mencionaremos em especial as rodas ou "rodelas", que têm habitualmente seis ou oito raios (figs. 3 e 4). A "rodela" céltica, que se perpetuou através de quase toda

Fig. 3

Fig. 4

a Idade Média, apresenta-se sobre uma ou outra dessas duas formas. Essas mesmas figuras, especialmente a segunda, encontram-se com muita freqüência nos países orientais, em particular na Caldéia e Assíria, na Índia (onde a roda é denominada *chakra*) e no Tibete. Por outro lado, existe um estreito parentesco entre a roda com seis raios e o crisma, resumindo-se a diferença no fato de que neste último, em geral, não se traça a circunferência à qual pertencem as extremidades dos raios.

A roda, ao invés de ser apenas um signo "solar", como se afirma comumente em nossa época, é antes de tudo um símbolo do Mundo, o que se pode compreender sem dificuldade. Na linguagem simbólica da Índia, fala-se sempre da "roda das coisas" ou da "roda da vida", o que corresponde claramente a essa significação. Fala-se, também, da "roda da Lei", expressão que o budismo adotou, como muitas outras, das doutrinas anteriores e que, ao menos na origem, referia-se sobretudo às teorias cíclicas. Deve-se acrescentar ainda que o Zodíaco é representado também sob a forma de uma roda, nesse caso com doze raios, e que o seu nome em sânscrito significa literalmente "roda dos signos"; poder-se-ia traduzi-lo de igual modo por "roda dos números", de acordo com o sentido principal da palavra *râshi,* que serve para designar os signos do Zodíaco.[1]

Existe, além disso, uma certa conexão entre a roda e os diversos símbolos florais; poderíamos mesmo, em certos casos pelo menos, falar de uma verdadeira equivalência.[2] Se considerarmos uma flor simbólica tal como o lótus, o lírio ou a rosa,[3] o seu desabrochar representa, entre outras coisas (pois são símbolos com múltiplas significações) e por uma similaridade muito compreensível, o desenvolvimento da manifestação. Esse desabrochar é ainda uma irradiação ao redor do Centro, pois, aqui também, trata-se de figuras "centradas", o que justifica sua assimilação à roda.[4] Na tradição hindu, o Mundo é muitas vezes representado sob a forma de um lótus, em cujo centro se levanta o *Mêru*, a montanha sagrada que simboliza o Pólo.

Mas, voltemos às significações do Centro, pois até aqui só expuse-

1. A "roda da Fortuna", no simbolismo da Antiguidade ocidental, tem relações muito estreitas com a "roda da Lei", e igualmente, embora isso não pareça tão claro à primeira vista, com a roda zodiacal.

2. Entre outros indícios dessa equivalência, no que se refere à Idade Média, vimos a roda de oito raios e uma flor de oito pétalas representadas uma ao lado da outra numa mesma pedra esculpida, encaixada na fachada da antiga igreja de Saint-Mexme de Chinon, e que data muito provavelmente da época carolíngea. (Ver Cap. 9: *As Flores Simbólicas*; e 50: *Os Símbolos da Analogia*.)

3. O lírio tem seis pétalas; o lótus, nas representações mais comuns, tem oito; as duas formas correspondem, portanto, às rodas de seis e oito raios. Quanto à rosa, ela é representada com um número variável de pétalas, o que pode modificar sua significação ou, pelo menos, dar-lhe matizes diferentes. Sobre o simbolismo da rosa, ver o artigo muito interessante de Charbonneau-Lassay (*Regnabit*, mar. 1926).

4. Na figura do crisma sobre a rosa, da época merovíngia, que foi reproduzida pelo Sr. Charbonneau-Lassay (*Regnabit*, mar. 1926), a rosa central tem seis pétalas orientadas segundo os braços do crisma; este, além disso, está encerrado num círculo, o que expressa, tão claramente quanto possível, sua identidade com a roda de seis raios.

mos a primeira delas, que se refere à imagem do Princípio. Encontraremos uma outra no fato de que o Centro é propriamente o "meio", o ponto equidistante de todos os pontos da circunferência, e que divide todos os diâmetros em duas partes iguais. No que dizíamos antes, o Centro era considerado de algum modo anterior à circunferência, que só tinha realidade pela irradiação dele; agora, é considerado em sua relação com a circunferência realizada, isto é, trata-se da ação do Princípio no seio da criação. O meio entre os extremos representados pelos pontos opostos da circunferência é o lugar em que as tendências contrárias, tocando seus extremos, neutralizam-se por assim dizer e permanecem em perfeito equilíbrio. Certas escolas de esoterismo muçulmano, que atribuem à cruz um valor simbólico da maior importância, dão o nome de "estação divina" (*el-maqâmul-ilâhi*) ao centro da cruz, que designam como o lugar em que se unificam todos os contrários e se resolvem todas as oposições. A idéia que se exprime aqui de modo mais particular é a de equilíbrio, que se identifica à de harmonia; não são duas ideias diferentes, mas apenas dois aspectos de uma mesma idéia.

Existe ainda um terceiro aspecto, ligado mais em particular ao ponto de vista moral (embora passível de receber também outras significações), que é a idéia de justiça. Pode-se relacionar o que dissemos aqui à concepção platônica segundo a qual a virtude consiste em um justo meio entre dois extremos. De um ponto de vista muito mais universal, as tradições extremo-orientais falam seguidamente do "Meio Invariável", que é o ponto em que se manifesta a "Atividade do Céu", e, segundo a doutrina hindu, no centro de todo ser e de todo estado da existência cósmica, reside um reflexo do Princípio Supremo.

O próprio equilíbrio, aliás, nada mais é que o reflexo, na ordem da manifestação, da imutabilidade absoluta do Princípio. Para considerar as coisas sob essa nova relação, é preciso olhar a circunferência como estando em movimento em torno de seu centro, o qual não participa desse movimento. A própria idéia de roda (*rota*) evoca de imediato a idéia de rotação, e essa rotação é a representação da mudança contínua a que estão submetidas todas as coisas manifestadas. Nesse movimento, só há um ponto que permanece fixo e imutável: o Centro. Isso nos leva de volta às concepções cíclicas sobre as quais dissemos algumas palavras anteriormente: o percurso de um ciclo qualquer, ou a rotação da circunferência, é a sucessão, seja sob o modo temporal, seja sob outro qualquer. A fixidez do Centro é a imagem da eternidade, em que todas as coisas são apresentadas em perfeita simultaneidade. A circunferência só pode girar ao redor de um centro fixo; do mesmo modo, a mudança, que não é suficiente por si mesma, supõe necessariamente um princípio exterior à mudança: é o "motor imóvel" de Aristóteles, também representado pelo Centro. O Princípio Imutável é, por conseguinte e ao mesmo tempo, tudo aquilo que existe, muda ou se move; e não há realidade que, conseqüentemente, não dependa totalmente dele. E é isto que dá ao movimento seu impulso inicial e, também, o que a seguir o dirige e o governa; aquilo que lhe dá sua lei, pois a conservação da ordem do mundo é apenas uma espécie de prolongamento do ato criador. Ele é, segundo uma expressão hindu, o "ordenador interno" (*antaryâmî*), pois dirige todas as coisas do interior, residindo ele próprio no ponto mais interior de todos, que é o Centro.

Ao invés da rotação de uma circunferência em torno de seu centro, pode-se considerar também a de uma esfera em torno de um eixo fixo; sua significação simbólica é exatamente a mesma. É por isso que as representações do "Eixo do Mundo" são tão numerosas e tão importantes em todas as tradições antigas; e o seu sentido geral é, no fundo, o mesmo das figuras do "Centro do Mundo", salvo talvez pelo fato de evocarem mais diretamente o papel do Princípio Imutável em relação à manifestação universal do que as outras relações sob as quais o Centro pode ser também considerado. Quando a esfera, terrestre ou celeste, realiza a rotação em torno de seu eixo, há dois pontos da esfera que permanecem fixos: são os pólos, que se constituem nas extremidades do eixo ou em seu ponto de encontro com a superfície da esfera. É por isso que a idéia de Pólo é equivalente à idéia de Centro. O simbolismo que se refere ao Pólo, e que se reveste às vezes de formas muito complexas, encontra-se também em todas as tradições, onde possui um lugar considerável. E se a maior parte dos eruditos modernos ainda não se apercebeu disso, é mais uma prova de que lhe falta a verdadeira compreensão dos símbolos.

Uma das figuras mais impressionantes, que resume as idéias que acabamos de expor, é a *swastika,* ou suástica (figs. 5 e 6), que é essencialmente o "signo do Pólo". Acreditamos que, na Europa moderna, até agora, não se conhece seu verdadeiro significado. Tentou-se inutilmente explicar esse símbolo pelas teorias mais fantasistas; chegou-se mesmo a ver nele o esquema de um instrumento primitivo destinado à produção do fogo; na verdade, se houver em certas circunstâncias, alguma relação com o fogo, é por razões muito diferentes. Foi com freqüência considerado como um signo "solar", que, no entanto, só poderia, assim, ter-se tornado de forma acidental ou de um modo muito indireto; a esse respeito poderíamos repetir aqui o que dissemos a propósito da roda e do ponto no centro do círculo. Os que

Fig. 5

Fig. 6

estiveram mais próximos da verdade foram aqueles que consideraram a suástica como símbolo do movimento, mas essa interpretação é ainda insuficiente, porque não se trata de um movimento qualquer, mas, sim, de um movimento de rotação que se realiza em torno de um centro ou de um eixo imóvel. E o ponto fixo é precisamente o elemento essencial ao qual se refere de forma direta o símbolo em questão. Todas as outras significações que a mesma figura comporta derivam-se desta: o Centro imprime movimento a todas as coisas e, como o movimento representa a vida, a suástica torna-se, por isso, um símbolo da vida, ou, mais exatamente, do papel vivificante do Princípio em relação à ordem cósmica.

Se compararmos a suástica com a figura da cruz inscrita na circunferência (fig. 2), poderemos nos dar conta de que são, no fundo, dois símbolos equivalentes, com a única diferença de que a rotação, ao invés de ser representada pelo traçado da circunferência, é apenas indicada na suástica por linhas acrescentadas às extremidades dos braços da cruz em ângulos retos; essas linhas são tangentes à circunferência, marcando a direção do movimento nos pontos correspondentes. Como a circunferência representa o Mundo, o fato de se encontrar subentendida indica muito claramente que a suástica não é uma representação do Mundo, mas sim da ação do Princípio em relação ao Mundo.[5]

Se atribuirmos à suástica o movimento de rotação de uma esfera, como o da esfera celeste em torno do seu eixo, é necessário supô-la traçada no plano equatorial; assim, o ponto central será a projeção do eixo sobre o plano que lhe é perpendicular. É secundária a importância do sentido de rotação indicado pela figura, pois são encontradas as duas formas que reproduzimos acima,[6] sem que seja preciso ver nisso a intenção de estabelecer entre elas uma oposição qualquer.[7] Sabemos muito bem que, em certos países e

5. A mesma observação valeria também para o crisma comparado à roda.

6. A palavra *swastika* é, em sânscrito, a única que serve para designar, em qualquer caso, o símbolo em questão; o termo *sauwastika*, que alguns aplicaram a uma das formas para distingui-la da outra (que seria então a verdadeira suástica), é apenas um adjetivo derivado de *swastika* e indica aquilo que se refere a esse símbolo ou a suas significações.

7. A mesma observação vale para outros símbolos, em especial para o crisma de Cons-

em certas épocas, podem ter ocorrido cismas em que seus partidários deram voluntariamente à figura uma orientação contrária àquela que era habitual naquele meio do qual haviam se desligado, tendo isso como finalidade seu antagonismo por meio de uma manifestação exterior. Mas isso não afeta em nada a significação essencial do símbolo, que permanece a mesma em todos os casos.

A suástica, longe de ser exclusivamente oriental, como se acreditou algumas vezes, é na realidade um daqueles símbolos muito difundidos, sendo encontrado em quase toda parte, do Extremo Oriente ao Extremo Ocidente, pois existe até em certos povos indígenas da América do Norte. Na época atual, conservou-se em particular na Índia e na Ásia Central e Oriental, e é provável que apenas nessas regiões exista quem saiba ainda o que ele significa. Entretanto, mesmo na Europa, ele não desapareceu inteiramente.[8] Na Lituânia e na Curlândia, os camponeses ainda traçam[9] esse signo em suas casas, embora sem dúvida não mais conheçam o seu sentido e só vejam nele uma espécie de talismã protetor; mas, o que talvez seja mais curioso, é que eles lhe dão o nome sânscrito de *swastika.*[10] Na Antigüidade, encontramos esse signo em especial entre os celtas e na Grécia pré-helênica;[11] e, ainda, no Ocidente, como escreveu o Sr. Charbonneau-Lassay,[12] foi antigamente um

tantino, no qual o P está às vezes invertido, o que levou alguns a pensarem que deveria ser então considerado como o signo do Anti-Cristo. Tal intenção pode ter existido de fato em alguns casos, mas existem outros em que isso é evidentemente impossível de ser admitido (nas catacumbas, por exemplo). De igual modo, o "quatro de cifra" corporativo, que é, aliás, uma modificação desse mesmo P do crisma (veja cap. 67), está voltado indiferentemente em um sentido ou outro, sem que se possa atribuir esse fato a uma rivalidade entre as diferentes corporações ou ao desejo de se distinguirem entre si, pois são encontradas as duas formas nas marcas pertencentes a uma mesma corporação.

8. Não nos referimos aqui ao uso inteiramente artificial da suástica, em especial por certos grupos políticos alemães, que fizeram dela, com total arbitrariedade, um signo de anti-semitismo, a pretexto de que esse seria o emblema conveniente para a pretensa "raça ariana", o que não passa de pura fantasia.

9. Não esquecer que este texto foi escrito para publicação em 1926. (N. T.)

10. O lituano é, por sinal, dentre todas as línguas européias, a que tem maior semelhança com o sânscrito.

11. Existem diversas variantes da suástica, por exemplo uma forma com braços curvos (com aparência de dois S cruzados), que vimos em particular numa moeda gaulesa. Além disso, certas figuras que só guardaram um mero caráter decorativo, como a cercadura "grega", são originariamente derivadas da suástica.

12. V. *Regnabit*, mar. 1926, pp. 302-303.

dos emblemas de Cristo, permanecendo em uso como tal até perto do final da Idade Média. Do mesmo modo que o ponto no centro do círculo e a roda, a suástica remonta incontestavelmente aos tempos pré-históricos, e, de nossa parte, vemos esse signo ainda, sem qualquer hesitação, como um dos vestígios da tradição primordial.

Não terminamos ainda de indicar todas as significações do Centro: ele é, em primeiro lugar, um ponto de partida, mas é também um ponto de finalização; tudo procede dele, e tudo deve finalmente a ele retornar. Já que todas as coisas só existem por causa do Princípio e não poderiam subsistir sem Ele, deve existir entre elas um vínculo permanente, representado pelos raios que juntam ao centro todos os pontos da circunferência. Esses raios podem ser percorridos em dois sentidos opostos: em primeiro lugar, do centro para a circunferência, e, a seguir, da circunferência voltando para o centro. São como que duas fases complementares, sendo a primeira representada pelo movimento centrífugo e a segunda pelo movimento centrípeto. Essas duas fases podem ser comparadas à respiração, de acordo com um simbolismo freqüentemente referido pelas doutrinas hindus, além de ter uma analogia não menos notável com a função fisiológica do coração. Com efeito, o sangue parte do coração espalhando-se por todo o organismo, vivificando-o, e retornando a seguir ao coração, cujo papel como centro orgânico é, na verdade, completo e corresponde por inteiro à idéia que, de um modo geral, devemos ter a respeito do Centro na plenitude de sua significação.

Todos os seres, por dependerem de seu Princípio em tudo o que são, devem consciente ou inconscientemente aspirar a retornar para Ele. Essa tendência de retorno ao Centro tem, do mesmo modo, em todas as tradições, sua representação simbólica, que pode ser exemplificada com a orientação ritual, voltada exatamente na direção de um centro espiritual, imagem terrestre e sensível do verdadeiro "Centro do Mundo". A orientação das igrejas cristãs é um desses casos e refere-se essencialmente à mesma idéia conhecida por todas as religiões. No Islã, essa orientação (*qibla*) é como que a materialização, se assim pudermos falar, da intenção[13] (*niyya*) pela qual todas as potências do ser devem ser dirigidas para o Princípio Divino; e muitos outros exemplos poderiam ser facilmente encontrados. Haveria muito o que dizer sobre essa questão, mas como sem dúvida teremos ocasião

13. A palavra "intenção" deve ser tomada aqui em seu sentido estritamente etimológico (de *in-tendere*, tender para).

de voltar a ela na seqüência destes estudos, nos contentaremos, por ora, em indicar, de forma sucinta, um último aspecto do simbolismo do Centro.

Em resumo, o Centro é, ao mesmo tempo, o princípio e o fim de todas as coisas; ele é, segundo um simbolismo muito conhecido, o *alfa* e o *ômega*. Melhor ainda, é o princípio, o meio e o fim. Esses três aspectos estão representados pelos três elementos do monossílabo *Aum*, ao qual o Sr. Charbonneau-Lassay referiu-se como emblema de Cristo, e cuja associação à suástica, entre os signos do convento do Carmo de Loudun, parece-nos particularmente significativa. De fato, esse símbolo, muito mais completo que o *alfa* e o *ômega*, e capaz de sentidos que poderiam propiciar desenvolvimentos quase que indefinidos, é, por uma das concordâncias mais surpreendentes que se poderiam encontrar, comum à antiga tradição hindu e ao esoterismo cristão da Idade Média. Em ambos os casos, ele é, igualmente e por excelência, um símbolo do Verbo, que é na realidade o verdadeiro "Centro do Mundo".

9

AS FLORES SIMBÓLICAS*

O uso de flores no simbolismo é, como se sabe, muito difundido e pode ser encontrado na maior parte das tradições. É também muito complexo e a nossa intenção aqui só pode ser a de indicar algumas significações mais gerais. É evidente, com efeito, que, conforme se considere como símbolo uma ou outra flor, o sentido deve variar, ao menos em suas modalidades secundárias, e também que, como ocorre de modo geral no simbolismo, cada flor tenha em si mesma uma pluralidade de significações, ligadas entre si por certas correspondências.

Um dos principais sentidos é o que se refere ao princípio feminino ou passivo da manifestação, isto é, à *Prakriti*, a substância universal. A esse respeito, a flor equivale a certo número de outros símbolos, dentre os quais um dos mais importantes é o cálice. Como este, a flor evoca por sua própria forma a idéia de "receptáculo", o que a *Prakriti* é para as influências emanadas de *Purusha;* fala-se também, comumente, do "cálice" de uma flor. Por outro lado, o desabrochar da flor representa ao mesmo tempo o desenvolvimento da própria manifestação, considerada como produção de *Prakriti.* Esse duplo sentido está particularmente claro no caso do lótus, que é a flor simbólica por excelência no Oriente, e que tem como característica especial desabrochar na superfície das águas, que por sua vez, como já tivemos ocasião de explicar, representa sempre o domínio de um certo estado de manifestação, ou o plano de reflexão do "Raio Celeste", que exprime a influência de *Purusha*, exercendo-se sobre esse domínio para realizar as possibilidades que nele estão contidas potencialmente, envoltas na indiferenciação primordial de *Prakriti.* [1]

* Publicado na revista *Études Traditionnelles*, abr. 1936.

1. Ver *Le Symbolisme de la Croix*, cap. XXIV.

A relação que acabamos de indicar com o cálice deve, naturalmente, levar-nos a considerar o simbolismo do Graal nas tradições ocidentais. Cabe fazer, a esse respeito, uma observação digna do maior interesse. Sabe-se que, dentre os diversos objetos que a lenda associa ao Graal, aparece uma lança que, na adaptação cristã, seria a do centurião Longinos, que abriu no costado de Cristo a ferida de onde saíram o sangue e a água recolhidos por José de Arimatéia no cálice da Santa Ceia. Porém, não é menos verdade que essa lança, ou alguns de seus equivalentes, já existia como símbolo de algum modo complementar ao cálice em tradições anteriores ao cristianismo.[2]

A lança, quando está colocada verticalmente, é uma das representações do "Eixo do Mundo", que se identifica ao "Raio Celeste" de que falávamos há pouco. Podemos lembrar também, a propósito, as freqüentes assimilações do raio solar a armas como a lança ou a flecha, sobre as quais não cabe insistir aqui. Por outro lado, em certas representações, as gotas de sangue caem da lança sobre o cálice; nesse caso, as gotas de sangue nada mais são, em sua principal significação, que a imagem das influências emanadas de *Purusha,* o que evoca também o simbolismo védico do sacrifício de *Purusha* na origem da manifestação.[3] E isso nos reconduz direto à questão do simbolismo floral, do qual só aparentemente nos afastamos para entrar nessas considerações.

No mito de Adônis (cujo nome significa "o Senhor"), quando o herói é mortalmente ferido pelas presas de um javali, que desempenham aí o mesmo papel da lança, o seu sangue, ao se espalhar pela terra, dá nascimento a uma flor. Exemplos similares podem, sem dúvida, ser encontrados facilmente, mesmo no simbolismo cristão. É assim que o Sr. Charbonneau-Lassay assinalou: "Uma espada de cavaleiro, do século XII, em que se vê o sangue das chagas do Crucificado caírem em gotas que se transformam em rosas, e o vitral do século XIII da catedral de Angers, em que o sangue divino, correndo em filete, desabrocha também sob a forma de rosas".[4] A rosa é no Ocidente, assim como o lírio, um dos equivalentes mais freqüentes do que o

2. Cf. *O Rei do Mundo*, cap. V. Poderíamos mencionar, entre os diferentes casos em que a lança é empregada como símbolo, similaridades curiosas que vão até os detalhes; assim, por exemplo, entre os gregos, admitia-se que a lança de Aquiles curava os ferimentos que causava; a lenda medieval atribui a mesma virtude à lança da Paixão.

3. Poderíamos também, sob certos aspectos, fazer aqui uma aproximação com o simbolismo bem conhecido do pelicano.

4. *Regnabit*, jan. 1925. Podemos assinalar ainda um simbolismo conexo, que se refere à representação das cinco chagas de Cristo por cinco rosas, uma colocada no centro da cruz e as demais nos quatro braços, conjunto este que se constitui também num dos principais símbolos dos Rosa-cruzes.

lótus é para o Oriente, onde o simbolismo da flor parece referir-se unicamente ao ato de produzir-se a manifestação,[5] enquanto a *Prakriti* é antes representada pelo solo que o sangue vivifica; mas existem casos que parecem ser diferentes. No mesmo artigo que acabamos de citar, o Sr. Charbonneau-Lassay reproduz um desenho que ornamenta o cânon do altar da abadia de Fontevrault, que data da primeira metade do século XVI e que se conserva até hoje no museu de Nápoles, onde se vê a rosa colocada ao pé de uma lança erguida verticalmente e ao longo da qual escorrem gotas de sangue. A rosa aparece aí associada à lança, do mesmo modo que o cálice em outras situações, e mais parece recolher as gotas de sangue do que resultar da transformação de uma delas. É evidente que as duas significações não se opõem de modo algum; ao contrário, completam-se, pois as gotas, ao caírem sobre a rosa, fazem com que ela se vivifique e desabroche. É evidente que o papel simbólico do sangue, em todos os casos, tem sua razão de ser na relação direta que mantém com o princípio vital, aqui transposto para a ordem cósmica. Essa chuva de sangue equivale também ao "rocio celeste", que, segundo a doutrina cabalística, emana da "Árvore da Vida", outra representação do "Eixo do Mundo", cuja influência vivificante está relacionada às idéias de regeneração e de ressurreição, claramente vinculadas à idéia cristã da Redenção. O rocio desempenha também um importante papel no simbolismo alquímico e rosa-cruz.[6]

Há uma equivalência entre a flor e os outros símbolos, quando ela é considerada como representativa do desenvolvimento da manifestação; dentre esses símbolos é preciso apontar, em especial, o da roda, encontrado quase por toda parte com um número variável de raios, de acordo com as representações, mas sempre com um valor simbólico particular. Os tipos mais habituais são as rodas com seis e oito raios. A "rodela" céltica, que se perpetuou através de quase toda Idade Média ocidental, apresenta-se sob as duas formas. Essas duas figuras, principalmente a segunda, encontram-se com freqüência em países orientais, em especial na Caldéia e Assíria, na Índia e no Tibete.

A roda é sempre, e antes de tudo, um símbolo do Mundo. Na linguagem simbólica da tradição hindu, fala-se constantemente da "roda das

5. Deve ficar bem entendido, para que essa interpretação não dê margem a qualquer objeção, que existe uma estreita relação entre "Criação" e "Redenção", que são, em suma, dois aspectos da operação do Verbo Divino.

6. Cf. *O Rei do Mundo*, cap. III. A similaridade entre as palavras rocio (*ros*) e rosa (*rosa*) não poderia deixar de ser notada por aqueles que sabem o quanto é freqüente o emprego de um certo simbolismo fonético.

coisas" ou da "roda da vida", que correspondem de modo claro àquela significação. Referências à "roda cósmica" não são menos freqüentes na tradição extremo-oriental. Essas indicações são suficientes para estabelecer o estreito parentesco dessas figuras com as flores simbólicas, cujo desabrochar é de igual modo uma irradiação em torno do centro, pois elas também são figuras "centradas". Sabe-se que, na tradição hindu, o Mundo é, às vezes, representado sob a forma de um lótus, em cujo centro se ergue o *Mêru*, a "montanha polar". Existem, além disso, correspondências evidentes entre o número de pétalas de certas flores e o de raios da roda, o que reforça ainda mais essa equivalência. Assim, o lírio com seis pétalas e o lótus, que nas representações mais comuns aparece com oito pétalas, correspondem respectivamente às rodas de seis e oito raios, às quais acabamos de nos referir.[7] Quanto à rosa, ela é representada com um número variável de pétalas, mas apenas gostaríamos de observar a esse respeito que, de modo geral, os números cinco e seis se referem respectivamente ao "microcosmo" e ao "macrocosmo". Além disso, no simbolismo alquímico, a rosa de cinco pétalas, colocada no centro da cruz (que representa o quaternário dos elementos), é também, como já assinalamos em outro estudo,[8] o símbolo da "quintessência", que desempenha por outro lado, com relação à manifestação corporal, um papel análogo ao da *Prakriti*.

Finalmente, mencionaremos ainda o parentesco das flores de seis pétalas e da roda de seis raios com alguns outros símbolos também difundidos, tais como o do "crisma", ao qual nos propomos a voltar em uma outra ocasião.[9] Por enquanto, basta termos apresentado as duas similaridades mais importantes dos símbolos florais: com o cálice, na medida em que se referem à *Prakriti*, e com a roda, enquanto dizem respeito à manifestação cósmi-

7. Pudemos observar, como exemplo muito claro dessa equivalência na Idade Média, uma roda de oito raios e uma flor de oito pétalas figuradas uma ao lado da outra sobre uma mesma pedra esculpida e encastrada na fachada da antiga igreja de Saint-Mexme de Chinon, e que data muito provavelmente da época carolíngia. A roda também se encontra figurada com muita freqüência nas igrejas romanas; a própria rosácea gótica, cujo nome se identifica aos símbolos florais, e dos quais parece derivar, estaria assim também ligada, por uma filiação ininterrupta, à antiga "rodela" céltica.

8. *La Théorie hindoue des cinq éléments*, publicado na revista *Études Traditionnelles*, ago.-set. 1935.

9. Charbonneau-Lassay assinalou a associação da rosa com o crisma (*Regnabit*, mar. 1926), numa figura que reproduziu de um ladrilho merovíngio, em que a rosa central tem seis pétalas orientadas segundo os braços do crisma; além disso, ela está encerrada num círculo, o que transparece do modo mais claro possível sua identidade com a roda de seis raios.

ca; além disso, o nexo entre essas duas significações é, em suma, uma relação do princípio com a conseqüência, visto que a *Prakriti* é a raiz de toda manifestação.

10

A TRÍPLICE MURALHA DRUÍDICA*

O sr. Paul Le Cour assinalou na revista *Atlantis*, de julho-agosto de 1928, um curioso símbolo traçado sobre uma pedra druídica descoberta por volta de 1800, em Suèvres (Loir-et-Cher), e que havia sido anteriormente estudada pelo Sr. E.-C. Florance, presidente da Sociedade de História Natural. e Antropologia de Loir-et-Cher. Este último pensa que a localidade em que foi encontrada essa pedra poderia ter sido o lugar da reunião anual dos druidas, situado, segundo César, nos confins do país dos Carnutos.[1] Sua atenção foi atraída pelo fato de que o mesmo signo encontra-se num sinete de oculista galo-romano, encontrado por volta de 1870, em Villefranche-sur-Cher (Loir-et-Cher), e lança a idéia de que poderia representar uma tríplice muralha sagrada. Esse símbolo, de fato, é formado por três quadrados concêntricos, ligados entre si por quatro linhas em ângulo reto (fig. 7).

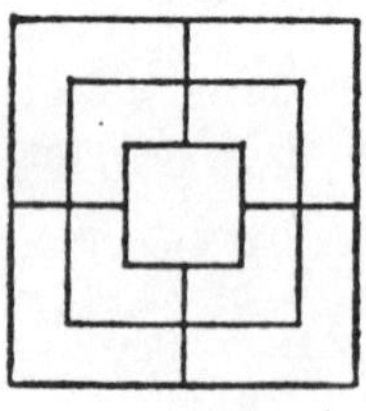

Fig. 7

* Publicado na revista *Le Voile d'Isis*, jun. 1929.

1. César diz: *in finibus Carnutum*; a interpretação nos parece passível de alguma dúvida, pois *fines* nem sempre significa "confins", mas sim, freqüentemente, o próprio país. Por outro lado, não parece que se tenha encontrado em Suèvres nada que lembre o *Omphalos* que, no *Mediolanon* ou *Medionemeton* da Gália, devia ser representado por menir, de acordo com o uso dos povos célticos.

No mesmo momento em que aparecia o artigo da *Atlantis*, o sr. Florance era informado de que idêntico símbolo estava gravado sobre uma grande pedra de embasamento de um contraforte da igreja de Sainte-Gemme (Loir-et-Cher), pedra que parece, aliás, ter procedência anterior à construção dessa igreja, e que poderia mesmo remontar ao druidismo. É certo além do mais que, como muitos outros símbolos célticos, em particular o da roda, essa figura permaneceu em uso até a Idade Média, visto que o sr. Charbonneau-Lassay assinalou-a entre os "graffiti" do torreão de Chinon,[2] juntamente com outra não menos antiga, formada de oito raios e circunscrita por um quadrado (fig. 8), que se encontra sobre o "bétilo"* de Kermaria estuda-

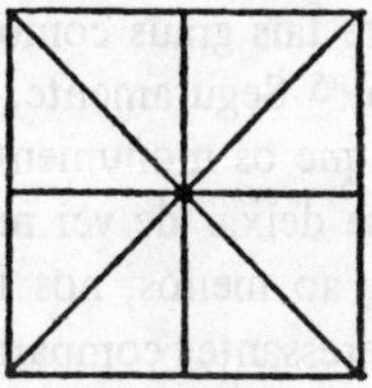

Fig. 8

do pelo Sr. J. Loth[3] e ao qual já tivemos ocasião de nos referir em outra parte.[4] O Sr. Le Cour indica que o símbolo do tríplice quadrado encontra-se, também, em Roma, no claustro de São Paulo, que data do século XIII, e que, mais ainda, era conhecido na Antiguidade por outros, além dos celtas, visto que ele próprio o tinha observado por diversas vezes na Acrópole de Atenas, sobre as lajes do Partenon e do Erectéion.

A interpretação do símbolo em questão, como representando uma muralha tríplice, nos parece muito justa. O Sr. Le Cour, a esse respeito, estabelece uma relação com o que diz Platão, que, ao falar da metrópole dos atlantes, descreve o palácio de Poseidon como edificado no centro de três muralhas concêntricas, ligadas entre si por canais, o que forma, com efeito, uma figura análoga à que estamos tratando, porém circular ao invés de quadrada.

2. *Le Coeur rayonnant du donjon de Chinon.*

* O *bétilo* é usualmente definido como "pedra sagrada, considerada como a morada de um deus". (N. T.)

3. *L'"Omphalos" chez les Celtes*, na *Revue des Études anciennes*, jul.-set. 1915.

4. *O Rei do Mundo*, cap. IX; *L' "Omphalos", symbole du Centre*, na *Regnabit*, jun. 1926.

Agora, qual pode ser a significação dessas três muralhas? Pensamos, imediatamente, que devia tratar-se de três graus de iniciação, de tal forma que o seu conjunto poderia ser, de certo modo, a representação da hierarquia druídica. O fato de que essa mesma figura é encontrada em outros povos além dos celtas indicaria a existência, em outras formas tradicionais, de hierarquias constituídas sob o mesmo modelo, o que é perfeitamente normal. A divisão da iniciação em três graus é, aliás, a mais freqüente e, poderíamos dizer, a mais fundamental. Todas as demais apenas representam, em suma, em relação àquela, subdivisões ou desenvolvimentos mais ou menos complicados. O que nos deu essa idéia foi o conhecimento que tivemos, anteriormente, de documentos que, em certos sistemas maçônicos de altos graus, descrevem precisamente tais graus como muralhas sucessivas traçadas ao redor de um ponto central.[5] Seguramente, esses documentos são incomparavelmente menos antigos que os monumentos dos quais estamos tratando, mas nem por isso pode-se deixar de ver neles um eco de tradições que lhe são muito anteriores, e, ao menos, nos fornecem nesta circunstância um ponto de partida para interessantes comparações.

É preciso esclarecer que a explicação que propomos não é, em absoluto, incompatível com a de alguns outros, tal como a examinada pelo Sr. Le Cour, que relaciona as três muralhas aos três círculos da existência reconhecidos pela tradição céltica. Esses três círculos, que se encontram sob outra forma no cristianismo, são também os mesmos "três mundos" da tradição hindu. Nesta, além disso, os círculos celestes são, às vezes, representados por muralhas concêntricas ao redor do *Mêru*, ou seja, a Montanha Sagrada que simboliza o "Pólo" ou o "Eixo do Mundo", o que é uma concordância das mais notáveis. Longe de se excluírem, as duas explicações se harmonizam perfeitamente, e poderíamos mesmo dizer que elas coincidem num certo sentido, pois, se for o caso de iniciação real, seus graus correspondem a igual número de estados do ser, e esses estados são descritos em todas as tradições como mundos diferentes, pois deve ficar bem claro que a "localização" tem apenas um caráter puramente simbólico. Já explicamos, a propósito de Dante,[6] que os céus são na verdade "hierarquias espirituais", isto é, graus de iniciação e, evidentemente, referem-se ao mesmo tempo aos graus da existência universal, pois, como dizíamos então,[7] em virtude da analogia constitutiva do Macrocosmo e do Microcosmo, o processo iniciático repro-

5. O sr. Le Cour registra que o ponto central encontra-se assinalado na maior parte das figuras vistas por ele na Acrópole de Atenas.

6. *O Esoterismo de Dante*, cap. II.

7. *Ibidem*, cap. VI.

duz de forma rigorosa o processo cosmogônico. Acrescentaremos que, de um modo geral, a propriedade de toda interpretação verdadeiramente iniciática é a de não ser jamais exclusiva, mas, ao contrário, compreender sinteticamente em si própria todas as demais interpretações possíveis. É por isso, aliás, que o simbolismo, com os seus múltiplos e superpostos sentidos, é o meio de expressão normal de todo verdadeiro ensinamento iniciático.

Com essa mesma explicação, o sentido das quatro linhas dispostas em forma de cruz, e que ligam as três muralhas, torna-se de imediato muito claro: são os canais por meio dos quais o ensinamento da doutrina tradicional se comunica de alto a baixo, a partir do grau supremo, que é o depositário desse ensinamento, repartindo-se hierarquicamente pelos demais graus. A parte central da figura corresponde, portanto, à "fonte do ensinamento", da qual falam Dante e os "Fiéis de Amor",[8] e a disposição crucial dos quatro canais que dela partem identificam-se aos quatro rios do *Pardes*.

A esse respeito convém notar que existe, entre a forma circular e quadrada da figura, uma nuance importante, ou seja, elas se referem respectivamente ao simbolismo do Paraíso Terrestre e da Jerusalém Celeste.[9] Com efeito, sempre há analogia e correspondência entre o começo e o fim de um ciclo qualquer, mas, no fim, o círculo é substituído pelo quadrado, o que indica a realização daquilo que os hermetistas designam simbolicamente como a "quadratura do círculo";[10] a esfera, que representa o desenvolvimento das possibilidades mediante a expansão do ponto primordial e central, transforma-se num cubo, quando esse desenvolvimento é concluído, e alcança o equilíbrio final para o ciclo considerado.[11]

Para aplicar de modo mais específico essas considerações à questão que nos ocupa no momento, diremos que a forma circular deve representar o ponto de partida de uma tradição, o que é bem o caso no que diz respeito

8. Ver nosso artigo na revista *Le Voile d'Isis*, fev. 1929.

9. *O Rei do Mundo*, cap. XI; sobre as relações entre o Paraíso Terrestre e a Jerusalém Celeste, ver também *O Esoterismo de Dante*, cap. VIII.

10. A quadratura não pode ser obtida no "devir" ou no próprio movimento do ciclo, pois ela exprime a fixação resultante da "passagem ao limite"; e, sendo todo movimento cíclico verdadeiramente indefinido, o limite não pode ser alcançado percorrendo-se de modo sucessivo e analítico todos os pontos correspondentes a cada momento do desenvolvimento da manifestação.

11. Seria fácil estabelecer aqui uma relação com o símbolo maçônico da "pedra cúbica", que se refere também à idéia de acabamento e perfeição, isto é, à realização da plenitude das possibilidades compreendidas num certo estado. [Cf. cap. 48]

à Atlântida,[12] e que a forma quadrada é o seu ponto de finalização, que corresponde à constituição de uma forma tradicional derivada. No primeiro caso, o centro da figura seria então a fonte da doutrina, enquanto que, no segundo, seria precisamente o reservatório, tendo aí a autoridade espiritual um papel de conservação; mas o simbolismo da "fonte de ensinamento" aplica-se, por certo, tanto a um como ao outro.[13]

Do ponto de vista do simbolismo numérico, é preciso notar ainda que o conjunto dos três quadrados forma o duodenário. Disposto de outro modo (fig. 9), esses três quadrados, aos quais se juntam ainda quatro linhas

Fig. 9

em cruz, constituem a figura na qual os antigos astrólogos inscreviam o zodíaco.[14] Essa figura era também considerada como a de Jerusalém Celeste, com suas doze portas, três em cada um dos lados, o que possui uma relação evidente com a significação que acabamos de indicar para a forma quadrada.

Haveria, sem dúvida, muitas outras relações para considerar, mas pensamos que essas indicações, por mais incompletas que possam ser, contribuirão para trazer alguma luz sobre a misteriosa questão da tríplice muralha druídica.

12. É necessário deixar bem claro que a tradição atlante não é, contudo, a tradição primordial para o presente *Manvantara*, e que ela própria é secundária em relação à tradição hiperbórea; é só de modo relativo que se pode tomá-la como ponto de partida, no que diz respeito a certo período que é apenas uma das subdivisões do *Manvantara*.

13. A outra figura que reproduzimos mais acima (fig. 8) apresenta-se muitas vezes sob a forma circular: é então uma das variedades mais habituais da roda. Essa roda de oito raios é, sob certos aspectos, equivalente ao lótus de oito pétalas, mais particular às tradições orientais, do mesmo modo que a roda de seis raios equivale ao lírio, que tem seis pétalas (veja os nossos artigos [cap. 50] *Os Símbolos da Analogia* e [cap. 8] *A Idéia de Centro nas Tradições Antigas*).

14. As quatro linhas em cruz são, então, colocadas diagonalmente em relação aos dois quadrados extremos, e o espaço compreendido entre eles fica dividido em doze triângulos retângulos iguais.

11

OS GUARDIÃES DA TERRA SANTA*

Entre as atribuições das ordens de cavalaria, e mais em particular dos Templários, umas das mais conhecidas, mas nem por isso em geral bem compreendidas, é a de "guardiães da Terra Santa". Seguramente, se nos prendermos ao sentido mais exterior, encontraremos uma explicação imediata desse fato na conexão existente entre a origem dessas ordens e as Cruzadas, pois, tanto para os cristãos, quanto para os judeus, parece que a "Terra Santa" nada mais designa que a Palestina. No entanto, a questão torna-se mais complexa quando se sabe que diversas organizações orientais, cujo caráter iniciático não pode ser colocado em dúvida, como os Assacis e os Drusos, receberam também o título de "guardiães da Terra Santa". Aqui, de fato, não mais se trata da Palestina, mas é no entanto notável que essas organizações apresentem um grande número de traços comuns com as ordens de cavalaria ocidentais, com as quais algumas delas chegaram historicamente a estabelecer relações.

Cabe, assim, nos perguntarmos o que se deve entender, na realidade, por "Terra Santa", e ao que corresponde exatamente o papel de "guardiães", que parece ligado a um determinado gênero de iniciação, que se poderia denominar "cavaleiresco", desde que déssemos a esse termo uma extensão mais ampla do que se entende comumente, mas que as analogias existentes entre as diferentes formas bastam para legitimá-lo.

Já demonstramos em outras partes, em particular no estudo sobre *O Rei do Mundo*, que a expressão "Terra Santa" tem um certo número de sinônimos: "Terra Pura", "Terra dos Santos", "Terra dos Bem-aventurados", "Terra dos Viventes", "Terra da Imortalidade", e que essas designa-

* Publicado na revista *Le Voile d'Isis*, ago.-set. 1929.

ções equivalentes são encontradas nas tradições de todos os povos. Essencialmente, elas sempre se aplicam a um centro espiritual, cuja localização numa determinada região pode, segundo o caso, ser entendida literal ou simbolicamente, ou nos dois sentidos ao mesmo tempo. Toda "Terra Santa" é também designada por expressões como "Centro do Mundo" ou "Coração do Mundo", o que exige algumas explicações, pois essas designações uniformes, ainda que diversamente aplicadas, poderiam com facilidade provocar certas confusões.

Se, por exemplo, considerarmos a tradição hebraica, veremos que se fala, no *Sepher Ietsirah*, do "Santo Palácio" ou "Palácio Interior", que é o verdadeiro "Centro do Mundo", no sentido cosmogônico do termo. Veremos também que o "Santo Palácio" tem sua imagem no mundo humano através da residência, num certo lugar, da *Shekinah*, que é a "presença real" da Divindade.[1] Para o povo de Israel, a residência da *Shekinah* era o Tabernáculo (*Mishkan*), que por essa razão era considerado como o "Coração do Mundo", pois consistia de fato no centro espiritual de sua própria tradição. Esse centro, aliás, não se encontrava de início num lugar fixo; quando se trata de um povo nômade, como era o caso, seu centro espiritual deve-se deslocar com ele, permanecendo contudo sempre o mesmo no decurso de tal deslocamento. "A residência da *Shekinah*, diz o Sr. Vulliaud, só foi fixada na época da construção do Templo, para o qual Davi tinha preparado ouro, prata e tudo o que era necessário para Salomão concluir a obra.[2] O Tabernáculo da Santidade de *Jehovah*, a residência da *Shekinah*, é o Santo dos Santos que constitui o coração do Templo, que é por sua vez o centro de Sion (Jerusalém), como a santa Sion é o centro da Terra de Israel, como a Terra de Israel é o centro do mundo."[3] Pode-se notar que existe aí uma série de extensões dada de forma gradual à idéia de centro nas aplicações que são feitas sucessivamente, de modo que a denominação "Centro do Mundo" ou "Coração do Mundo" é finalmente estendida à Terra de Israel inteira, enquanto que esta é considerada como a "Terra Santa". E é preciso acrescentar que, sob o mesmo ponto de vista, ela recebe também, entre outras denominações, a de "Terra dos Viventes". Diz-se que a "Terra dos Vi-

1. Ver nossos artigos sobre *Le Coeur du Monde dans la Kabbale hébraïque* e *La Terre sainte et le Coeur du Monde*, na *Regnabit*, jul.-ago. e set.-out. 1926.

2. É bom notar que as expressões aqui empregadas evocam a aproximação muitas vezes estabelecida entre a construção do Templo, considerada em sua significação ideal, e a "Grande Obra" dos hermetistas.

3. *La Kabbale*, t. I, p. 509.

ventes compreende sete terras", e o sr. Vulliaud observa que "essa Terra é Canaã, na qual havia sete povos",[4], o que é exato no sentido literal, ainda que uma interpretação simbólica seja também possível.

A expressão "Terra dos Viventes" é sinônima exata de "morada da imortalidade", que a liturgia católica aplica à morada celeste dos eleitos, representada, com efeito, pela Terra Prometida, visto que Israel, nela penetrando, devia ver o fim de suas tribulações. De um outro ponto de vista ainda, a Terra de Israel, enquanto centro espiritual, era uma imagem do Céu, pois, segundo a tradição judaica, "tudo o que fazem os israelitas sobre a terra é cumprido de acordo com os modelos do que se passa no mundo celeste.[5]

O que se diz aqui dos israelitas vale também para todos os povos possuidores de uma tradição verdadeiramente ortodoxa. De fato, o povo de Israel não é o único que assimilou seu país ao "Coração do Mundo" e que o viu como imagem do Céu, duas idéias que no fundo são idênticas. O uso do mesmo simbolismo é encontrado em outros povos que possuíam também uma "Terra Santa", isto é, uma região em que estava estabelecido um centro espiritual, que tinha para eles um papel comparável ao do Templo de Jerusalém para os hebreus. A esse respeito, ocorre com a "Terra Santa" o mesmo que se passa com o *Omphalos*, que era sempre a imagem visível do "Centro do Mundo" para o povo que habitava a região em que estava situado.[6]

O simbolismo em questão encontra-se em particular entre os antigos egípcios. De fato, segundo Plutarco, "os egípcios dão à sua terra o nome de *Chémia,*[7] e a comparam ao coração".[8] A explicação de Plutarco para isso é bastante estranha: "Esse país, de fato, é quente, úmido, contido nas partes meridionais da terra habitada, estendido para o sul, do mesmo modo que no corpo do homem o coração se estende à esquerda", pois "os egípcios consideram o Oriente como a face do mundo, o norte como estando à direita, e o sul à esquerda.[9] Tais similaridades são muito superficiais, e a verdadeira razão deve ser inteiramente outra, pois a mesma comparação com o coração foi também aplicada a toda terra à qual se atribuía um caráter sa-

4. *Ibid.*, t. II, p. 116.

5. *Ibid.*, t. I, p. 501.

6. Ver nosso artigo sobre *As Pedras-de-raio*.

7. *Kêmi*, na língua egípcia, significa "terra negra", designação que tem ainda equivalentes entre outros povos; dessa palavra veio *alquimia* (sendo *al* o artigo em árabe), que designava originariamente a ciência hermética, isto é, a ciência sacerdotal do Egito.

8. *Isis et Osiris*, 33; trad. francesa de Mario Meunier, p. 116.

9. *Ib.*, 32, p. 112. Na Índia, ao contrário, o sul é designado como o "lado da direita"

grado e "central" no sentido espiritual, independentemente de sua situação geográfica. Além disso, no próprio relato de Plutarco, o coração representava tanto o Egito, quanto o Céu: "Os egípcios", diz ele, "representam o Céu, que não poderia envelhecer por ser eterno, por um coração colocado sobre um braseiro, cuja chama lhe mantém o ardor."[10] Desse modo, enquanto que o próprio coração é figurado por um vaso, aquele mesmo que as lendas da Idade Média ocidental designariam como o "Santo Graal", ele é por sua vez, simultaneamente, o hieróglifo do Egito e do Céu.

A conclusão que podemos extrair dessas considerações é que existem tantas "Terras Santas" particulares, quantas são as formas tradicionais regulares, pois elas representam os centros espirituais que correspondem respectivamente a essas diferentes formas. E se o mesmo simbolismo se aplica de modo uniforme a todas essas "Terras Santas", é porque os centros espirituais têm todos uma constituição análoga, muitas vezes até em detalhes muito precisos, pois são igualmente imagens de um mesmo centro único e supremo, o verdadeiro "Centro do Mundo", do qual recebem os atributos na medida em que participam de sua natureza por uma comunicação direta, na qual reside a ortodoxia tradicional, e que o representam na verdade, de um modo mais ou menos exterior, para tempos e lugares determinados. Em outros termos, existe uma "Terra Santa" por excelência, que é o protótipo de todas as outras e o centro espiritual ao qual todas as demais estão subordinadas; é a sede da tradição primordial da qual todas as tradições particulares derivaram para se adaptarem às condições definidas de um povo ou de uma época. Essa "Terra Santa" por excelência é o "país supremo", segundo o sentido do termo sânscrito *Paradêsha*, do qual os caldeus fizeram *Pardes* e os ocidentais, *Paraíso*. É, de fato, o "Paraíso Terrestre", ponto de partida de toda tradição, que tem em seu centro a fonte única da qual partem os quatro rios que correm para os quatro pontos cardeais,[11] e que é também a

(*dakrishna*); mas, apesar das aparências, isso vem a dar no mesmo, pois devemos entender que se trata do lado direito de quem está olhando voltado para o Oriente, e é fácil imaginar o lado esquerdo do mundo como se estendendo à direita daquele que o contempla, e vice-versa, tal como ocorre com duas pessoas colocadas uma frente à outra.

10. *Isis et Osiris*, 10, p. 49. Podemos notar que esse símbolo, com a significação que lhe foi dada aqui, parece ser comparável ao da Fênix.

11. Essa fonte é idêntica à "fonte do ensinamento", à qual tivemos anteriormente ocasião de fazer, aqui mesmo, diversas referências.

"morada da imortalidade", como é fácil notar se nos reportarmos aos primeiros capítulos do *Gênesis*.[12]

Não podemos voltar aqui a todas as questões referentes ao Centro Supremo e já tratados em outros momentos: sua conservação de modo mais ou menos oculto segundo os períodos, do começo ao fim do ciclo, isto é, desde o "Paraíso Terrestre" até a "Jerusalém Celeste", que representam as suas duas fases extremas; os múltiplos nomes sob os quais é designado, tais como *Tula, Luz, Salém, Agartha*; os diferentes símbolos que o representam, como a montanha, a caverna, a ilha e muitos outros, ainda, na maioria dos casos em relação imediata com o simbolismo do "Pólo" ou do "Eixo do Mundo". A essas representações poderíamos também acrescentar a cidade, a cidadela, o templo ou o palácio, conforme o aspecto particular pelo qual é considerado. Podemos ainda lembrar aqui o Templo de Salomão, que se relaciona diretamente com o nosso tema, a tríplice muralha, da qual falamos recentemente como representando a hierarquia iniciática de certos centros tradicionais,[13] e também o misterioso labirinto que, sob uma forma mais complexa refere-se a uma concepção similar, com a diferença de que neste coloca-se em evidência, principalmente, a idéia de um "encaminhamento" na direção do centro oculto.[14]

Devemos agora acrescentar que o simbolismo da "Terra Santa" tem um duplo sentido: quer esteja relacionado ao Centro Supremo ou a um Centro subordinado, representa não só o próprio centro, mas também, por uma associação muito natural, a tradição que dele emana ou que por ele é conservada, ou seja, no primeiro caso a tradição primordial e, no segundo, uma cer-

12. É por isso que a "fonte do ensinamento" é ao mesmo tempo a "fonte da juventude" (*fons juventutis*), pois quem dela bebe está liberado da condição temporal; ela está ainda situada ao pé da "Árvore da Vida" (ver nosso estudo sobre *Le Langage secret de Dante e des "Fidèlis d'Amour"* na *Voile d'Isis*, fev. 1929) e suas águas se identificam evidentemente ao "elixir da longa vida" dos hermetistas (tendo aqui a idéia de "longevidade" a mesma significação que nas tradições orientais) ou à "bebida da imortalidade", encontrada em todos os lugares sob diferentes nomes.

13. Ver nosso artigo [cap. 10] sobre *A Tríplice Muralha Druídica*; assinalamos aí a relação dessa representação, sob as formas circular e quadrada, com o simbolismo do "Paraíso Terrestre" e da "Jerusalém Celeste".

14. O labirinto cretense era o pálacio de *Minos*, nome idêntico a *Manu*, que também designa o legislador primordial. Por outro lado, pode-se compreender, pelo que dissemos aqui, a razão pelo qual o percurso do labirinto traçado sobre o pavimento de certas igrejas da Idade Média era visto como substituto da peregrinação à Terra Santa por todos aqueles que não podiam realizá-la. É preciso lembrar que a peregrinação é uma das imagens da iniciação, de modo que a "peregrinação à Terra Santa" é, no sentido esotérico, a mesma coisa que a "procura da Palavra perdida" ou a "demanda do Santo Graal".

ta forma tradicional particular.[15] Esse duplo sentido é encontrado também de um modo muito claro no simbolismo do "Santo Graal", que é ao mesmo tempo um vaso (*grasale*) e um livro (*gradale* ou *graduale*). Este último aspecto designa de modo evidente a tradição, enquanto que o outro diz respeito mais diretamente ao estado que corresponde à posse efetiva dessa tradição, ou seja, o "estado edênico" quando se trata da tradição primordial. Aquele que chegou a esse estado está, por isso mesmo, reintegrado ao *Pardes*, de tal modo que se pode dizer que sua morada encontra-se, desde então, no "Centro do Mundo".[16]

Não é sem motivo que estabelecemos aqui uma aproximação entre os dois simbolismo, pois sua estreita similaridade mostra que, quando se fala da "cavalaria do Santo Graal" ou dos "guardiães da Terra Santa", o que se deve entender por essas duas expressões é exatamente a mesma coisa. Resta-nos explicar, na medida do possível, no que consiste propriamente a função desses "guardiães", representados de modo particular pelos Templários.[17]

Para compreender bem do que se trata, é preciso distinguir entre os detentores da tradição, cuja função é conservá-la e transmiti-la, e os que recebem apenas em certo grau uma comunicação e, poderíamos dizer, uma participação.

Os primeiros, depositários e distribuidores da doutrina, ligam-se à fonte, que é exatamente o próprio centro; dali, a doutrina se comunica e se reparte hierarquicamente aos diversos graus iniciáticos, segundo as correntes representadas pelos diversos rios do *Pardes*, ou, se quisermos retomar a representação que estudamos recentemente, pelos canais que, indo do interior para o exterior, reúnem entre si as muralhas sucessivas, correspondentes a esses diferentes graus.

15. Analogicamente, do ponto de vista cosmogônico, o "Centro do Mundo" é o ponto original em que é proferido o Verbo Criador, assim como o próprio Verbo.

16. É importante recordar, a esse respeito, que em todas as tradições os lugares simbolizam essencialmente estados. Por outro lado, poderemos notar que existe um parentesco evidente entre o simbolismo do vaso ou do cálice e o da fonte que examinávamos mais acima; vimos também que, entre os egípcios, o vaso era o hieróglifo do coração, centro vital do ser. Relembremos, enfim, o que já dissemos em outras ocasiões a respeito do vinho como substituto do *soma* védico e como símbolo da doutrina oculta. Em tudo isso, de uma forma ou de outra, trata-se sempre de uma "bebida da imortalidade" e da restauração do "estado primordial".

17. Saint-Yves d'Alveydre emprega, para designar os "guardiães" do Centro Supremo, a expressão "Templários da *Agarttha*". As considerações que expomos aqui permitirão ver a exatidão desse termo, do qual ele próprio talvez não tenha percebido plenamente toda significação.

Nem todos que participam da tradição alcançam o mesmo grau e preenchem as mesmas funções. Poderíamos mesmo fazer uma distinção entre as duas coisas, que, embora geralmente se correspondam de um certo modo, não são contudo solidárias de forma estrita, pois pode ocorrer que um homem seja intelectualmente qualificado para atingir os graus mais elevados, mas não seja apto só por isso para preencher todas as funções na organização iniciática. Aqui, são apenas as funções que devemos considerar; e, desse ponto de vista, diremos que os "guardiães" se mantêm no limite do centro espiritual, tomado em seu sentido mais amplo, ou no espaço da terceira muralha, que separa o centro do "mundo exterior" e, ao mesmo tempo, o coloca em contato com este. Por conseguinte, os "guardiães" têm uma dupla função: de um lado, são exatamente os defensores da "Terra Santa", na medida em que impedem o acesso daqueles que não possuem as qualificações requeridas para nela penetrar, e constituem-se no que denominamos sua "cobertura exterior", ou seja, ocultam-na dos olhares profanos; por outro lado, asseguram também certas relações regulares com o exterior, tal como explicaremos a seguir.

É evidente que o papel de defensor, para falar na linguagem da tradição hindu é uma função dos chátrias, e, na verdade, toda iniciação "cavaleiresca" está essencialmente adaptada à natureza própria dos homens que pertencem à casta guerreira, ou seja, dos chátrias. Vêm daí as características especiais dessa iniciação, o simbolismo particular que adota e, principalmente, a intervenção de um elemento afetivo, designado explicitamente pelo termo "Amor". Já nos detivemos o suficiente neste assunto para não precisarmos insistir sobre ele.[18] Existe porém, no caso dos Templários, mais uma coisa para considerar: ainda que sua iniciação tenha sido essencialmente "cavaleiresca", tal como convinha à sua natureza e função, eles tinham um duplo caráter, ao mesmo tempo militar e religioso. E devia ser assim mesmo, pois eles estavam, como temos muitas razões para acreditar, entre os "guardiães" do Centro Supremo, onde a autoridade espiritual e o poder temporal estão reunidos em seu princípio comum, comunicando a marca dessa reunião a tudo o que lhe está diretamente ligado.

No mundo ocidental, em que o espiritual assume a forma especificamente religiosa, os verdadeiros "guardiães da Terra Santa", na medida em que tiveram uma existência de certo modo "oficial", deviam ser cavaleiros, mas cavaleiros que, ao mesmo tempo, seriam monges. E, de fato, os Templários foram exatamente isso.

18. Ver *Le Langage secret de Dante et des "Fidèlis d'Amour"*, na *Voile d'Isis*, fev. 1929.

Essas considerações nos levam a falar diretamente do segundo papel dos "guardiães" do Centro Supremo, papel que consiste, como dizíamos há pouco, em assegurar certas relações exteriores e, principalmente, podemos acrescentar, em manter a ligação entre a tradição primordial e as tradições secundárias e derivadas. Para que assim seja, é preciso haver, para cada forma tradicional, uma ou várias organizações constituídas dessa mesma forma, segundo todas as evidências, mas compostas de homens conscientes do que está além de todas as formas, ou seja, da doutrina única que é a fonte de todas as outras, em suma, da tradição primordial.

No mundo da tradição judaico-cristã, uma tal organização devia naturalmente tomar por símbolo o Templo de Salomão; tendo este deixado de existir materialmente desde há muito tempo, só poderia ter então uma significação ideal, como imagem do Centro Supremo, tal como o é todo centro espiritual subordinado. A própria etimologia do nome de Jerusalém indica de modo muito claro que ela é uma imagem visível da misteriosa *Salém* de Melquisedec. Se foi esse o caráter dos Templários, eles deviam, para cumprir o papel que lhes estava atribuído e que se referia a uma determinada tradição, a do Ocidente, permanecer ligados exteriormente à forma dessa tradição. Mas, ao mesmo tempo, a consciência interior da verdadeira unidade doutrinária devia torná-los capazes de se comunicarem com os representantes de outras tradições:[19] é o que explica suas relações com certas organizações orientais, e, sobretudo, como é natural, com aquelas que em outras partes desempenhavam um papel similar ao seu.

Por outro lado, pode-se compreender, nessas condições, que a destruição da ordem do Templo foi a causa da ruptura das relações regulares do Ocidente com o "Centro do Mundo", se bem que remonte ao século XIV o desvio que devia de forma inevitável resultar nessa ruptura, que foi acentuando-se gradualmente até a nossa época.

Isso não quer dizer, contudo, que toda conexão tenha-se rompido de uma só vez. Durante muito tempo as relações puderam, em certa medida, ser mantidas, só que de uma forma oculta, por intermédio de organizações como a *Fede Santa* ou os "Fiéis de Amor", como a "Massenie du Saint-Graal" e, sem dúvida, muitas outras ainda, todas herdeiras do espírito da ordem do Templo, e na maior parte ligada a ela por uma filiação mais ou menos direta. Aqueles que conservaram esse espírito vivo, e que inspiraram essas organizações sem jamais se constituírem em qualquer agrupamento de-

19. Isto se refere ao que se denominou simbolicamente o "dom das línguas"; sobre esse assunto, remetemos ao nosso artigo contido no número especial da *Voile d'Isis* consagrado aos Rosa-cruzes [cf. *Aperçus sur l'Initiation*, cap. XXXVII].

finido, foram denominados Rosa-cruzes, nome essencialmente simbólico. Mas chegou o dia em que os próprios Rosa-cruzes tiveram de deixar o Ocidente, pois as condições se tornaram tais que não puderam mais exercer sua ação e, diz-se, retiraram-se então para a Ásia, sendo reabsorvidos de algum modo pelo Centro Supremo, do qual eram como que uma emanação.

Para o mundo ocidental, não há mais "Terra Santa" para guardar, pois, desde então, perdeu-se o caminho que a ela conduzia. Por quanto tempo perdurará ainda essa situação? É possível esperar que a comunicação possa ser restabelecida mais cedo ou mais tarde? Essa é uma questão que não nos compete responder; além disso, não queremos arriscar qualquer predição. A solução só depende do próprio Ocidente, pois é apenas retornando às condições normais e reencontrando o espírito de sua própria tradição, se é que tal possibilidade ainda lhe resta, que poderá ver abrir-se de novo o caminho que leva ao "Centro do Mundo".

12

A TERRA DO SOL *

Dentre as localidades que desempenham um papel na lenda do Santo Graal, e que geralmente são difíceis de identificar, alguns atribuem especial importância a Glastonbury, lugar onde José de Arimatéia teria se estabelecido após sua chegada à Grã-Bretanha, e onde se admite que tenham existido muitas outras coisas mais como veremos a seguir. Sem dúvida, existem aí assimilações mais ou menos contestáveis, algumas das quais parecem implicar em verdadeiras confusões. No entanto, existem nessas mesmas confusões alguns dados que não são totalmente desprovidos de interesse, do ponto de vista da "geografia sagrada" e das localizações sucessivas de certos centros tradicionais. É o que indicam as singulares descobertas expostas em uma obra anônima publicada recentemente.[1] Nesse livro, alguns pontos talvez mereçam restrições, por exemplo no que se refere à interpretação de nomes de lugares que, muito possivelmente, têm origem bastante recente; mas em sua parte essencial, com os mapas que o apóiam, seria muito difícil considerá-los como simples fantasia.

Glastonbury e a região vizinha a Somerset teriam constituído, em época muito recuada e que se poderia dizer "pré-histórica", um imenso "templo estelar", determinado pelo traçado de efígies gigantescas sobre o solo, representando as constelações e dispostas em uma figura circular, espécie de imagem da abóboda celeste projetada sobre a superfície da terra. Tratar-se-ia de um conjunto de trabalhos que lembrariam, em suma, os antigos *mound-builders* da América do Norte. A disposição natural dos rios e das

* Publicado na revista *Études Traditionnelles*, jan. 1936.

1. *A Guide to Glastonbury's Temple of the Stars, its giant effigies describled from air views, maps, and from "The Hight History of the Holy Graal"*. Londres, John M. Watkins.

colinas poderiam ter sugerido esse traçado, o que indicaria que o local não foi escolhido arbitrariamente, mas sim em virtude de uma certa "predeterminação". Não é menos verdade que foi preciso, para completar e aperfeiçoar o desenho, o que o autor denominou "uma arte baseada nos princípios da Geometria".[2] Se essas figuras puderam manter-se ainda reconhecíveis até nossos dias, é porque, supõe-se, foram cuidadosamente conservadas pelos monges de Glastonbury, até a época da Reforma, o que dá a entender que eles teriam preservado o conhecimento da tradição herdada de seus longínquos predecessores, os druidas, e sem dúvida de outros ainda anteriores a estes, pois, se as deduções tiradas da posição das constelações representadas são exatas, a origem dessas figuras remontaria a três mil anos antes da era cristã.[3]

Em seu conjunto, a figura circular de que estamos tratando é um imenso Zodíaco, na qual o autor pretende ver o protótipo da "Távola Redonda"; em torno desta, com efeito, sentam-se doze personagens principais que estão realmente ligados a uma representação do ciclo zodiacal. Mas isso não quer dizer, de modo algum, que esses personagens sejam apenas constelações, pois isso seria uma interpretação muito "naturalista", já que as próprias constelações não passam de símbolos. Convém lembrar, também, que essa constituição "zodiacal" encontra-se em geral nos centros espirituais que correspondem a diversas formas tradicionais.[4] Do mesmo modo nos parece muito duvidoso que todas as histórias a respeito dos "Cavaleiros da Távola Redonda" e da "demanda do Graal" sejam apenas uma descrição "dramatizada", se é que se pode assim falar, das efígies estelares de Glastonbury e da topografia da região. O fato de apresentarem uma correspondência não tem nada de extraordinário e, no fundo, está inteiramente de acordo com as leis gerais do simbolismo. Não haveria motivo para supresa, se essa correspondência ocorresse até nos detalhes secundários da lenda; mas, não pretendemos tratar aqui dessa questão.

2. Essa expressão destina-se visivelmente a dar a entender que a tradição manifestada por essa arte continuou no que, a seguir, tornou-se a tradição maçônica.

3. Parece também, segundo diversos indícios, que os Templários tiveram uma certa participação nessa preservação, o que estaria de acordo com a sua alegada conexão com os "Cavaleiros da Távola Redonda" e com o papel de "guardiães do Graal", que lhes é atribuído. É ainda digno de nota que os estabelecimentos dos Templários parecem ter sido situados freqüentemente nas vizinhanças dos lugares em que se encontram monumentos megalíticos ou outros vestígios pré-históricos, e talvez seja preciso ver nisso algo mais que uma simples coincidência.

4. Ver *O Rei do Mundo*, cap. V.

Dito isso, é importante observar que o Zodíaco de Glastonbury apresenta algumas particularidades que, do nosso ponto de vista, poderiam ser encarada como sinais de sua "autenticidade". Em primeiro lugar, é um bom indício que o signo da Balança esteja ausente, pois, como já explicamos em outro lugar,[5] a Balança celeste nem sempre foi zodiacal, mas sim, tratava-se no início de um símbolo polar; seu nome foi antes aplicado quer à Ursa Maior, quer ao conjunto da Ursa Maior e Menor, constelações cujo simbolismo se liga diretamente, por uma notável coincidência, ao nome *Artur*. Existem razões para se admitir que essa figura, no centro da qual o Pólo está marcado por uma cabeça de serpente que se refere de modo claro ao "Dragão celeste",[6] deve ser atribuída a um período anterior à translação da Balança no Zodíaco. Por outro lado, o que é de particular importância considerar, o símbolo da Balança polar está relacionado ao nome *Tula*, dado originariamente ao centro hiperbóreo da tradição primordial, do qual o "templo estelar" que estamos tratando foi sem dúvida uma das imagens constituídas, no correr dos tempos, como centros de poderes espirituais emanados ou derivados de modo mais ou menos direto dessa mesma tradição.[7]

Em outra oportunidade,[8] em conexão com a designação da língua "adâmica" como "língua siríaca", fizemos referência à Síria primitiva, cujo nome significa exatamente "terra solar", e da qual Homero fala como sendo uma ilha situada "além de Ogígia", o que só nos permite identificá-la à *Thulé* ou *Tula* hiperbórea. E "lá estão as revoluções do Sol", expressão enigmática que pode naturalmente referir-se ao caráter "circumpolar" de suas revoluções, mas que ao mesmo tempo pode ser alusão a um traçado do ciclo zodiacal sobre essa própria terra, o que explicaria que semelhante traçado tenha sido reproduzido em uma região destinada a ser imagem desse centro.

5. *Ib*., cap. X.

6. Cf. com *Sepher Ietsirah*; "O Dragão está no meio do céu como um rei em seu trono". A "Sabedoria da Serpente", a que o autor se refere, poderia em certo sentido identificar-se à sabedoria dos sete *Rishis* polares. É também curioso notar que o dragão, entre os celtas, é o símbolo do chefe, e que Artur é filho de *Uther Pendragon* [Os *Rishis*, na tradição hindu, são os antigos sábios que, por revelação direta, compuseram os hinos védicos].

7. Isso permite também compreender certas relações indicadas pelo autor entre o simbolismo do Pólo e o do "Paraíso Terrestre", principalmente quanto à presença da árvore e da serpente; em tudo isso, trata-se sempre, com efeito, da representação do centro primordial, e as "três pontas do triângulo" também estão relacionadas a esse simbolismo.

8. Ver nosso estudo [cap. 6] sobre *A Ciência das Letras*.

Tocamos aqui na explicação das confusões a que nos referimos inicialmente, decorrentes de certo modo da assimilação normal da imagem ao centro original. E, em especial, é evidente ter ocorrido uma confusão desse gênero no caso da identificação de Glastonbury à ilha de Avalon.[9] Essa identificação, realmente, é incompatível com o fato de que essa ilha sempre foi considerada como um local inacessível; e, por outro lado, está também em contradição com a opinião muito mais plausível que vê, na mesma região de Somerset, o "reino de Logres", do qual se diz de fato que estava situado na Grã-Bretanha. É bem possível que o "reino de Logres", que teria sido considerado como um território sagrado, tenha derivado seu nome do *Lug* céltico, que evoca ao mesmo tempo a idéia de "Verbo" e de "Luz". Quanto ao nome *Avalon*, é visivelmente idêntico a *Ablun* ou *Belen*, ou seja, o Apolo céltico e hiperbóreo,[10] de modo que a ilha de Avalon nada mais é que uma outra designação da "terra solar", que foi também transportada simbolicamente do Norte para o Oeste numa certa época, em correspondência com uma das principais mudanças ocorridas nas formas tradicionais no transcurso de nosso Manvantara.[11]

Essas considerações levam-nos a outras constatações talvez mais estranhas ainda. Uma delas é a idéia, aparentemente inexplicável à primeira vista, que consiste em atribuir aos fenícios a origem do Zodíaco de Glastonbury; é verdade que se costuma atribuir a esse povo muitas coisas mais ou menos hipotéticas, e a própria afirmação de sua existência numa época tão recuada parece-nos ainda mais contestável. Somente o que há para observar

9. Pretendeu-se vê-la também como a "ilha de vidro", referida em certas partes da lenda do Graal; é provável que também aqui se trate de uma confusão com algum outro centro mais oculto ou, se quisermos, mais afastado no espaço e no tempo, ainda que tal designação não se aplique, sem dúvida, ao próprio centro primordial.

10. Sabe-se que o Mont-Saint-Michel [uma pequena ilha francesa] era antigamente denominada Tombelaine, isto é, o *Tumulus* ou o monte de *Belen* (e não o "túmulo de Helena" segundo uma interpretação moderna e fantasista); a substituição do nome de *Belen* pelo do arcanjo solar nada muda evidentemente quanto ao sentido; e, o que é curioso, encontra-se também "Saint Michaels Hill" na região correspondente ao antigo "reino de Logres".

11. Essa transferência, tal como a da *sapta-riksha* da Ursa Maior para as Plêiades, corresponde em particular a uma mudança do ponto de partida do ano, solsticial de início e depois equinocial. A significação de "pomo", atribuída ao nome *Avalon*, sem dúvida secundariamente, nas línguas célticas, não está de modo algum em oposição ao que acabamos de dizer, pois trata-se, então, dos pomos de ouro do "Jardim das Hespérides", ou seja, dos frutos solares da "Árvore do Mundo".

é que os fenícios habitavam a Síria "histórica". Teria sido o nome do povo objeto da mesma transferência que o do próprio país? O que nos permite supor tal coisa é sua conexão com o simbolismo da Fênix. De fato, segundo Josefo, a capital da Síria primitiva era Heliópolis, a "Cidade do Sol", o mesmo nome que mais tarde foi dado à cidade egípcia de On; e é à primeira Heliópolis, e não à do Egito, que deveria ser atribuído na realidade o simbolismo cíclico da Fênix e de seus renascimentos. De acordo com Deodoro da Sicília, um dos filhos de *Hélios* ou do Sol, denominado *Actis*, fundou a cidade de Heliópolis; e acontece que *Actis* aparece como nome de um lugar na vizinhança de Glastonbury, e em condições que o colocam precisamente em relação com a Fênix, na qual, segundo outras referências, esse "princípe de Heliópolis" teria se transformado. Naturalmente, o autor, enganado pelas múltiplas e sucessivas aplicações dos mesmos nomes, acredita tratar-se aqui da Heliópolis do Egito, do mesmo modo que acredita poder falar literalmente dos fenícios "históricos", o que, em suma, é tanto mais desculpável, na medida em que os antigos, na época clássica, faziam já com grande freqüência confusões idênticas. Apenas o conhecimento da verdadeira origem hiperbórea das tradições, que ele parece não suspeitar, permite restabelecer o sentido real de todas essas designações.

No Zodíaco de Glastonbury, o signo de Aquário está representado, de um modo bastante inesperado, por um pássaro, que o autor pensa, com razão, tratar-se da Fênix, e que traz um objeto, nada menos que o "cálice da imortalidade", ou seja, o próprio Graal; e a relação que estabeleceu a esse respeito com o *Garuda* hindu é por certo muito justa.[12] Por outro lado. segundo a tradição árabe, o *Rukh* ou Fênix somente pousa na terra em um lugar, a montanha de *Qâf*, isto é, a "montanha polar". É dessa mesma "montanha polar", designada por outros nomes, que, segundo as tradições hindu e persa, provém o *soma*, que se identifica à *amrita* ou à "ambrosia", bebida ou alimento da imortalidade.[13]

Existe ainda a figura de um outro pássaro que é mais difícil de interpretar exatamente, e que toma talvez o lugar do signo da Balança, mas cuja posição é, em todo caso, muito mais próxima do Pólo que do Zodíaco, visto que suas asas correspondem às estrelas da Ursa Maior, o que, de acordo com o que dissemos antes, só poderia confirmar essa suposição. Quanto à

12. Ver nosso estudo [cap. 7] sobre *A Linguagem dos Pássaros*. O signo de Aquário é habitualmente representado por Ganimedes, que possui uma conhecida relação com a "ambrosia", de um lado, e, de outro, com a águia de Zeus, este por sua vez idêntico a *Garuda*.

13. Ver *O Rei do Mundo*, caps. V e VI.

natureza desse pássaro, duas hipóteses são consideradas: a de uma pomba, que poderia efetivamente ter alguma relação com o simbolismo do Graal, e a de um ganso ou, diríamos antes, de um cisne chocando o "Ovo do Mundo", ou seja, de um equivalente do *Hamsa* hindu. Para dizer a verdade, essa última hipótese nos parece preferível, pois o símbolo do cisne está estreitamente ligado ao Apolo Hiperbóreo, e de modo muito mais especial ainda sob o ângulo que consideramos aqui, visto que os gregos faziam de *Kyknos* filho de Apolo e de *Hyria*, isto é, do Sol e da "terra solar"; *Hyria* nada mais é que uma outra forma de *Syria*, de modo que é sempre da "ilha sagrada" que se trata; portanto, seria muito surpreendente que o cisne não se encontrasse em sua representação.[14]

Muitos outros pontos mereceriam ainda atenção, como, por exemplo, a comparação do nome "Somerset" com o do "país dos cimérios", e com diferentes nomes de povos, cuja similaridade, muito provavelmente, indica mais uma comunidade de tradição do que um parentesco de raça. Isso, porém, nos levaria longe demais, e já dissemos o bastante para mostrar a extensão de um campo de investigações quase que inteiramente inexplorado até agora, deixando entrever as conclusões a que se poderia chegar no que diz respeito aos vínculos das diversas tradições entre si e à sua filiação a partir da tradição primordial.

14. A aproximação das figuras de *Hamsa* e *Garuda* é também muito normal, pois chega mesmo a acontecer de estarem reunidas na representação de um único pássaro, o que parece indicar a origem da águia heráldica com duas cabeças, embora esta se pareça mais com um duplo *Garuda*, enquanto que o pássaro *Hamsa-Garuda* tem, naturalmente, uma cabeça de cisne e outra de águia.

13

O ZODÍACO E OS PONTOS CARDEAIS*

A. M. Hocart assinala, num livro sobre as castas, o fato de que "na organização da cidade, os quatro grupos estão situados nos diferentes pontos cardeais no interior da muralha quadrangular ou circular". Essa repartição não é específica à Índia, e pode ser encontrada entre os mais diferentes povos, ocorrendo, na maioria dos casos, que cada ponto cardeal corresponda a um dos elementos e a uma das estações, bem como à cor emblemática da casta que nele estiver situada.[1] Na Índia, os brâmanes ocupavam o norte; os chátrias, o leste; os vaixiás, o sul; e os sudras, o oeste. Havia, assim, uma divisão em "quartéis", no sentido próprio dessa palavra, que, na origem, designa evidentemente a quarta parte de uma cidade, se bem que em seu uso moderno essa significação específica parece ter sido esquecida por completo.

Essa repartição, é claro, está em estreita relação com a questão mais geral da orientação que, para o conjunto de uma cidade e para cada edifício em particular, desempenhava, como se sabe, um importante papel em todas as antigas civilizações tradicionais.

Entretanto, o Sr. Hocart embaraçou-se para explicar a situação própria de cada uma das quatro castas;[2] tal embaraço, no fundo, provém apenas do erro que cometeu ao considerar a casta real, isto é, a dos chátrias, como sendo a primeira. Assim, partindo do leste, não conseguiu encontrar qualquer ordem regular de sucessão, e a situação dos brâmanes ao norte, em especial, tornou-se então totalmente incompreensível. Ao contrário, não existe qualquer dificuldade se observarmos a ordem normal, ou seja, se co-

* Publicado na revista *Études Traditionnelles*, out.-nov. 1945.

1. *Les Castes*, pp. 46 e 49.
2. *Ib.*, p. 55.

meçarmos pela casta que é a primeira na realidade, a dos brâmanes. É preciso então partir do norte e, girando no sentido de *pradakshinâ*,* encontramos as quatro castas sucedendo-se conforme uma ordem perfeitamente regular. Resta apenas, desse modo, compreender da forma mais completa possível as razões simbólicas dessa repartição segundo os pontos cardeais.

Essas razões fundamentam-se, essencialmente, no fato de que o plano tradicional da cidade é uma imagem do Zodíaco, o que nos permite encontrar de imediato a correspondência dos pontos cardeais com as estações. De fato, como já explicamos em outra parte, o solstício de inverno corresponde ao norte; o equinócio da primavera, ao leste; o solstício de verão, ao sul; e o equinócio do outono, ao oeste. Na divisão em "quartéis" cada um deles deverá naturalmente corresponder ao conjunto de três dentre os doze signos zodiacais, constituído por um dos signos solsticiais ou equinociais e por dois signos adjacentes a este. Haverá, portanto, três signos em cada "quadrante", se a forma da muralha for circular, ou sobre cada lado, se for quadrangular. Esta última forma, aliás, é a mais particularmente apropriada para uma cidade, pois exprime a idéia de estabilidade que convém a um estabelecimento fixo e permanente, e também porque não se trata aí do próprio zodíaco celeste, mas apenas de sua imagem e de uma espécie de projeção terrestre. Podemos lembrar circunstancialmente a esse respeito que, sem dúvida por razões análogas, os antigos astrólogos traçavam seus horóscopos sobre uma forma quadrada, na qual cada lado era ocupado por três signos zodiacias.** Trataremos dessa disposição nas considerações que se seguem.

De acordo com o que acaba de ser dito, vê-se que a repartição das castas na cidade segue exatamente o curso do ciclo anual, que começa normalmente no solstício de inverno. É verdade que certas tradições fazem o ano começar num outro ponto solsticial ou equinocial, mas trata-se, então, de formas tradicionais em relação mais particular com certos períodos cíclicos secundários. A questão não se coloca para a tradição hindu, que representa a continuação mais direta da tradição primordial e que, além disso, insiste de modo particular na divisão do ciclo anual em duas metades, uma ascendente e outra descendente, que se abrem respectivamente para as duas "portas" solsticiais, de inverno e de verão, o que é, com efeito, o ponto de vista que se poderia chamar de fundamental a esse respeito. Por outro lado,

* *Pradakshinâ* é a circunvolução ritual da esquerda para direita ou seja, no sentido horário. Cf. nota 5 do cap. 35. (N. T.)

** Ver fig. 9, no cap. 10 (N. T.).

o norte, considerado como o ponto de partida mais elevado (*uttara*), e que também marca o ponto de partida da tradição, convém naturalmente aos brâmanes. Os chátrias colocam-se no ponto que vem a seguir na correspondência cíclica, ou seja, no leste, o lado do sol nascente. Da comparação dessas duas posições poderíamos inferir, de forma legítima, que o caráter do sacerdócio é "polar", enquanto o da realeza é "solar", o que seria confirmado por muitas outras considerações simbólicas. Esse caráter "solar" talvez tenha relação com o fato de que os *Avatâras* dos tempos "históricos" tenham saído da casta dos chátrias. Os vaixiás vinham em terceiro lugar e tomavam lugar ao sul; com eles termina a sucessão das castas "duas vezes nascidas". Resta para os sudras apenas o oeste, que é considerado em toda parte como o lado da obscuridade.

Tudo isso é, portanto, perfeitamente lógico, desde que não se descuide do ponto de partida que é necessário tomar. E, para justificar de modo mais completo o caráter "zodiacal" do plano tradicional das cidades, citaremos agora alguns fatos que mostram que, se a repartição acima indicada correspondia principalmente à divisão quaternária do ciclo, há casos em que uma subdivisão duodenária era indicada de forma clara. Temos um exemplo disso na fundação das cidades segundo o rito que os romanos haviam recebido dos etruscos: a orientação era marcada por duas vias perpendiculares, o *cardo*, indo do sul ao norte, e o *decumanus*, indo do oeste ao leste; nas extremidades dessas duas vias ficavam as portas da cidade, que se encontravam assim situadas exatamente nos quatro pontos cardeais. A cidade estava desse modo dividida em quatro quartéis, que, no entanto, nesse caso, não correspondiam precisamente aos pontos cardeais como na Índia, mas sim aos pontos intermediários. E é claro que precisamos levar em conta a diferença das formas tradicionais, que exigem adaptações diversas; mas nem por isso o princípio da divisão deixa de ser o mesmo. Por outro lado, e é o ponto que importa sublinhar agora, a essa divisão em quartéis superpunha-se uma divisão em "tribos", isto é, segundo o sentido etimológico da palavra, uma divisão ternária. Cada uma das três "tribos" compreendia quatro "cúrias", repartidas nos quatro quartéis, de modo que se tinha assim, em definitivo, uma divisão duodenária.

Um outro exemplo é o dos hebreus, dado também pelo próprio sr. Hocart, ainda que, aparentemente, não note a importância do duodenário: "Os hebreus", diz ele,[3] "conheciam a divisão social em quatro quartéis; suas doze tribos territoriais estavam repartidas em quatro grupos de três tribos, sendo uma a principal: Judá acampava ao leste, Rúben, ao sul,

3. *Les Castes*, p. 127.

Efraim, ao oeste, e Dan, ao norte. Os levitas formavam um círculo interior em torno do Tabernáculo e estavam também divididos em quatro grupos colocados nos quatro pontos cardeais, ficando o ramo principal ao leste."[4] Para dizer a verdade, não se trata aqui da organização de uma cidade, mas, em primeiro lugar, de um acampamento, e, mais tarde, da repartição do território de um país inteiro. Isso, é evidente, não faz a menor diferença do ponto de vista em que nos colocamos aqui.

A dificuldade para estabelecer uma comparação exata com o que existe em outros lugares vem do fato de que jamais se atribuiu a cada uma das tribos hebréias funções sociais definidas, o que não permite identificá-las às castas propriamente ditas. Contudo, ao menos de um ponto de vista, pode-se notar uma similaridade muito clara com a disposição adotada na Índia, pois a tribo real, a de Judá, encontrava-se de igual modo colocada a leste. Por outro lado, existe uma diferença notável: a tribo sacerdotal, a de Levi, que não era contada entre as doze, não tinham um lugar nos lados do quadrilátero e, por isso, nenhum território lhe estava determinado como propriedade particular; sua situação no interior do acampamento pode ser explicada pelo fato de que estava ligada de forma expressa ao serviço do santuário único, que a princípio era o Tabernáculo, e cuja posição normal ficava no centro. Mas, seja como for, o que nos importa agora é a constatação de que as doze tribos estavam repartidas três para cada um dos quatro lados do quadrilátero, situados respectivamente na direção dos quatro pontos cardeais. Sabe-se, ainda, que havia de fato uma correspondência simbólica entre as doze tribos de Israel e os doze signos do Zodíaco, o que não deixa dúvida alguma sobre o caráter e a significação da repartição que estamos examinando. Acrescentaremos apenas que a tribo principal, em cada um dos lados, corresponde claramente a um dos quatro signos "cardeais", e que as duas outras correspondem aos signos adjacentes.

Se tomarmos como referência a descrição apocalíptica da "Jerusalém Celeste", é fácil observar que seu plano reproduz exatamente o acampamento dos hebreus, do qual estávamos falando. Ao mesmo tempo, esse plano é também idêntico à figura do horóscopo quadrado que mencionamos mais acima. A cidade, que é de fato construída de forma quadrangular, tem doze portas, sobre as quais estão escritos os nomes das doze tribos de Israel. Essas portas estão distribuídas do mesmo modo sobre os quatro lados: "três portas para o lado do oriente; três portas para o norte; três portas para o sul e três portas para o ocidente." É evidente que essas doze portas correspon-

4. *Números*, 2 e 3.

dem também aos doze signos zodiacias; as quatro portas principais, isto é, as que estão no meio dos lados do quadrado, correspondem aos signos solsticiais e equinociais; e os doze aspectos do Sol referem-se a cada um dos signos, ou seja, aos doze *Adityas* da tradição hindu, que aparecem sob a forma dos doze frutos da "Árvore da Vida", a qual, colocada no centro da cidade, "dá fruto a cada mês", isto é, exatamente de acordo com as posições sucessivas do Sol no Zodíaco, no curso do ciclo anual. Enfim, essa cidade, "que desce do céu para a terra", representa de modo muito claro, pelo menos em uma de suas significações, a projeção do "arquétipo" celeste na constituição da cidade terrestre. E pensamos que tudo o que acabamos de expor mostra de forma suficiente que esse "arquétipo" é simbolizado essencialmente pelo Zodíaco.

14

A *TÉTRAKTYS* E O QUADRADO DE QUATRO*

Fomos levados muitas vezes, no correr de nossos estudos, a fazer referência à *Tétraktys* pitagórica, e indicamos então a fórmula numérica: 1 + 2 + 3 + 4 = 10, mostrando a relação que une diretamente o denário ao quaternário. Sabe-se, por outro lado, da importância muito particular que os pitagóricos atribuíam a ela, o que se traduzia em especial pelo fato de que prestavam juramento "pela santa *Tétraktys*"; tinham também, embora menos conhecida, uma outra fórmula de juramento, que era "pelo quadrado de quatro". Existe uma relação evidente entre as duas, pois o número quatro é, pode-se dizer, sua base comum. Poderíamos deduzir disso, entre outras conseqüências, que a doutrina pitagórica devia apresentar-se com caráter mais "cosmológico" que puramente metafísico, o que aliás não é um caso excepcional quando se trata das tradições ocidentais, pois já tivemos ocasião de fazer uma observação análoga no que diz respeito ao hermetismo. A razão dessa dedução, que pode parecer estranha à primeira vista àqueles que não estão habituados ao uso do simbolismo numérico, é que o quaternário, sempre e em toda parte, foi considerado como o número da manifestação universal. Portanto, ele indica a esse respeito, o próprio ponto de partida da "cosmologia", enquanto que os números que o precedem, ou seja, a unidade, o binário e o ternário, referem-se estritamente à "ontologia". Assim, a especial evidência atribuída ao quaternário corresponde exatamente ao próprio ponto de vista "cosmológico".

No início dos *Rasâïl Ikhwân Eç-Çafâ*, os quatro termos do quaternário fundamental são assim enumerados: 1º) o Princípio, designado como *El-Bârî*, o "Criador" (o que indica que não se trata do Princípio supremo,

* Publicado na revista *Études Traditionnelles*, abr. 1937.

mas apenas do Ser, enquanto princípio fundamental da manifestação, que além disso é, de fato, a Unidade metafísica); 2º) o Espírito universal; 3º) a Alma universal; 4º) a *Hylé* *primordial.

Não desenvolveremos aqui os diferentes pontos de vista sob os quais esses termos poderiam ser considerados; seria possível, em especial, correspondê-los respectivamente aos quatro "mundos" da Cabala hebraica, que têm também seus equivalentes exatos no esoterismo islâmico. Mas o que importa, no momento, é que o quaternário assim constituído é considerado como pressuposto da manifestação, no sentido de que a presença de todos os seus termos é necessária ao desenvolvimento completo das possibilidades contidas nessa manifestação. É por isso que, na ordem das coisas manifestadas, encontra-se sempre de modo especial a marca (poderíamos dizer, uma espécie de "assinatura") do quaternário; daí, por exemplo, os quatro elementos (não sendo aqui considerado o Éter, pois trata-se apenas de elementos "diferenciados"), os quatro pontos cardeais (ou as quatro regiões do espaço, que correspondem aos quatro "pilares" do mundo), as quatro fases em que todo ciclo divide-se naturalmente (as idades da vida humana, as estações do ciclo anual, as fases lunares no ciclo mensal, etc.) e assim por diante. Poderíamos estabelecer desse modo uma quantidade indefinida de aplicações do quaternário, todas ligadas entre si por correspondências analógicas rigorosas, pois no fundo são apenas aspectos mais ou menos especiais de um mesmo "esquema" geral da manifestação.

Esse "esquema", em sua forma geométrica, é um dos símbolos mais difundidos, sendo na verdade comum a todas as tradições; trata-se do círculo dividido em quatro partes iguais por uma cruz formada por dois diâmetros perpendiculares. Pode-se notar, de imediato, que essa figura exprime precisamente a relação do quaternário e do denário, tal como ocorre, sob forma numérica, com a fórmula que lembrávamos no início. De fato, o quaternário é representado geometricamente pelo quadrado se o considerarmos sob seu aspecto "estático", mas sob o aspecto "dinâmico", como é aqui o caso, sua representação se faz pela cruz. Esta, quando gira em torno de seu centro, gera a circunferência que, com o centro, representa o decenário, que por sua vez é o ciclo numérico completo, como dissemos antes. É o que se denomina circulatura do quadrante", representação geométrica daquilo que se exprime aritmeticamente pela fórmula 1 + 2 + 3 + 4 = 10. Inversamente, o problema hermético da "quadratura do círculo" (expressão comumente muito mal compreendida representa a divisão quaternária do círculo por

* *Hylé*, palavra grega que significa "matéria", "substância". (N. T.)

dois diâmetros retangulares, que se exprimirá numericamente pela mesma fórmula, porém escrita no sentido inverso, 10 = 1 + 2 + 3 + 4, para mostrar que todo desenvolvimento da manifestação está assim sujeito ao quaternário fundamental.

Dito isso, voltemos à relação da *Tétraktys* com o quadrado de quatro: os números 10 e 16 ocupam a mesma posição, a quarta, respectivamente na série dos números triangulares e dos números quadrados. Sabe-se que os números triangulares são aqueles obtidos pela soma dos números inteiros consecutivos a partir da unidade até cada um dos termos sucessivos da série. A unidade é tanto o primeiro número triangular, quanto o primeiro número quadrado, pois sendo o princípio e a origem da série dos números inteiros, deve ser igualmente o primeiro de todas as outras séries derivadas. O segundo número triangular é 1 + 2 = 3, o que mostra, além disso, que, a partir do instante que a unidade produz o binário mediante sua própria polarização, tem-se de imediato, e por isso mesmo, o ternário; sua representação geométrica é evidente: 1 corresponde ao topo do triângulo, 2 às extremidades da base, e o próprio triângulo, em seu conjunto, é naturalmente a figura do número 3. Se considerarmos a seguir os três termos do ternário como tendo existência independente, sua soma dará o terceiro número triangular: 1 + 2 + 3 = 6. O senário é o dobro do ternário, o que permite dizer que implica um novo ternário, que é reflexo do primeiro, tal como ocorre com o símbolo bem conhecido do "selo de Salomão"; este poderia dar margem a outras considerações, que, no entanto, estão fora do nosso tema. Continuando a série, tem-se para o quarto número triangular: 1 + 2 + 3 + 4 = 10, isto é, a *Tétraktys*. Constatamos assim, como já havíamos explicado, que o quaternário contém de um certo modo todos os números, visto contar o denário, donde a fórmula do *Tao-te-King* que citamos em outra oportunidade: "um produziu dois, dois produziu três, três produziu todos os números", o que quer ainda dizer que toda manifestação está como que envolvida pelo quaternário, ou, inversamente, que este se constitui na base completa de seu desenvolvimento integral.

A *Tétraktys*, enquanto número triangular, estava naturalmente representada por um símbolo que tinha, no conjunto, forma ternária, compreendendo cada um de seus lados exteriores quatro elementos. Esse símbolo compunha-se de 10 elementos, representados por igual número de pontos, dos quais nove se encontravam no perímetro do triângulo e um no centro. Pode-se notar que, apesar da diferença de formas geométrica, encontraremos nessa disposição o equivalente ao que já indicamos a respeito da representação do denário pelo círculo, visto que, neste último, 1 corresponde ao centro e 9 à circunferência. Notemos de passagem, a esse respeito, que é por ser 9, e não 10, o número da circunferência, que a divisão desta se faz normalmente com os múltiplos de 9 (90 graus por quadrante e, por conseguinte, 360 para a circunferência toda), o que tem ainda relação direta com a questão dos "números cíclicos".

O quadrado de quatro é, geometricamente, um quadrado cujos lados compreendem quatro elementos, como os do triângulo que acabamos de examinar; se considerarmos cada lado como se fosse medido pelo número desses elementos, resultaria que os lados do triângulo e os do quadrado são iguais. Poderemos, então, reunir as duas figuras fazendo coincidir a base do triângulo com o lado superior do quadrado, como no traçado que se segue (onde marcamos os pontos, por motivo de clareza, não sobre os próprios la-

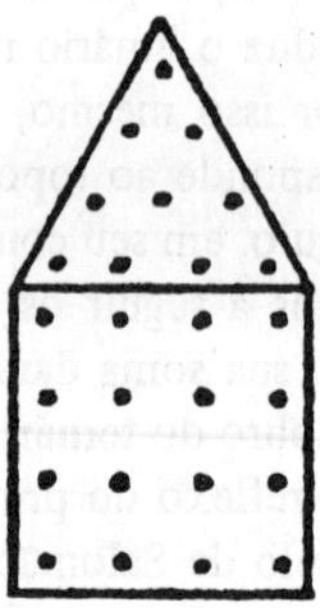

Fig. 10

dos, mas no interior das figuras, o que permite contar distintamente os que pertencem respectivamente ao triângulo e ao quadrado). O conjunto assim obtido dá margem ainda a muitas observações importantes.

Em primeiro lugar, se considerarmos apenas o triângulo e o quadrado enquanto tais, o conjunto é uma representação geométrica do setenário, na medida em que este é a soma do ternário e do quaternário: 3 + 4 = 7. Podemos dizer com maior precisão, de acordo com a própria disposição da figura, que o setenário é formado da união de um ternário superior e de um quaternário inferior, o que comporta várias aplicações. Para nos limitarmos ao que nos diz respeito mais em particular aqui, bastará lembrar que, na correspondência dos números triangulares e quadrados, os primeiros devem ser atribuídos a um domínio mais elevado que os segundos, o que nos permite inferir que, no simbolismo pitagórico, a *Tétraktys* devia ter um papel superior ao do quadrado de quatro. E, de fato, tudo o que se conhece parece indicar que era realmente assim.

Existe outra coisa muito singular que, embora se refira a uma forma tradicional diferente, não pode certamente ser considerada como simples "coincidência": os números 10 e 16, contidos respectivamente no triângulo e no quadrado, têm por soma 26, que é o valor numérico total das letras que formam o tetragrama hebraico *iod-hé-vau-hé*. Além disso, 10 é o valor da primeira letra *iod* e 16 o do conjunto das três letras *hé-vau-hé*. Essa divisão do tetragrama é perfeitamente normal, e a correspondência de suas duas partes é também muito significativa: a *Tétraktys* identifica-se assim ao *iod* no triângulo, enquanto que o resto do tetragrama inscreve-se no quadrado colocado abaixo.

Por outro lado, tanto o triângulo, quanto o quadrado, contêm quatro linhas de pontos, e ainda que isso tenha apenas uma importância secundária, podemos notar, com o propósito único de indicar mais uma vez as concordâncias entre as diferentes ciências tradicionais, que as quatro linhas de ponto encontram-se nas figuras da geomancia, figuras estas que, aliás, por combinações quaternárias de 1 e 2, são em número de $16 = 4^2$. A geomancia, como o próprio nome indica, tem especial relação com a terra que, segundo a tradição extremo-oriental, é simbolizada pela forma quadrada.

Finalmente, se considerarmos as formas sólidas como correspondentes, na geometria de três dimensões, às figuras planas de que estamos tratando, ao quadrado corresponde o cubo, ao triângulo a pirâmide quadrangular que tem por base a superfície superior do cubo. O conjunto forma o que o simbolismo maçônico designa como "pedra cúbica com ponta" e que, na interpretação hermética, é considerada como uma figura da "pedra filosofal". Há ainda, sobre este último símbolo, outras observações, mas como não se relacionam à questão da *Tétraktys*, é preferível examiná-las à parte.

15

UM HIERÓGLIFO DO PÓLO*

Para retomar certas considerações que se referem à figura da "pedra cúbica com ponta", sobre a qual acabamos de nos referir, diremos de início que essa figura, em antigos documentos, está completada, de modo bastante inesperado, pelo acréscimo de um machado que parece encontrar-se em equilíbrio sobre o topo da pirâmide. Essa particularidade intrigou com freqüência especialistas do simbolismo maçônico, a maior parte dos quais não pôde dar qualquer explicação satisfatória. Sugeriu-se, no entanto, que o machado poderia ser aí o hieróglifo da letra hebraica *qoph*, o que de fato oferece a verdadeira solução. Porém, os paralelos que podem ser estabelecidos a esse respeito são ainda mais significativos se considerarmos a letra árabe correspondente, *qâf*, e nos parece interessante apresentar um esboço disso, apesar do caráter estranho que essas coisas arriscam ter aos olhos do leitor ocidental, que não está habituado a esse gênero de considerações.

O sentido mais geral que se atribui a essa letra, seja no hebreu ou no árabe, é o de "força" ou de "poder" (*qowah*, em árabe), que pode ainda, segundo o caso, ser de ordem material ou de ordem espiritual.[1] É bem esse o sentido que corresponde, de modo imediato, ao simbolismo de uma arma tal como o machado. No caso em que nos ocupamos no momento, é evidente que se trata de um poder espiritual. Isso resulta do fato de que o machado está colocado em relação direta, não com o cubo, mas com a pirâmide. E poderia ser lembrado aqui o que expusemos em outras ocasiões sobre a equivalência do machado com o *vajra*, que é também, antes de tudo, o signo do

* Publicado na revista *Études Traditionnelles*, maio 1937.

1. A distinção entre esses dois sentidos é marcada no árabe por uma diferença de ortografia da palavra: *qowah* para o primeiro e *qowâ* para o segundo.

poder espiritual. E mais, o machado está colocado não em um ponto qualquer, mas, como dissemos, no topo da pirâmide, que é freqüentemente considerado como representação do topo de uma hierarquia espiritual ou iniciática. Essa posição parece indicar o mais alto poder espiritual em ação no mundo, ou seja, o que todas as tradições designam como "Pólo". Podemos também lembrar o caráter "axial" das armas simbólicas em geral e do machado em particular, o que está claramente em perfeito acordo com tal interpretação.

O notável é que o próprio nome da letra *qâf* é também, na tradição árabe, o nome da Montanha sagrada ou polar.[2] A pirâmide, que é essencialmente uma imagem da Montanha sagrada, traz assim, portanto, através dessa letra ou do machado que a substitui, sua própria designação enquanto tal, como que para não deixar subsistir qualquer dúvida sobre a significação que lhe deve ser reconhecida tradicionalmente. Além disso, se o símbolo da montanha ou da pirâmide está relacionado ao "Eixo do Mundo", seu topo, onde se encontra colocada essa letra, identifica-se de forma mais particular ao próprio Pólo. E *qâf* equivale numericamente a *maqâm,*[3] o que designa esse ponto como o "Lugar" por excelência, isto é, o único ponto que permanece fixo e invariável em todas as revoluções do mundo.

A letra *qâf* é além disso, a primeira do nome árabe para o Pólo, *Qutb*, e, nesse sentido, pode servir para designá-lo abreviadamente, de acordo com um processo empregado com grande freqüência.[4] Mas existem ainda outras concordâncias muito surpreendentes. Assim é que a sede (a palavra árabe é *markaz*, que significa exatamente "centro") do Pólo supremo (denominado *El-Qutb El-Ghawth*, para distingui-lo dos sete *Aqtâb* ou Pólos secun-

2. Querem alguns identificar a montanha *Qâf* ao Cáucaso (*qâf-qâsîyah*). Se essa assimilação fosse tomada literalmente no sentido geográfico atual, seria errônea, pois não concordaria de modo algum com o que é dito da Montanha sagrada, que não pode ser alcançada "nem por terra nem por mar" (*lâ bil-barr wa lâ bil-bahr*). Mas é preciso notar que o nome Cáucaso foi aplicado antigamente a várias montanhas situadas em regiões muito diferentes, o que nos permite pensar que, na origem, tenha sido essa uma das designações da Montanha sagrada, enquanto que os outros Cáucasos seriam apenas "localizações" secundárias.

3. *Qâf* = 100 + 1 + 80 = 181; *maqâm* = 40 + 100 + 1 + 40 = 181. No hebreu, encontra-se a mesma equivalência numérica entre *qoph* e *maqom*; essas palavras, aliás, só diferem de suas correspondentes árabes pela substituição de *waw* por *alif*, existindo muitos outros exemplos semelhantes (*nâr* e *nûr*, *âlam* e *ôlam*, etc.); o total é então 186.

4. É assim que a letra *mîm*, por exemplo, serve às vezes para designar o *Mahdî*; Mohyiddin ibn Arabi, principalmente, dá-lhe essa significação em certos casos.

dários e subordinados[5]) é descrita de modo simbólico como situada entre o céu e a terra, num ponto precisamente acima da *Kaabah*, que tem a forma exata de um cubo e é também uma representação do "Centro do Mundo". Pode-se portanto considerar a pirâmide (que por ser de natureza puramente espiritual é invisível) como que se elevando acima do cubo (este sim visível, pois se refere ao mundo elementar, indicado pelo número quaternário). Ao mesmo tempo, o cubo, sobre o qual repousa a base da pirâmide ou da hierarquia, por ela representada e onde o *Qutb* ocupa o topo, é também, por sua forma, um símbolo da estabilidade perfeita.

O *Qutb* supremo é assistido por dois *Imâms*, pela direita e pela esquerda, e o ternário assim formado encontra-se também representado na pirâmide, pela forma triangular de cada uma de suas faces. Por outro lado, a unidade e o binário que constituem esse ternário correspondem às letras *alif* e *be*, de acordo com os seus respectivos valores numéricos. A letra *alif* apresenta a forma de um eixo vertical; sua ponta superior e mais as duas extremidades em oposição horizontal da letra *be* formam, de acordo com um esquema que tem equivalentes em diversos símbolos pertencentes a outras tradições, os três ângulos do triângulo iniciático que, de fato, deve ser considerado precisamente como uma das "assinaturas" do Pólo.

Podemos acrescentar ainda, a respeito desse último ponto, que a letra *alif* é em particular considerada como "polar" (*qutbâniyah*); seu nome e a palavra *Qutb* são numericamente equivalentes: *alif* = 1 + 30 + 80 = 111; *Qutb* = 100 + 9 + 2 = 111. O número 111 representa a unidade expressa nos três mundos, o que convém perfeitamente para caracterizar a própria função do Pólo.

Essas notas poderiam sem dúvida ter sido mais desenvolvidas. Pensamos, no entanto, ter dito o bastante para que mesmo aqueles que estão alheios à ciência tradicional das letras e dos números tenham reconhecido, ao menos, que seria muito difícil pretender ver em tudo isso apenas um simples conjunto de "coincidências"!

5. Os sete *Aqtâb* correspondem às "sete Terras", encontradas também em outras tradições; e esses sete Pólos terrestres são reflexos dos sete Pólos celestes, que presidem respectivamente os sete Céus planetários.

16

OS "CABEÇAS NEGRAS" *

O nome dos etíopes significa literalmente "rostos queimados" (*Aithi-ôps*[1]) e, por conseguinte, "cabeças negras", o que de modo geral é interpretado como designativo de um povo de raça negra ou pelo menos de tonalidade negra.[2] No entanto, essa explicação muito "simplista" mostra-se pouco satisfatória desde que se observe que os antigos deram o nome de Etiópia a países muito diferentes, alguns dos quais não comportariam de modo algum tal designação, visto que em particular a própria Atlântida, diz-se, foi também chamada de Etiópia. Por outro lado, não parece que essa denominação tenha sido alguma vez aplicada aos países habitados por povos pertencentes propriamente à raça negra. Deve portanto existir aí alguma outra coisa, o que se torna ainda mais evidente quando se constata em outras partes a existência de palavras e expressões similares, de modo que somos naturalmente levados a procurar qual significação simbólica podem ter na realidade.

Os chineses designavam a si próprios, em tempos remotos, como "povo negro" (*li-mim*), expressão que se encontra em particular no *Chu-king* (reinado do imperador *Chuen*, 2317-2208 antes da era cristã). Muito mais tarde, no início da dinastia *Tsing* (século III antes da era cristã), o imperador deu a seu povo um outro nome análogo,[3] ou seja, "cabeças negras"

* Publicado na revista *Études Traditionnelles*, jan.-fev. 1948.

1. É a mesma raiz *aith* de que também deriva a palavra *Aithér*, o Éter, que pode ser considerado uma espécie de fogo superior, como o do Empíreo, parte superior do céu.
2. Os habitantes do país ainda hoje conhecido pelo nome de Etiópia, embora tenham a tez escura, não pertencem à raça negra.
3. Sabe-se que, na China, a atribuição das "designações corretas" aos seres e às coisas pertencia tradicionalmente às funções do soberano.

(*kien-cheou*). É também singular que se encontre exatamente a mesma expressão na Caldéia (*nishi salmat kakkadi*) mil anos ou mais antes dessa época. Além disso, é notável que os caracteres *kien* e *he*, que significam "negro" representem a chama; assim, o sentido da expressão "cabeças negras" aproxima-se ainda mais estreitamente da significação do nome Etíope. Os orientalista, que de um modo geral ignoram por preconceito todo simbolismo, pretendem explicar os termos "povo negro" e "cabeças negras" como designativo do "povo de cabelos negros". Infelizmente, embora esse caráter convenha de fato aos chineses, não poderia contudo distingui-los dos povos vizinhos, de modo que essa explicação mostra-se no fundo inteiramente insignificante.

Por outro lado, alguns pensaram que o "povo negro" era propriamente a massa do povo, à qual a cor negra teria sido atribuída, da mesma forma que na Índia em relação aos sudras, e com o mesmo sentido da indistinção e anonimato. Mas, ao que parece, todo o povo chinês foi designado desse modo, sem que tenha sido feito a esse respeito qualquer diferença entre a massa e a elite, e se assim for, o simbolismo em questão não seria válido em tal caso. Além disso, se refletirmos sobre o fato de que não apenas expressões desse tipo tiveram um amplo emprego no espaço e no tempo, tal como indicamos (e é possível que existam ainda outros exemplos), mas que também os antigos egípcios, de sua parte, deram a seu país o nome de *Kêmi* ou "terra negra", poderemos nos dar conta de que é muito improvável que tantos povos diferentes tenham adotado, para si próprios ou para seus países, uma designação com sentido pejorativo. Não é portanto ao sentido inferior da cor preta que devemos nos referir, mas sim ao seu sentido superior, pois, como já explicamos em outras ocasiões, ela apresenta um duplo simbolismo, do mesmo modo que o anonimato, ao qual nos referimos há pouco a propósito da massa do povo, possui, também, duas significações opostas.[4]

Sabe-se que, no seu sentido superior, o preto simboliza essencialmente o estado original de não-manifestação, e é assim que se precisa compreender particularmente o nome de *Krishna*, em oposição ao de *Arjuna*, que significa "branco"; representam, respectivamente, o não-manifestado e o manifestado, o imortal e o mortal, o "Eu" e o "ego",* *Paramâtmâ* e *jîvât-*

4. Sobre o duplo sentido do anonimato, ver *Le Règne de la quantité et les signes des temps*, cap. IX.

* Traduzimos as palavras francesas *Soi* e *moi* respectivamente por "Eu" e "ego", embora sejam ainda adotadas outras alternativas em português, tais como, "Eu superior", "Eu Real", "Eu divino", "Si-mesmo", "Ser" para *Soi*, e "eu pessoal", "eu inferior" para *moi*. (N. T.)

mâ.[5] O que se pode perguntar é como um símbolo do não- manifestado é aplicável a um povo ou a um país. Devemos reconhecer que a relação não parece clara à primeira vista, mas ela existe realmente no caso em questão. Além disso, não é por acaso que, em muitos desses casos, a cor preta está relacionada mais em particular às "faces" ou às "cabeças", termos que, como já indicamos em outra parte, têm significação simbólica ligada às idéias de "topo" e de "princípio".[6]

Para que isso seja melhor compreendido, é preciso lembrar que os povos, dos quais estamos falando, encontram-se entre aqueles que se consideram ocupando uma situação "central". É conhecida a esse respeito, em particular, a designação da China como o "Reino do Meio" (*Tchung-kuo*), do mesmo modo que o Egito era comparado por seus habitantes ao "Coração do Mundo". Essa situação "central" é também perfeitamente justificada do ponto de vista simbólico, pois cada um desses países era de fato sede do centro espiritual de uma tradição, emanação e imagem do centro espiritual supremo, o que os tornavam, verdadeiramente, para aqueles que pertenciam à tradição considerada, o "Centro do Mundo".[7]

O centro é, em razão do seu caráter original, o que se poderia denominar o "lugar" da não-manifestação; como tal, a cor preta, entendida em seu sentido superior, convém-lhe perfeitamente. Deve-se ainda observar que, ao contrário, a cor branca também é apropriada ao centro sob um outro ângulo, na medida em que é o ponto de partida de uma "irradiação" comparável à luz.[8] Poderíamos dizer, portanto, que o centro é "branco" exteriormente e em relação à manifestação que procede dele, mas que é "preto" interiormente e em relação a si mesmo. É esse último, por certo, o ponto de vista daqueles seres que, por uma razão como a que acabamos de lembrar, situam-se simbolicamente no próprio centro.

5. Ver, em especial, [cap. 47] *O Branco e o Preto*.
6. Ver [cap. 43] *A "Pedra Angular"*.
7. Ver *A Grande Tríade*, cap. XVI.
8. Ver [cap. 57] *Os Sete Raios e o Arco-íris*.

17

A LETRA *G* E A SUÁSTICA*

Em nosso livro *A Grande Tríade*, a propósito do simbolismo polar e da palavra chinesa *i* que designa a unidade (a Estrela Polar é denominada *Tai-i*, isto é, a "Grande Unidade"), apresentamos algumas indicações sobre o simbolismo maçônico da letra G, cuja posição normal é também "polar", e estabelecemos um paralelo com a letra I que representava "o primeiro nome de Deus" para os *Fedeli d'Amore*.[1] Tal comparação justificava-se pelo fato que a letra G, que por si mesma não poderia ser considerada como um verdadeiro símbolo, visto pertencer às línguas modernas que nada têm de sagrado e de tradicional, mas que, *stands for God* segundo os rituais ingleses e por ser de fato a inicial da própria palavra *God*, foi ao menos em certos casos tomada como substituta da letra *iod* hebraica, símbolo do Princípio ou da Unidade, em virtude de uma assimilação fonética entre *God* e *iod*.[2] Essas poucas referências tornaram-se ponto de partida para pesquisas que resultaram em novas constatações muito interessantes.[3] É por isso que acreditamos ser útil voltar ao assunto para completar o que já dissemos.

* Publicado na revista *Études Traditionnelles*, jul.-ago. 1950.

1. *A Grande Tríade*, cap. XXV.

2. O autor de uma obra sobre o simbolismo maçônico julgou-se no dever de nos endereçar a esse respeito uma crítica, formulada mesmo em termos muito pouco corteses, como se fôssemos os responsáveis por essa assimilação fonética; também não o somos pelo fato de que os maçons ingleses tenham ainda identificado antigamente as três letras da mesma palavra *God* às iniciais de três palavras hebraicas *Gamel, Oz, Dabar* (Beleza, Força, Sabedoria); pense-se o que se quiser a respeito do valor de tais conexões (e existem ainda outras), mas somos obrigados, em todo caso, a considerá-las ao menos historicamente.

3. Marius Lepage, *La Lettre G*, em *Le Symbolisme*, número de nov. 1948; artigo no *Speculative Mason*, número de jul. 1949, escrito por ocasião do precedente e de onde extraiu-se a maior parte das informações aqui utilizadas.

Em primeiro lugar, cabe assinalar que, num antigo catecismo do grau de Companheiro,[4] à questão: *What does that G denote*?, responde-se expressamente: *Geometry or the Fifth Science* (ou seja, a ciência que ocupa o quinto lugar na enumeração tradicional das "sete artes liberais", cuja transposição esotérica nas iniciações da Idade Média já assinalamos em outras ocasiões). Essa interpretação em nada contradiz a afirmação de que a letra G *stands for God*, pois Deus nesse grau é especialmente designado como o "Grande Geômetra do Universo". Por outro lado, o que lhe dá total importância é que, nos antigos manuscritos conhecidos da maçonaria operativa, a "Geometria" é constantemente identificada à própria maçonaria. Existe aí alguma coisa que não pode ser desprezada.

Por outro lado, parece, como veremos a seguir, que a letra G, enquanto inicial de *Geometry*, tomou o lugar de seu equivalente grego γ [gama], o que justifica plenamente a origem da própria palavra "Geometria" (e aqui, ao menos, não é mais de uma língua moderna que estamos tratando). Além disso, a letra γ apresenta em si um certo interesse, do ponto de vista do simbolismo maçônico, em razão da sua forma de esquadro,[5] o que evidentemente não é o caso da letra latina G.[6]

Antes de prosseguirmos, poderíamos nos perguntar se isso tudo não está em oposição com a explicação da substituição do *iod* hebraico ou, pelo menos, já que esta também existiu, se não caberia supor-se, nessas condições, que ela só teria sido introduzida secundariamente e em época mais ou menos tardia; de fato, como ela parece ter pertencido com exclusividade ao grau de mestre, assim deve ser para aqueles que seguem a opinião mais corrente sobre a origem desse grau. Ao contrário, para aqueles que como nós se recusam, por mais de uma razão, a considerar o referido grau como produto de uma elaboração "especulativa" do século XVIII, e que vêem aí uma espécie de "condensação" do conteúdo de certos graus superiores da maçonaria operativa, preenchendo na medida do possível uma lacuna devido à

4. Prichard, *Masonry Dissected* (1730).

5. Lembremos que o esquadro com braços desiguais, precisamente a forma dessa letra, representa os dois catetos do triângulo retângulo 3-4-5 que, como já explicamos em outra parte, tem uma importância muito especial na maçonaria operativa (ver *Parole perdue et mots substitués*, na *Études Traditionnelles*, dez. 1948).

6. Todas as considerações que alguns fizeram a partir da forma da letra G (semelhança com a forma de um laço, com o símbolo alquímico do sal, etc.) têm claramente um caráter artificial e mesmo fantasista; não têm a menor relação com as significações reconhecidas dessa letra, e não repousam, além disso, sobre qualquer dado autêntico.

ignorância em que se encontravam os fundadores da Grande Loja da Inglaterra com relação a tais graus, a coisa parece sob um aspecto bem diferente: trata-se então de uma superposição de dois sentidos diferentes, mas que não se excluem de modo algum, o que por certo nada apresenta de excepcional no simbolismo. Além disso, o que ninguém parece ter notado até aqui, é que as duas interpretações, pelo grego e pelo hebreu respectivamente, concordam de modo perfeito com o caráter próprio dos dois graus correspondentes, "pitagórico" para o segundo e "salomônico" para o terceiro, e talvez seja isso, no fundo, que permita compreender do que se trata realmente.

Dito isso, podemos voltar à interpretação "geométrica" do grau de Companheiro, pois o que dissemos até aqui não é ainda a parte mais interessante do simbolismo da maçonaria operativa. No mesmo catecismo citado anteriormente, encontra-se também uma espécie de enigma: *By letters four and science five, this G aright doth stand in a due art and proportion.*[7] Aí, *science five* designa evidentemente a "quinta ciência", isto é, a Geometria; quanto à significação de *letters four*, poderíamos, à primeira vista e por simetria, ser tentado a supor que existe uma letra errada e que seria preciso ler *letter* no singular, de modo que se trataria da "quarta letra", isto é, a letra Δ do alfabeto grego, que de fato é simbolicamente interessante pela sua forma triangular. Mas como essa explicação teria o grande defeito de não apresentar qualquer relação inteligível com a letra G, é muito mais verossímel que se trate na verdade de "quatro letras", e que a expressão aliás irregular *science five*, ao invés de *fifth science*, foi colocada intencionalmente para tornar o enunciado ainda mais enigmático. Agora, um ponto que pode parecer o mais obscuro é este: por que se fala de quatro letras ou, se for sempre da inicial da palavra *Geometry* que se está tratando, por que deve ela ser quadruplicada *to stand aright in due art and proportion*? A resposta, que deve estar relacionada à posição "central" ou "polar" da letra G, só pode ser dada por meio do simbolismo operativo; e também parece ser necessário tomar aqui essa letra, como indicamos mais acima, em sua forma

7. Não devemos esquecer de mencionar em caráter complementar que, em resposta à questão *Who doth that G denote?* (*who* e não mais *what* como antes, quando se tratava da Geometria), o catecismo contém ainda a seguinte frase: *The Grand Architect and contriver of the Universe, or He that was taken up to the Pinnacle of the Holy Temple*; pode-se notar que o "Grande Arquiteto do Universo" está identificado a Cristo (portanto ao *Logos*), por sua vez relacionado ao simbolismo da "pedra angular", entendida de acordo com o que já explicamos [cap. 43]; o "pináculo do Templo" (e podemos notar a curiosa semelhança da palavra "pináculo" com o hebreu *pinnah*, que significa "ângulo") é naturalmente o topo ou o ponto mais elevado, e, como tal, equivale à "chave de abóbada" (*Keystone*) na *Arch Masonry*.

grega γ. De fato, a reunião de quatro gamas colocados em ângulos retos, uns em relação aos outros, forma a suástica, "símbolo, tal como a letra G, da Estrela Polar, que é por sua vez o símbolo, e, para o maçom operativo, a sede efetiva do Sol central oculto no Universo, *Iah*,[8] o que lembra evidentemente, muito de perto, o *Tai-i* da tradição extremo-oriental.[9] Na passagem de *A Grande Tríade* que citamos no início, já havíamos assinalado a existência, no ritual operativo, de uma relação muito estreita entre a letra G e a suástica. No entanto, não tínhamos então o conhecimento das informações que, recorrendo ao γ grego, tornam essa relação ainda mais direta e completam a explicação.[10]

É bom notar ainda que a parte recurvada dos braços da suástica é aqui considerada como representação da Ursa Maior, vista em quatro posições diferentes no curso de sua revolução em torno da Estrela Polar, à qual corresponde naturalmente o centro em que se unem os quatro gamas, e que as suas quatro posições estão relacionadas com os quatro pontos cardeais e as quatro estações. Sabe-se da importância da Ursa Maior em todas as tradições em que ocorre o simbolismo polar.[11]

Se pensarmos que tudo isso pertence a um simbolismo que se poderia dizer verdadeiramente "ecumênico" e que indica por isso um vínculo

8. No artigo do *Speculative Mason*, de onde foi tirada essa citação, a suástica é de modo inexato denominada *gammadion*, designação que, como já assinalamos por diversas vezes, era na realidade aplicada antigamente a figuras muito diferentes (ver especialmente [cap. 45] *El-Arkân*, onde estão reproduzidas), mas não é menos verdade que a suástica, ainda que não tenha jamais recebido esse nome, pode também ser considerada como a reunião de quatro gamas, de modo que essa retificação de terminologia em nada altera o que está sendo tratado aqui.

9. Acrescentaremos que o nome divino *Iah*, que acaba de ser mencionado, está relacionado mais em particular com o primeiro dos três Grandes-Mestres no sétimo grau da maçonaria operativa.

10. Poder-se-ia objetar que a documentação inédita dada pelo *Speculative Mason*, referente à suástica, provém de Clément Stretton, e que ele foi, como se diz, o principal autor de uma "restauração" dos rituais operativos, na qual certos elementos, perdidos em conseqüência de circunstâncias que jamais foram completamente esclarecidas, teriam sido substituídos por outros retirados dos rituais especulativos, nada garantindo sua conformidade com o que existia antigamente. Essa objeção, no entanto, não vale para o presente caso, pois trata-se precisamente de alguma coisa que não encontra qualquer traço na maçonaria especulativa.

11. Ver igualmente *A Grande Tríade*, cap. XXV, a propósito da "Cidade dos Salgueiros" e de sua representação simbólica por um alqueire cheio de arroz.

muito direto com a tradição primordial, poderemos compreender, sem dificuldade, por que "a teoria polar sempre foi um dos maiores segredos dos verdadeiros mestres maçons".12

12. Pode ser interessante assinalar ainda que, na Cabala, o *iod* é considerado como formado pela reunião de três pontos que representam as três *middhoth* [dimensões] supremas, dispostas em esquadro; este está voltado para o sentido contrário ao que forma a letra grega γ, o que poderia corresponder aos dois sentidos opostos de rotação da suástica.

SÍMBOLOS
DA MANIFESTAÇÃO CÍCLICA

18

ALGUNS ASPECTOS DO SIMBOLISMO DE JANO *

Muitas vezes, em nossas obras, fizemos referências ao simbolismo de Jano. Mas seria preciso um volume inteiro para desenvolver completamente esse simbolismo em suas múltiplas e complexas significações e para assinalar todas as suas ligações com um grande número de figurações análogas que se encontram em outras tradições. Entretanto, pareceu-nos interessante reunir alguns dados relativos a certos aspectos do simbolismo em questão, e retomar em particular, de modo mais completo do que o fizemos até agora, as considerações que explicam os paralelos estabelecidos às vezes entre Jano e Cristo, que podem parecer estranhos à primeira vista, mas que nem por isso deixam de ser perfeitamente legítimos.

De fato, um curioso documento, que representa expressamente Cristo sob os traços de Jano, foi publicado, há alguns anos, pelo sr. Charbonneau-Lassay na *Regnabit*,[1] o que nos levou a comentá-lo logo depois na mesma revista[2] (veja fig. 11). Trata-se de um medalhão pintado sobre uma página separada de um livro litúrgico, manuscrito, do século XV, encontrado em Luchon, e que encerra a folha do mês de janeiro no calendário liminar desse livro. No alto do medalhão, figura o monograma IHS dominado por um coração; o restante está ocupado pelo busto de *Janus Bifrons*, com um rosto masculino e outro feminino, tal como ocorre com grande freqüência; traz uma coroa sobre a cabeça, e segura numa das mãos um cetro e na outra uma chave.

"Nos monumentos romanos", escrevia o sr. Charbonneau-Lassay ao

* Publicado na revista *Le Voile d'Isis*, jul. 1929.

1. *Un ancien emblème du mois de janvrier; Reg.*, maio 1925.
2. *A propos de quelques symboles hermético-religieux; Reg.*, dez. 1925.

reproduzir esse documento, "Jano aparece, tal como no cartucho do Luchon, com a coroa na cabeça e o cetro na mão direita, porque é rei; segura na outra mão a chave que abre e fecha as épocas; é por isso que, ampliando a idéia, os romanos consagravam-lhe as portas das casas e das cidades...

Fig. 11

Cristo também, como o Jano antigo, leva o cetro real a que tem direito em nome de seu Pai do Céu e de seus ancestrais neste mundo; e sua outra mão segura a chave dos segredos eternos, a chave tingida pelo seu sangue, que abriu, para a humanidade perdida, a porta da vida. É por isso que, na quarta das grandes antífonas anteriores ao Natal, a liturgia sagrada o aclama assim: '*O Clavis David, et Sceptrum domus Israel*!... Vós sóis, ó Cristo esperado, a Chave de Davi e o Cetro da casa de Israel. Vós abris, e ninguém pode fechar; e quando vós fechais ninguém mais saberia abrir...' "[3]

A interpretação mais habitual das duas faces de Jano é considerá-las como representação, respectivamente, do passado e do futuro. Essa interpretação, embora sendo muito incompleta, nem por isso deixa de ser exata sob um certo ponto de vista. É por isso que, num grande número de representações, uma das faces é a de um homem velho e a outra a de um jovem. Não é esse porém o caso do emblema de Luchon; um exame atento não deixa dúvida de que se trata do Jano andrógino, ou *Janos-Jana*,[4] e basta apenas

3. *Breviário romano*, ofício de 20 de dezembro.

4. O nome de *Diana*, a deusa lunar, nada mais é que uma outra forma de *Jana*, aspecto feminino de *Janus*.

mencionar a estreita relação dessa forma de Jano com certos símbolos herméticos, tal como o *Rebis*.[5]

Do ponto de vista em que o simbolismo de Jano está relacionado ao tempo, cabe fazer uma observação muito importante: entre o passado que não é mais e o futuro que ainda não é, o verdadeiro rosto de Jano, aquele que olha o presente, não é, segundo se diz, nenhum daqueles que podemos ver. Esse terceiro rosto, com efeito, é invisível porque o presente, na manifestação temporal, é somente um instante imperceptível.[6] Mas quando nos colocamos acima das condições dessa manifestação transitória e contingente, o presente contém, ao contrário, toda realidade.

O terceiro rosto de Jano corresponde, no simbolismo da tradição hindu, ao olho frontal de *Shiva*, também invisível, pois não é figurado por qualquer órgão corporal, e representa o "sentido da eternidade". Diz-se que um olhar desse terceiro olho reduz tudo a cinzas, isto é, destrói toda manifestação. Mas, quando a sucessão é transmutada em simultaneidade, todas as coisas permanecem no "eterno presente", de modo que a aparente destruição é na verdade uma "transformação", no sentido etimológico mais rigoroso do termo.

Por essas poucas considerações já é fácil compreender que Jano representa verdadeiramente Aquele que é, não só o "Senhor do tríplice tempo" (designação que é de igual modo aplicada a *Shiva* na doutrina hindu),[7] mas também, e antes de tudo, o "Senhor da Eternidade". Cristo, escrevia ainda a esse respeito o sr. Charbonneau- Lassay, domina o passado e o futuro; coeterno com seu Pai, é como ele o "Ancestral dos Dias": "No princípio era o verbo", diz São João. Ele é também o pai e o senhor dos séculos vindouros: *Jesu pater futuri saeculi*, repete diariamente a Igreja Romana, e Ele próprio se proclama o começo e o final de tudo: "Eu sou o *alfa* e o *ômega*, o princípio e o fim". "É o 'Senhor da Eternidade'."

É evidente, com efeito, que o "Senhor do tempo" não pode estar submetido ao tempo, o qual tem nele o seu princípio, do mesmo modo que, conforme ensinava Aristóteles, o primeiro motor de todas as coisas, ou o princípio do movimento universal é necessariamente imóvel. É, na verdade, o Verbo eterno que os textos bíblicos designam muitas vezes

5. A única diferença é que esses símbolos são geralmente *Sol-Lua*, sob diversas formas, enquanto *Janus-Jana* mais parece ser *Lunus-Luna*, sendo freqüente uma lua crescente colocada acima de sua cabeça.

6. É também por essa razão que algumas línguas, como o hebreu e o árabe, não têm forma verbal correspondente ao presente.

7. O tridente (*trishûla*), atributo de *Shiva*, é o símbolo do tríplice tempo (*trikâla*).

como o "Ancião dos Dias", o Pai das idades ou dos ciclos de existência (é esse o sentido próprio e primitivo da palavra latina *saeculum*, bem como do grego *aiôn* e do hebreu *ôlam* que servem para traduzi-la). Convém notar ainda que a tradição hindu dá-lhe também o título de *Purâna-Purusha*, cuja significação é estritamente equivalente.

Voltemos agora à figura que tomamos como ponto de partida dessas observações: vê-se nela, como dizíamos, o cetro e a chave nas mãos de Jano. Do mesmo modo que a coroa (que pode ser considerada ainda como símbolo de poder e elevação, no sentido mais abrangente, tanto na ordem espiritual quanto na ordem temporal, e que, nesse caso, nos parece mais ter esta última acepção), o cetro é o emblema do poder real, e a chave, por sua vez, do poder sacerdotal. É preciso notar que o cetro está à esquerda da figura, do lado do rosto masculino, e a chave à direita, do lado do rosto feminino. De acordo com o simbolismo empregado pela Cabala hebraica, à direita e à esquerda correspondem respectivamente dois atributos divinos: a Misericórdia (*Hesed*) e a Justiça (*Din*),[8] que também cabem de forma clara a Cristo, em especial quando o consideramos em seu papel de Juiz dos vivos e dos mortos. Os árabes fazem uma distinção análoga dos atributos divinos e dos nomes que lhes correspondem: "Beleza" (*Djemâl*) e "Majestade" (*Djelâl*). Pode-se compreender ainda, com essas últimas designações, por que os dois aspectos considerados foram representados por um rosto feminino e por outro masculino.[9] Em suma, a chave e o cetro, que substituem a representação talvez mais comum de Jano com duas chaves, torna mais claro ainda um dos sentidos desse emblema, ou seja, o duplo poder que procede de um princípio único: poder sacerdotal e poder real reunidos, segundo a tradição judaico-cristã, na pessoa de Melquisedec que, como diz São Paulo, "tornou-se semelhante ao Filho de Deus".[10]

Acabamos de dizer que Jano, como é o mais comum, leva duas chaves; são as chaves das duas portas solsticiais, *Janua Coeli* e *Janua Inferni*, que

8. No símbolo da árvore 'sefirótica', que representa o conjunto dos atributos divinos, as duas "colunas" laterais são respectivamente a Misericórdia e a Justiça; no topo da "coluna do meio", que domina as duas "colunas" laterais, está a "Coroa" (*keter*); a posição análoga da coroa de Jano em nossa figura, em relação à chave e ao cetro, parece-nos propiciar um paralelo que justifica aquilo que acabamos de dizer quanto à sua significação, ou seja, que seria o poder principal, único e total, do qual procedem os dois aspectos designados pelos dois outros emblemas.

9. Em *O Rei do Mundo*, explicamos de modo mais completo o simbolismo da direita e da esquerda, da "mão da justiça" e da "mão que abençoa", que é de igual modo indicado pelos Pais da Igreja, principalmente por Santo Agostinho.

10. *Epístola aos Hebreus*, 7, 3.

correspondem respectivamente ao solstício de inverno e ao solstício de verão, ou seja, aos dois pontos extremos do percurso do Sol no ciclo anual, pois Jano, enquanto "Senhor do tempo", é o *Janitor* ['porteiro'] que abre e fecha o ciclo. Por outro lado, ele é também o deus da iniciação aos mistérios: *initiatio* deriva de *in-ire*, "entrar" (o que se liga de igual modo ao simbolismo da "porta") e, segundo Cícero, o nome Jano tem a mesma raiz que o verbo *ire*, "ir"; a raiz *i* encontra-se também no sânscrito com o mesmo sentido que no latim, e nessa língua tem entre suas derivadas a palavra *yâna*, "caminho", cuja forma é singularmente próxima da palavra Jano. "Eu sou o Caminho", disse Cristo;[11] seria possível ver aí uma outra aproximação? O que diremos a seguir parece justificá-la. E seria um grande erro, quando se trata de simbolismo, não levar em consideração certas similaridades verbais, cujas razões são quase sempre profundas, embora infelizmente escapam aos filólogos modernos, que ignoram tudo aquilo que pode receber com legitimidade o nome de "ciência sagrada".

Seja como for, enquanto Jano era considerado o deus da iniciação, suas duas chaves, uma de ouro e outra de prata, eram respectivamente as chaves dos "grandes mistérios" e dos "pequenos mistérios". Para empregar outra linguagem equivalente, a chave de prata era do "Paraíso Terrestre" e a de ouro do "Paraíso Celeste". Essas mesmas chaves constituíam um dos atributos do supremo pontificado, ao qual estava essencialmente ligada a função de "hierofante"; como a barca, que também era um símbolo de Jano,[12] elas permaneceram entre os principais emblemas do papado. E as palavras evangélicas relativas ao "poder das chaves" estão em perfeito acordo com as tradições antigas, todas elas provenientes da grande tradição primordial. Por outro lado, há uma relação bastante direta entre os sentidos que acabamos de indicar e aquele segundo o qual a chave de ouro representa o poder espiritual e a chave de prata o poder temporal (sendo esta última às vezes, como já vimos, substituída pelo cetro):[13] Dante, com efeito, atribui ao Imperador e ao Papa as funções de conduzir a humanidade respectivamente ao "Paraíso Terrestre" e ao "Paraíso Celeste".[14]

11. Na tradição extremo-oriental, a palavra *Tao*, cujo sentido literal também é "Caminho", serve para designar o Princípio supremo; e o ideograma que o representa é formado pelos signos da cabeça e dos pés, que equivalem ao *alfa* e ao *ômega*.

12. A barca de Jano era do tipo que podia ir nos dois sentidos, para frente e para trás, o que corresponde às duas faces do próprio Jano.

13. O cetro e a chave estão ainda em relação simbólica com o "Eixo do Mundo".

14. *De Monarchia*, III, 16. Apresentamos a explicação dessa passagem de Dante em *Autorité spirituelle et Pouvoir temporel.*

Além disso, em virtude de certo simbolismo astronômico que parece ter sido comum a todos os povos antigos, existem ainda laços muito estreitos entre os dois sentidos, de acordo com os quais as chaves de Jano eram, tanto as chaves das duas portas solsticiais, quanto a dos "grandes mistérios" e dos "pequenos mistérios".[15] O simbolismo ao qual estamos nos referindo é o do ciclo zodiacal, e não é sem razão que, com suas metades ascendentes e descendentes que têm seus respectivos pontos de partida nos solstícios de inverno e de verão, encontra-se figurado no portal de tantas igrejas da Idade Média.[16] E aparece aqui uma outra significação dos dois rostos de Jano: ele é o "Senhor de dois caminhos" que dão acesso às duas portas solsticiais. Esses dois caminhos, o da diretia e o da esquerda (pois encontra-se aí o outro simbolismo que assinalamos mais acima), que os pitagóricos representavam pela letra Y,[17] aparecem também sob uma forma exotérica, no mito de Hércules entre a virtude e o vício. São os mesmos dois caminhos que a tradição hindu, por seu lado, designa como o "caminho dos deuses" (*dêva-yâna*) e o "caminho dos antepassados" (*piri-yâna*). E *Ganesha*, cujo simbolismo tem inúmeros pontos de contato com o de Jano, é também o "Senhor dos dois caminhos", como conseqüência imediata de seu caráter de "Senhor do Conhecimento", o que nos leva de novo à idéia da iniciação aos mistérios. Enfim, esses dois caminhos são ainda, em certo sentido, tal como as portas pelas quais se tem acesso a eles, o caminho dos céus e o dos infernos.[18] E podemos notar que os dois lados aos quais correspondem, à direita e à esquerda, são os mesmos em que se dividem os eleitos e os condenados nas representações do Juízo Final que, por uma coincidência muito

15. Devemos lembrar, de passagem, embora já o tenhamos assinalado em muitas ocasiões, que Jano tinha ainda uma outra função: era o deus das corporações de artesãos ou *Collegia fabrorum*, que celebravam em sua honra as festas solsticiais de inverno e de verão. Mais tarde, esse costume manteve-se ainda nas corporações de construtores; mas, com o cristianismo, as festas solsticiais identificaram-se ao São João de inverno e ao São João de verão (daí a expressão "Loja de São João", que se conservou até mesmo na maçonaria moderna). Trata-se de um exemplo da adaptação de símbolos pré-cristãos, com grande freqüência desprezada ou mal-interpretada pelos modernos.

16. Isto se liga claramente ao que indicamos na nota precedente a respeito das tradições conservadas pelas corporações de construtores.

17. Esse antigo símbolo manteve-se até uma época bastante recente: pode ser encontrado na marca do impressor Nicolas du Chemin, desenhado por Jean Cousin, em *Le Champ fleuri* de Geoffroy Tory (Paris, 1529), onde é designado pelo nome de "letra pitagórica", e também, no museu do Louvre, em diversos móveis da Renascença.

18. Nos símbolos da Renascença que acabamos de mencionar, os dois caminhos são, desse ponto de vista, designados respectivamente como *via arcta* e *via lata*, "caminho estreito" e "caminho largo".

significativa, encontram-se com grande freqüência nos portais das igrejas, e não em outra parte qualquer do edifício.[19] Essas representações, tais como as do Zodíaco, exprimem, é o que pensamos, alguma coisa inteiramente fundamental na concepção dos construtores das catedrais, que se propunham a dar as suas obras um caráter "pantacular", no verdadeiro sentido dessa palavra,[20] isto é, torná-la uma espécie de compêndio sintético do Universo.[21]

19. Parece, às vezes, que uma coisa relacionada à direita em certos casos está à esquerda em outros, e vice-versa. Acontece no entanto que essa contradição é apenas aparente, pois é preciso sempre procurar em relação ao que se toma a direita ou a esquerda; quando ela é real pode ser explicada por certas concepções "cíclicas" bastante complexas, que influem sobre as correspondências consideradas. Assinalamos isso unicamente para não dissimular uma dificuldade que necessitamos levar em conta para interpretar corretamente um grande número de símbolos. [cf. *A Grande Tríade*, cap. VII.]

20. Devemos escrever "pantáculo" (*pantaculum*, literalmente, "pequeno todo"), e não "pentáculo" como se faz habitualmente; esse erro ortográfico levou muitos a acreditarem que essa palavra tinha uma relação com o número 5 e devia ser tomada como sinônimo de "pentagrama".

21. Essa concepção está também implicada de certo modo no próprio plano da catedral; mas não podemos, no momento ao menos, empreender a tarefa de justificar tal afirmação, que nos levaria muito longe.

19

O HIERÓGLIFO DE CÂNCER *

No correr de diferentes estudos, tivemos muitas vezes ocasião de fazer referência ao simbolismo do ciclo anual, com suas metades ascendentes e descendentes, e em especial às duas portas solsticiais, que abrem e fecham respectivamente essas metades do ciclo, e que correspondem à figura de *Jano* entre os latinos e à de *Ganesha* entre os hindus.[1] Para compreender bem toda a importância desse simbolismo, é preciso lembrar que, em virtude da analogia de cada uma das partes do Universo com o todo, existe correspondência entre as leis de todos os ciclos, seja de qual ordem for, de tal modo que o ciclo anual, por exemplo, poderá ser tomado como a imagem reduzida, e dessa forma mais acessível, dos grandes ciclos cósmicos (como a expressão "grande ano" indica de forma muito clara) e como um resumo, se pudermos assim falar, do próprio processo da manifestação universal. É isso o que dá à astrologia toda sua significação enquanto ciência propriamente "cosmológica".

Sendo assim, os dois "pontos de detenção" do curso solar (é esse o sentido etimológico da palavra "solstício) devem corresponder aos dois limites extremos da manifestação, seja no seu conjunto, seja em cada um dos ciclos que a constituem. Em número indefinido, esses ciclos nada mais são que os diferentes estados ou graus da Existência universal. Se isso for aplicado em particular a um ciclo da manifestação individual, tal como a existência no estado humano, torna-se fácil compreender por que as duas portas solsticiais são designadas tradicionalmente como a "porta dos homens" e a "porta dos deuses". A "porta dos homens", que corresponde ao solstício de verão e ao signo zodiacal de Câncer, ** é a entrada na manifestação indivi-

* Publicado na revista *Le Voile d'Isis*, jul. 1931.

1. Ver em especial *O Rei do Mundo*, cap. III.

** As correspondências dos solstícios e equinócios com os signos zodiacais referem-se ao hemisfério norte. (N. T.)

dual; a "porta dos deuses", que corresponde ao solstício de inverno e ao signo zodiacal de Capricórnio, é a saída dessa mesma manifestação e a passagem aos estados superiores, pois os "deuses" (*devas*, na tradição hindu), tal como os "anjos" segundo outra terminologia, representam exatamente, do ponto de vista metafísico, os estados supra-individuais do ser.[2]

Se consideramos a repartição dos signos zodiacais de acordo com os quatro trígonos elementares, veremos que o signo de Câncer corresponde ao "fundo das Águas", isto é, no sentido cosmogônico, ao meio embriogênico no qual estão depositados os germes do mundo manifestado, germes estes que correspondem, na ordem "macrocósmica", ao *Brahmanda* ou "Ovo do Mundo" e, na ordem "microcósmica", ao *pinda*, protótipo formal da individualidade preexistente de modo sutil desde a origem da manifestação cíclica, constituindo-se em uma das possibilidades que se deverão desenvolver no decurso dessa manifestação.[3] Isso pode igualmente ser atribuído ao fato de que o signo de Câncer é o domicílio da Lua, cuja relação com as Águas é bem conhecida, e que, tal como as Águas, representa o princípio passivo e plástico da manifestação: a esfera lunar é precisamente o "mundo da formação", ou o domínio da elaboração das formas no estado sutil, ponto de partida da existência de modo individual.[4]

No símbolo astrológico de Câncer, ♋, vê-se o germe em estado de semidesenvolvimento, que é precisamente o estado sutil. Trata-se, portanto, não do embrião corporal, mas do protótipo formal que acabamos de falar, e cuja existência situa-se no domínio psíquico ou "mundo intermediário". Além disso, sua figura é a mesma do *u* sânscrito, elemento de espiral que, no *akshara* ou monossílabo sagrado *Om*, constitui o termo intermediário entre o ponto (*m*), que representa a não manifestação primordial, e a linha reta (*a*), que representa o completo desenvolvimento da manifestação no estado grosseiro ou corporal.[5]

2. Esse ponto está mais amplamente explicado em *Les États multiples de l'être*.
3. Ver *L'Homme et son devenir selon le Vêdânta*, cap. XIII e XIX. A analogia constitutiva do "microcosmo" e do "macrocosmo", considerada sob esse aspecto, é expressa na doutrina hindu pela fórmula: *Yathâ pinda Tathâ Brahmânda*, "tal o embrião individual (sutil), tal o Ovo do Mundo".
4. Ver *ib.*, cap. XXI. Já assinalamos em diversas ocasiões a identidade do "mundo da formação", ou de *Ietsirah* segundo a terminologia da Cabala hebraica, com o domínio da manifestação sutil.
5. Sobre essas formas geométricas que correspondem respectivamente aos três *mâtrâs* de *Om*, ver *ib.*, cap. XVI. Convém lembrar a esse respeito que o ponto é o princípio primordial de todas as figuras geométricas, assim como o não-manifestado é o princípio de todos os estados da manifestação, e que, sendo sem forma e "sem dimensões", é em sua

Além disso, esse germe duplicado, colocado em duas posições inversas, uma em relação a outra, e que representam por isso mesmo dois termos complementares, é o *yang* e o *yin* da tradição extremo-oriental; o símbolo *yin-yang* que os reúne tem precisamente uma forma similar. Esse símbolo, enquanto representativo das revoluções cíclicas, cujas fases se ligam à predominância alternativa do *yang* e do *yin*, está relacionado a outras figuras de grande importância do ponto de vista tradicional, como a suástica e a dupla espiral que se refere ao simbolismo dos dois hemisférios. Estes, um luminoso e o outro escuro (*yang*, em sua significação original, é o lado da luz, e *yin*, o lado da sombra), são as duas metades do "Ovo do Mundo", comparáveis respectivamente ao Céu a à Terra.[6] São também, para cada ser, e sempre em virtude da analogia do "microcosmo" com o "macrocosmo", as duas metades do Andrógino primordial, que é em geral descrito simbolicamente como sendo de forma esférica.[7] A forma esférica é a do ser completo que está em virtualidade no germe original, e que deve ser reconstituído em sua plenitude efetiva ao termo do desenvolvimento cíclico individual.

Podemos observar, por outro lado, que sua forma é ainda o esquema da concha (*shankha*), que está evidentemente em relação direta com as Águas, e que também é representada contendo os germes do ciclo futuro durante os períodos de *pralaya* ou de "dissolução exterior" do mundo. A concha encerra o som primordial e imperecível (*aksharu*), o monossílabo *Om*, que é, por meio de seus três elementos (*mâtrâs*), a essência do tríplice *Veda*. É assim que o *Veda* subsiste perpetuamente, sendo anterior a todos os mundos, mas de algum modo oculto ou envolvido durante os cataclismos cósmicos que separam os diferentes ciclos, para ser manifestado a seguir novamente no início de cada um deles.[8] O esquema também pode ser completado

ordem a unidade verdadeira e indivisível, o que o torna um símbolo natural do Ser puro.

6. Os dois hemisférios eram representados, entre os gregos, pelos chapéus redondos dos *Dioscuros*, que são as duas metades do ovo de Leda, isto é, o ovo de cisne que, como o ovo da serpente, representa o "Ovo do Mundo" (cf. o *Hamsa* ['cisne' ou 'ganso selvagem'] da tradição hindu).

7. Ver por exemplo o discurso que Platão coloca, em *O Banquete*, na boca de Aristófanes; a maior parte dos comentaristas modernos comete a falta de não lhe reconhecer o valor simbólico, entretanto evidente. Já desenvolvemos considerações a respeito da forma esférica em *Le Symbolisme de la Croix*.

8. A afirmação de perpetuidade do *Veda* deve ser ligada diretamente à teoria cosmológica da primordialidade do som (*shabda*) entre as qualidades sensíveis (como qualidade própria do Éter, *Akâsha*, que é o primeiro dos elementos); e essa teoria por sua vez

como sendo o próprio *akshara*, em que a linha reta (*a*) recobre e fecha a concha (*u*), que contém no seu interior o ponto (*m*) ou o princípio essencial dos seres.[9] A linha reta representa ao mesmo tempo, pelo seu sentido horizontal, a "superfície das Águas", ou seja, o meio substancial em que se produzirá o desenvolvimento dos germes (representado no simbolismo oriental pelo desabrochar da flor de lótus) após o final do período de obscurecimento intermediário (*sandhyâ*) entre dois ciclos. Seguindo a mesma representação esquemática, teremos então uma figura que poderá ser descrita como se a concha virasse para deixar escapar os germes, seguindo a linha reta agora orientada no sentido vertical descendente, que é o mesmo sentido da manifestação a partir do seu princípio não manifestado.[10]

Dessas duas posições de concha, que se encontram em cada uma das metades do símbolo de Câncer, a primeira corresponde à figura da Arca de Noé (ou *Satyavrata* na tradição hindu), que pode ser representada como a metade inferior de uma circunferência, fechada pelo seu diâmetro horizontal, e contendo em seu interior o ponto no qual se sintetizam todos os germes em estado de completo ocultamento.[11] A segunda posição é simbolizada pelo arco-íris, que aparece "nas nuvens", isto é, na região das Águas superiores, no momento que marca o restabelecimento da ordem e da renovação de todas as coisas, enquanto que a arca, durante o cataclismo, flutuava sobre o oceano das Águas inferiores; trata-se, portanto, da metade superior da circunferência. A reunião das duas figuras, inversas e complementares, forma uma só figura circular ou cíclica completa e reconstitui a forma esférica primordial. Essa circunferência é o corte vertical da esfera, sendo o corte horizontal representado pela muralha circular do Paraíso Terrestre.[12] No *ying-yang* extremo-oriental, encontra-se na parte interior as duas semicircunferências, porém deslocadas por um desdobramento do centro, representando uma polarização que é, para cada estado da manifestação, análoga à pola-

deve ser relacionada com a da "criação pelo Verbo" das tradições ocidentais: o som primordial é a Palavra divina "por meio da qual todas as coisas foram feitas".

9. Por uma notável concordância, esse esquema é o mesmo para o ouvido humano, órgão da audição, que deve, de fato, para estar apto à percepção do som, ter uma disposição conforme a natureza deste.

10. Essa nova representação é a mesma que foi dada, no *Arqueômetro*, à letra *heth* zodiacal de Câncer.

11. A semicircunferência deve ser aqui considerada como equivalente morfológico da espiral que tratamos anteriormente; nesta porém vê-se de forma clara o desenvolvimento efetuar-se a partir do ponto-germe inicial.

12. Ver *O Rei do Mundo*, cap. XI. Isso tem igualmente uma relação com os mistérios da letra *nûn* no alfabeto árabe.

rização de *Sat* ou do Ser puro em *Purusha-Prakriti* para a manifestação universal.[13]

Essas considerações não têm a pretensão de ser completas, e sem dúvida só correspondem a alguns dos aspectos do signo de Câncer, mas poderão ao menos servir como exemplo para mostrar que existe na astrologia tradicional algo muito diferente de uma "arte divinatória" ou de uma "ciência conjectural", como pensam os modernos. Existe nela, na realidade, tudo o que se encontra, sob expressões diversas, em outras ciências da mesma ordem, como já indicamos em nosso estudo sobre a "ciência das letras",* o que dá a essas ciências um valor propriamente iniciático, que permite considerá-las na verdade como parte integrante da "Ciência Sagrada".

13. Trata-se de uma primeira distinção ou diferenciação, ainda sem separação dos complementares; é a esse estágio que corresponde propriamente a constituição do Andrógino, enquanto que, anteriormente a essa diferenciação, apenas se pode falar da "neutralidade" do Ser puro (ver *Le Symbolisme de la Croix*, cap. XXVIII).

* [Ver cap. 6.]

20

SET*

Kâna el-insânu hayyatan fîl-qidam.
("O homem foi serpente em outros tempos".)

Num curioso livro inglês sobre os "últimos tempos", *The Antichrist (Personal. Future)* de E. H. Moggridge, uma questão chamou-nos particularmente a atenção e gostaríamos de fornecer alguns esclarecimentos a seu respeito: trata-se das interpretações dos nomes Nemrod e Set [ou Sheth]. Para dizer a verdade, a assimilação que o autor estabelece entre os dois nomes merece reservas, mas existe pelo menos uma certa relação real, e os paralelos feitos com o simbolismo animal nos parecem bem fundamentados.

Vale a pena esclarecer, em primeiro lugar, que *namar* em hebreu, como *nimr* em árabe, é exatamente o "animal malhado", nome comum ao tigre, à pantera e ao leopardo. Pode-se dizer, considerando-se apenas o sentido mais exterior, que esses animais, de fato, representam adequadamente o "caçador" que Nemrod foi segundo a Bíblia. Mas, por outro lado, visto num sentido que não é forçosamente desfarovável, o tigre é, como o urso na tradição nórdica, símbolo do Chátria. E a fundação de Nínive e do império assírio por Nemrod parece ser, na verdade, o resultado de uma revolta dos chátrias contra a autoridade da casta sacerdotal caldéia. Daí a relação legendária estabelecida entre Nemrod e os *Nefilim* ou outros "gigantes" antediluvianos, que representam ainda os chátrias nos períodos anteriores. Vem daí também o epíteto "nemrodiano", aplicado ao poder temporal que se afirma independentemente da autoridade espiritual.

Agora, qual é a relação de tudo isso com Set? O tigre e os outros animais similares são, enquanto "destruidores", emblemas do *Set* egípcio, ir-

* Publicado na revista *Le Voile d'Isis*, out. 1931.

mão e assassino de Osíris, ao qual os gregos deram o nome de Tífon. Pode-se assim dizer que o espírito "nemrodiano" procede do princípio tenebroso designado pelo nome *Set*, sem que se pretenda com isso que ele seja a mesma coisa que o próprio Nemrod. Há aí uma distinção que está além de uma simples nuance. Mas o ponto que parece trazer a maior dificuldade é a significação maléfica do nome *Set* ou *Sheth* que, por outro lado, na medida em que designa o filho de Adão, longe de significar a destruição, evoca, ao contrário, a idéia de estabilidade e de restauração da ordem. Todavia, se quisermos estabelecer paralelos bíblicos, o papel do Set egípcio em relação a Osíris lembrará o de Caim em relação a Abel. Podemos notar, a esse respeito, que certos autores fazem de Nemrod um dos "cainitas" que teriam escapado ao cataclismo diluviano. Mas o Set do Gênesis é oposto a Caim, longe portanto de poder ser-lhe assimilado. Como então o seu nome encontra-se aqui associado?

Na verdade, a palavra *Sheth*, no próprio hebreu, possui realmente os dois sentidos contrários: de "fundamento" e de "tumulto" e "ruína";[1] e na expressão *beni-Sheth* (filhos de Set) encontra-se também essa dupla significação. É verdade que os lingüistas julgam tratar-se de duas palavras distintas, provenientes de duas raízes verbais diferentes: *shith* para a primeira e *shath* para a segunda. Mas a distinção entre essas duas raízes parece inteiramente secundária e, em todo caso, seus elementos constitutivos essenciais são muito idênticos. Na realidade, é preciso ver nisso uma aplicação do duplo sentido dos símbolos, fato a que já nos referimos em muitas ocasiões. E essa aplicação se refere mais em particular ao simbolismo da serpente.

De fato, se o tigre ou o leopardo é um dos símbolos do *Set* egípcio, a serpente é outro,[2] o que podemos compreender sem dificuldade se a encaramos sob seu aspecto maléfico, que lhe é mais comumente atribuído. Mas quase sempre se esquece que a serpente tem ainda um aspecto benéfico, que se encontra de igual modo no simbolismo do antigo Egito, em especial sob a forma de serpente real, "uraeus" ou basilisco.[3] Mesmo na iconografia cris-

1. A palavra é idêntica nos dois casos, porém, coisa muito curiosa, é masculina no primeiro e feminina no segundo.

2. É notável que a palavra grega *Typhon* seja anagramaticamente formada pelos mesmos elementos que *Python*.

3. Lembremos também da serpente que representa *Kneph* e produz o "Ovo do Mundo" pela sua boca (símbolo do Verbo). Sabe-se que este, para os druidas, era também o "ovo da serpente" (representado pelo ouriço-do-mar fóssil).

tã, a serpente é às vezes um símbolo de Cristo.[4] E o *Set* bíblico, cujo papel assinalamos também na lenda do Graal,[5] é muitas vezes considerado como uma "prefiguração" de Cristo.[6] Podemos dizer que os dois *Set* nada mais são, no fundo, que as duas serpentes do caduceu hermético:[7] são, se o quisermos, a vida e a morte, ambas produzidas por um poder único em sua essência, mas duplo em sua manifestação.[8]

Se nos detivermos nessa interpretação em termos de vida e morte, ainda que ela seja em suma apenas uma aplicação particular da consideração de dois termos contrários ou antagônicos, é porque o simbolismo da serpente está de fato ligado, antes de tudo, à idéia da própria vida:[9] no árabe, a serpente é *el-hayyah*, e a vida, *el-hayâh* (no hebreu *hayâh* é, ao mesmo tempo, "vida" e "animal", e vem da raiz *hayi*, que é comum às duas línguas[10]). Isso, que se liga ao simbolismo da "Árvore da Vida,[11] permite ao mesmo tempo entrever uma singular relação da serpente com Eva (*Hawâ*, "a vivente"); podemos ainda lembrar as figurações medievais da "tentação" em que o corpo da serpente enrolada na árvore tem acima dela um busto de mulher.[12] Coisa não menos estranha ocorre no simbolismo chinês, em que *Fo-hi* e sua irmã *Niu-Koua*, dos quais se diz que reinaram juntos, formando um casal fraterno, tal como se encontra de igual modo no antigo Egito, são às vezes representados com corpo de serpente e cabeça humana; e acontece

4. Em *O Rei do Mundo*, cap. III, assinalamos a esse respeito a figuração da "anfisbena" ou serpente de duas cabeças, uma representando Cristo e a outra Satã.

5. *O Rei do Mundo*, cap. V.

6. É verossímil que os Gnósticos ditos "Setianos" não diferiam na realidade dos "Ofitas", para os quais a serpente (*ophis*) era o símbolo do Verbo e da Sabedoria (*Sophia*).

7. É muito curioso que a palavra *Seth*, reduzida aos seus elementos essenciais, S T no alfabeto latino (que é apenas uma forma do alfabeto fenício), dá a figura da "serpente de bronze". A propósito desta última, assinalemos que, na realidade, a mesma palavra no hebreu significa "serpente" (*nahash*) e "bronze" ou "cobre" (*nehash*). Encontra-se no árabe uma outra aproximação não menos estranha: *nahas*, "calamidade", e *nahâs*, "cobre".

8. Podemos, nesse ponto, nos reportar ao estudo que consagramos às "pedras-de-raio" [cap. 25].

9. Esse sentido é particularmente evidente para a serpente que se enrola em torno do bastão de Esculápio.

10. *El-Hay* é um dos principais nomes divinos; deve ser traduzido, não por "o Vivente" como se faz comumente, mas por "o Vivificante", aquele que dá a vida ou que é o princípio da vida.

11. Ver *Le Symbolisme de la Croix*, cap. XXV.

12. Um exemplo pode ser visto no portal esquerdo da Notre-Dame de Paris.

mesmo que essas duas serpentes estejam enlaçadas como no caduceu, referindo-se sem dúvida à complementaridade do *yang* e do *yin.*[13] Sem insistir mais sobre esse ponto, o que nos faria correr o risco de ir muito longe, podemos ver em tudo isso a indicação de que a serpente teve, em épocas sem dúvida muito recuadas, uma importância atualmente insuspeitável; e se estudássemos de perto todos os aspectos de seu simbolismo, em particular no Egito e na Índia, poderíamos ser levados a constatações muito inesperadas.

A propósito do duplo sentido dos símbolos, podemos destacar que o número 666, do mesmo modo, não tem uma significação exclusivamente maléfica. Se é o "número da Besta", é em primeiro lugar um número solar e, como já dissemos em outro lugar,[14] o de *Hakathriel* ou "Anjo da Coroa". Por outro lado, esse número também resulta do nome *Sorath*, que, segundo os cabalistas, é o demônio solar, oposto como tal ao arcanjo *Mikael*, e isto se refere às duas faces de *Metraton.*[15] *Sorath* é, por outro lado, o anagrama de *sthur*, que significa "coisa oculta": seria esse o "nome de mistério" de que fala o Apocalipse? Mas se *sathar* significa "ocultar", significa também "proteger"; e, no árabe, a mesma palavra *satar* evoca quase que unicamente a idéia de proteção, e até mesmo de uma proteção divina e providencial.[16] Aqui também as coisas são muito menos simples do que acreditam aqueles que só vêem um único lado das coisas.

Mas voltemos aos animais simbólicos do *Set* egípcio. Temos ainda o crocodilo, que se explica por si mesmo, e o hipopótomo, no qual alguns pretenderam ver o *Behemoth* do livro de Jó, talvez com alguma razão, embora essa palavra (plural de *behemah*, em árabe *bahîmah*) seja propriamente uma designação coletiva de todos os grandes quadrúpedes.[17] Mas um outro animal que tem aqui uma importância pelo menos igual à do hipopótomo,

13. Diz-se que *Niu-Koua* fundiu pedras de cinco cores (branco, preto, vermelho, amarelo e azul) para reparar uma rasgadura no céu, e que ela também cortou as quatro patas da tartaruga para colocar sobre elas as quatro extremidades do mundo.
14. *O Rei do Mundo*, cap. V.
15. *Ib.*, cap. III.
16. Seria possível, sem muita fantasia lingüística, aproximá-la do grego *soter*, "salvador"? E será preciso dizer, a esse respeito, que pode e deve mesmo existir, entre as designações de Cristo (*El-Messîh*) e do Anticristo (*El-Messîkh*), uma singular semelhança?
17. A raiz *baham* ou *abham* significa "ser mudo" e também "estar oculto". Se o sentido geral de *Behemoth* se liga à primeira dessas duas idéias, a segunda pode evocar mais especialmente o animal "que se oculta sob os caniços"; e aqui a aproximação com o sentido da outra raiz *sathar*, da qual acabamos de falar, é ainda muito curiosa.

por mais surpreendente que isso possa parecer, é o jumento vermelho,[18] representado como uma das mais temíveis entidades dentre todas que o morto devia encontrar no curso de sua viagem além-túmulo, ou, o que esotericamente é a mesma coisa, o iniciado encontra no curso de suas provas; não seria ele, mais ainda que o hipopótomo, a "besta escarlate" do Apolipse?[19] Em todo caso, um dos aspectos mais tenebrosos dos mistérios "tifonianos" era o culto ao "deus de cabeça de jumento", ao qual sabemos que os primeiros cristãos foram às vezes injustamente acusados de se ligarem.[20] Temos algumas razões para pensar que, sob uma forma ou outra, esse culto continou até nossos dias, e alguns chegam mesmo a afirmar que deve continuar até o final do ciclo atual.

Dessa última questão pretendemos ao menos extrair uma conclusão: no declínio de uma civilização, é o lado mais inferior da sua tradição que persiste por mais tempo, em particular o lado "mágico", que contribui, além disso, pelos desvios a que dá margem, para completar sua ruína; isso teria ocorrido, diz-se com a Atlântida. É isso também a única coisa que tem sobrevivido de forma fragmentária das civilizações que desapareceram por completo. Tal constatação é fácil de ser feita para o Egito, Caldéia e o próprio druidismo; e sem dúvida o "fetichismo" dos povos negros tem igual origem. Poderíamos dizer que a feitiçaria é constituída por vestígios de civilizações mortas. Não seria por isso que a serpente, em épocas mais recentes, quase que só guardou sua significação maléfica, e que o dragão, antigo símbolo extremo-oriental do Verbo, só desperte idéias "diabólicas" no espírito dos modernos ocidentais?

18. Ainda um estranho paralelo lingüístico: no árabe, "jumento" se diz *himar* (no hebreu, *hemor*), e "vermelho", *ahmar*; "jumento vermelho" seria, portanto, como "serpente de bronze", uma espécie de "pleonasmo" no simbolismo fonético.

19. Na Índia, o jumento é a montaria simbólica de *Mudêvî*, aspecto "infernal" de *Shakti*.

20. O papel do jumento na tradição evangélica, no nascimento de Cristo e na sua entrada em Jerusalém, pode parecer em contradição com o caráter maléfico que lhe é atribuído em quase toda parte; e a "festa do jumento", celebrada na Idade Média, não parece ter sido jamais explicada de modo satisfatório; sobre esse tema tão obscuro nos abstemos de arriscar qualquer interpretação.

21

SOBRE A SIGNIFICAÇÃO DAS FESTAS CARNAVALESCAS*

A propósito de certa "teoria da festa" formulada por um sociólogo, assinalamos[1] que essa teoria tinha, entre outros defeitos, o de querer reduzir todas as festas a um só tipo, que constitui o que se poderia denominar festas "carnavalescas", expressão que nos parece bastante clara por ser facilmente compreendida por todo mundo, pois o carnaval representa na verdade o que delas subsiste ainda hoje no Ocidente. Dizíamos, então, que se apresentam, em temas desse gênero, questões dignas de um exame mais aprofundado. De fato, o que sempre se evidencia nelas, antes de tudo, é uma impressão de "desordem" no sentido mais amplo da palavra. Como explicar então a existência dessas festas, não só numa época como a nossa, em que se poderia considerá-las simplesmente como uma das inúmeras manifestações do desequilíbrio geral, mas também, e mesmo com maior desenvolvimento, nas civilizações tradicionais, com as quais parecem incompatíveis à primeira vista?

Não é inútil citar aqui alguns exemplos precisos. Mencionaremos em primeiro lugar, a esse respeito, certas festas com caráter bem estranho celebradas na Idade Média: a "festa do jumento", em que esse animal, cujo simbolismo propriamente "satânico" é bem conhecido em todas as tradições,[2] era introduzido até mesmo no próprio coro da igreja, onde ocupava o lugar de honra e recebia as mais extraordinárias provas de veneração; e a

* Publicado na revista *Études Traditionnelles*, dez. 1945.

1. Ver a revista *É. T.*, abr. 1940, p. 169.

2. Seria um erro querer opor a isso o papel desempenhado pelo jumento na tradição evangélica, pois, na realidade, o boi e o jumento, colocados lado a lado na manjedoura em que Cristo nasceu, simbolizam respectivamente o conjunto das forças benéficas e maléficas; tornamos a encontrá-los na crucificação, sob a forma do bom e do mau ladrão. Por outro lado, Cristo montado num jumento, na sua entrada em Jerusalém, representa o triunfo sobra as forças maléficas, triunfo esse que se constitui na própria "redenção".

"festa dos loucos", em que o baixo clero entregava-se às piores inconveniências, parodiando tanto a hierarquia eclesiástica, quanto a própria liturgia.[3] Como é possível explicar que tais coisas, cujo caráter mais evidente é sem dúvida de paródia e até mesmo de sacrilégio,[4] tenham podido, numa época como aquela, ser não só toleradas, mas até mesmo admitidas de certa forma oficialmente?

Mencionaremos ainda as Saturnais dos antigos romanos, das quais o carnaval moderno parece ter derivado diretamente, ainda que seja apenas, para dizer a verdade, um vestígio muito empobrecido: durante essas festas, os escravos davam ordens aos senhores e estes os serviam;[5] tinha-se então a imagem de um verdadeiro "mundo invertido", onde tudo se fazia ao contrário da ordem normal.[6] Ainda que se pretenda comumente que havia nessas festas uma evocação da "idade de ouro", essa interpretação é inteiramente falsa, por completo, pois não se trata de uma espécie de "igualdade" que poderia ser vista a rigor como representativa, na medida em que o permitem as condições presentes,[7] da indiferenciação primitiva das funções sociais; trata-se de uma inversão das relações hierárquicas, o que é inteiramente diferente. Uma tal inversão constitui-se, de modo geral, numa das características mais claras do "satanismo". É preciso, portanto, ver nelas algo mais relativo ao aspecto "sinistro" de Saturno, que por certo não lhe pertence enquanto deus da "idade do ouro", mas sim na medida em que hoje é apenas o deus decaído de um período encerrado.[8]

Podemos ver, por exemplo, que existe invariavelmente nas festas desse gênero um elemento "sinistro" e mesmo "satânico", e que, de modo

3. Esses "loucos", aliás, levavam um chapéu com orelhas compridas, claramente destinadas a evocar a idéia de uma cabeça de jumento, traço este que é muito significativo do ponto de vista em que nos colocamos.

4. O autor da teoria a que nos referimos reconhece a existência dessa paródia e do sacrilégio, porém, atribuindo-os ao seu conceito de "festa" em geral, pretende que sejam elementos característicos do próprio "sagrado", o que não só é um paradoxo exagerado, mas, também, é preciso dizer, claramente, uma contradição pura e simples.

5. Encontram-se, inclusive, em países muito diferentes, casos de festas do mesmo gênero em que se chegava a conferir, temporariamente, a um escravo ou um criminoso as insígnias da realeza, com todo o poder que comportam, com a ressalva de dar-lhe morte assim que a festa terminasse.

6. O mesmo autor fala também, a esse respeito, de "atos às avessas" e mesmo de "retorno ao caos", o que contém ao menos uma parte de verdade, mas, por uma surpreendente confusão de idéias, assimila o caos à "idade de ouro".

7. Referimo-nos às condições do *Kali-Yuga* ou da "idade de ferro", da qual a época romana e a nossa fazem parte.

8. Que os antigos deuses tornam-se, de uma certa forma, demônios, é um fato consta-

especial, é precisamente esse elemento que agrada ao vulgar e excita a sua satisfação. Aí está, com efeito, alguma coisa que é muito apropriada, muito mais que outra qualquer, para satisfazer às tendências do "homem decaído", na medida em que essas tendências o impelem a desenvolver sobretudo as possibilidades mais inferiores de seu ser. É nisso em particular que reside a verdadeira razão de ser das festas em questão. Trata-se, em suma, de "canalizar", de algum modo, essas tendências e de torná-las tão inofensivas quanto possível, dando-lhes ocasião de se manifestarem, mas somente durante períodos muito curtos e em circunstâncias bem determinadas, estabelecendo, assim, para essa manifestação, limites estreitos que não é permitido ultrapassar.[9] Se não fosse assim, essas mesmas tendências, por falta de receberem o mínimo de satisfação exigida pelo estado atual da humanidade, correriam o risco de explodir, se pudermos assim dizer,[10] e estender seus efeitos à existência inteira, coletiva e individual, causando uma desordem muito mais grave do que a que se produz apenas durante alguns dias especialmente reservados a esse fim, e que é muito menos temível por estar como que "regularizada". Por um lado, esses dias estão colocados em certa medida fora do curso normal das coisas, de modo que não exerce sobre ele qualquer influência apreciável, e no entanto, por outro lado, o fato de que não existe aí nada de imprevisto "normaliza" de certa forma a própria desordem e a integra na ordem total.

Além dessa explicação geral, que é evidente quando se está disposto

tado com grande freqüência, e a atitude dos cristãos em relação aos deuses do "paganismo" é um caso particular disso, mas que parece não ter sido jamais explicado como deveria. Não podemos, contudo, insistir sobre esse ponto, que nos levaria fora do nosso tema. Deve ficar bem entendido que isso tudo se refere apenas a certas condições cíclicas, mas que não afeta ou modifica em nada o caráter essencial desses mesmos deuses enquanto simbolizam intemporalmente princípios de ordem supra-humana, de modo que, ao lado desse aspecto maléfico acidental, o aspecto benéfico, apesar de tudo, subsiste sempre, até mesmo quando completamente desconhecido pelas "pessoas de fora". A interpretação astrológica de Saturno poderia fornecer um exemplo muito claro a esse respeito.

9. Isso corresponde à questão do "enquadramento" simbólico, à qual nos propomos voltar. [Ver cap. 66.]

10. No fim da Idade Média, quando as festas grotescas de que falávamos foram suprimidas ou caíram em desuso, produziu-se uma expansão da feitiçaria desproporcional ao que se havia visto nos séculos precedentes. Esses dois fatos têm uma relação muito direta entre si, ainda que geralmente despercebida, o que é, aliás, mais surpreendente na medida em que existem algumas semelhanças evidentes entre tais festas e o sabá dos bruxos, em que tudo se fazia também "às avessas".

a refletir, existem algumas observações úteis que podem ser feitas, em particular no que diz respeito às "mascaradas", que desempenham um papel importante no carnaval propriamente dito e em outras festas mais ou menos similares. E essas observações confirmarão ainda o que acabamos de dizer. De fato, as máscaras de carnaval são em geral hediondas e evocam com freqüência formas animais ou demoníacas, de modo que são como que uma espécie de "materialização" figurativa dessas tendências inferiores, até mesmo "infernais", que então é lícito exteriorizar. Mais ainda, cada um escolherá naturalmente, mesmo sem ter consciência clara disso, aquela que melhor lhe convém, isto é, aquela que representa o que está mais de acordo com suas tendências dessa ordem. Assim, poderíamos dizer que a máscara, supostamente destinada a ocultar o verdadeiro rosto do indivíduo, faz, ao contrário, aparecer aos olhos de todos o que ele traz em si na verdade, mas que de hábito deve dissimular. É bom notar, pois isso esclarece ainda mais a natureza de tais fatos, que existe aí uma espécie de paródia da "reversão" que, tal como explicamos em outro lugar,[11] produz-se num certo grau do desenvolvimento iniciático; paródia, dizíamos, e contrafacção verdadeiramente "satânica", pois nesse caso a "reversão" é uma exteriorização, não mais da espiritualidade, mas sim, pelo contrário, das possibilidades inferiores do ser.[12]

Para terminar esse esboço, acrescentaremos que se as festas dessa espécie estão-se reduzindo cada vez mais, e só parecem despertar o interesse do povo, é porque, numa época como a nossa, elas perderam na verdade sua razão de ser.[13] De fato, como se poderia tratar ainda de "circunscrever" a desordem e encerrá-la em limites rigorosamente definidos, quando está espalhada por toda parte e se manifesta sem cessar em todos os domínios em que se exerce a atividade humana? Se nos mantivermos presos às aparências exteriores e a um ponto de vista simplesmente "estético", poderíamos ser tentados a nos congratular com o desaparecimento quase completo dessas

11. Ver *Initiation et réalisation spirituelle*, cap. XXX: *L'Esprit est-il dans le corps ou le corps dans l'esprit?*

12. Havia ainda, em certas civilizações tradicionais, períodos especiais em que, por razões análogas, permitia-se que as "influências errantes" se manifestassem livremente, tomando-se no entanto todas as precauções necessárias em tais casos. Essas influências correspondem, naturalmente, na ordem cósmica, ao que é o psiquismo inferior no ser humano e, por conseguinte, entre a sua manifestação e as influências espirituais existe a mesma relação inversa que entre as duas espécies de exteriorização que acabamos de mencionar. Afinal, nessas condições, não é difícil compreender que a própria mascarada parece figurar, de certo modo, o aparecimento de "larvas" ou espectros maléficos.

13. Isso quer dizer que, para falar claro, elas são apenas "superstições", no sentido etimológico da palavra.

festas, em especial pelo aspecto "disforme" de que se revestem, como é inevitável. Mas essa desaparição, ao contrário, quando se vai ao fundo das coisas, constitui-se em sintoma muito pouco tranqüilizador, pois revela que a desordem irrompeu em todo curso da existência e se generalizou a tal ponto que, pode-se dizer, estamos na realidade vivendo um sinistro e "eterno carnaval".

22

ALGUNS ASPECTOS DO SIMBOLISMO DO PEIXE *

O simbolismo do peixe, que se encontra em grande número de formas tradicionais, inclusive no cristianismo, é muito complexo e apresenta múltiplos aspectos que exigem ser determinados com precisão. No que se refere às origens desse símbolo, parece ser necessário reconhecer-lhe uma procedência nórdica, e mesmo hiperbórea. Com efeito, assinalou-se sua presença na Alemanha do Norte e na Escandinávia,[1] e, nessas regiões, parece estar muito mais perto de seu ponto de partida do que na Ásia Central, para onde foi levado, sem dúvida, pela grande corrente que partiu diretamente da Tradição primordial e, a seguir, deu nascimento às doutrinas da Índia e Pérsia. Podemos também notar que, de modo geral, certos animais aquáticos desempenham um papel especial no simbolismo dos povos do Norte; citaremos apenas como exemplo o polvo, difundido em particular entre os escandinavos e os celtas, e que ainda pode ser encontrado na Grécia arcaica, como um dos principais motivos da ornamentação micênica.[2]

Um outro fato que vem apoiar essas considerações é que, na Índia, a manifestação sob a forma do peixe (*Matsya-avatâra*) é vista como a primeira de todas as manifestações de *Vishnu*,[3] ocorrida no início do ciclo atual,

* Publicado na revista *Études Traditionnelles*, fev. 1936.

1. Cf. L. Charbonneau-Lassay, *Le Poisson*, na *Regnabit*, dez. 1926.

2. Os braços do polvo são em geral retos nas representações escandinavas, e enrolados em espiral nos ornamentos micênicos; nestes vemos surgir muitas vezes a suástica ou figuras que dela derivam claramente. O simbolismo do polvo refere-se ao signo zodiacal de Câncer, que corresponde ao solstício de verão (no hemisfério norte) e ao "fundo das Águas; é fácil compreender assim por que tomou às vezes um "sentido maléfico", lembrando ainda que o solstício de verão é *Janua Inferni.*

3. Devemos advertir que não falamos de "encarnações", como se faz de hábito no Ocidente, pois essa palavra é absolutamente inexata. O sentido próprio do termo *avatâra* é "descida" do Princípio divino no mundo manifestado.

o que a coloca em relação imediata com o ponto de partida da tradição primordial. É preciso não esquecer, a esse respeito, que *Vishnu* representa o Princípio divino considerado particularmente sob o seu aspecto de conservador do mundo, o que está muito próximo do papel de "Salvador", ou este, melhor dizendo, pode ser considerado como um caso particular daquele. É na verdade como "Salvador" que *Vishnu* aparece em algumas de suas manifestações, que correspondem às fases críticas da história do mundo.[4] A idéia de "Salvador" está igualmente ligada, de modo explícito, ao simbolismo cristão do peixe, pois a última letra do *Ichthus* grego é interpretada como sendo a inicial de *Sóter,*[5] o que nada tem de surpreendente quando se trata de Cristo. Há no entanto emblemas que se referem mais diretamente a algum de seus outros atributos, e que não exprimem formalmente o papel de "Salvador".

Sob a forma de peixe, *Vishnu*, no fim do *Manvantara* que precede o nosso, aparece a *Satyavrata,*[6] que vai se tornar, sob o nome de *Vaivaswata,*[7] o *Manu* ou o Legislador do ciclo atual. Anuncia-lhe que o mundo vai ser destruído pelas águas e ordena-lhe que construa a arca na qual deverão ser encerrados os germes do mundo futuro. Depois, sempre sob essa mesma forma, ele próprio guia a arca sobre as águas durante o cataclismo. Essa representação da arca conduzida pelo peixe divino torna-se tanto mais notável, na medida em que encontramos o seu equivalente no simbolismo cristão.[8]

Existe ainda, no *Matsya-avatâra*, um outro aspecto que deve merecer, em especial, nossa atenção: após o cataclismo, ou seja, logo no início do presente *Manvantara*, ele traz o *Veda* para os homens, que deve ser entendido, de acordo com a significação etimológica da palavra (derivada da raiz

4. Assinalemos também, a esse respeito, que a última manifestação, o *Kalkin-avatâra,* "Aquele que está montado sobre o cavalo branco", e que deve vir no final desse ciclo, é descrito nos *Purânas* em termos rigorosamente idênticos aos que se encontram no *Apocalipse,* referindo-se à "segunda vinda" de Cristo.

5. Quando o peixe é tomado como símbolo de Cristo, seu nome grego, *Ichthus,* é considerado como formado pelas iniciais das palavras *Iêsous Christos Theou Uios Sóter* [Jesus Cristo, de Deus Filho, Salvador].

6. Esse nome significa literalmente "consagrado à Verdade"; e a idéia de "Verdade" encontra-se na designação do *Satya-Yuga,* a primeira das quatro idades em que se divide o *Manvantara.* Pode-se também notar a semelhança da palavra *Satya* com o nome de *Saturno,* considerado na Antiguidade ocidental precisamente como o regente da "idade de ouro". Na tradição hindu, a esfera de *Saturno* é denominada *Satya-Loka.*

7. Proveniente de *Vivaswat*, um dos doze *Adityas*. Os *Adityas* são considerados como formas do Sol, em correspondência com os doze signos do Zodíaco, e deles se diz que deverão aparecer simultaneamente no final do ciclo. (Cf. *O Rei do Mundo,* caps. IV e XI.)

8. O sr. Charbonneau-Lassay cita, no estudo mencionado acima, "o ornamento ponti-

vid, "saber"), como a Ciência por excelência ou o Conhecimento sagrado em sua integridade; trata-se de uma referência muito clara à Revelação primordial, ou à origem "não-humana" da Tradição. Diz-se que o *Veda* subsiste perpetuamente, sendo em si mesmo anterior a todos os mundos, mas que é de algum modo ocultado ou encoberto durante os cataclismos cósmicos que separam os diferentes ciclos, e é a seguir manifestado de novo. A afirmação da perpetuidade do *Veda* está ainda diretamente relacionada à teoria cosmológica da primordialidade do som entre as qualidades sensíveis (como qualidade própria do éter, *akâshâ*, que é o primeiro dos elementos[9]). Essa teoria é a mesma enunciada por outras tradições ao falrarem da criação pelo Verbo: o som primordial; é a Palavra divina pela qual, de acordo com o primeiro capítulo do Gênesis hebraico, todas as coisas foram feitas.[10] É por isso que se diz que os *Rishis* ou Sábios das primeira idades "ouviram" o *Veda*, pois sendo a Revelação, tal como a própria criação, obra do Verbo, ela é na verdade uma "audição" àquele que a recebe. O termo que a designa é *Shruti*, que significa, literalmente, "o que é ouvido".[11]

Durante o cataclisma que separa este *Manvantara* do anterior, o *Veda* estava novamente oculto, encerrado na concha (*shankha*) que é um dos principais atributos de *Vishnu*. Considera-se que a concha contém o som primordial e imperecível (*akshara*), ou seja, o monossílabo *Om*, que é o nome por excelência do Verbo manifestado nos três mundos, ao mesmo tempo em que, por uma outra correspondência de seus três elementos ou *mâtrâs*, é a essência do tríplice *Veda*.[12] Além disso, esses três elementos, reduzidos

fical decorado com figuras bordadas que envolvia os restos de um bispo lombardo do século VIII ou IX, no qual se vê uma barca conduzida pelo peixe, imagem de Cristo sustentando sua Igreja". Ora, a arca tem sido vista muitas vezes como uma das representações da Igreja, do mesmo modo que a barca (que foi antigamente, com as chaves, um dos emblemas de Jano; cf. *Autorité spirituelle et pouvoir temporel,* cap. VIII); é, portanto, a mesma idéia que encontramos desse modo expressa ao mesmo tempo nos simbolismos hindu e cristão.

9. Cf. nosso estudo sobre *La Théorie hindoue des cinq éléments*, na *Études Traditionnelles,* ago.-set. 1935.

10. Cf. também o início do Evangelho de São João.

11. Sobre a distinção entre a *Shruti* e a *Smriti,* bem como suas relações, ver *L'Homme et son devenir selon le Vêdânta,* cap. I. Deve ficar bem entendido que, se empregamos aqui a palavra "revelação" ao invés de "inspiração", é para melhor indicar a concordância entre os diferentes simbolismos, tradicionais, e que, aliás como todos os termos teológicos, é passível de uma transposição que ultrapassa o sentido estritamente religioso que lhe é dado de forma exclusiva no Ocidente.

12. Sobre a presença desse mesmo ideograma, AVM, no antigo simbolismo cristão, ver *O Rei do Mundo,* cap. IV.

às suas formas geométricas essenciais[13] e dispostos graficamente de um certo modo formam o próprio esquema da concha; e, por uma concordância bastante singular, descobre-se nele também o esquema do ouvido humano, o órgão da audição que, para estar efetivamente apto à percepção do som, deve ter uma disposição conforme a natureza desse esquema. Tudo isso toca visivelmente em alguns dos mais profundos mistérios da cosmologia. Mas quem, no estado de espírito que constitui a mentalidade moderna, pode ainda compreender as verdades que pertencem à ciência tradicional?

Como *Vishnu* na Índia, e também sob a forma de peixe, o *Oannes* caldeu, que alguns consideraram de modo categórico como uma representação de Cristo,[14] ensina igualmente aos homens a doutrina primordial; trata-se de um exemplo admirável da unidade que existe entre tradições muito diferentes na aparência, e que permaneceria inexplicável se não admitíssemos suas ligações com uma fonte comum. Parece ainda que o simbolismo de *Oannes* ou de *Dagon* não se refere apenas ao peixe em geral, mas deve ser relacionado em especial ao delfim [golfinho]; este, entre os gregos, estava ligado ao culto de *Apolo*[15] e ao próprio nome de *Delfos*. E o que é muito significativo, reconhecia-se formalmente que esse culto vinha dos hiperbóreos. O que permite pensar que cabe fazer tal paralelo (que não se encontra claramente indicado no caso da manifestação de *Vishnu*), é em particular a estreita conexão existente entre o símbolo do delfim e o da "Mulher do mar" (a *Afrodite Anadiomena* dos gregos).[16] Esta, precisamente, apresenta-se sob nomes diversos (em especial *Istar, Atergatis* e *Derceto*), como paredra* de *Oannes* ou de seus equivalentes, ou seja, representando um aspecto complementar do mesmo princípio (que na tradição

13. Ver *L'Homme et son devenir selon le Vêdânta*, cap. XVI.

14. É interessante observar, a esse respeito, que os chapéus em forma de cabeça de peixe dos sacerdotes de *Oannes* são idênticos à mitra dos bispos cristãos.

15. É o que explica a ligação do símbolo do delfim com a idéia de luz (cf. L. Charbonneau-Lassay, *Le Dauphin et le crustacé*, na *Regnabit*, jan. 1927, e *Le Bestiaire du Christ*, cap. XCVIII, V). Convém notar ainda o papel de salvador dos náufragos, atribuído pelos antigos ao delfim; a lenda de Arion nos oferece, nesse sentido, um dos exemplos mais conhecidos.

16. É preciso não confundir essa "Mulher do mar" com a sereia, embora seja representada algumas vezes sob forma similar.

* *Parèdre*, no original francês; palavra derivada do grego *paredros*, "que tem assento ao lado"; representa a divindade associada, em condição subalterna, ao culto e às funções de uma outra divindade. Fonte: *Larousse-Lexis.* (N. do T.)

hindu seria a sua *Shakti*).[17] É a "Senhora do Lótus" (*Istar*, do mesmo modo que *Esther* no hebreu, significa "lótus", e às vezes "lírio", duas flores que, no simbolismo, substituem-se mutuamente),[18] como a *Kuan-yin* extremo-oriental, que, sob uma de suas formas, é também a "Deusa do fundo dos mares".

Para completar essas notas, acrescentaremos ainda que a figura do *Ea* babilônico, o "Senhor do Abismo", representado como um ser metade cabra e metade peixe[19] é idêntica à do Capricórnio zodiacal, do qual parece ter sido o protótipo. É importante lembrar a esse respeito que o signo de Capricórnio corresponde, no ciclo anual, ao solstício de inverno [no hemisfério norte]. O *Makara* que no Zodíaco hindu toma o lugar de Capricórnio, apresenta certa semelhança com o delfim; a oposição simbólica existente entre este e o polvo deve ser entendida como a que existe entre os dois signos solsticiais de Capricórnio e de Câncer (este último, na Índia, é representado pelo caranguejo), ou entre *Janua Coeli* e *Janua inferni*.[20] Isso explica também por que esses dois animais são encontrados associados em certos casos, como por exemplo na trípode de Delfos e sob os pés dos corcéis do carro solar, como que indicando os dois pontos extremos atingidos pelo Sol em seu curso anual.

É importante aqui não se fazer confusão com o signo zodiacal de Peixes, cujo simbolismo é diferente e deve ser referido exclusivamente ao peixe comum, considerado em particular na sua correspondência com a idéia de "princípio de vida" e de "fecundidade" (entendida sobretudo no sentido espiritual como a "posteridade" na linguagem tradicional do Extremo Oriente). Aí estão outros aspectos que também podem ser atribuídos ao Verbo, mas que não devem de modo algum ser totalmente distinguidos daqueles que lhe dão origem, tal como vimos a respeito dos atributos "Revelador" e "Salvador".

17. A *Dea Syra* é exatamente a "Deusa solar", do mesmo modo que a Síria primitiva é, como já explicamos, a "Terra do Sol"; trata-se de um termo idêntico a *Surya*, nome sânscrito do Sol.

18. No hebreu, os nomes *Esther* e *Sushanah* têm a mesma significação, sendo além disso numericamente equivalentes; seu número comum é 661, e, colocando-se diante de cada um a letra *he*, signo do artigo definido, cujo valor é 5, obtém-se 666, o que levou muitas pessoas a tirarem conclusões mais ou menos fantasistas; quisemos, de nossa parte, dar essa indicação apenas a título de simples curiosidade.

19. Além disso, *Ea* tem diante de si, como o escaravelho egípcio, uma bola que representa o "Ovo do Mundo".

20. O papel do delfim como condutor das almas bem-aventuradas às "Ilhas Afortunadas" refere-se também, evidentemente, a *Janua Coeli*.

23

OS MISTÉRIOS DA LETRA *NŪN**

A letra *nûn*, no alfabeto árabe, bem como no alfabeto hebraico, está em 14º lugar e tem por valor o número 50. Mas no alfabeto árabe, ela ocupa um lugar mais digno de nota, pois termina a primeira metade desse alfabeto, cujo número total de letras é 28, ao invés das 22 do alfabeto hebraico. Quanto às suas correspondências simbólicas, essa letra é considerada, sobretudo na tradição islâmica, como representando *El-Hût*, a baleia, o que está aliás de acordo com o sentido original da palavra *nûn*, que também significa "peixe". E é em razão dessa significação que *Seyidnâ Yûnus* (o profeta Jonas) é denominado *Dhûn-Nûn* [Senhor do Peixe]. Isso tem naturalmente relação com o simbolismo geral do peixe e, de modo muito especial, com certos aspectos que consideramos no estudo precedente, em particular, como veremos a seguir, com o "peixe-salvador", seja o *Matsya-avatara* da tradição hindu ou o *Ichthus* dos primeiros cristãos. A baleia, nesse sentido, desempenha ainda o mesmo papel que o delfim, e, como este, corresponde ao signo zodiacal de Capricórnio, enquanto porta solsticial que dá acesso à "via ascendente". Mas é talvez com o *Matsya-avatara* que a semelhança apresenta-se mais notável, como mostram as considerações extraídas da forma da letra *nûn*, sobretudo se as comparamos com a história bíblica do profeta Jonas.

Para melhor compreender o que se trata, é preciso em primeiro lugar lembrar que *Vishnu*, ao se manifestar sob a forma de peixe (*Matsya*), ordena a *Satyavrata*, o futuro *Manu Vaivaswata*, que construa a arca na qual deverão ser encerrados os germes do mundo futuro, e que, sob essa mesma forma, ele guia a seguir a arca sobre as águas, durante o cataclismo que marca a separação de dois *Manvantaras* sucessivos. O papel de *Satyavrata* é aqui

* Publicado na revista *Études Traditionnelles,* ago.-set. 1938.

semelhante ao de *Seyidnâ Nûh* (Noé), cuja arca contém de igual modo todos os elementos que servirão à restauração do mundo após o dilúvio; pouco importa que a aplicação que dele se faz seja diferente, no sentido de que o dilúvio bíblico, em sua significação mais imediata, parece marcar o início de um ciclo mais restrito que o *Manvantara*. Mas se não for o mesmo acontecimento, são pelo menos dois acontecimentos análogos, em que o estado anterior do mundo é destruído para dar lugar a um novo estado.[1] Se compararmos agora a história de Jonas à que acabamos de mencionar, veremos que a baleia, ao invés de desempenhar somente o papel do peixe condutor da arca, identifica-se à própria arca. De fato, Jonas permanece encerrado no corpo da baleia, do mesmo modo que *Satyavrata* e Noé na arca, durante um período que é também para ele, e não só para o mundo exterior, um período de "obscurecimento", correspondente ao intervalo entre dois estados ou duas modalidades de existência. Aqui também, a diferença é apenas secundária, e as mesmas figuras simbólicas são sempre, de fato, passíveis de uma dupla aplicação: macrocósmica e microcósmica. Sabe-se além disso que a saída de Jonas do interior da baleia foi sempre interpretada como símbolo da ressurreição, portanto de passagem para um novo estado. Isso oferece, por outro lado, uma analogia com o sentido de "nascimento" que, sobretudo na Cabala hebraica, liga-se à letra *nûn*, e que precisamos entender espiritualmente como um "novo nascimento", ou seja, uma regeneração do ser individual ou cósmico.

É o que indica de maneira muito clara a forma da letra árabe *nûn*, constituída pela metade inferior de uma circunferência e por um ponto situado em seu centro. Ora, a semicircunferência inferior é também a representação da arca que flutua sobre as águas, e o ponto que se encontra no seu interior exprime o germe que está contido ou envolvido; a posição central desse ponto mostra ainda que se trata, na realidade, do "germe da imortalidade", do "caroço" ou núcleo indestrutível que escapa a todas dissoluções exteriores. Pode-se notar ainda que a semicircunferência, com sua convexidade voltada para baixo, é um dos equivalentes esquemáticos do cálice. Assim como este, tem de algum modo o sentido de "matriz" na qual está encerrado esse germe ainda não desenvolvido e que, como veremos a seguir, identifica-se à metade inferior ou "terrestre" do "Ovo do Mundo".[2] Sob o aspecto do elemento "passivo" da transmutação espiritual, *El-Hût* é também, de certa forma, a figura de toda individualidade, na medida em que

1. Cf. *O Rei do Mundo*, cap. XI.

2. Por uma curiosa aproximação, o sentido de "matriz" (*yone* sânscrita) encontra-se também presente na palavra grega *delphus*, que é ao mesmo tempo o nome do "delfim".

esta traz o "germe da Imortalidade" em seu centro, que é representado simbolicamente como o coração. Podemos lembrar, a esse respeito, as estreitas relações, que já demonstramos em outras ocasiões, entre o simbolismo do coração, do cálice e do "Ovo do Mundo".

O desenvolvimento do germe espiritual pressupõe que o ser não saia de seu estado individual e do meio cósmico em que se encontra, do mesmo modo que apenas ao sair do corpo da baleia Jonas "ressuscita". E se for lembrado o que escrevemos antes, pode-se compreender sem dificuldade que essa saída é a mesma que se faz da caverna iniciática, cuja concavidade é também representada pela semicircunferência de *nûn*. O "novo nascimento" supõe necessariamente a morte do antigo estado, quer se trate de um indivíduo ou de um mundo. Morte e nascimento, ou ressurreição, são dois aspectos inseparáveis, pois nada mais são, em realidade, que as duas faces opostas da mesma mudança de estado. A letra *nûn*, no alfabeto, segue imediatamente o *mîm*, que tem a morte (*el-mawt*) entre as suas principais significações, e cuja forma representa o ser dobrado por completo sobre si mesmo, reduzido de certo modo a mera virtualidade, a que corresponde ritualmente a atitude de prosternação. Mas essa virtualidade, que pode parecer um aniquilamento transitório, torna-se logo, pela concentração de todas as possibilidades essenciais do ser num ponto único e indestrutível, o próprio germe de onde sairão todos os seus desenvolvimentos nos estados superiores.

Convém assinalar que o simbolismo da baleia não tem apenas aspecto "benéfico", mas também aspecto "maléfico", o que, além das considerações de ordem geral sobre o duplo sentido dos símbolos, justifica-se ainda de modo muito particular por sua conexão com as formas da morte e da ressurreição sob as quais aparece toda mudança de estado, segundo seja considerada por um ou outro ângulo, isto é, ou em relação ao estado antecedente ou em relação ao estado conseqüente. A caverna é ao mesmo tempo um lugar de sepultura e de "renascimento", e, na história de Jonas, a baleia desempenha precisamente esse duplo papel. Não poderíamos também dizer que o próprio *Matsya-avatara* apresenta-se de início sob aparência nefasta, como anunciador de um cataclismo, antes de se tornar o "salvador" desse mesmo cataclismo? Por outro lado, o aspecto "maléfico" da baleia aparenta-se de forma clara com o *Leviatã* hebraico;[3] mas encontra-se representa-

3. O *Makara* hindu, que é também um monstro marinho, ainda que tenha antes de tudo significação "benéfica" ligada ao signo de Capricórnio, cujo lugar ocupa no Zodíaco, nem por isso deixa de ter, em muitas representações, alguns traços que lembram o simbolismo "tifoniano" do crocodilo.

tado, na tradição árabe, pelas "filhas da baleia" (*benât el-Hût*) que, do ponto de vista astrológico, equivalem a *Rahn* e *Ketu** na tradição hindu, em especial no que diz respeito aos eclipses, e que, é dito, "beberão o mar" no último dia do ciclo, dia em que "os astros nascerão no Ocidente e terão seu ocaso no Oriente". Não podemos insistir mais sobre esse ponto sem sairmos por completo do nosso tema, mas devemos ao menos chamar a atenção para o fato de se encontrar aqui uma relação imediata com o fim do ciclo e a mudança de estado que se segue, pois é muito significativo e traz uma nova confirmação às considerações precedentes.

Voltemos agora à forma da letra *nûn*, que nos permite uma observação importante do ponto de vista das relações existentes entre os alfabetos das diferentes línguas tradicionais. No alfabeto sânscrito, a letra correspondente, *na*, reduzida aos seus elementos geométricos fundamentais, compõe-se também de uma semicircunferência e de um ponto; só que aqui a convexidade está voltada para o alto, tratando-se, portanto, de metade superior da circunferência, e não mais de sua metade inferior, como no caso do *nûn* árabe. Conseqüentemente é a mesma figura colocada no sentido inverso, ou, para falar com mais exatidão, são duas figuras rigorosamente complementares entre si. Reunindo-as, dois pontos centrais se fundem de modo natural, formando um círculo com o ponto no centro, que é a figura do ciclo completo, sendo ao mesmo tempo o símbolo do Sol na ordem astrológica e do ouro na ordem alquímica.[4] Do mesmo modo que a semicircunferência inferior é a representação da arca, a semicircunferência superior representa o arco-íris, que lhe é análogo na acepção mais estrita da palavra, ou seja, com a aplicação do "sentido inverso". São também as duas metades do "Ovo do Mundo", uma "terrestre", nas "águas inferiores", e a outra "celeste", nas "águas superiores". E a figura circular, que estava completa no início do ciclo, antes da separação das duas metades, deve reconstituir-se no final desse mesmo ciclo.[5] Poderíamos dizer ainda que a reunião das duas figuras representa o cumprimento do ciclo, pela junção do começo e do fim, ainda mais que, se as compararmos em especial com o simbolismo "solar", a representação do *na* sânscrito corresponde ao Sol nascente e o *nûn* árabe ao Sol poente. Por outro lado, a figura circular completa é ainda, comumente, o

* Nome de dois *Asuras* ("demônios" ou "deuses inferiores") relacionados aos eclipses. (N. do T.)

4. Poderíamos lembrar aqui o simbolismo do "Sol espiritual" e do "Embrião de ouro" *(Hiranyagarbha)* da tradição hindu; além disso, segundo certas correspondências, o *nûn* é a letra planetária do Sol.

5. Cf. *O Rei do Mundo*, cap. XI.

símbolo do número 10, sendo 1 o centro e 9 a circunferência; mas sendo ela aqui obtida pela união de dois *nûn*, vale 2 x 50 = 100 = 10^2, o que indica que é no "mundo intermediário" que se deve operar a junção. Esta é impossível, como efeito, no mundo inferior, que é o domínio da divisão e da "separatividade", mas que, ao contrário, existe sem interrupção no mundo superior, onde se encontra realizada desde o princípio de modo permanente e imutável no "eterno presente".

A essas observações já extensas, acrescentaremos apenas uma palavra, para assinalar sua relação com um assunto citado recentemente.[6] O que dissemos por último, permite-nos entrever que o cumprimento do ciclo, tal como o consideramos, deve ter uma certa correlação, na ordem histórica, com o encontro das duas formas tradicionais que correspondem ao seu início e fim, e que têm respectivamente como línguas sagradas o sânscrito e o árabe, na medida em que a tradição hindu representa a herança mais direta da Tradição primordial, e a tradição islâmica exprime o "selo da Profecia" e, conseqüentemente, a forma última da ortodoxia tradicional para o ciclo atual.

6. F. Schuon, *Le Sacrifice*, na *Études Traditionnelles*, abr. 1938, p. 137, 2.

24

O JAVALI E A URSA*

Entre os celtas, o javali e o urso simbolizavam respectivamente os representantes da autoridade espiritual e do poder temporal, isto é, as castas dos druidas e dos cavaleiros, equivalentes, ao menos na origem e nas suas atribuições essenciais, aos brâmanes e chátrias da Índia. Como já indicamos em outro estudo,[1] esse simbolismo, de origem claramente hiperbórea, é um dos indícios da vinculação direta da tradição céltica à Tradição primordial do presente *Manvantara*, sejam quais forem os outros elementos provenientes de tradições anteriores, mas já secundários e derivados, que possam ter vindo juntar-se a essa corrente principal e nela terem sido de certo modo reabsorvidos. O que queremos dizer é que a tradição céltica poderia, com muita probabilidade, ser considerada como um dos "pontos de junção" da tradição atlante com a hiperbórea após o fim do período secundário, em que a tradição atlante representou a forma predominante, e como a "substituta" do centro original, já então inacessível à humanidade comum.[2] Sobre esse último ponto, ainda, o mesmo simbolismo que acabamos de mencionar pode trazer algumas indicações de certo interesse.

Assinalemos, em primeiro lugar, a importância dada também ao símbolo do javali pela tradição hindu que, por sua vez, procede diretamente da tradição primordial e afirma de maneira expressa no *Veda* sua origem hiperbórea. O javali (*varâha*) representa não apenas, como se sabe, o tercei-

* Publicado na revista *Études Traditionnelles*, ago.-set. 1936.

1. *Autorité spirituelle et pouvoir temporel*, cap. I.

2. Cf. *O Rei do Mundo*, cap. X, em particular no que diz respeito às relações da *Tula* hiperbórea com a *Tula* atlante (Tula era uma das designações iniciais dos centros espirituais); ver ainda nosso artigo *Atlantide et Hyperborée*, na *Le Voile d'Isis*, out. 1929.

ro dos dez *avatâras* de *Vishnu* no *Manvantara* atual, mas também o nosso *Kalpa* inteiro, isto é, todo o ciclo de manifestação do nosso mundo, designado como *Shwêtavarâha-Kalpa*, o "ciclo do javali branco". Assim sendo, e se considerarmos a analogia que existe necessariamente entre o grande ciclo e os ciclos subordinados, é natural que a marca do *Kalpa*, se pudermos nos exprimir dessa forma, encontra-se no ponto de partida do *Manvantara*. É por isso que a "terra sagrada" polar, sede do centro espiritual primordial deste *Manvantara*, denomina-se também *Vârâhî* ou "terra do javali".[3] Além disso, já que é lá que residia a primeira autoridade espiritual, da qual emanava todas as demais autoridades legítimas da mesma ordem, é muito natural que os representantes dessa autoridade tenham recebido também o símbolo do javali como sinal distintivo e o tenham mantido no correr dos tempos. É por isso que os druidas designavam a si próprios como "javalis", mas como o simbolismo tem sempre múltiplos aspectos, pode-se, ainda, ver aí, ao mesmo tempo e de modo complementar, uma referência ao isolamento que mantinham em relação ao mundo exterior, visto que o javali sempre foi visto como "solitário". É preciso acrescentar, porém, que esse isolamento, realizado materialmente entre os celtas e os hindus sob a forma de um retiro na floresta, tem muita relação com o caráter de "primordialidade", cujo reflexo ao menos deve ter sempre se mantido em toda autoridade espiritual digna da função que exerce.

Mas voltemos à palavra *Vârâhî*, que propicia observações de particulàr importância. Ela é considerada como um aspecto da *Shakti* de *Vishnu* (e de modo especial por sua relação com o terceiro *avatâra*), o que, tendo em vista o caráter "solar" deste último, mostra de imediato sua identidade com a "terra solar" ou "Síria" primitiva, da qual já falamos em outras ocasiões[4] e que é ainda uma das designações da *Tula* hiperbórea, ou seja, do centro espiritual primordial. Por outro lado, a raiz *var*, do nome do javali no sânscrito, encontra-se nas línguas nórdicas sob a forma *bor.*[5] O exato equivalente de *Vârâhî* é portanto "Bóreas", e a verdade é que o nome usual de "Hiperbórea" só foi empregado pelos gregos numa época em que já haviam perdido o sentido dessa antiga designação. Seria preferível portanto, apesar do uso que prevaleceu desde então, qualificar a tradição

3. Ver ainda a esse respeito *Atlantide et Hyperborée*, em *V.I.*, out. 1929. Já tivemos oportunidade de observar que, ao contrário do que parece ter acreditado Saint-Yves d'Alveydre, o nome *Vârâhî* não se aplica de modo algum à Europa; para dizer a verdade, esta jamais foi a "Terra do Touro", o que se refere a um período muito afastado das origens.

4. Ver [Cap. 6] *A Ciência das Letras* e [Cap. 12] *A Terra do Sol.*

5. Daí o inglês *boar* e também o alemão *Eber.*

primordial, não de "hiperbórea", mas simplesmente de "boreana", confirmando assim sem equívoco sua conexão com a "Bórea" ou "terra do javali".

Existe ainda uma outra coisa: a raiz *var* ou *vri*, no sânscrito, tem o sentido de "cobrir", "proteger" e "ocultar", e, como mostram o nome *Varuna* e seu equivalente grego *Ouranós*, serve para designar o céu, tanto por cobrir a terra, quanto por representar os mundos superiores, ocultos aos sentidos.[6] Tudo isso, enfim, aplica-se perfeitamente aos centros espirituais, seja porque estão ocultos aos olhos profanos, seja porque protegem o mundo com sua influência invisível, seja afinal porque são, na terra, como imagens do próprio mundo celeste. Podemos acrescentar que a mesma raiz tem ainda o sentido de "escolha" ou de "eleição" (*vara*), que evidentemente convém de igual modo à região que é, por toda parte, designada por nomes tais como "terra dos eleitos", "terra dos santos" ou "terra dos bem-aventurados".[7]

Pode-se notar, no que dissemos há pouco, a união dos simbolismos "polar" e "solar". Mas no que diz respeito ao javali em particular, é sobretudo o aspecto "polar" que importa, o que resulta aliás do fato de que o javali representava antigamente a constelação que, mais tarde, tornou-se conhecida por Ursa Maior.[8] Pode-se ver, nessa substituição de nomes, um dos sinais daquilo que os celtas simbolizavam pela luta do javali e do urso, ou seja, a revolta dos representantes do poder temporal contra a supremacia da autoridade espiritual, com as diferentes vicissitudes que dela resultaram no correr das épocas históricas sucessivas. As primeiras manifestações dessa revolta, de fato remontam muito além da história comumente conhecida, sendo mesmo anteriores ao início do *Kali-Yuga*, no qual deveria alcançar sua maior extensão. É por isso que o nome *bor* foi transferido do javali para o urso,[9] e a própria "Bórea", a "terra do javali", pôde como conseqüência tornar-se, em certo momento, a "terra do urso", durante um período de predominância dos chátrias, ao qual, segundo a tradição hindu, *Parashu-Râma*[10] colocou um fim.

Na tradição hindu, o nome mais comum da Ursa Maior é *sapta-*

6. Ver *O Rei do Mundo*, cap. VII, onde indicamos, além disso, que a própria palavra *coelum* tem originariamente a mesma significação.

7. Podemos assinalar ainda, a título de possível referência, que a raiz germânica *ur* possui um sentido de "primordialidade".

8. Lembraríamos que essa constelação teve ainda muitos outros nomes, entre os quais o de Balança; mas seria fora de propósito nos ocuparmos disso agora.

9. *Bear* no inglês e *Bâr* no alemão.

10. Já tivemos ocasião de assinalar, a esse respeito, que Fabre d'Olivet e seus seguidores, como Saint-Yves d'Alveydre, parecem ter feito uma estranha confusão entre *Parashu-Râma* e *Râma-Chandra*, isto é, entre o sexto e o sétimo *avatâras* de *Vishnu*.

riksha. A palavra sânscrita *riksha* é o nome do urso, lingüisticamente idêntico ao que tem em outras línguas: *arth* no celta, *arktos* no grego, e mesmo *ursus* no latim. Pode-se perguntar, no entanto, se é esse o sentido principal da expressão *sapta-riksha*, ou se não ocorreu, em correspondência à substituição de que falávamos, uma espécie de superposição de palavras etimologicamente distintas, mas aproximadas ou mesmo identificadas pela aplicação de um certo simbolismo fonético. De fato, *riksha* é ainda, de modo geral, uma estrela, ou seja, uma "luz" (*archis*, da raiz *arch* ou *ruch*, "brilhar" ou "iluminar"). Por outro lado, o *sapta-riksha* é a morada simbólica dos sete *Rishis* que, além desse nome se referir à "visão" e portanto à luz são também os sete "Luminares", mediante os quais foi transmitida ao ciclo atual a Sabedoria dos ciclos anteriores.[11] O paralelo estabelecido assim entre o urso e a luz não se constitui em caso isolado no simbolismo animal, pois o mesmo pode ser encontrado no que se refere ao lobo, tanto entre os celtas, como entre os gregos,[12] do que resultou ter sido atribuído ao deus solar, Belen ou Apolo.

Em certo período, o nome *sapta-riksha* foi aplicado, não mais à Ursa Maior, porém às Plêiades, que compreendem também sete estrelas; essa transferência de uma constelação polar para uma constelação zodiacal corresponde à passagem do simbolismo solsticial ao simbolismo equinocial, que implica a mudança do ponto de partida do ciclo anual, bem como a ordem de predominância dos pontos cardeais que estão em relação com as diferentes fases desse ciclo.[13] Essa mudança, no caso, processou-se do norte para o oeste e se refere ao período atlante, o que pode ser claramente confirmado pelo fato de que, para os gregos, as Plêiades eram filhas de Atlas e, como tais, também denominadas Atlântidas. Transferências desse gênero são com freqüência a causa de múltiplas confusões, pois os mesmos nomes receberam, segundo os períodos, aplicações diferentes. Isso vale tanto para as regiões terrestres como para as constelações celestes, de modo que nem sempre é fácil determinar ao que se referem exatamente em cada caso. Mesmo assim, isso só é possível sob a condição de relacionarmos suas diversas "loca-

11. Podemos notar a persistência desses "sete Luminares" no simbolismo maçônico: a presença de um mesmo número de pessoas que os represente é necessário à constituição de uma loja "justa e perfeita", bem como à validade da transmissão iniciática. Assinalemos ainda que as sete estrelas citadas no início do *Apocalipse* (1, 12-20) seriam, segundo algumas interpretações, as da Ursa Maior.

12. No grego, lobo é *lukos* e luz é *luké*; daí o epíteto com duplo sentido de Apolo Lício.

13. A translação da Balança no Zodíaco tem, naturalmente, uma significação similar.

lizações" às características próprias das formas tradicionais correspondentes, tal como fizemos com o *sapta-riksha*.

Entre os gregos, a revolta dos chátrias foi figurada pela caça ao javali de Cálidon, que representa, aliás de modo explícito, uma versão na qual os próprios chátrias exprimem sua pretensão de uma vitória definitiva, visto que o javali é morto por eles. Conta Ateneu, segundo autores mais antigos, que o javali de Cálidon era branco,[14] o que o identifica ao *Shwêta-varâha* da tradição hindu.[15] E, o que também é muito significativo do nosso ponto de vista, o primeiro golpe foi infligido por Atalanta, que como se diz, foi amamentada por uma ursa. E o nome de Atalanta poderia indicar que a revolta teve seu início, quer na própria Atlântida, quer ao menos entre os herdeiros dessa tradição.[16] Por outro lado, o nome Cálidon é reencontrado em *Caledonia*, antigo nome da Escócia; fora de toda questão de "localização" particular, trata-se precisamente do país dos "kaldes" ou celtas.[17] E a floresta de Cálidon, na realidade, é igual à de Brocelianda; o próprio nome também é o mesmo, ainda que sob uma forma um pouco modificada e precedida da palavra *bro* ou *bor*, ou seja, pelo nome do javali.

O fato de o urso ter sido muitas vezes tomado simbolicamente sob seu aspecto feminino, como vimos a propósito de Atalanta, e como se pode ainda ver pelas denominações das constelações Ursa Maior e Ursa Menor, é tão significativo quanto ter sido atribuído à casta guerreira, detentora do poder temporal, e isso por diversas razões. Em primeiro lugar, essa casta tem normalmente um papel "receptivo", ou seja, feminino, em relação à casta sacerdotal, pois é desta que ela recebe, não só o ensinamento da doutrina tradicional, mas também a legitimação de seu próprio poder, na qual consiste estritamente o "direito divino". A seguir, quando a casta guerreira, invertendo as relações normais de subordinação, aspira à supremacia, sua predominância é geralmente acompanhada pela intensificação de elementos femininos no simbolismo da forma tradicional, modificada por essa casta. Chega mesmo a ocorrer, em conseqüência dessa modificação, a instituição de uma

14. *Deipnosophistarum*, IX, 13.

15. É necessário apenas lembrar que o branco também é a cor atribuída simbolicamente à autoridade espiritual; sabe-se que os druidas, em especial, usavam vestes brancas.

16. Há ainda outras comparações curiosas a esse respeito, em especial entre os pomos de ouro da lenda de Atalanta e os do jardim das Hespérides ou "filhas do Ocidente", que também eram filhas de Atlas, tal como as Plêiades.

17. É muito provável que o nome dos celtas, bem como o dos caldeus, que são idênticos, não fosse originariamente o nome de um povo particular, mas sim o de uma casta sacerdotal, que exercia sua autoridade espiritual entre diferentes povos.

forma feminina de sacerdócio, como foi o caso das druidesas entre os celtas. Deixamos apenas indicado este último aspecto, pois se fôssemos desenvolvê-lo iríamos longe demais, sobretudo se quiséssemos investigar exemplos concordantes em outros lugares. Mas essas indicações ao menos bastarão para que se compreenda o motivo pelo qual a ursa, e não o urso, opõe-se simbolicamente ao javali.

Convém acrescentar que os símbolos do javali e do urso nem sempre aparecem em oposição ou luta, e que, em certos casos, podem também representar a autoridade espiritual e o poder temporal, ou as castas dos druidas e dos cavaleiros, em suas relações normais e harmoniosas, como se vê em especial na lenda de Merlin e do Rei Arthur. De fato, Merlim, o druida, é ainda o javali da floresta de Brocelianda (onde aliás ele é finalmente, não morto como o javali de Cálidon, mas apenas adormecido por um poder feminino), e o Rei Arthur tem o nome derivado de urso, *arth,*[18] ou, mais precisamente, o nome Arthur é idêntico ao da estrela *Arcturus*, levando-se em conta a ligeira diferença devida às suas derivações celta e grega, respectivamente. Essa estrela encontra-se na constelação do Boieiro e, por esses nomes, podem-se ver reunidos os sinais de dois períodos diferentes: o "guardião da Ursa" tornou-se o Boieiro quando a própria Ursa ou o *sapta-riksha* tornou-se os *septem triones*, ou seja, os "sete bois" (daí a denominação "Setentrião" para designar o norte). Mas não nos ocuparemos aqui dessas transformações, relativamente recentes em relação às que estamos examinando.[19]

Das considerações que acabamos de expor, uma conclusão parece decorrer quanto ao papel respectivo das duas correntes que contribuíram para formar a tradição céltica. No início, a autoridade espiritual e o poder temporal não estavam separados como funções diferenciadas, mas unidas em seu princípio comum, e um vestígio dessa união pode ser também encontrado no próprio nome dos druidas (*dru-vid*, "força-sabedoria", sendo esses termos simbolizados pelo carvalho e pelo visco).[20] A esse título, e

18. Encontra-se ainda na Escócia, como nome de família, *Mac-Arth* ou "filho do urso", o que indica, evidentemente, pertencer a um clã guerreiro.
19. Artur é filho de Uther Pendragon, o "chefe dos cinco", isto é, o rei supremo que reside no quinto reino, o reino de *Mide* ou do "meio", situado no centro dos quatro reinos subordinados correspondentes aos quatro pontos cardeais (ver *O Rei do Mundo*, cap. IX). Essa situação é comparável à do Dragão celeste quando continha a estrela polar e estava "no meio do céu como um rei em seu trono", segundo a expressão do *Sepher Ietsirah*. Cf. [Cap. 12] *A Terra do Sol.*
20. Ver *Autorité spirituelle et pouvoir temporel,* cap. IV, onde indicamos a equivalência desse simbolismo com o da Esfinge.

também na medida em que representavam particularmente a autoridade espiritual, à qual está reservada a parte superior da doutrina, eram eles os verdadeiros herdeiros da tradição primordial. E o javali, símbolo essencialmente "boreano", pertence-lhes com exclusividade. Quanto aos cavaleiros, que tinham por símbolo o urso (ou a ursa Atalanta), pode-se pensar que a eles estava especialmente destinada a parte da tradição que comportava sobretudo os elementos procedentes da tradição atlante. E essa distinção poderia mesmo, talvez, ajudar a explicar certos pontos mais ou menos enigmáticos da história posterior das tradições ocidentais.

ALGUMAS ARMAS SIMBÓLICAS

25

AS PEDRAS-DE-RAIO*

Em um artigo do número especial de *Le Voile d'Isis*, consagrado ao Tarô, o sr. Auriger, a propósito do arcano XVI, escreveu esta frase: "Parece existir uma relação entre a saraivada de pedras que rodeia a Torre fulminada e a palavra *Beith-el*, morada divina, que deu bétilo, palavra com a qual os semitas designavam os aerólitos ou pedras-de-raio." Esse paralelo foi sugerido pelo nome "Casa de Deus" dado a esse arcano, que é, de fato, a tradução literal do *Beith-el* hebreu. Mas nos parece haver aí uma confusão entre várias coisas muito diferentes e que alguns reparos à questão poderiam oferecer certo interesse.

Em primeiro lugar, sabe-se que o papel simbólico dos aerólitos, ou pedras caídas do céu, é muito importante, pois trata-se das "pedras negras" a que se referem muitas tradições, como aquela que representava a deusa Cíbele ou a "Grande Deusa" – e, até, a que está incrustada na Caaba, em Meca, e que se relaciona à história de Abraão. Em Roma, também existia o *lapis niger*, sem falar dos escudos sagrados dos sábios, dos quais se dizia terem sido talhados em um aerólito dos tempos de Numa.[1] Essas "pedras negras" podem seguramente ser colocadas na categoria dos "bétilos", isto é, das pedras consideradas como "moradas divinas", ou, em outros termos, como suportes de certas "influências espirituais". Mas teriam todos os "bétilos" a mesma procedência? Não é o que pensamos, e, em particular, não

* Publicado na revista *Le Voile d'Isis*, mai. 1929.

1. F. Ossendowsky relatou a história de uma "pedra negra" enviada antigamente pelo "Rei do Mundo" ao Dalai-Lama, depois transportada para Urga, na Mongólia, e que desapareceu há uma centena de anos; não sabendo do que se tratava, procurou explicar certos fenômenos, como a aparição de caracteres na superfície dessa pedra, presumindo que fosse uma espécie de ardósia.

vemos qualquer indício que permita supor que tenha sido esse o caso da pedra a que Jacó, segundo o relato do Gênesis, deu o nome de *Beith-el*, aplicado por extensão ao próprio lugar em que teve sua visão enquanto apoiava sua cabeça sobre essa pedra.

O "bétilo" é, em essência, a representação do *Omphalos*, isto é, um símbolo do "Centro do Mundo", que se identifica naturalmente ao "habitáculo divino".[2] Essa pedra podia ter formas diversas, em particular a de um pilar. É assim que diz Jacó: "E essa pedra que ergui como um pilar será uma casa de Deus.* E entre os povos célticos, certos menires, senão todos, tinham a mesma significação. O *Omphalos* podia ainda ser representado por uma pedra de forma cônica, como a "pedra negra" de Cibele, ou ovóide; o cone lembrava a Montanha sagrada, símbolo do "Pólo" ou do "Eixo do Mundo"; quanto à forma ovóide, refere-se ao "Ovo do Mundo", outro símbolo muito importante. Em todos os casos, o "bétilo" era uma "pedra profética", uma "pedra que fala", isto é, uma pedra que fornecia os oráculos, ou junto à qual os oráculos eram anunciados, graças às "influências espirituais" de que ela era o suporte. O exemplo do *Omphalos* de Delfos, a esse respeito, é muito característico.

Os "bétilos" são portanto, essencialmente, pedras sagradas, mas nem todas de origem celeste. No entanto, talvez seja verdade que, em termos simbólicos pelo menos, a idéia de "pedra caída do céu" podia ser-lhes atribuída de um certo modo. O que nos faz pensar que deve ter sido assim, é sua relação com o misterioso *luz* da tradição hebraica. Essa relação é certa para as "pedras negras", que de fato são aerólitos, mas que não deve ser limitada a esse único caso, visto dizer-se no *Gênesis*, a propósito do *Beith-el* de Jacó, que o primeiro nome desse lugar era precisamente *Luz*. Podemos lembrar ainda que o *Graal*, segundo se diz, foi talhado numa pedra, ela também caída do céu, existindo entre isso tudo laços muito estreitos. Mas não insistiremos sobre a questão, pois essas considerações nos fariam correr o risco de ir muito além do nosso tema.[3]

De fato, quer se trate de "bétilos" em geral, ou mesmo de "pedras negras" em particular, nenhum dos dois têm, na realidade, nada em comum com as "pedras-de-raio". É sobretudo nesse ponto que a frase por nós repro-

* *Gênesis*, 28, 22; cf. *Bíblia de Jerusalém*. (N. T.).

2. A designação "habitáculo divino", em hebreu *mishkan*, foi também dada posteriormente ao Tabernáculo; como indica o próprio nome, é a sede da *Shekinah* [Presença divina]

3. Apresentamos desenvolvimento mais amplo sobre a questão do *luz* e do *Omphalos* em nosso estudo sobre *O Rei do Mundo*.

duzida no início contém uma grave confusão, aliás justificável. Somos naturalmente tentados a supor que as "pedras-de-raio" ou "pedras-de-trovão" devem ser pedras caídas do céu, aerólitos; contudo, não é assim. Jamais se poderia adivinhar o que são elas, caso não se tivesse conhecimento do que os camponeses, pela tradição oral, conservaram como lembrança. Os próprios camponeses, no entanto, cometem um erro de interpretação, o que mostra que o verdadeiro sentido da tradição lhes escapa, na medida em que acreditam que essas pedras caíram com o raio, ou que são o próprio raio. Dizem, com efeito, que o trovão cai de duas formas, "em fogo" ou "em pedra"; no primeiro caso, incendeia, e, no segundo, apenas quebra. Mas eles conhecem muito bem as "pedras-de-trovão", e somente se enganam ao atribuir a elas, por causa de sua denominação, uma origem celeste que não têm e jamais tiveram.

Na verdade, as "pedras-de-raio" são pedras que simbolizam o raio; porém, nada mais são que machados de silex pré-históricos, do mesmo modo que o "ovo da serpente", símbolo druídico do "Ovo do Mundo", é simplesmente, quanto à sua figuração material, o ouriço-do-mar fóssil. O machado de pedra é a pedra que quebra e racha, e é por isso que ele representa o raio. Esse simbolismo remonta aliás a uma época extremamente longínqua, o que explica a existência de certos machados, denominados "machados votivos" pelos arqueólogos, objetos rituais que jamais puderam ter qualquer utilização prática, como armas ou como instrumentos quaisquer.

Isso nos leva naturalmente a lembrar um ponto que já foi tratado: o machado de pedra de *Parashu-Rama* e o martelo de pedra de *Tor* são exatamente a mesma arma,[4] e acrescentaremos que essa arma é o símbolo do raio. Pode-se ver ainda, por isso, que o simbolismo das "pedras-de-raio" é de origem hiperbórea, ou seja, que se liga à mais antiga das tradições da humanidade atual, àquela que é na verdade a tradição primitiva para o presente *Manvantara.*[5]

Cabe notar, por outro lado, o papel muito importante que o raio desempenha no simbolismo tibetano; o *vajra*, que o representa, é uma das

4. Ver o artigo de P. Genty sobre *Thor et Parashu-Râma, Le Voile d'Isis*, dez. 1928.
5. Assinalemos a esse respeito que algumas pessoas, por uma estranha confusão, falam hoje da "Atlântida hiperbórea"; a Hiperbórea e a Atlântida são regiões distintas, assim como o norte e o oeste são dois pontos cardeais diferentes, e, enquanto ponto de partida de uma tradição, a primeira é muito anterior à segunda. E julgamos ainda mais necessário chamar a atenção sobre esse assunto, na medida em que aqueles que fazem essa confusão acreditam poder atribuí-la a nós próprios. Contudo, não é necessário dizer que isso jamais ocorreu, e não vemos, em tudo o que escrevemos, nada que pudesse dar o menor pretexto para tal interpretação.

principais insígnias dos dignatários do Lamaísmo.[6] Ao mesmo tempo, o *vajra* simboliza o princípio masculino da manifestação universal, e assim o raio é associado à idéia da "paternidade divina". Tal associação encontra-se também, claramente na Antiguidade ocidental, visto que o raio é o principal atributo de *Zeus Pater* ou *Ju-piter*, o "pai dos deuses e dos homens", que aliás fulmina os Titãs e os Gigantes, do mesmo modo que Tor e Parashu-Rama destroem os equivalentes desses últimos com suas armas de pedra.[7]

Existe ainda a esse respeito e no próprio Ocidente moderno, uma outra comparação verdadeiramente singular: Leibniz, em sua *Monadologia*, diz que "todas as mônadas criadas nascem, por assim dizer, por meio de *fulgurações* contínuas da Divindade a cada instante". Ele associa dessa maneira, de acordo com o dado tradicional que acabamos de lembrar, o raio (*fulgur*) à idéia da produção dos seres. É provável que os seus comentadores universitários jamais perceberam o fato, e com isso não notaram que as teorias desse filósofo sobre o "animal" indestrutível e "reduzido a menores proporções" após a morte estavam diretamente inspiradas na concepção hebraica do *luz* como "núcleo da imortalidade".[8]

Destacaremos ainda um último ponto, que se refere ao simbolismo maçônico do malhete. Não só existe uma relação evidente entre o malhete e o martelo, que são por assim dizer duas formas de um mesmo instrumento, como ainda o historiador maçônico inglês R. F. Gould pensa que o "malhete do Mestre", cujo simbolismo também relaciona ao *Tau*, em razão de sua forma, tem sua origem no martelo de Tor. Os gauleses tinham ainda um "Deus do malho", que está figurado sobre um altar descoberto em Mogúncia; ele parece ser o *Dis Pater*, cujo nome é bem próximo ao de *Zeus Pater*, e que

6. *Vajra* é o termo sânscrito que designa o raio; a forma tibetana dessa palavra é *dorje*.

7. É interessante notar que os raios de Júpiter são forjados por Vulcano, o que estabelece uma certa relação entre o "fogo celeste" e o "fogo subterrâneo", relação esta que não está indicada nos casos em que se trata das armas de pedra. O "fogo subterrâneo", com efeito, tinha relação direta com o simbolismo metalúrgico, especialmente nos mistérios cabíricos. Vulcano forja também as armas dos heróis. É preciso além disso acrescentar que existe uma outra versão segundo a qual o *Mioelner*, ou martelo de Tor, seria metálico e teria sido forjado pelos anões, que se referem à mesma ordem de entidades simbólicas que os Cabiros, os Cíclopes, os *Yakshas*, etc. Notemos ainda, a propósito do fogo, que o carro de Tor era puxado por dois carneiros, e que, na Índia, o carneiro é o veículo de *Agni*.

8. Outro ponto, que só podemos indicar de passagem, é que *vajra* significa ao mesmo tempo "raio" e "diamante"; isso nos conduziria a examinar a questão sob aspectos completamente diferentes, que não pretendemos tratar aqui [ver caps. 26, 27 e 52].

os druidas, no dizer de César, tinham por pai da raça gaulesa.[9] Assim, esse malhete aparece também como um equivalente simbólico do *vajra* das tradições orientais, e, por uma coincidência que nada tem de fortuita, mas que poderá parecer pelo menos inesperada para muitas pessoas, acontece que os mestres maçons possuem um atributo dotado exatamente do mesmo sentido que o dos grandes Lamas tibetanos. Mas quem, na atual situação da maçonaria, poderia gabar-se de possuir de fato o misterioso poder representado por tal atributo, uno em sua essência, ainda que duplo em seus efeitos de aparência contrária?

Não acreditamos estar indo longe demais se dissermos que, dentro daquilo que ainda subsiste das organizações iniciáticas ocidentais, ninguém mais possui nem a mais longínqua idéia do que se trata na realidade. O símbolo permanece, mas, tendo o "espírito" se retirado, nada mais resta que uma forma vazia. Será conveniente manter, apesar de tudo, a esperança de que virá um dia em que essa forma será revivificada e responderá de novo à realidade que é sua razão de ser original e a única que lhe confere o verdadeiro caráter iniciático?

9. Vê-se também, em certas moedas gaulesas, a representação de um personagem enigmático, que tem em uma das mãos um objeto que parece ser um *lituus* ou bastão augural, e na outra um martelo com o qual bate sobre uma espécie de bigorna; deu-se a esse personagem, por causa desses atributos, a designação de "Pontífice ferreiro".

26

AS ARMAS SIMBÓLICAS*

Ao falarmos anteriormente das "flores simbólicas", fomos levados a fazer referência à lança que, na lenda do Graal, aparece como um símbolo complementar do cálice, e que é ainda uma das inúmeras representações do "Eixo do Mundo".[1] Ao mesmo tempo, essa lança também é, como dissemos, um símbolo do "Raio celeste", e, de acordo com as considerações que desenvolvemos em outra parte,[2] é evidente que as duas significações coincidem no fundo. Isso explica igualmente por que a lança, tal como a espada e a flecha que lhe são equivalentes, seja às vezes assimilada ao raio solar. Deve ficar bem entendido que os simbolismos polar e solar não podem jamais ser confundidos, e que, como já indicamos inúmeras vezes, o primeiro tem um caráter mais fundamental e realmente "primordial". No entanto, o que poderíamos chamar de "transferências" de um para o outro constitui, na verdade, um fato freqüente que talvez possamos explicar de maneira mais clara numa outra ocasião.**

No momento, limitar-nos-emos a mencionar mais em particular, a esse respeito, a atribuição da flecha de Apolo. Sabe-se, em especial, que com suas flechas ele mata a serpente *Píton*, do mesmo modo que, na tradição védica, Indra mata *Ahi* ou *Vritra*, similar a *Píton*, com o *vajra* que representa o raio. Esse paralelo não deixa qualquer dúvida sobre a equivalência simbólica original das duas armas que estamos considerando. Lembraremos também a "flecha de ouro" de *Abaris* ou de *Zalmoxis*, que aparece na história de Pitágoras, onde se pode ver, de modo mais claro ainda, que esse simbolismo

* Publicado na revista *Études Traditionnelles*, out. 1936.

1. A esse respeito, a complementaridade da lança e do cálice é estritamente comparável à da montanha e da caverna, sobre a qual voltaremos mais adiante.
2. Ver *Le Symbolisme de la Croix*.

** [Ver cap. 28.]

se refere expressamente ao Apolo hiperbóreo, o que estabelece de forma precisa a ligação entre os seus aspectos solar e polar.[3]

Ao voltarmos à consideração das diversas armas que representam o "Eixo do Mundo", impõe-se uma observação importante: essas armas têm, nem sempre, mas com muita freqüência, ou duplo gume ou duas pontas opostas. Esse último caso, que é em especial o do *vajra*, e sobre o qual voltaremos a falar, deve ser evidentemente relacionado à dualidade dos pólos, considerados como as duas extremidades do eixo, com todas as correspondências que implica e que já indicamos em outra ocasião.[4] Quanto às armas de dois gumes, dado que a dualidade está aí assinalada no mesmo sentido do eixo, é preciso ver nisso uma referência mais direta às duas correntes que representam, por outro lado, as serpentes enroladas em torno do bastão ou do caduceu. Mas como as duas correntes inversas estão respectivamente em relação com os dois pólos e os dois hemisférios, vê-se de imediato que os dois simbolismos se fundem na realidade. No fundo, trata-se sempre de uma dupla força, de essência única em si mesma, mas com efeitos aparentemente opostos em sua manifestação, em conseqüência da "polarização" que condiciona esta última, do mesmo modo que ela, por outro lado, condiciona em diferentes níveis, todos os graus e modos da manifestação universal.[5]

A própria espada pode ser vista, de modo geral, como uma arma de dois gumes.[6] Porém, um exemplo ainda mais surpreendente é o do machado duplo, que pertence em especial ao simbolismo egeu e cretense, isto

3. Assinalemos por alto, a esse respeito, que a "coxa de ouro" de Pitágoras, que o faz aparecer de certo modo como uma manifestação do Apolo hiperbóreo, refere-se ao simbolismo da montanha polar e da Ursa Maior. Por outro lado, a serpente *Píton* está em conexão especial com Delfos, denominada antigamente *Pytho*, santuário do Apolo hiperbóreo; daí a designação da *Pítia*, e ainda o próprio nome de *Pitágoras*, que é na realidade um nome de Apolo, "aquele que conduz a Pítia", ou seja, o inspirador de seus oráculos.

4. *La Double Spirale*, mar. 1936 [cf. *A Grande Tríade*, cap. V].

5. Isso equivale a dizer que todas as dualidades cósmicas são na verdade apenas "especificações" diversas da dualidade primeira de *Purusha* e *Prakriti*, ou, em outros termos, da polarização do Ser em "essência" e "substância".

6. Em uma outra de suas significações, a espada é símbolo do Verbo ou da Palavra, com seu duplo poder criador e destruidor (ver, por exemplo, o *Apocalipse*, 1, 16 e 19, 15). É evidente, além disso, que esse duplo poder é análogo à força dupla da qual acabamos de falar, ou que, mais exatamente ainda, são simples aplicações diversas de uma única e mesma coisa. A respeito da espada podemos registrar ainda que, segundo certos historiadores antigos, os citas representavam a Divindade por uma espada cravada no topo de um montículo; sendo este a imagem reduzida da montanha, encontramos assim reunidos dois símbolos do "Eixo do Mundo".

é, pré-helênico, mas que não lhe é exclusivo. O machado, como já expusemos,[7] é particularmente um símbolo do raio e, portanto, sob esse ângulo, um estrito equivalente do *vajra*. E a comparação dessas duas armas mostra muito bem, por conseguinte, a identidade fundamental das duas formas de simbolismo que mencionamos, ou seja, das armas de dois gumes e das armas de duas pontas.[8]

As representações do *vajra* oferecem múltiplas variantes. Ananda K. Coomaraswamy assinalou[9] que a forma mais comum, apresentando uma tríplice ponta em cada uma de suas extremidades, tem por isso estreito parentesco com o *trishûla* ou tridente, outra arma simbólica muito importante, mas cujo estudo especial nos afastaria muito de nosso tema.[10] Observaremos apenas que, enquanto a ponta mediana é a terminação do próprio eixo, as duas pontas laterais podem ser relacionadas às duas correntes, da direita e da esquerda, de que falávamos; e, por essa mesma razão, tal triplicidade pode ser também encontrada no simbolismo "axial", como por exemplo em certas figurações da "Árvore do Mundo".

A. K. Coomaraswamy demonstrou ainda que o *vajra* é tradicionalmente assimilado a outros símbolos conhecidos do "Eixo do Mundo", tal como o carro em que as duas rodas correspondem, respectivamente, ao Céu e à Terra, o que aliás explica, em particular, certas representações do *vajra* "suportado" por um lótus, sobre o qual está colocado verticalmente. Quanto ao quádruplo *vajra*, formado pela reunião de dois *vajras* comuns dispostos em cruz, se o considerarmos colocado num plano horizontal, como sugere a sua designação *Karma-vajra*, estará muito próximo de símbolos tais como a *suástica* e o *chakra*.[11] Aqui nos limitaremos apenas a registrar essas diferentes indicações, sobre as quais teremos talvez ocasião de voltar em outros

7. Ver [Cap. 25] *As Pedras-de-raio*.

8. O malho ou martelo de Tor, outro símbolo do raio que já tivemos ocasião de mencionar, apresenta, por sua forma em T, uma exata semelhança com o machado duplo. Podemos também notar que, tal como o malho e a espada, embora com menor evidência, o machado se encontra ainda hoje no simbolismo maçônico.

9. *Elements of Buddhist Iconography*.

10. Nesse caso, a dupla triplicidade dos ramos e das raízes lembra de forma ainda mais exata as duas extremidades do *vajra* [ver cap. 52]. Sabe-se por outro lado que, como atributo de *Shiva*, o *trishûla* é com freqüência relacionado ao "tríplice tempo" (*trikâla*), isto é, às três modalidades do tempo como passado, presente e futuro. Existem ainda outros paralelos que poderiam ser feitos com o que se encontra a esse respeito em outras tradições, como é o caso de certos aspectos do simbolismo de *Jano*.

11. Não se trata mais de um eixo vertical como antes, mas sim dos dois eixos horizontais da representação geométrica que expusemos em *Le Symbolisme de la Croix*.

estudos, pois trata-se de um assunto que não se pode ter a pretensão de esgotar.

O *vajra*, além do sentido de "raio", tem ainda o de "diamante", o que evoca de imediato as idéias de indivisibilidade, inalterabilidade e imutabilidade. De fato, a imutabilidade é precisamente o caráter essencial do eixo em torno do qual se efetua a revolução de todas as coisas e da qual ele não participa. A esse respeito, existe ainda uma comparação muito notável: Platão descreve exatamente o "Eixo do Mundo" como um eixo luminoso de diamante rodeado de bainhas concêntricas, com dimensões e cores diversas, que correspondem às diferentes esferas planetárias, e que giram em torno dele.[12] Por outro lado, o simbolismo búdico do "trono de diamante", situado ao pé da "Árvore da Sabedoria" e no próprio centro da "Roda do Mundo", isto é, no ponto único que permanece sempre imóvel, também é muito significativo desse ponto de vista.

Para voltarmos ao raio, ele é considerado, segundo já indicamos,[13] como representante do duplo poder de produção e destruição. Poderíamos também dizer que representa o poder de vida e morte, se nos restringíssemos unicamente ao sentido literal, o que no entanto seria apenas uma aplicação particular daquilo em que se constitui na realidade.[14] De fato, trata-se da força que produz todas as "condensações" e "dissipações", que a tradição extremo-oriental refere à ação alternada dos princípios complementares *yin* e *yang*, e que correspondem também às fases do "expir" e do "aspir" universais;[15] é o que a doutrina hermética, por seu lado, denomina "coagulação" e "solução" respectivamente. A dupla ação dessa força está simbolizada pelas duas extremidades opostas do *vajra*, como arma "fulgurante", enquanto o diamante representa de forma clara sua essência única e indivisível.

12. *República*, Livro X (mito de Er, o Armênio). Esse conjunto de bainhas constitui o "fuso da Necessidade"; a Parca *Cloto* gira o fuso com a mão direita, portanto da direita para a esquerda, sendo que esse sentido de rotação relaciona-se com as considerações que fizemos a respeito do simbolismo da "dupla espiral".

13. Ver [Cap. 25] *As Pedras-de-raio*.

14. Em conexão com a nota que apresentamos mais acima a respeito das armas de Apolo e Indra, podemos observar que, do mesmo modo que o raio, os raios solares são também considerados como vivificantes ou mortíferos, segundo o caso. Lembraríamos também que a lança da lenda do Graal, tal como a lança de Aquiles que já relacionamos a este tema, tinha o duplo poder de infligir ferimentos e curá-los.

15. É ainda o que a linguagem dos antigos filósofos gregos designava pelos termos "geração" e "corrupção".

Podemos assinalar ainda a título de curiosidade, pois não é nada mais que isso do nosso ponto de vista, uma aplicação de ordem bem inferior, mas que está diretamente ligada à questão das armas simbólicas; trata-se do "poder das pitadas",* bem conhecido na magia e mesmo na física profana, que se refere na realidade à "solução", ou seja, ao segundo aspecto do duplo poder que acabamos de mencionar. Por outro lado, uma correspondência com o primeiro aspecto, da "coagulação", pode ser encontrada no uso mágico dos nós ou "ligaduras". Lembraríamos também a esse respeito o simbolismo do "nó górdio", que Alexandre corta, aliás, com sua espada, o que é ainda mais significativo. Mas aqui aparece uma outra questão, ou seja, a do "nó vital", que, embora tenha relação analógica com a precedente, ultrapassa de muito o domínio e o alcance da simples magia.[16]

Por último, devemos mencionar o prego como um outro símbolo "axial", que não é propriamente uma arma, mas que a ela se assemelha por sua forma terminada em ponta. Entre os romanos, o prego (*clavus*) e a chave (*clavis*), que em sua língua se aproximam de modo muito singular, referem-se ambos ao simbolismo de *Jano.*[17] Com a chave, que também é um símbolo "axial", seríamos levados a outras considerações que não pretendemos discorrer no momento; diremos apenas que o "poder das chaves", ou o duplo poder de "ligar" e "desligar",[18] não é na verdade diferente daquele que acabamos de citar. No fundo, trata-se sempre, na realidade, de "coagulação" e de "solução", no sentido hermético dos termos.

* "Pouvoir des pointes", no original; significa o "poder das pequenas quantidades". (N. T.).

16. Já fizemos referência a essa questão, a propósito do "ponto sensível" das catedrais, numa nota intitulada "Cologne ou Strasbourg?", na *Le Voile d'Isis*, jan. 1927.

17. Lembraríamos ainda, em complemento a essa última observação, o poder mágico atribuído a ambos objetos, que, fora de toda questão de ordem "fenomênica", parecem ser uma espécie de degeneração exotérica de sua significação tradicional.

18. Pode-se notar que essas palavras têm ainda uma relação evidente com o simbolismo das ligaduras ou dos nós; tudo isso se mantém, pois, muito próximo, e as diversas formas em que se reveste o simbolismo são sempre perfeitamente coerentes entre si.

27

SAYFYL-ISLAM*

No mundo ocidental, tem-se o costume de se considerar o islamismo como uma tradição essencialmente guerreira e, portanto, quando se trata particularmente do sabre e da espada (*es-sayf*), toma-se essa palavra apenas em seu sentido literal, sem mesmo se pensar ou jamais se perguntar se não existe nela, na realidade, alguma coisa a mais. Não se pode contestar, por outro lado, que existe um aspecto guerreiro no islamismo, mas que, longe de se constituir como sendo seu caráter peculiar, é também encontrada na maior parte das outras tradições, inclusive no cristianismo. Sem mesmo considerar o que disse o próprio Cristo: "Não vim trazer paz, mas espada",[1] o que poderia ser entendido de forma figurada, a história da cristandade na Idade Média, ou seja, na época de sua realização efetiva nas instituições sociais, fornece a esse respeito provas bastante suficientes. Por outro lado, a própria tradição hindu, que na verdade não poderia passar por especificamente guerreira, visto que a tendência geral, ao contrário, é acusá-la de conceder um lugar muito pequeno à ação, possui, no entanto, também esse aspecto, como nos podemos dar conta lendo o *Bhagavad-Gita*. A menos que se esteja cego por certos preconceitos, é fácil compreender que assim deve ser, pois no domínio social a guerra, enquanto dirigida contra aqueles que perturbam a ordem e com o objetivo de reconduzi-los a essa ordem, constitui uma função legítima, que no fundo é um dos aspectos da função de "justiça", entendida esta em sua acepção mais geral. No entanto, esse é o seu lado mais exterior, portanto o menos essencial. Do ponto de vista tradicional, o que dá todo valor à guerra compreendida dessa forma, é o fato de ela simbolizar a luta que o homem deve conduzir contra os ini-

* Publicado em *L'Islam et l'Occident (Cahiers du Sud)*, 1947.

1. *Mateus*, 10, 34.

migos que traz em si próprio, isto é, contra todos os elementos que, nele, são contrários à ordem e à unidade. Nos dois casos, porém, quer se trate da ordem exterior e social ou da ordem superior e espiritual, a guerra deve sempre tender a estabelecer o equilíbrio e a harmonia (é por isso que ela se refere de modo especial à "justiça") e, assim, a unificar de certo modo a multiplicidade de elementos em oposição entre si. Isso quer dizer que o seu fim normal, e sem dúvida sua única razão de ser, é a paz (*es-salâm*), que só pode ser verdadeiramente obtida pela submissão à vontade divina (*el-islâm*), colocando cada elemento em seu lugar com a finalidade de fazê-los todos concorrerem para a realização consciente de um mesmo plano. E vale a pena observar o quanto, na língua árabe, os termos *el-islâm* e *es-salâm* têm estreito parentesco entre si.[2]

Na tradição islâmica, esses dois sentidos da guerra, bem como as relações que na verdade existem entre eles, são expressos tão claramente quanto possível por um *hadîth** do Profeta, pronunciado ao retornar de uma expedição contra os inimigos exteriores: "Voltamos da pequena guerra santa para a grande guerra santa" (*Rajâna min el jihâdil-açghar ila 'l-jidâdil-akbar*). Se a guerra exterior é apenas a "pequena guerra santa",[3] enquanto a guerra interior significa a "grande guerra santa", é porque a primeira só tem uma importância secundária em face da segunda, sendo desta apenas uma imagem sensível. É evidente, nessas condições, que tudo o que serve à guerra exterior pode ser tomado como símbolo do que se refere à guerra interior,[4] o que é o caso em particular da espada.

Aqueles que desconhecem essa significação, e mesmo ignorando o *hadîth* que acabamos de citar, poderão ao menos observar a esse respeito que, durante a pregação, o *khatîb*, cuja função evidentemente nada tem de guerreira no sentido comum da palavra, segura na mão uma espada, que nesse caso só pode ser um símbolo, ainda mais se levarmos em conta que é de hábito uma espada de madeira, o que a torna, é claro, imprópria para qual-

2. Já desenvolvemos mais amplamente essas considerações no *Symbolisme de la Croix*, cap. VIII.

* *Hadith* = ditos do Profeta; depois do Alcorão, representam autoridade em matéria de fé islâmica. (N. T.).

3. Ela só tem esse caráter quando é determinada por motivos de ordem tradicional; toda guerra de outra natureza é *harb* e não *jihâd*.

4. Naturalmente, isso não seria mais verdade para os modernos instrumentos de guerra, em especial pelo seu caráter "mecânico", que é incompatível com todo verdadeiro simbolismo; é por uma razão similar que o exercício de ofícios mecânicos não pode servir de base para um desenvolvimento de ordem espiritual.

quer uso em combates exteriores, e acentua ainda mais o seu caráter simbólico.

A espada de madeira remonta, aliás, no simbolismo tradicional, a um passado muito afastado, pois ela é, na Índia, um dos objetos que figuram no sacrifício védico.[5] Essa espada (*sphya*), o poste sacrificial, o carro (ou mais precisamente o eixo, que é seu elemento essencial) e a flecha são considerados como nascidos do *vajra* ou raio de Indra: "Quando Indra lançou o raio sobre Vritra, este, assim alanceado, tornou-se quádruplo... Os brâmanes servem-se de duas dessas quatro formas durante o sacrifício, enquanto que os chátrias servem-se das duas outras durante a batalha[6]... Quando o sacrificante brande a espada de madeira, é o raio que ele lança contra o inimigo..."[7] A relação dessa espada com o *vajra* pode ser notada de modo particular à vista do que apresentaremos a seguir. E podemos acrescentar, a esse respeito, que a espada é em geral assimilada ao relâmpago ou considerada como derivada dele,[8] o que representa de modo sensível a forma bem conhecida da "espada flamejante", independentemente de outras significações que esta pode ainda ter ao mesmo tempo, pois deve ficar bem entendido que todo símbolo verdadeiro encerra sempre uma pluralidade de sentidos que, longe de se excluírem ou de se contradizerem, harmonizam-se e completam-se mutuamente.

Para voltar à espada do *khatib*, diremos que ela simboliza antes de tudo o poder da palavra, o que aliás deveria ser muito evidente, ainda mais que essa é uma das significações mais comumente atribuída à espada, e que também não é estranha à tradição cristã, tal como mostram de forma clara os textos apocalípticos: "Na mão direita tinha sete estrelas, e de sua boca saía uma espada afiada, com dois gumes; sua face era como o sol, quando brilha com todo seu esplendor."[9] E "da sua boca[10] sai uma espada afiada

5. Ver A. K. Coomaraswamy, *Le Symbolisme de l'épée*, na *Études Traditionnelles*, jan. 1938; retiramos desse artigo a citação a seguir.

6. As funções dos brâmanes e dos chátrias podem ser aqui relacionadas respectivamente à guerra interior e à guerra exterior, ou, segundo a terminologia islâmica, à "grande guerra santa" e à "pequena guerra santa".

7. *Shatapatha Brâhmana*, I, 2, 4.

8. No Japão em especial, segundo a tradição xintoísta, "a espada provém de um relâmpago-arquétipo, do qual é a descendente ou a hipóstase". (A. K. Coomaraswamy, *ib*.)

9. *Apocalipse*, 1, 16. Nota-se aí a reunião do simbolismo polar (as sete estrelas da Ursa Maior, ou o *sapta-riksha* da tradição hindu) com o simbolismo solar, que iremos reencontrar na significação tradicional da própria espada.

10. Trata-se "daquele que estava montado sobre o cavalo branco", o *Kalki-avatâra* da tradição hindu.

para com ela ferir as nações".[11] A espada que sai da boca só pode ter evidentemente o sentido que indicamos, tanto mais que o ser descrito nas duas passagens outro não é senão o próprio Verbo ou uma de suas manifestações. Quanto ao gume duplo da espada, representa o duplo poder criador e destruidor da palavra, o que nos reconduz precisamente ao *vajra*. Este, de fato, simboliza ainda uma força que, embora única em sua essência, manifesta-se sob dois aspectos contrários na aparência, mas na realidade complementares. Do mesmo modo que esses dois aspectos são representados pelos dois gumes da espada ou de outras armas similares,[12] aqui correspondem às duas pontas opostas do *vajra*. Esse simbolismo é válido ainda para todo o conjunto das forças cósmicas, de modo que sua aplicação à palavra é apenas um caso particular, mas que, em razão da concepção tradicional do Verbo e de tudo o que ela implica, pode ser tomado para representar em seu conjunto todas as outras aplicações possíveis.[13]

A espada não é assimilada simbolicamente apenas ao raio, mas também, tal como a flecha, ao raio solar. É a isso que se refere, de modo visível na primeira das duas passagens apocalípticas citadas, o fato de que a boca da qual sai a espada pertence a um rosto "brilhante como o sol". É também fácil estabelecer, sob esse aspecto, uma comparação entre Apolo, que mata a serpente *Píton* com suas flechas, e Indra, que mata o dragão *Vritra* com o *vajra*. E esse paralelo não poderá deixar qualquer dúvida sobre a equivalência desses dois aspectos do simbolismo das armas, que nada mais são, em suma, que dois modos diferentes de expressão de uma única e mesma coisa. Por outro lado, vale a pena notar que a maior parte das armas simbólicas, a espada e a lança em especial, são com grande freqüência símbolos do "Eixo do Mundo"; trata-se então de um simbolismo "polar", e não mais de um simbolismo "solar". Embora esses dois pontos de vista não devam jamais ser confundidos, existem contudo entre eles relações que permitem o que se poderia denominar "transferências" de um para o outro, em que o eixo seria identificado por vezes ao "raio solar".[14] Nessa significação axial, as duas

11. *Ib.*, 19, 15.

12. Lembraríamos aqui, em especial, o símbolo egeu e cretense do machado duplo; já explicamos que o machado é particularmente um símbolo do raio, portanto um estrito equivalente do *vajra* [cap. 25].

13. Sobre o duplo poder do *vajra* e de outros símbolos equivalentes (principalmente o "poder das chaves"), ver as considerações que expusemos em *A Grande Tríade*, cap. VI.

14. Sem podermos insistir aqui sobre essa questão, cabe ao menos lembrar, a título de exemplo, a aproximação dos dois pontos de vista no simbolismo grego do Apolo hiperbóreo.

pontas opostas do *vajra* referem-se à dualidade de pólos, considerados como as duas extremidades do eixo, enquanto, nas armas de dois gumes, a dualidade, por estar assinalada no próprio sentido do eixo, refere-se mais diretamente às duas correntes inversas da força cósmica, representadas ainda de outro modo por símbolos tais como as duas serpentes do caduceu. Mas, como essas duas correntes estão respectivamente em relação com os dois pólos e os dois hemisférios,[15] pode-se ver por aí que, apesar de sua aparente diferença, as duas figurações aproximam-se, na realidade, quanto à sua significação essencial.[16]

O simbolismo "axial" nos reconduz à idéia de harmonização, concebida como a meta da "guerra santa" em suas acepções, quer interior, quer exterior, pois o eixo é o lugar em que todas as oposições se conciliam e desvanecem, ou, em outros termos, o lugar do equilíbrio perfeito, que a tradição extremo-oriental designa como o "Meio Invariável".[17] Assim, sob esse ângulo, que corresponde na realidade ao ponto de vista mais profundo, a espada não só representa o meio, como se poderia acreditar, restringindo-se ao sentido aparentemente mais imediato, mas também o próprio fim a alcançar. Ela sintetiza, de algum modo, os dois aspectos em sua significação total.

Nada mais fizemos aqui, sobre esse assunto, que reunir algumas observações que poderiam propiciar muitos outros desenvolvimentos. Pensamos no entanto que, tal como estão, mostram de modo suficiente, quer se trate do islamismo ou de qualquer outra forma tradicional, o quanto estão afastados da verdade aqueles que pretendem atribuir à espada apenas um sentido "material".

15. Também sobre esse ponto, ver *A Grande Tríade*, cap. V.
16. Ver [Cap. 26] *As Armas Simbólicas.*
17. É o que também representa a espada colocada verticalmente como eixo de uma balança, conjunto este que forma os atributos simbólicos da justiça.

28

O SIMBOLISMO DOS CORNOS*

Em seu estudo sobre os celtas, T. Basilide assinalou a importância de *Apollon Karneios* enquanto deus dos hiperbóreos. O nome céltico *Belen* é, aliás, idêntico a *Ablun* ou *Aplun*, que se tornou *Apollon* entre os gregos. Pretendemos voltar algum dia de modo mais complexo sobre a questão do Apolo hiperbóreo; agora nos limitaremos a algumas considerações que se referem, em particular ao nome *Karneios*, bem como ao de *Kronos*, com o qual tem estreita relação, visto terem esses dois nomes a mesma raiz KRN, que exprime essencialmente as idéias de "poder" e "elevação".

Em seu sentido de "elevação", o nome *Kronos* convém perfeitamente a Saturno, que corresponde de fato à mais elevada das esferas planetárias, o "sétimo céu" ou o *Satya-Loka* da tradição hindu.[1] Não se deve, aliás, considerar Saturno como sendo apenas, nem mesmo em primeiro lugar, um poder maléfico, como parece ser a tendência algumas vezes, pois não se deve esquecer que, antes de tudo, ele é o regente da "idade de ouro", ou seja, do *Satya-Yuga*, ou da primeira fase do *Manvantara*, que coincide exatamente com o período hiperbóreo. Isso mostra que existem boas razões para *Kronos* estar identificado ao deus dos hiperbóreos.[2] É provável que o

* Publicado na revista *Études Traditionnelles*, nov. 1936.

1. Para os pitagóricos, *Kronos* e *Rhéa* representavam respectivamente o Céu e a Terra; assim, a idéia de elevação encontra-se também nessa correspondência. Só por uma assimilação fonética mais ou menos tardia é que os gregos identificaram *Kronos* ou Saturno a *Chronos*, o Tempo, embora a raiz desses dois nomes seja diferente na realidade. Parece que foi desta maneira que o símbolo da foice transferiu-se de um para o outro; mas isso não cabe no presente tema.

2. O mar que cercava a ilha de Ogígia, consagrada a *Karneios* ou a *Kronos*, era denominado mar Kroniano (Plutarco, *De facie in orbe Lunae*); Ogígia, que Homero denomina o "umbigo do Mundo" (representado mais tarde pelo *Omphalos* de Delfos), era apenas um centro secundário que havia substituído a *Thulé* ou Síria primitiva numa época muito mais próxima de nós que o período hiperbóreo.

seu aspecto maléfico resulte do próprio desaparecimento do mundo hiperbóreo, pois é em virtude de uma "reversão" análoga que toda "Terra dos Deuses", sede de um centro espiritual, torna-se uma "Terra dos Mortos" quando esse centro desaparece. É possível ainda que, a seguir, esse aspecto tenha-se concentrado mais facilmente sob o nome *Kronos*, enquanto que o aspecto benéfico permanecia, ao contrário, vinculado ao nome *Karneios*, devido ao desdobramento desses dois nomes que, na origem, eram apenas um. É verdade também que o simbolismo do próprio Sol apresenta os dois aspectos opostos, vivificante e mortífero, produtor e destruidor, tal como observamos recentemente a propósito das armas que representam o "raio solar".[3]

Karneios é o deus do *Karn*, isto é, do "lugar alto" que simboliza a Montanha sagrada do Pólo, e que era representado pelos celtas, tanto pelo *tumulus*, quanto pelo *cairn* ou amontoado de pedras, do qual conservou esse nome. A pedra está ainda freqüentemente em relação direta com o culto de Apolo, como se vê em especial pelo *Omphalos* de Delfos, e também pelo cubo de pedra que servia de altar em Delfos, e cujo oráculo ordenou que lhe dobrassem o volume. Mas, por outro lado, a pedra tinha ainda uma relação particular com *Kronos*. Existe aí um novo paralelo que podemos apenas indicar, pois esse ponto mereceria ser desenvolvido à parte.[4]

Ao mesmo tempo, *Karneios* é também pela própria significação do seu nome, o "deus poderoso".[5] E se a montanha é, sob um de seus aspectos, símbolo do poder e da elevação, em razão da idéia de estabilidade que lhe está associada, existe um outro símbolo que é ainda mais característico desse ponto de vista, ou seja, os cornos. A propósito, havia em Delos, além da pedra cúbica que acabamos de mencionar, um outro altar denominado *Keraton*, inteiramente formado de cornos de bois e cabras solidamente uni-

3. Em grego, a própria forma do nome *Apollon* é muito próxima de *Apollyon*, o "destruidor" (cf. *Apocalipse*, 9, 11).

4. Atribui-se geralmente aos "bétilos", que são assimiláveis ao *Omphalos*, uma significação "solar"; mas esta, em um certo período, deve ter-se superposto à significação "polar" primitiva, e pode ser que a mesma coisa tenha acontecido ainda no que diz respeito ao próprio Apolo. Podemos também observar que Apolo é representado como o protetor das fontes (motivo pelo qual, nesse aspecto, o *Borvo* céltico lhe foi assimilado); e as fontes estão ainda relacionadas à montanha ou à pedra que lhe é equivalente no simbolismo "polar".

5. Esse nome corresponde, no hebreu, ao nome divino *Shaddai*, que deve ser particularmente o nome do Deus de Abraão. A propósito, existe ainda, entre Abraão e *Kronos*, relações das mais notáveis.

dos. É evidente que isso se refere de modo direto a *Karneios*, cuja relação simbólica com os animais de chifres deixou vestígios até nossos dias.[6]

A própria palavra corno liga-se claramente à raiz KRN, do mesmo modo que a coroa, que é uma outra expressão simbólica das mesmas idéias, pois as duas palavras (no latim *cornu* e *corona*) são muito próximas entre si.[7] É evidente que a coroa é insígnia do poder e marca de uma condição elevada, não sendo pois necessário insistir a respeito. A partir disso já encontramos uma primeira relação da coroa com os cornos, pelo fato de estarem ambos colocados sobre a cabeça, o que representa bem a idéia de "ápice" [ou topo].[8] Há ainda outra coisa: a coroa era primitivamente um círculo ornado de pontas em forma de raios; e os cornos, do mesmo modo, são tomados como representação dos raios luminosos,[9] o que nos leva a certas considerações já expostas no que diz respeito às armas simbólicas. É claro, além do mais, que os cornos podem ser assimilados às armas, até no sentido mais literal, e é exatamente por isso que lhes foi atribuída uma idéia de força ou poder, como de fato podemos verificar em todos os lugares e épocas.[10] Por outro lado, os raios luminosos cabem muito bem como atributo do poder, seja qual for, sacerdotal ou real, isto é, espiritual ou temporal, pois designam o poder como emanação ou delegação da própria fonte de luz, o que de fato é quando legítimo.

6. Na Bretanha, São Cornélio ou *Cornély*, que substituiu a *Apollon Karneios*, é visto como o protetor dos animais de cornos. As considerações que estamos apresentando permitirão compreender que existe aí, na realidade, muito mais que um simples "jogo de palavras", como talvez alguns seriam tentados a afirmar.

7. A palavra grega *Keraunos*, que designa o raio, parece também ser derivada da mesma raiz. Podemos notar, a esse respeito, que o raio cai habitualmente nos topos, nos lugares ou objetos elevados. É preciso ainda ter em conta a analogia do relâmpago com o raio luminoso sobre o qual voltaremos a falar.

8. Na tradição hebraica, *Kether* a "Coroa" ocupa o topo da árvore sefirótica.

9. Um exemplo disso, particularmente admirável, pode ser encontrado nas representações de Moisés, pois sabe-se que os cornos que, aparentemente, leva em sua fronte nada mais são que raios luminosos. Alguns, entre os quais Huet, bispo de Avranches, identificaram Moisés a Dionísios, que é também representado com cornos. Teríamos outras relações curiosas para examinar, mas que nos levariam muito longe de nosso assunto.

10. A mesma assimilação, naturalmente, é válida ainda para outras armas animais, como as presas do elefante e do javali, cuja forma em ponta é aliás semelhante à dos cornos. Podemos acrescentar, no entanto, que a dualidade de cornos (tal como a das presas) impede que o simbolismo "axial" possa ser-lhe aplicado: ela se aproxima antes, sob esse aspecto, às duas pontas laterais do *trishûla*; é por isso, também, que falamos aqui dos raios luminosos em geral, e não do "Raio celeste", que é, tanto do ponto de vista macrocósmico quanto microcósmico, equivalente ao "Eixo do Mundo".

Seria fácil oferecer múltiplos exemplos, e das mais diversas procedências, em que os cornos são empregados como símbolo do poder, em especial na Bíblia e, de modo mais particular ainda, no Apocalipse.[11] Citaremos um outro exemplo da tradição árabe, que designa Alexandre pelo nome de *El-Iskandar dhûl-qarnein*, ou seja, "Alexandre, o [senhor] dos dois cornos,[12] o que é de hábito interpretado no sentido de um duplo poder que se estende para o Oriente e para o Ocidente.[13] Essa interpretação é perfeitamente justa, desde que não se exclua um outro fato que a completa: Alexandre, tendo sido declarado filho de Amon pelo oráculo desse deus, tomou por emblema os dois cornos de carneiro que eram seu principal atributo.[14] E essa origem divina, aliás, legitimava-o como sucessor dos antigos soberanos do Egito, que tinham igual atribuição. Diz-se que ele se fez representar desse modo em suas moedas, o que não obstante o fazia ser identificado, pelos gregos, a Dionísio, o qual lembrava por suas conquistas, em especial a da Índia. Já que Dionísio era o filho de Zeus, que os gregos assimilavam a Amon, é possível que tal idéia não tenha sido estranha ao próprio Alexandre. No entanto, Dionísio era representado comumente com cornos, não de carneiros, mas de touro, o que do ponto de vista do simbolismo constitui uma diferença muito importante.[15]

Covém notar, de fato, que os cornos em seu uso simbólico revestem-se de duas formas principais: uma é a dos cornos do carneiro, que é essencialmente "solar", e a outra dos cornos do touro, que, ao contrário, é "lunar", lembrando, aliás, a própria forma do quarto crescente.[16] Poderíamos

11. É preciso notar que aí não há mais somente a idéia de um poder legítimo, mas se estende a qualquer poder, maléfico ou benéfico: existem os cornos do Cordeiro e, também, os da Besta.

12. A palavra árabe *qarn* é a mesma que "corno", pois a raiz KRN transforma-se facilmente em QRN e também em HRN, como no inglês *horn*. A palavra *qarn* tem ainda o sentido de "idade" ou de "ciclo", e mais comumente de "século"; essa dupla siginificação acarreta às vezes equívocos curiosos, como é o caso de certas pessoas pensarem que o epíteto *dhûl-qarnein*, aplicado a Alexandre, queria dizer que ele viveu dois séculos.

13. Sob esse ângulo, os dois cornos são equivalentes às duas cabeças da águia heráldica.

14. O próprio Amon era denominado "Senhor do duplo corno" (*Livro dos Mortos*, cap. CLXV).

15. É possível ainda que Alexandre tenha usado um capacete ornado com dois cornos; sabe-se que os capacetes com cornos eram usados por muitos povos antigos. Entre os assírios-babilônicos, a tiara com cornos era um atributo característico das divindades.

16. A essas duas formas corresponde a distinção que os alquimistas fazem em relação ao signo do mercúrio: a forma lunar refere-se ao mercúrio comum e a forma solar ao mercúrio dos sábios.

mos também, a esse respeito, estabelecer as respectivas correspondências entre os signos zodiacais do Carneiro e do Touro. Isso, porém, devido à aplicação que se poderia fazer da predominância de uma ou de outra forma nas diferentes tradições, daria margem a considerações "cíclicas" que, no entanto, não podemos pensar em examinar agora.

Para terminar esta exposição sumária, apenas assinalaremos ainda um paralelo que pode ser feito, sob certos aspectos, entre as armas animais que são os cornos e o que se poderia denominar armas vegetais, isto é, os espinhos. É notável que, a esse respeito, muitas das plantas que desempenham um papel simbólico importante são plantas espinhosas.[17] Os espinhos, do mesmo modo que outras pontas, evocam a idéia de um ápice ou de uma elevação, e podem ainda, em certos casos ao menos, ser tomados para figurar os raios luminosos.[18] Vemos assim que o simbolismo tem sempre perfeita coerência, como aliás não poderia deixar de ser, pela simples razão de que não é o resultado de alguma convenção mais ou menos artificial, e sim, ao contrário, fundamentado essencialmente sobre a própria natureza das coisas.

17. Temos como exemplo a rosa, o cardo, a acácia, o acanto, etc.

18. O simbolismo cristão da coroa de espinhos (que se diz ser de espinhos de acácia) aproxima-se, assim, de uma forma que alguns acharão inesperada, mas não por isso menos real ou exata, da coroa de raios de que falamos mais atrás. É notável ainda que, em diversas regiões, os menires são designados pelo nome de "espinhos" (daí, na Bretanha e em outras partes, nomes de lugares como Belle-Épine, Notre-Dame-de-l'Épine, etc.). E o simbolismo do menir, tal como do obelisco e da coluna, refere-se ao "raio solar" e, ao mesmo tempo, ao "Eixo do Mundo".

SIMBOLISMO
DA FORMA CÓSMICA

29

A CAVERNA E O LABIRINTO*

Em um livro recente,[1] Jackson Knight expõe interessantes pesquisas que tiveram como ponto de partida a passagem do sexto livro da *Eneida*, em que são descritas as portas do antro da Sibila de Cumas. Por que o labirinto de Creta e sua história estão figurados nessas portas? Ele se recusa, com muita razão, a ver nisso, como fazem todos aqueles que não vão além das concepções "literárias" modernas, uma simples digressão mais ou menos inútil. Ao contrário, acredita que essa passagem deve ter um real valor simbólico, que se fundamenta sobre a estreita relação entre o labirinto e a caverna, ligados ambos à idéia de uma viagem subterrânea. Essa idéia, segundo a interpretação que pode ser feita a partir de dados concordantes pertencentes a épocas e regiões muito diferentes, teria estado originariamente ligada aos ritos funerais e teria sido, a seguir, em virtude de uma certa analogia, transportada aos ritos iniciáticos. Voltaremos a tratar em particular desse ponto a seguir, mas por ora devemos levantar algumas objeções sobre a forma pela qual o autor concebe a iniciação. Ele parece de fato considerá-la unicamente como um produto do "pensamento humano", dotado além disso de uma vitalidade que lhe assegura uma espécie de permanência através das idades, mesmo que, às vezes, apenas subsista, por assim dizer, em estado latente. Não temos a menor necessidade, depois de tudo o que já expusemos sobre o assunto, de tornar a demonstrar o que existe de insuficiente em tal concepção, pelo simples fato de não levar em conta os elementos "supra-humanos" que, na realidade, constituem o que há de mais essencial. Insistiremos apenas sobre um ponto: a idéia de uma subsistência em estado latente nos leva à

* Publicado na revista *Études Traditionnelles*, out.-nov. 1937.

1. Jackson Knight, W. F., *Cumaean Gates, a reference of the Sixth "Aeneid" to Initiation Pattern*. Basil Blacwell, Oxford.

hipótese de conservação em um "subconsciente coletivo" tomado de empréstimo a certas teorias psicológicas recentes. Que se pense o que se quiser a respeito delas, porém sua aplicação a esse caso revela um completo desconhecimento da necessidade da "corrente" iniciática, ou seja, de uma transmissão efetiva e ininterrupta. Existe, é verdade, uma outra questão que precisamos evitar confundi-la com a que estamos examinando: pode acontecer, às vezes, que coisas de ordem propriamente iniciática venham a exprimir-se através de individualidades que não estavam de modo algum conscientes de sua verdadeira significação, mas já oferecemos anteriormente explicações sobre isso a propósito da lenda do Graal. Tal fato não afeta em nada o que diz respeito à iniciação em sua realidade efetiva, e nem seria também o caso de Virgílio, para o qual, do mesmo modo que para Dante, existem muitas indicações bastante precisas e claramente conscientes para que se possa admitir que ele não tinha vinculações iniciáticas de fato. Isso nada tem a ver com a "inspiração poética", tal como é entendida na atualidade. O sr. Knight parece disposto a partilhar desse modo de ver "literário", embora isso se oponha à sua tese. No entanto, não podemos deixar de reconhecer todo o mérito que representa, para um escritor universitário, a coragem de abordar tal assunto e, até mesmo, falar de iniciação.

Dito isso, voltemos à questão das relações entre a caverna funerária e a caverna iniciática. Embora essas relações sejam seguramente muito reais, a identificação de uma à outra, no que diz respeito ao seu simbolismo, representa apenas a metade da verdade. Podemos notar que, mesmo do ponto de vista exclusivamente funerário, a idéia de derivar o simbolismo do ritual, ao invés de ver no próprio ritual a ação do simbolismo, como é o caso, coloca o autor num grande embaraço, ao constatar que a viagem subterrânea é quase sempre seguida de uma viagem ao ar livre, e que muitas tradições representam como uma navegação. De fato, isso seria inconcebível se se tratasse apenas da descrição figurada de um ritual de enterro, mas que pode ser muito bem explicado quando sabemos que se trata, na realidade, das diversas fases atravessadas pelo ser no curso de uma migração que se processa verdadeiramente "além-túmulo", e que de modo algum diz respeito ao corpo que foi abandonado quando esse ser deixou a vida terrestre. Por outro lado, em razão da analogia existente entre a morte, entendida no sentido comum dessa palavra, e a morte iniciática, da qual já falamos em outra ocasião, a mesma descrição simbólica pode ser aplicada ao que acontece com o ser em ambos os casos. Aí está, quanto à caverna e à viagem subterrânea, o motivo da assimilação considerada, até o ponto em que é legitimamente justificável, ou seja, até as preliminares da iniciação, e de modo algum até a própria iniciação.

De fato, só podemos ver aí, a rigor, uma preparação à iniciação, e nada mais. A morte para o mundo profano, seguida da "descida aos Infernos", é, bem entendido, a mesma coisa que a viagem ao mundo subterrâneo ao qual a caverna dá acesso. Mas, no que se refere à própria iniciação, longe de ser considerada como morte, é, ao contrário, um "segundo nascimento" e uma passagem das trevas para a luz. O lugar desse nascimento é ainda a caverna, pelo menos nos casos em que nela se realiza a iniciação, de fato ou simbolicamente, pois é evidente que não se pode generalizar demais e que, do mesmo modo que para o labirinto que examinaremos a seguir, não se trata de algo necessariamente comum a todas as formas iniciáticas sem exceção. A mesma coisa aparece aliás, mesmo exotericamente, no simbolismo cristão da Natividade, de forma ainda mais clara que em outra tradições, o que torna evidente que a caverna, como local de nascimento, não pode ter a mesma significação precisa que a caverna como local de morte e sepultura. Poderíamos observar, no entanto, para reunir pelo menos entre si esses dois aspectos diferentes, e aparentemente opostos, que a morte e nascimento são como que duas faces de uma mesma mudança de estado, e que sempre se considera que a passagem de um estado a outro deve efetuar-se na obscuridade.[2] Nesse sentido, a caverna seria então, de modo mais exato, o próprio lugar dessa passagem; mas isso, mesmo sendo estritamente verdadeiro, só se refere a um dos lados de seu complexo simbolismo.

Se o autor não conseguiu ver o outro lado desse simbolismo, tal fato se deve, com muita probabilidade, à influência exercida sobre ele pelas teorias de certos "historiadores das religiões"; acompanhando-os, admite com efeito que a caverna deve sempre ser referida aos cultos "ctonianos"*, sem dúvida pela razão um tanto "simplista" de se situar no interior da terra. Porém, isso está muito longe da verdade.[3] No entanto, o autor não pode deixar de admitir que a caverna iniciática é apresentada antes de tudo como uma imagem do mundo.[4] Mas sua hipótese o impede de extrair a conclusão que se impõe, ou seja, que, sendo assim, a caverna deve formar um todo

2. Poderíamos também lembrar, a esse respeito, o simbolismo do grão de trigo nos mistérios de Elêusis.

* *"Chthoniens"* no original; do grego *khothonios*, subterrâneo. Na mitologia grega, epíteto aplicado às divindades infernais de origem subterrânea. Fonte: *Larousse-Lexis*.

3. Essa interpretação unilateral o conduz a um singular equívoco. Ele cita, entre outros exemplos, o mito xintoísta da dança executada diante da entrada de uma caverna para fazer sair a "deusa ancestral" que nela estaria oculta; infelizmente para a sua tese, não se trata de modo algum da "terra-mãe", como chega a expressar, mas sim da deusa solar, o que é completamente diferente.

4. Na maçonaria ocorre o mesmo com a loja, cuja designação foi assimilada à palavra

completo e conter em si a representação do Céu e da Terra. Porém, mesmo quando acontece que o Céu seja mencionado de forma expressa em algum texto ou figurado em algum monumento como correspondente à abóbada da caverna, as explicações propostas a esse respeito tornam-se de tal modo confusas e pouco satisfatórias, que não é possível segui-las. A verdade é que, longe de ser um lugar tenebroso, a caverna iniciática é iluminada interiormente, enquanto que fora dela, ao contrário, reina a obscuridade. Assim, o mundo profano é naturalmente assimilado às "trevas exteriores", e o "segundo nascimento" é, ao mesmo tempo, uma "iluminação".[5] Agora, se nos perguntarem por que a caverna é encarada desse modo do ponto de vista iniciático, responderemos que a solução dessa questão encontra-se, de um lado, no fato de que o símbolo da caverna é complementar ao da montanha, e que, de outro, o simbolismo da caverna tem estreita ligação com o do coração. Pretendemos tratar separadamente esses dois pontos essenciais, mas não é difícil compreender, após tudo o que já tivemos ocasião de expor em outras oportunidades, que isso tem relação direta com a própria representação dos centros espirituais.

Deixaremos de lado outras questões que, por mais importantes que sejam em si, referem-se apenas de forma acessória ao nosso tema, como é o caso, por exemplo, da significação do "ramo de ouro"; é muito contestável que ele possa ser identificado, a não ser num aspecto muito secundário, ao bastão ou à vara que, sob diferentes formas, encontram-se com grande freqüência no simbolismo tradicional.[6] Sem insistir mais sobre isso, examinaremos agora o labirinto, cujo sentido pode parecer ainda mais enigmático, ou pelo menos mais dissimulado que o da caverna, e as relações existentes entre ambos.

O labirinto, tal como foi visto muito bem pelo sr. Knight, tem uma dupla razão de ser, no sentido de que permite ou impede, segundo o caso, o

sânscrita *loka* ["mundo"], o que de fato é verdadeiro, se não etimologicamente, pelo menos simbolicamente. Porém, é preciso acrescentar que a loja não se assimila à caverna, cujo equivalente encontra-se apenas, nesse caso, no início das provas iniciáticas, de modo que só se aplica a ela o sentido de lugar subterrâneo em relação direta às idéias de morte e de "descida".

5. No simbolismo maçônico também, e pelas mesma razões, as "luzes" encontram-se obrigatoriamente no interior da loja; e a palavra *loka*, que citamos há pouco, deriva-se diretamente de uma raiz cujo sentido principal designa a luz.

6. Seria por certo muito mais justo comparar o "ramo de ouro" ao visco druídico e à acácia maçônica, sem falar dos "ramos" da festa cristã que têm exatamente esse nome, enquanto símbolo e penhor da ressurreição e da imortalidade.

acesso a um certo lugar ao qual nem todos devem penetrar indistintamente. Apenas os que estão "qualificados" poderão percorrê-lo até o fim, enquanto que os demais serão impedidos de penetrá-lo ou se extraviarão no caminho. Vê-se de imediato que existe aí a idéia de uma "seleção" que se refere de modo evidente à admissão na iniciação. O percurso do labirinto é exatamente, sob esse ângulo, uma representação das provas iniciáticas. E é fácil conceber que, quando servia de fato como meio de acesso a certos santuários, podia estar disposto de tal forma que os ritos correspondentes fossem cumpridos durante o próprio percurso. Além disso, encontra-se nele ainda a idéia de "viagem", na medida em que está associada às próprias provas, tal como pode ser constatado ainda hoje em certas formas iniciáticas, por exemplo na maçonaria, onde cada prova simbólica é designada como sendo uma "viagem". Outro simbolismo equivalente é o da "peregrinação". Podemos lembrar a propósito os labirintos traçados antigamente sobre o pavimento de certas igrejas, e cujo percurso era considerado como um "substituto" da peregrinação à Terra Santa. Afinal, se o ponto em que termina esse percurso representa um lugar reservado aos "eleitos", ele é na verdade uma "Terra Santa" no sentido iniciático da expressão, ou seja, esse ponto nada mais é que a imagem de um centro espiritual, da mesma forma que todo local de iniciação.[7]

É evidente, por outro lado, que o emprego do labirinto como meio de defesa ou de proteção é passível de diferentes aplicações fora do domínio iniciático. É assim que o autor assinala, em especial, seu uso "tático", na entrada de certas cidades antigas e em outros locais fortificados. O único erro seria acreditar que se trata de um uso puramente profano e que teria sido mesmo o primeiro a ocorrer, tendo depois sugerido a idéia de sua utilização ritual. Isso seria na verdade uma inversão das relações normais, que está aliás de acordo com as concepções modernas, mas apenas com estas, sendo totalmente ilegítimo atribuí-la às civilizações antigas. De fato, em qualquer civilização que tenha o estrito caráter tradicional, todas as coisas começam necessariamente pelo princípio, ou do que dele estiver mais próximo, dirigindo-se de cima para baixo em aplicações cada vez mais contingentes. Em outras palavras, mesmo estas últimas jamais são consideradas do ponto de vista profano, que é, como já explicamos muitas vezes, o resultado de uma

7. O Sr. Knight menciona tais labirintos, mas lhes atribui uma significação meramente religiosa; parece ignorar que o seu traçado não revelava de modo algum a doutrina exotérica, mas que pertencia de forma exclusiva ao simbolismo das organizações iniciáticas dos construtores.

degeneração que fez com que se tenha perdido a consciência de sua ligação com o princípio. No caso em questão, pode-se com facilidade perceber que existe algo além do que conseguiriam ver os "táticos" modernos, pela simples consideração de que a defesa "labirintíca" não era apenas empregada contra os inimigos humanos, mas também contra as influências psíquicas hostis, o que indica de modo claro que devia ter em si mesmo um valor ritual.[8] Mas não é só: a fundação das cidades, a escolha do local e o plano segundo o qual eram construídas, estavam submetidos a regras que dependiam essencialmente da "ciência sagrada" e que, por conseqüência, estavam muito longe de só responderem a fins "utilitários", ao menos no sentido material que se dá hoje em dia a essa palavra. Por mais estranhas que pareçam essas coisas à mentalidade de nossos contemporâneos, é preciso, no entanto, tê-las em conta, sem o que aqueles que estudam os vestígios das civilizações antigas não poderão jamais compreender o verdadeiro sentido e a razão de ser daquilo que averiguam, mesmo para o que corresponde apenas ao que se convencionou chamar, nos dias de hoje, de domínio da "vida cotidiana", mas que tinha então, na realidade, um caráter essencialmente ritual e tradicional.

Quanto à origem do nome labirinto, ela é muito obscura e deu lugar a muitas discussões. Mas parece que, ao contrário do que muitos pensaram, não se liga diretamente a *labrys* ou duplo machado cretense, mas ambos derivam de uma mesma palavra muito antiga que designa a pedra (raiz *la*, de onde *laos* no grego e *lapis* no latim), de tal modo que, etimologicamente, o labirinto seria apenas uma construção de pedra, do gênero de construções ditas "ciclópicas". Contudo, essa é a significação mais exterior da palavra que, num sentido mais profundo, liga-se ao conjunto do simbolismo da pedra, do qual falamos em diversas oportunidades, ao tratar dos "bétilos", das "pedras-de-raio" (identificadas ao machado de pedra ou *labrys*), e que apresenta ainda muitos outros aspectos. O sr. Knight ao menos entreviu isso tudo, pois faz referência aos homens "nascidos da pedra" (o que oferece a explicação da palavra grega *laos* [povo, gente]), dos quais a lenda de Deucalião oferece o exemplo mais conhecido. Isso se refere a um certo período que, se fosse possível um estudo mais preciso, permitiria com segu-

8. Não insistiremos, para não nos afastar do tema, sobre a marcha "labiríntica" de certas procissões e danças rituais que, por apresentarem antes de tudo o caráter de ritos de proteção ou "apotropaicos", como diz o autor, se ligam, portanto, diretamente à mesma ordem de consideração: trata-se essencialmente de deter e afastar as influências maléficas, por uma "técnica" baseada sobre o conhecimento de certas leis segundo as quais essas influências exercem sua ação.

rança dar à chamada "idade da pedra" um sentido completamente diferente daquele que lhe é atribuído pelos historiadores. Daí podermos admitir que a caverna, enquanto cavada na rocha, de modo natural ou artificial, tem um simbolismo muito próximo.[9] Mas devemos acrescentar que isso não é motivo para admitirmos que o labirinto tenha sido necessariamente cavado na rocha. Embora possa ter ocorrido assim em alguns casos, trata-se apenas de um elemento acidental, poderíamos dizer, e que não deve ser considerado em sua definição, pois sejam quais forem as relações da caverna com o labirinto, é importante não confundi-los, sobretudo quando se trata da caverna iniciática, que estamos examinando aqui de forma mais particular.

De fato, é evidente que, se a caverna é o lugar em que se realiza a iniciação, o labirinto, local das provas preliminares, só pode ser o caminho que conduz à caverna e, ao mesmo tempo, o obstáculo que impede a aproximação dos profanos "não qualificados".

Lembraríamos ainda que o labirinto está representado nas portas de Cumas, como se, de uma certa forma, essa figuração fizesse as vezes do próprio labirinto.[10] Poderíamos dizer que Enéias, enquanto se detém à entrada para examiná-la, percorre de fato o labirinto, se não corporalmente, pelo menos de forma mental. Por outro lado, não parece que esse modo de acesso tenha sido sempre reservado aos santuários construídos em cavernas ou a eles assimilados simbolicamente, visto que, como já explicamos, não se trata de um traço comum a todas as formas tradicionais. A razão de ser do labirinto, tal como foi definida mais acima, pode convir de igual modo ao acesso a todo local de iniciação, a todo santuário destinado "aos mistérios" e não aos ritos públicos. Feita essa ressalva, existe, contudo, uma razão para se pensar que, ao menos na origem, o uso do labirinto esteve ligado em particular à caverna iniciática, pois ambos parecem ter pertencido, de início, às mesmas formas tradicionais da época dos "homens de pedra" a que nos referimos há pouco. Devem ter começado estreitamente unidos, embora não tenham permanecido assim de modo invariável em todas as formas posteriores.

Consideremos o caso em que o labirinto está em conexão com a caverna, rodeando-a com suas sinuosidades e nela desembocando por fim.

9. As cavernas pré-históricas não foram provavelmente habitações, como se acredita com freqüência, mas santuários dos "homens de pedra", entendidos no sentido que acabamos de indicar; seria, portanto, nas formas tradicionais do período em questão que a caverna teria recebido, em função de uma certa "ocultação" do conhecimento, o caráter de símbolo dos centros espirituais e, por conseqüência, de local de iniciação.

10. Um caso similar, a esse respeito, é o das figuras "labirínticas" traçadas sobre os muros das casas, na Grécia antiga, para impedir o acesso a influências maléficas.

No conjunto assim constituído, a caverna ocupa o ponto mais interior e central, o que corresponde exatamente à idéia de centro espiritual e concorda, também, com o simbolismo equivalente do coração, a respeito do qual nos propomos a voltar. É preciso notar ainda que quando a caverna é ao mesmo tempo local da morte iniciática e do "segundo nascimento", deve então ser considerada como dando acesso, não só aos domínios subterrâneos ou "infernais", mas também aos domínios supraterrestres. Isso corresponde também à noção de ponto central, que se constitui, tanto na ordem macrocósmica quanto na ordem microcósmica, em realizador da comunicação com todos os estados superiores e inferiores. É só assim que a caverna pode ser, como dissemos, a imagem completa do mundo, na medida em que todos esses estados devem refletir-se nela de igual modo. Se fosse de outra maneira, a assimilação de sua abóbada ao céu seria absolutamente incompreensível. Mas, por outro lado, se é na própria caverna que, entre a morte iniciática e o "segundo nascimento", se realiza a "descida dos Infernos", torna-se evidente não ser possível considerar que essa descida seja representada pelo percurso do labirinto. Cabe, então, perguntar ao que o labirinto corresponde. Na realidade, refere-se às "trevas exteriores", às quais já nos referimos e que podem ser perfeitamente aplicados aos estados "errantes", se nos for permitido empregar essa palavra, que expressa de modo exato o percurso do labirinto. A questão das "trevas exteriores" poderia todavia dar lugar a outros esclarecimentos, mas isso nos levaria fora dos limites do presente estudo. Pensamos, no entanto, ter dito o bastante para mostrar, de um lado, o interesse que apresentam pesquisas como as que foram expostas no livro do sr. Knight, e também, por outro lado, a necessidade, para obter resultados precisos e penetrar seu verdadeiro alcance, de um conhecimento verdadeiramente "técnico" do assunto, sem o qual apenas se chegará a reconstituições hipotéticas e incompletas que, mesmo que não tenham sido falseadas por idéias preconcebidas, permanecerão tão "mortas" quanto os próprios vestígios que lhe serviram de ponto de partida.

30

O CORAÇÃO E A CAVERNA *

Já fizemos referência anteriormente à estreita relação que existe entre o simbolismo da caverna e do coração, o que explica o papel desempenhado pela caverna, do ponto de vista iniciático, enquanto representação de um centro espiritual. De fato, o coração é em essência um símbolo do centro, quer se trate do centro de um ser ou, analogicamente, do centro do mundo, ou, em outros termos, quer nos coloquemos do ponto de vista microcósmico ou macrocósmico. É, pois, natural, em virtude dessa relação, que a mesma significação possa ser atribuída à caverna. E é dessa conexão simbólica que pretendemos tratar agora de forma mais completa.

A "caverna do coração" é uma conhecida expressão tradicional. A palavra *guhâ*, no sânscrito, designa em geral uma caverna, mas é também aplicada à cavidade interna do coração e, por conseqüência, ao próprio coração. A "caverna do coração" é o centro vital em que reside, não só *jîvâtmâ*, mas também o *Atmâ* incondicionado, que na realidade é idêntico ao próprio *Brahma*, tal como já expusemos em outra parte.[1] A palavra *guhâ* deriva-se da raiz *guh*, que tem o sentido de "cobrir" ou "ocultar", do mesmo modo que a raiz similar *gup*, de onde vem *gupta*, que se aplica a tudo o que tem caráter secreto e não se manifesta no exterior é o equivalente do grego *Kryptos*, de onde vem a palavra "cripta", sinônimo de caverna. Essas idéias referem-se ao centro, na medida em que é considerado como o ponto mais interior, e, portanto, o mais oculto. Ao mesmo tempo, referem-se ainda ao segredo iniciático, seja em si mesmo, seja enquanto simbolizado pela disposição do lugar em que realiza a iniciação, local oculto ou "coberto",[2]

* Publicado na revista *Études Traditionnelles*, dez. 1937.

1. *L'Homme et son devenir selon le Vêdânta*, cap. III (ver *Chhândogya Upanishad*, 3º Prapâthaka, 14º Khanda, shruti 3, e 8º Prapâthaka, 1º Khanda, shruti 1).

2. Cf. a expressão maçônica "estar a coberto".

isto é, inacessível aos profanos, defendido por uma estrutura "labirintíca" ou por outra forma qualquer (como por exemplo os "templos sem portas" da iniciação extremo-oriental), mas sempre considerado como imagem do centro.

Por outro lado, é importante observar que o caráter oculto ou secreto, no que diz respeito aos centros espirituais ou a sua figuração, implica que a verdade tradicional, em sua integralidade, não é mais acessível a todos os homens sem distinção, o que indica que se trata de uma época de "obscurecimento", ao menos relativo. Isso permite "situar" o simbolismo no decurso do processo cíclico. Mas trata-se de um ponto sobre o qual teremos que voltar de forma mais completa ao estudarmos as relações entre a montanha e a caverna, na medida em que ambas são tomadas como símbolos do centro. No momento, nos contentaremos em indicar, a esse respeito, que o esquema do coração é o triângulo com a ponta para baixo (o "triângulo do coração" é, também, uma outra expressão tradicional). O mesmo esquema aplica-se ainda à caverna, enquanto que o da montanha, ou da pirâmide que lhe equivale, é ao contrário um triângulo com a ponta para o alto. Isso mostra que se trata de uma relação inversa e também, em certo sentido, complementar. Podemos acrescentar, a propósito da representação do coração e da caverna pelo triângulo invertido, que se trata de um caso em que não entra evidentemente qualquer idéia de "magia negra", ao contrário do que pretendem com freqüência aqueles que têm do simbolismo apenas um conhecimento insuficiente.

Dito isso, voltemos ao que, segundo a tradição hindu, está oculto na "caverna do coração", ou seja, o próprio princípio do ser que, nesse estado de "envoltura", e em relação à manifestação, é comparado ao que há de menor (a palavra *dahara*, que designa a cavidade em que ele reside, refere-se à mesma idéia de pequenez), ainda que seja na realidade o que existe de maior; do mesmo modo que o ponto, espacialmente ínfimo e mesmo nulo, é o princípio pelo qual se produz todo o espaço, ou do mesmo modo que a unidade, que aparece como o menor dos números, embora em princípio contenha todos os demais e produza, por si mesma, toda sua série indefinida.

Aí também encontramos a expressão de uma relação inversa, conforme o princípio seja considerado segundo pontos de vista diferentes. Desses dois pontos de vista, o da extrema pequenez diz respeito ao seu estado oculto e de algum modo "invisível", que é para o ser apenas uma "virtualidade", mas a partir do qual se efetuará o seu desenvolvimento espiritual. Encontra-se aí exatamente o "começo" (*initium*) desse desenvolvimento, o que está em relação direta com a iniciação, entendida de acordo com o sentido etimológico do termo. É precisamente desse ponto de vista que a caverna pode ser considerada como o local do "segundo nascimento". A esse respeito, encontramos textos tais como: "Saiba que *Agni*, que é o fundamento do mundo eterno ("principial"), e pelo qual este pode ser alcançado, está oculto na caverna (do coração)",[3] o que se refere, na ordem microcósmica, ao "segundo nascimento", e também, mediante sua transposição para a ordem macrocósmica, ao nascimento análogo do *Avatâra*.

Já dissemos que residem no coração, ao mesmo tempo, *jîvâtmâ*, do ponto de vista da manifestação individual, e *Atmâ* incondicionado ou *Paramâtmâ*, do ponto de vista do princípio. Os dois, apenas ilusoriamente são distintos, isto é, em relação à própria manifestação, mas na realidade absoluta são apenas um. São "os dois que entraram na caverna", e dos quais se diz ao mesmo tempo, "que moram no mais alto pico", de modo que os simbolismos da montanha e da caverna encontram-se aí reunidos.[4] O texto acrescenta que "aqueles que conhecem *Brahma* chamam-no sombra e luz". Isso se refere de modo mais específico ao simbolismo de *Naranârâyana*, do qual já falamos a propósito do *Atmâ-Gîtâ*, citando esse mesmo texto. *Nara*, o humano ou o mortal, que é *jîvâtmâ*, identifica-se a *Arjuna*; e *Nârâyana*, o divino ou o imortal, que é *Paramâtmâ*, identifica-se a *Krishna*. E segundo o sentido de seus próprios nomes, *Krishna* designa a cor escura e *Arjuna* a cor clara, isto é, respectivamente a noite e o dia, na medida em que são considerados como representando o não-manifestado e o manifestado.[5] Um simbolismo exatamente similar encontra-se nos Dioscuros, também relacionados aos dois hemisférios, um obscuro e o outro iluminado, tal como indicamos ao estudar a significação da "dupla espiral". Por outro lado, esses "dois", isto é, *jîvâtmâ* e *Paramâtmâ*, são ainda os "dois pássaros", dos quais se diz em outros textos que "residem numa mesma árvore" (do mesmo modo que *Arjuna* e *Krishna* estão montados num mesmo carro) e que estão "inseparavelmente unidos", visto que, como dizíamos mais acima, são na realidade apenas um e só de forma ilusória podem ser distinguidos.[6] É importante observar que o simbolismo da árvore é em essência "axial",

3. *Katha Upanishad*, 1º Vallî, shruti 14.

4. *Katha Upanishad*, 3º Vallî, shruti 1 (cf. *Brahma-Sûtras*, 1º Adhyâya, 2º Pâda, sûtras 11-12).

5. Cf. Ananda Coomaraswamy, *The Darker Side of the Dawn* e *Angel and Titan, an essay in Vedic Ontology*.

6. *Mundaka Upanishad*, 3º Mundaka, 1º Khanda, shruti 1; *Shwêtâshawatara Upanishad*, 4º Adhyâya, shruti 6.

da mesma forma que o da montanha. E a caverna, enquanto a considerarmos situada sob a montanha ou no seu interior, encontra-se também no eixo, pois em todos os casos, e de qualquer forma que as coisas sejam consideradas, é sempre aí que se localiza necessariamente o centro, o local da união do individual com o Universal.

Antes de deixar este assunto, apontaremos um registro lingüístico, ao qual não se deva talvez atribuir uma importância muito grande, mas que é ao menos curioso: a palavra egípcia *hor*, que é o próprio nome de *Horus*, parece significar exatamente "coração". *Horus* seria portanto o "Coração do Mundo", de acordo com uma designação que se encontra na maior parte das tradições, e que convém aliás de modo perfeito ao conjunto de seu simbolismo, na medida em que é possível percebê-lo. Poderíamos ser tentados, à primeira vista, a aproximar a palavra *hor* do latim *cor*, que tem o mesmo sentido, ainda mais porque, nas diferentes línguas, as raízes similares que designam o coração têm como inicial uma letra aspirada ou uma letra gutural, como é o caso, por um lado, de *hrid* ou *hridaya* no sânscrito, *heart* no inglês e *herz* no alemão, e, por outro lado, *kêr* ou *kardion* no grego, e o próprio *cor* (*cordis* no genetivo) no latim. Mas a raiz comum de todas essas palavras, inclusive a última, é na realidade HRD ou KRD, o que não parece ser o caso da palavra *hor*. Assim sendo, não se trata nesse caso de uma real identidade de raiz, mas apenas de uma espécie de convergência fonética, que nem por isso deixa de ser muito singular.

Mas o que talvez seja mais notável, e que se liga diretamente ao nosso assunto, é que no hebreu a palavra *hor* ou *hûr*, escrita com a letra *heth*, significa "caverna". Não queremos dizer com isso que exista uma ligação etimológica entre a palavra egípcia e a hebraica, embora possam a rigor ter uma origem comum mais ou menos afastada. Mas isso pouco importa no fundo, pois quando se sabe que não pode existir em parte alguma nada que seja puramente fortuito, o paralelo não deixa só por isso de ser digno de interesse. E não é tudo. No hebreu, também, *hor* ou *har*, escrito agora com a letra *hé*, significa "montanha". Se notarmos que *heth* é, na ordem das letras aspiradas, um reforço ou um endurecimento de *hé*, marcando uma espécie de "compressão", e que essa letra exprime em si, ideograficamente, uma idéia de limite ou de clausura, vê-se que, pela própria relação entre as duas palavras, a caverna é indicada como o lugar encerrado no interior da montanha, o que é exato tanto literal quanto simbolicamente. Somos assim reconduzidos, uma vez mais, às relações entre a montanha e a caverna que, a seguir, iremos examinar em particular.

31
A MONTANHA E A CAVERNA*

Há, portanto, uma estreita relação entre a montanha e a caverna, na medida em que ambas são tomadas como símbolos dos centros espirituais, tal como ocorre aliás, por razões evidentes, com todos os símbolos "axiais" ou "polares", dentre os quais a montanha é, na verdade, um dos principais. Lembraremos que, sob esse aspecto, a caverna deve ser vista como situada sob a montanha ou no seu interior, de modo a encontrar-se também no eixo, o que reforça ainda mais o laço existente entre esses dois símbolos, que são, de algum modo, complementares entre si. É preciso, no entanto, observar também, para situá-los exatamente em sua relação, que a montanha tem um caráter mais "primordial" que a caverna. Isso resulta do fato de a montanha ser visível do exterior, sendo ela própria, poderíamos dizer, o que há de mais visível de todas as partes, enquanto que a caverna, ao contrário, constitui-se, como dissemos, num lugar essencialmente oculto e fechado.

Pode-se com facilidade deduzir que a representação do centro espiritual pela montanha corresponde em essência ao período original da humanidade terrestre, durante o qual a verdade encontrava-se integralmente acessível a todos; daí o nome *Satya-Yuga* ["período da verdade"] e o fato de o topo da montanha ser então o *Satya-Loka* ou o "lugar da verdade". Mas, quando, em conseqüência da progressão descendente do ciclo, essa mesma verdade passou a estar ao alcance apenas de uma "elite" mais ou menos restrita (o que coincide com o começo da iniciação, entendida no seu mais estrito sentido) e tornou-se oculta para a maioria dos homens, a caverna ficou sendo o símbolo mais apropriado para o centro espiritual e, por conseguinte, para os santuários iniciáticos que são sua imagem. Para uma tal mudança, poderíamos dizer, o centro não abandona a montanha, mas apenas se retira do topo para o interior. Por outro lado, essa mudança é de

* Publicado na revista *Études Traditionnelles*, jan. 1938.

algum modo uma "inversão", pela qual, como explicamos em outra oportunidade, o "mundo celeste" (ao qual se refere a elevação da montanha acima da superfície terrestre) torna-se em certo sentido o "mundo subterrâneo", (embora, na realidade, não seja ele que tenha mudado, mas, sim, as condições do mundo exterior, e conseqüentemente sua relação com este). Tal "inversão" encontra-se figurada por esquemas específicos da montanha e da caverna, que exprimem, ao mesmo tempo, sua complementaridade.

Como dissemos anteriormente, o esquema da montanha, bem como da pirâmide e do montículo, que lhe são equivalentes, é um triângulo com a ponta voltada para o alto. A representação da caverna, ao contrário, é um triângulo com a ponta voltada para baixo, sendo, portanto, o inverso do primeiro. O triângulo invertido é também o esquema do coração[1] e do cálice, sendo-lhe este geralmente assimilado no simbolismo, tal como mostramos em particular no que se refere ao Santo Graal.[2] Podemos acrescentar que esses últimos símbolos e seus similares, de um ponto de vista genérico, referem-se ao princípio passivo ou feminino da manifestação universal ou a alguns de seus aspectos,[3] enquanto que os esquematizados com o triângulo direito, com a ponta para cima, referem-se ao princípio ativo ou masculino. Trata-se, portanto, de uma verdadeira complementaridade.

Por outro lado, se dispusermos os dois triângulos um sob o outro, em correspondência com a situação da caverna sob a montanha, veremos que o segundo pode ser considerado como o reflexo do primeiro (fig. 12). E a idéia de reflexo se coaduna perfeitamente à relação de um símbolo deriva-

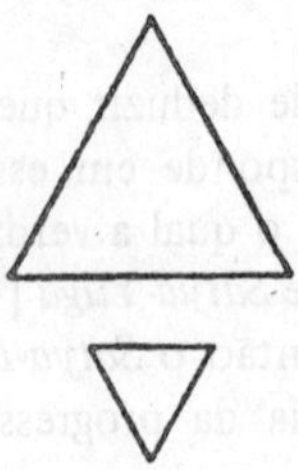

Fig. 12

1. Pode-se acrescentar a essa figuração o fato de que o nome árabe do coração (*qalb*) significa exatamente o que está em posição "invertida" (*maqlûb*). Cf. T. Burckhardt, *Du Barzakh*, na revista *Études Traditionnelles*, dez. 1937.

2. No Egito antigo, o vaso era o hieróglifo do coração. A "copa" do Tarô corresponde também ao "coração" das cartas comuns.

3. O triângulo invertido, na Índia, é um dos principais símbolos da *Shakti*; representa também as Águas primordiais.

do com o símbolo primordial, de acordo com o que dissemos há pouco da relação da montanha com a caverna, enquanto representações sucessivas do centro espiritual nas diferentes fases do desenvolvimento cíclico.

Talvez provoque surpresa o fato de representarmos aqui o triângulo invertido menor que o triângulo direito, pois, como é o reflexo, poderia parecer que deve ser igual. Mas uma tal diferença nas proporções não é coisa excepcional no simbolismo. Assim, na Cabala hebraica, o "Macroprosopo" ou "Grande Face" tem por reflexo o "Microprosopo" ou "Pequena Face". Além do mais, há para isso, no presente caso, uma razão mais particular; lembramos, a propósito da relação entre a caverna e o coração, o texto dos *Upanishads* em que se diz que o Princípio, que reside no "centro do ser", é "menor que um grão de arroz, menor que um grão de cevada, menor que um grão de mostarda, menor que um grão de milhete, menor que o germe que está no grão do milhete", mas que também, ao mesmo tempo, é "maior que a terra, maior que a atmosfera (ou o mundo intermediário), maior que o céu, maior que todos esses mundos juntos".[4] Ora, na relação inversa dos dois símbolos que estamos considerando, é a montanha que corresponde à idéia de "grandeza", e a caverna (ou cavidade do coração) à de "pequenez". O aspecto da "grandeza" refere-se, além disso, à realidade absoluta, e o de "pequenez" às aparências relativas à manifestação. Conseqüentemente é perfeitamente normal que o primeiro seja aqui representado pelo símbolo correspondente a uma condição "primordial",[5] e o segundo àquele correspondente a uma condição posterior de "obscurecimento" e de "encobrimento" espiritual.

Se quisermos representar a caverna situada no interior (ou no coração, poderíamos dizer) da montanha, basta transportar o triângulo invertido

Fig. 13

4. *Chhândogya Upanishad*, 3º Prapâthaka, 14º Khanda, shruti 3.

5. Sabe-se que Dante situa o Paraíso Terrestre no topo de uma montanha; é essa exatamente a situação do centro espiritual no "estado primordial" da humanidade.

para o interior do triângulo direito, de tal modo que os seus centros coincidam (fig. 13). Ele deve então, necessariamente, ser menor para poder caber inteiro no outro. Mas fora essa diferença, o conjunto da figura assim obtido é claramente idêntico ao símbolo do "Selo de Salomão", em que os dois triângulos opostos representam de igual modo dois princípios complementares, nas diversas aplicações possíveis. Por outro lado, se os lados do triângulo invertido forem iguais à metade dos lados do triângulo direito (na ilustração foram desenhados menores, para que os dois triângulos aparecessem inteiramente destacados entre si, mas, de fato, é evidente que a entrada da caverna deve encontrar-se à superfície da montanha e, portanto, o triângulo que a representa deveria, na verdade, tocar o contorno do outro),[6] o triângulo pequeno dividirá a superfície do grande em quatro partes iguais, das quais uma será o próprio triângulo invertido, enquanto que as três outras serão triângulos direitos. Esta última consideração assim como outras referentes a certas relações numéricas que se ligam a esse esquema não têm, a bem da verdade, ligação direta com o presente tema, mas teremos sem dúvida ocasião de retomá-las mais adiante no desenvolvimento de outros estudos.

6. Pode-se notar que, segundo o mesmo esquema, se a montanha é substituída pela pirâmide, a câmara interior desta última é o equivalente exato da caverna.

32

O CORAÇÃO E O OVO DO MUNDO*

Após todas as considerações expostas anteriormente sobre os diversos aspectos do simbolismo da caverna, resta-nos ainda tratar de um outro ponto importante, ou seja, das relações desse símbolo com o do "Ovo do Mundo". Mas para que isso possa ser bem compreendido e ligado de forma mais direta ao que dissemos até aqui, devemos falar, em primeiro lugar, das relações simbólicas do coração com o "Ovo do Mundo". Isso poderia surpreender à primeira vista, e parecer que só há uma certa similaridade de forma entre o coração e o ovo. Tal similaridade, no entanto, só pode ter uma verdadeira significação se houver outras relações mais profundas. Mas, o fato de o *ônfalo* ["umbigo"] e o bétilo, símbolos incontestáveis do centro, possuírem com freqüência a forma ovóide, como era em particular o caso de *Omphalos* de Delfos,[1] mostra de modo claro que assim deve ser. E é o que devemos explicar agora.

A esse respeito, o que importa observar, antes de mais nada, é que o "Ovo do Mundo" não representa o "cosmo" em seu estado de plena manifestação, mas sim aquilo a partir do qual efetuará seu desenvolvimento. E se esse desenvolvimento é representado como uma expansão que se realiza em todas as direções, a começar de seu ponto de partida, é evidente que esse ponto coincidirá, necessariamente, com o próprio centro. Desse modo, o "Ovo do Mundo" é realmente "central" em relação ao "cosmo".[2] A representação bíblica do Paraíso Terrestre, que é também o "Centro do Mundo",

* Publicado na revista *Études Traditionnelles*, fev. 1938.

1. Examinamos em particular esses símbolos em *O Rei do Mundo*, onde assinalamos ainda que, em outros casos, revestem-se de forma cônica, que está em relação direta com o símbolo da montanha; desse modo, encontramos aí, de novo, as duas figurações complementares a que nos referimos antes.

2. O símbolo do fruto, sob esse ponto de vista, tem a mesma significação que o do

tem a forma circular, que pode ser vista como sendo o corte horizontal de uma figura ovóide ou esférica. Podemos acrescentar que, de fato, a diferença entre essas duas formas consiste essencialmente em que a esfera, estendendo-se de igual modo em todos os sentidos a partir do centro, é, na verdade, a forma primordial, enquanto que a do ovo corresponde a um estado já diferenciado, que deriva do precedente por uma espécie de "polarização" ou de desdobramento do centro.[3] Pode-se considerar que tal "polarização" ocorre desde o momento em que a esfera realiza um movimento de rotação em torno de um determinado eixo, visto que, a partir de então, nem todas as direções do espaço desempenham mais de modo uniforme o mesmo papel. É isso que marca a passagem de uma à outra dessas duas fases sucessivas do processo cosmogônico, simbolizadas respectivamente pela esfera e pelo ovo.[4]

Dito isso, resta-nos, em suma, mostrar que aquilo que está contido no "Ovo do Mundo" é, na verdade idêntico ao que, como dissemos antes, está também contido simbolicamente no coração e na caverna, na medida em que esta lhe é equivalente. Trata-se aqui daquele "germe" espiritual que, na ordem macrocósmica, é designado pela tradição hindu como *Hiranyagarbha*, ou seja, literalmente, o "embrião de ouro".[5] Esse "germe" é na verdade o *Avatâra* primordial,[6] e vimos que o local do nascimento do *Avatâra*, bem como do que lhe corresponde do ponto de vista microcósmico, é representado de forma precisa pelo coração ou pela caverna. Seria talvez possível objetar-se que, no texto que citamos então,[7] bem como em muitos ou-

ovo; voltaremos a isso, sem dúvida, na seqüência desses estudos. Mas podemos observar, desde já, que esse símbolo tem uma outra conexão evidente com o do "jardim", portanto com o do Paraíso Terrestre.

3. É assim que, na geometria plana, o desdobramento do centro único do círculo dá nascimento aos dois focos de uma elipse. O mesmo desdobramento é também figurado de modo muito claro no símbolo extremo-oriental do *Yin-yang*, que não deixa de ter correspondências com o do "Ovo do Mundo".

4. Assinalemos ainda, a propósito da forma esférica, que na tradição islâmica a esfera de pura luz primordial é a *Rûh mohammediyah*, ["Espírito de Maomé"] que também é o "Coração do Mundo". O "cosmo" inteiro é vivificado pelas "pulsações" dessa esfera, que é exatamente o *barzakh* ["intervalo", "istmo"] por excelência (ver a esse respeito o artigo de T. Burckhardt, na *Études Traditionnelles*, dez. 1937).

5. Ver *L'Homme et son devenir selon de Vêdânta*, cap. XIII.

6. A isso se liga a designação de Cristo como "germe" em diversos textos da Escritura, que retomaremos talvez numa outra ocasião [ver cap. 73, *O Grão de Mostarda*].

7. *Katha Upanishad*, 1º Vallî, shruti 14.

tros casos, o *Avatâra* é expressamente designado como *Agni*, enquanto se diz que é *Brahmâ* que se envolve no "Ovo do Mundo", denominado por esse motivo *Brahmânda*, para aí nascer como *Hiranyagarbha*. Porém, como, na realidade, os diferentes nomes, designam apenas os diversos atributos divinos, que têm sempre conexão entre si e não são de modo algum entidades separadas, e como se pode notar em particular neste caso, onde o ouro é considerado como a "luz mineral" e o "sol dos metais", a própria designação *Hiranyagarbha* o caracteriza de fato como um princípio de natureza ígnea. E a essa razão acrescenta-se ainda a sua posição central, para que possa ser simbolicamente assimilado ao Sol, que, de resto, é também em todas as tradições uma das figuras do "Coração do Mundo".

Para passar daí à aplicação microcósmica, basta lembrar a analogia existente entre o *pinda*, embrião sutil do ser individual, e o *Brahmânda* ou o "Ovo do Mundo".[8] O *pinda*, enquanto "germe" permanente e indestrutível do ser, identifica-se por outro lado ao "núcleo da imortalidade", denominado *luz* na tradição hebraica.[9] É verdade que, em geral, o *luz* não é indicado como situado no coração, ou que pelo menos esta é apenas uma de suas diferentes localizações possíveis em correspondência com o organismo corporal, não sendo contudo a referência mais habitual. Essa localização, porém, é tão exata quanto outras e encontra-se onde deve estar, segundo tudo o que já foi dito, ou seja, lá onde o *luz* está em relação imediata com o "segundo nascimento". De fato, tais localizações, que têm ainda relação com a doutrina hindu dos *chakras*, referem-se a outras tantas condições do ser humano ou fases de seu desenvolvimento espiritual. Assim, a localização na base da coluna vertebral refere-se ao estado de "sono" em que se encontra o *luz* no homem comum;[10] no coração se dá a fase inicial de sua "germina-

8. *Yathâ pinda tathâ Brahmânda* (ver *L'Homme et son devenir selon le Vêdânta*, caps. XIII e XIX).

9. Para maiores desenvolvimentos sobre esse ponto remetemos uma vez mais ao *Rei do Mundo*. Podemos notar também que a assimilação do "segundo nascimento" a uma "germinação" do *luz* lembra, de forma clara, a descrição taoísta do processo iniciático como "endogenia do imortal".

10. A serpente enrolada em torno do "Ovo do Mundo", e por vezes figurada em torno do *Omphalos* e do bétilo, é, sob esse enfoque, a *Kundalinî* enrolada ao redor do "núcleo da imortalidade", que se relaciona também ao simbolismo da "pedra negra". Essa posição "inferior" do *luz* está referida de modo direto na fórmula hermética: *Visita inferiora terrae, rectificando invenies occultum lapidem* ["Visite as (partes) inferiores da terra (e) retificando encontrarás a pedra oculta"]. A "retificação" é aqui o "endireitamento" que marca, após a "descida", o início do movimento ascensional, que corresponde ao despertar da *Kundalinî*; e o complemento da fórmula designa, além disso, essa "pedra oculta" como *veram medicinam* ['verdadeira medicina'], o que a identifica ainda à *amrita*, alimento ou bebida da imortalidade.

ção", que é propriamente o "segundo nascimento"; ao olho frontal corresponde a perfeição do estado humano, isto é, a reintegração no "estado primordial"; enfim, na coroa da cabeça está a passagem para os estados supra-individuais. Voltaremos ainda à correspondência exata dessas diversas etapas quando retomarmos o simbolismo da caverna iniciática.[11]

11. Podemos notar ainda que a designação "embrião de ouro" sugere uma certa relação com o simbolismo alquímico, o que confirma, aliás, paralelos como os que indicamos na nota anterior. Veremos do mesmo modo, a esse respeito, que a caverna inicática corresponde de forma notável ao *atanor* hermético [o forno dos alquimistas]. Não há por que surpreender-se com semelhanças como essas, pois o processo da "Grande Obra", entendido em seu verdadeiro sentido, nada mais é, no fundo, que o próprio processo de iniciação.

33
A CAVERNA E O OVO DO MUNDO*

A caverna iniciática, já o dissemos antes, é considerada como uma imagem do mundo. Mas por outro lado, em razão de sua assimilação simbólica ao coração, representa de modo mais específico o lugar central. Pode parecer que exista aí dois pontos de vista diferentes, mas, na realidade, não se contradizem de modo algum; e o que expusemos a respeito do "Ovo do Mundo" basta para conciliá-los e mesmo identificá-los num certo sentido. De fato, o "Ovo do Mundo" é central em relação ao "cosmo" e ao mesmo tempo contém em germe tudo o que este conterá no estado plenamente manifestado. Todas as coisas encontram-se portanto no "Ovo do Mundo", mas num estado de "encobrimento", que também é figurado de forma precisa, como já explicamos, pela situação da própria caverna, com seu caráter de local oculto e fechado. As duas metades nas quais se divide o "Ovo do Mundo", de acordo com um dos aspectos mais habituais de seu simbolismo, tornam-se respectivamente o Céu e a Terra. Na caverna, do mesmo modo, o solo corresponde à Terra e a abóbada ao Céu. Nada existe em tudo isso que não seja perfeitamente coerente e normal.

Agora, resta-nos ainda examinar uma questão de particular importância do ponto de vista iniciático. Falamos da caverna como local do "segundo nascimento". Há, porém, uma distinção essencial a ser feita entre esse "segundo nascimento" e o "terceiro nascimento", distinção esta que corresponde em suma à iniciação aos "pequenos mistérios" e aos "grandes mistérios". Mas se o "terceiro nascimento" é também representado como realizando-se na caverna, de que modo o seu simbolismo poderá ser adaptado? O "segundo nascimento", que em essência é o que se pode deno-

* Publicado na revista *Études Traditionnelles*, mar. 1938.

minar "regeneração psíquica", opera-se no domínio das possibilidades sutis da individualidade humana. O "terceiro nascimento", ao contrário, ao efetuar-se diretamente na ordem espiritual e não mais psíquica, é o acesso ao domínio das possibilidades supra-individuais. Portanto, um é na verdade o "nascimento no cosmo" (que corresponde, como já dissemos, na ordem macrocósmica, ao nascimento do *Avatâra*), e, por conseguinte, é lógico que seja figurada como ocorrendo inteiramente no interior da caverna. Mas o outro é um "nascimento fora do cosmo", e a essa "saída do cosmo", segundo a expressão de Hermes,[1] deve corresponder, para que o simbolismo seja completo, uma saída final da caverna. Esta só contém as possibilidades que estão incluídas no "cosmo", possibilidades estas que o iniciado deve justamente ultrapassar nessa nova fase do desenvolvimento de seu ser, em que o "segundo nascimento" era apenas o ponto de partida.

Aqui, certas relações serão naturalmente modificadas: a caverna torna-se de novo um "sepulcro", dessa vez não mais por causa exclusiva de sua situação "subterrânea", mas porque o "cosmo" inteiro é de algum modo o "sepulcro" do qual o ser deve agora sair. O "terceiro nascimento" é necessariamente precedido da "segunda morte", que é não mais a morte para o mundo profano, mas a verdadeira "morte para o cosmo" (e também "no cosmo"). É por isso que o nascimento "extracósmico" é sempre comparado a uma "ressurreição".[2] Para que possa ocorrer essa "ressurreição", que é ao mesmo tempo a saída da caverna, é preciso que a pedra que fecha a abertura do "sepulcro" (ou seja, da própria caverna) seja levantada. Veremos a seguir como isso pode-se traduzir, em certos casos, no simbolismo ritual.

Por outro lado, quando o que está fora da caverna representava apenas o mundo profano ou as trevas "exteriores", a caverna aparecia como o único lugar iluminado, e aliás necessariamente iluminado do próprio interior. Nenhum luz, de fato, poderia então vir de fora. Agora, visto que é preciso ter em conta as possibilidades "extracósmicas", a caverna, apesar de toda essa iluminação, torna-se em comparação relativamente obscura, não diríamos mais sem distinção com o que está fora dela, mas sim de modo preciso com o que está acima dela, além de sua abóbada, pois é exatamente isso o que representa o domínio "extracósmico". Poderíamos então considerar, de acordo com esse novo ponto de vista, a iluminação interior como sendo

1. Cf. A. K. Coomaraswamy, *La Vierge allaitant saint Bernard*, na *Études Traditionnelles*, dez. 1937, p. 418.

2. Encontra-se também o análogo de tudo isso no simbolismo da crisálida e de sua transformação em borboleta.

apenas um reflexo da luz que penetra através do "teto do mundo", pela "porta solar", que é o "olho" da abóbada cósmica ou a abertura superior da caverna. Na ordem microcósmica, essa abertura corresponde ao *Brahmarandhra* [o sétimo *chakra*], isto é, ao ponto de contato da individualidade com o "sétimo raio" do sol espiritual,[3] ponto cuja "localização", segundo as correspondências orgânicas, encontra-se na coroa da cabeça,[4] e que é ainda representado pela abertura superior do *atanor* hermético.[5] Podemos acrescentar, a esse respeito, que o "ovo filosófico", que desempenha de forma clara o papel do "Ovo do Mundo", está encerrado no interior do *atanor*, podendo ele próprio ser comparado ao "cosmo" em sua dupla aplicação, macrocósmica e microcósmica. A caverna, portanto, poderá ser também identificada simbolicamente tanto ao "ovo filosófico" quanto ao *atanor*, segundo se refira aos diferentes graus de desenvolvimento no processo iniciático, mas em todo caso sem que sua significação fundamental seja de algum modo alterada.

Pode-se também notar que, com essa iluminação por reflexo, reencontra-se a imagem da caverna de Platão, na qual vêem-se apenas sombras, graças a uma luz que vem de fora.[6] E essa luz é inteiramente "extracósmica", visto que sua fonte é o "Sol inteligível". A libertação dos prisioneiros e sua saída da caverna é um "vir à luz", mediante o qual podem contemplar diretamente a realidade, da qual até então só tinham percebido um simples reflexo. Essa realidade consiste nos "arquétipos" eternos, nas possibilidades contidas na "permanente atualidade" da essência imutável.

Enfim, é importante notar que os dois "nascimentos" de que falamos, sendo duas fases sucessivas da iniciação completa, são também, por isso mesmo, duas etapas de um mesmo caminho; esse caminho é essencialmente "axial", tal como o simbolismo do "raio solar", ao qual nos referimos há pouco, e que marca a "direção" espiritual que o ser deve seguir, elevando-se constantemente até chegar por fim ao seu verdadeiro centro.[7] Nos limites do microcosmo, essa direção "axial" é representada pela *su-*

3. Cf. A. K. Coomaraswamy, *op. cit.*

4. Ver *L'Homme et son devenir selon le Vêdânta*, cap. XXI.

5. O "terceiro nascimento" poderia ser visto, empregando-se a terminologia alquímica, como uma "sublimação". [O atanor (*athanor*, no original francês) é o forno dos alquimistas. – N. T.]

6. Essa visão obscura é a visão *quasi per speculum in aenigmate* de que fala São Paulo (*Primeira Epístola aos Coríntios*, 13, 12). O que aparece como manifestado no "cosmo" é tão-somente uma sombra ou um "vestígio" da realidade transcendente, mas é o que lhe dá valor como símbolo daquela realidade.

7. Cf. *Eç-Çirâtul-mustaqîm* ["o caminho reto"] na tradição islâmica.

shumnâ, que se estende até a coroa da cabeça, a partir da qual ela se prolonga "extra-individualmente", poderíamos dizer, através do próprio "raio solar" percorrido na direção de sua fonte. É ao longo da *sushumnâ* que se encontram os *chakras* que são os centros sutis da individualidade, a alguns dos quais correspondem as diferentes posições do *luz* ou "núcleo" da imortalidade" que examinamos anteriormente, de tal modo que essas próprias posições, ou o "despertar" sucessivo dos *chakras* correspondentes, são sempre de igual modo assimiláveis às etapas situadas no mesmo caminho "axial". Por outro lado, como o "Eixo do Mundo" identifica-se de maneira natural à direção vertical, que equivale muito bem à idéia de um caminho ascendente, a abertura superior, que corresponde em termos microcósmicos à coroa da cabeça, como dissemos, deverá normalmente, sob esse aspecto, situar-se no zênite da caverna, isto é, no topo da abóbada.

A questão, entretanto, apresenta algumas complicações devidas ao fato de intervirem duas modalidades diferentes de simbolismo, uma "polar" e outra "solar". É por isso que se torna oportuno, no que diz respeito à saída da caverna, trazer ainda alguns outros esclarecimentos, que fornecerão ao mesmo tempo um exemplo das relações que podem existir entre essas duas modalidades, cuja respectiva predominância refere-se originariamente a períodos cíclicos diferentes, mas que, a seguir, foram muitas vezes associadas e combinadas de múltiplas formas.

34

A SAÍDA DA CAVERNA *

A saída final da caverna iniciática, considerada como representação da "saída do cosmo", parece, segundo o que dissemos antes, efetuar-se normalmente por uma abertura situada na abóbada, em seu zênite. Lembraremos ainda que essa porta superior, às vezes disignada em termos tradicionais como o "cubo de roda solar" e também como o "olho cósmico", corresponde, no ser humano, ao *Brahma-randhra* e à coroa da cabeça. Entretanto, apesar das referências ao simbolismo solar encontradas em tais casos, poderíamos dizer que essa posição "axial" e "zenital" refere-se mais diretamente, e sem dúvida mais primitivamente, a um simbolismo polar; é o ponto em que, segundo certos rituais "operativos", está suspenso o "fio de prumo do Grande Arquiteto", que marca a direção do "Eixo do Mundo", identificando-se então à própria estrela polar.[1] Deve-se notar ainda que, para a saída efetuar-se desse modo, é necessário que uma pedra da abóbada seja retirada. E essa pedra, por ocupar o topo, tem na estrutura arquitetônica um caráter especial e mesmo único, pois ela é a "chave de abóbada"; essa observação tem sua importância, embora não seja aqui o lugar apropriado para insistirmos mais sobre isso.[2]

De fato, parece bastante raro que seja observado literalmente, nos

* Publicado na revista *Études Traditionnelles*, abr. 1938.

1. Lembraríamos a esse respeito que, de acordo com a tradição extremo-oriental, a estrela polar representa a sede da "Grande Unidade" (*Tai-i*). Ao mesmo tempo, por se considerar normalmente o eixo em posição vertical, como o fizemos, ela corresponde também à "Grande Cumeeira" (*Tai-Ki*), ou seja, ao topo da abóbada celeste ou ao "teto do mundo".

2. Isso se refere de modo especial ao simbolismo da maçonaria de *Royal Arch*. Poderemos ainda, sobre esse assunto, remeter à nota que se encontra no final de nosso artigo *Le Tambeau d'Hermès*, publicado na *Études Traditionnelles*, dez. 1936, p. 473.

rituais iniciáticos, o que acabamos de dizer, embora se possam encontrar alguns exemplos.[3] O que pode explicar essa pequena freqüência, ao menos em parte, são certas dificuldades de ordem prática e ainda a necessidade de evitar o risco de uma confusão que se pode produzir em tais casos.[4] De fato, se a caverna não tem outra passagem além da do topo, esta deveria servir tanto para a entrada como para a saída, o que não está de acordo com o seu simbolismo. Logicamente, a entrada deveria encontrar-se num ponto oposto, seguindo o eixo, isto é, no solo, no centro da própria caverna, aonde se chegaria por uma via subterrânea. Contudo, tal modo de entrada não conviria aos "grandes mistérios", pois essa entrada só corresponde na verdade ao estádio inicial, que nesse caso já foi transposto há muito tempo. Seria preciso, portanto, supor que o recipiendário, que entrou por essa via subterrânea para receber a iniciação aos "pequenos mistérios", permanece a seguir na caverna até o momento do seu "terceiro nascimento", de onde sai em definitivo pela abertura superior. Isso é admissível teoricamente, mas sem possibilidade evidente de ser colocado em prática de modo efetivo.[5]

Há na realidade uma outra solução, que implica considerações em que o simbolismo solar assume dessa vez o lugar preponderante, embora os vestígios do simbolismo polar permaneçam ainda visíveis de forma muito clara. Ocorre, em suma, uma espécie de combinação e quase de fusão entre as duas modalidades, tal como indicamos no final do estudo precedente.

3. Nos altos graus da maçonaria escocesa, é o que ocorre com o 13º grau, chamado "Arco Real", mas que não deve ser confundido, apesar de algumas semelhanças parciais, com o que na maçonaria inglesa constitui a *Arch Masonry*, na medida em que se distingue da *Square-Masonry*. As origens "operativas" do grau escocês de que estamos tratando são aliás muito menos claras. O 14º grau, ou "Grande Escocês da Abóbada Sagrada", é de igual modo conferido "num local subterrâneo e abobadado". Convém notar, a esse respeito, que existem em todos esses altos graus muitos dados de procedências diversas, nem sempre conservados integralmente e sem confusões, de tal modo que, em seu estado presente, é com freqüência muito difícil determinar de modo exato sua natureza real.

4. Essa confusão existe de fato nos graus escoceses que acabamos de mencionar: a "abóbada subterrânea", nesse caso "não tem portas nem janelas", podendo-se apenas entrar ou sair dela pela única abertura praticada no topo da abóbada.

5. Em certo sentido pode-se dizer que os "pequenos mistérios" correspondem à Terra (estado humano) e os "grandes mistérios" ao Céu (estados supra-individuais); daí também, em certos casos, uma correspondência simbólica estabelecida com as formas geométricas do quadrado e do círculo (ou delas derivadas), que a tradição extremo-oriental, em especial, refere respectivamente à Terra e ao Céu. Trata-se da mesma distinção encontrada, no Ocidente, entre a *Square Masonry* e a *Arch Masonry*, que acabamos de mencionar.

O que importa essencialmente notar a esse respeito é que o eixo vertical, na medida em que liga os dois pólos, é um eixo norte-sul. Na passagem do simbolismo polar para o simbolismo solar, esse eixo deverá ser de alguma forma projetado no plano zodiacal, mas de modo a conservar uma certa correspondência e, poderíamos mesmo dizer, uma equivalência tão exata quanto possível com o eixo polar primitivo.[6] Ora, no ciclo anual, os solstícios de inverno e verão são os dois pontos que correspondem respectivamente ao norte e ao sul na ordem espacial, do mesmo modo que os equinócios da primavera e outono correspondem ao Oriente e Ocidente. O eixo que preencherá a condição requerida é portanto aquele que liga os dois pontos solsticiais. E podemos dizer que tal eixo solsticial desempenhará então o papel de um eixo relativamente vertical, o que de fato é em relação ao eixo equinocial.[7] Os solstícios são na verdade o que se pode denominar pólos do ano. E esses pólos do mundo temporal, se nos for permitido assim dizer, substituem aqui, em virtude de uma correspondência real e nada arbitrária, os pólos do mundo espacial; estão, aliás, naturalmente em relação direta com o curso do Sol, cujos pólos, no sentido próprio e comum dessa palavra, são, ao contrário, inteiramente independentes. Encontram-se assim ligadas entre si, de modo tão claro quanto possível, as duas modalidades simbólicas de que falávamos.

Assim sendo, a caverna "cósmica" poderá ter duas portas "zodiacais" opostas, segundo o eixo que acabamos de ver, correspondendo, portanto, respectivamente, aos dois pontos solsticiais, sendo que uma servirá de entrada e a outra de saída. De fato, a noção de duas "portas solsticiais" encontra-se de modo explícito na maior parte da tradições, sendo-lhe em geral atribuída uma importância simbólica considerável. A porta de entrada é, às vezes, designada como a "porta dos homens", podendo estes, nesse caso, ser tanto os iniciados aos "pequenos mistérios", quanto os simples profanos, pois não ultrapassaram ainda o estado humano. A porta de saída é então designada, por oposição, como a "porta dos deuses", ou seja, aquela pela qual passam apenas os seres que têm acesso aos estados supra-indivi-

6. A essa mesma passagem de um simbolismo a outro é que se refere a "translação" de certas constelações da região polar à região zodiacal, fato ao qual já nos referimos em outra parte (ver *O Rei do Mundo*, cap. X).

7. Não nos ocuparemos aqui do fato de que, nas diferentes formas tradicionais, existem as que dão ao ano um ponto de partida solsticial, e outras um ponto de partida equinocial. Diremos apenas que a predominância assim atribuída, ou aos solstícios ou aos equinócios, encontra ainda sua razão de ser na consideração dos diferentes períodos cíclicos, aos quais essas formas tradicionais devem ser referidas em particular.

duais. Resta apenas determinar a qual dos dois solstícios corresponde cada uma das portas. Essa questão, no entanto, para receber o desenvolvimento que comporta, merece ser tratada à parte.

35

AS PORTAS SOLSTICIAIS*

Dissemos que as duas portas zodiacais, respectivamente a entrada e a saída da "caverna cósmica", e que certas tradições designam como a "porta dos homens" e a "porta dos deuses", devem corresponder aos dois solstícios. É preciso agora esclarecer que a primeira corresponde ao solstício de verão, isto é, ao signo de Câncer [no hemisfério norte], e a segunda ao solstício de inverno, ou seja, ao signo de Capricórnio. Para compreender a razão disso, é necessário nos referirmos à divisão do ciclo anual em duas metades, uma "ascendente" e a outra "descendente". A primeira é o período do curso do Sol para o norte (*uttarâyana*), indo do solstício de inverno para o solstício de verão; a segunda é a do curso do Sol para o sul (*dakshinâyana*), indo do solstício de verão para o solstício de inverno.[1] Na tradição hindu, a fase "ascendente" está relacionada ao *dêva-yâna*, ["caminho dos deuses"] a fase "descendente" ao *pitri-yânna* ["caminho dos pais" ou "antepassados"],[2] o que coincide exatamente com as designações das duas portas que acabamos de mencionar: a "porta dos homens" é a que dá acesso ao *pitri-yânna*, e a "porta dos deuses" é a que dá acesso ao *devâ-yâna*. Elas devem portanto situar-se respectivamente no início das duas fases correspondentes, isto é, a primeira deve estar bem no solstício de verão e a segunda no sols-

* Publicado na revista *Études Traditionnelles*, mai. 1938.

1. Cabe assinalar que o Zodíaco figurado com freqüência no portal das igrejas da Idade Média está disposto de modo a marcar claramente essa divisão do ciclo anual.

2. Ver em especial o *Bhagavad-Gîtâ*, 8, 23 a 26. Cf. *L'Homme et son devenir selon le Vêdânta*. Uma correspondência análoga encontra-se no ciclo mensal, em que o período da lua crescente está relacionado ao *dêva-yâna* e o da lua decrescente, por sua vez, ao *pitri-yâna*. Pode-se dizer que as quatro fases lunares correspondem, num ciclo mais restrito, às quatro fases solares que são as quatro estações do ano.

tício de inverno. Nesse caso, contudo, trata-se na verdade não de uma entrada e de uma saída, mas de duas saídas diferentes, o que se deve ao fato de que, nesse caso, o ponto de vista é diferente daquele que se refere de modo especial ao papel iniciático da caverna, conciliando-se no entanto perfeitamente com ele. De fato, a "caverna cósmica" é considerada como o lugar da manisfestação do ser: após ter-se manifestado num certo estado, tal como o estado humano por exemplo, esse ser, segundo o grau espiritual que alcançar, sairá por uma ou outra das duas portas. No caso do *pitri-yâna*, ele deverá voltar a um outro estado de manifestação, o que será representado naturalmente por um retorno à "caverna cósmica" assim considerada. No caso do *dêva-yâna*, ao contrário, ele não tem mais que voltar ao mundo manifestado. Assim, uma das duas portas é ao mesmo tempo uma entrada e uma saída, enquanto que a outra é uma saída definitiva. Mas no que diz respeito à iniciação, é precisamente essa última saída definitiva que consiste na meta final, de modo que o ser que entrou pela "porta dos homens" deve, se atingiu de fato sua meta, sair pela "porta dos deuses".[3]

Já explicamos antes que o eixo solsticial do Zodíaco, relativamente vertical em relação ao eixo equinocial, deve ser considerado como a projeção, no ciclo solar anual, do eixo polar norte-sul. De acordo com a correspondência do simbolismo temporal com o simbolismo espacial dos pontos cardeais, o solstício de inverno é de algum modo o pólo norte do ano e o solstício de verão o pólo sul, enquanto que os dois equinócios, da primavera e do outono, correspondem por isso mesmo, respectivamente, ao leste e ao oeste.[4] No entanto, no simbolismo védico, a porta do *dêva-loka* situa-se

3. A "porta dos deuses" só pode ser entrada no caso de uma descida voluntária ao mundo manifestado, quer de um ser já "libertado", quer de um ser que representa a expressão direta de um princípio "supracósmico" [ver *Initiation et réalisation spirituelle*, cap. XXXII]. Mas é evidente que esses casos excepcionais não entram nos processos "normais" que estamos considerando aqui. Apenas indicaremos que se pode compreender assim com facilidade a razão pela qual se considera que o nascimento do *Avatâra* ocorre na época do solstício de inverno, época que corresponde [no hemisfério norte] à festa de Natal na tradição cristã.

4. No dia, a metade ascendente vai da meia-noite ao meio-dia, e a metade descendente do meio-dia à meia-noite. A meia-noite corresponde ao inverno e ao norte, e o meio-dia ao verão e ao sul. A manhã corresponde à primavera e ao leste (lado do nascer do Sol), e a noite ao outono e ao oeste (lado do pôr-do-sol). Assim, as fases do dia, tal como as do mês, mas em escala ainda mais reduzida, reproduzem analogicamente as fases do ano. O mesmo acontece em geral com um ciclo qualquer, que, seja qual for sua extensão, se divide sempre de forma natural de acordo com a mesma lei quaternária. Segundo o simbolismo cristão, o nascimento do *Avatâra* ocorre não só no solstício de inverno, mas também à meia-noite, ficando assim em dupla correspondência com a "porta

a nordeste e a do *pitri-loka* a sudoeste. Mas isso deve ser considerado apenas como uma indicação mais explícita do sentido segundo o qual se efetua a marcha do ciclo anual. De fato, em conformidade com a correspondência que acabamos de mencionar, o período "ascendente" se desenvolve do norte para o leste, e depois do leste para o sul. Do mesmo modo, o período "descendente" se desenvolve do sul para o oeste, e depois do oeste para o norte;[5] portanto, poder-se-ia dizer, com maior precisão ainda, que a "porta dos deuses" situa-se ao norte e está voltada para o leste, que é sempre considerado como o lado da luz e da vida, e que a "porta dos homens" situa-se ao sul e está voltada para o oeste, que é também considerado como o lado da sombra e da morte. Ficam assim exatamente determinados "os dois caminhos permanentes, um claro e outro obscuro, do mundo manifestado; pelo primeiro não há retorno (do não-manifestado para o manifestado); pelo outro volta-se para trás (na manifestação)".[6]

No entanto, resta ainda resolver uma aparente contradição: o norte é designado como o ponto mais alto (*uttara*), e é aliás para esse ponto que se dirige o curso ascendente do Sol, enquanto que o curso descendente está dirigido para o sul, que aparece assim como o ponto mais baixo. Mas, por outro lado, o solstício de inverno, que corresponde ao norte no ano, marca o início do movimento ascendente, que é em certo sentido o ponto mais

dos deuses". Por outro lado, de acordo com o simbolismo maçônico, o trabalho iniciático realiza-se "do meio-dia à meia-noite", o que não é menos exato se considerarmos esse trabalho como um caminhar que se efetua da "porta dos homens" para a "porta dos deuses"; a objeção que se poderia fazer, em razão do caráter "descendente" desse período, pode ser resolvido pela aplicação do "sentido inverso" da analogia, tal como veremos mais adiante.

5. Isso tem relação direta com a questão do sentido das "circunambulações" rituais nas diferentes formas tradicionais. De acordo com a modalidade "solar" do simbolismo, esse sentido é o que acabamos de indicar: a "circunambulação" realiza-se assim mantendo-se sempre à direita o centro em torno do qual gira. Segundo a modalidade "polar", realiza-se no sentido inverso da primeira, tendo-se portanto o centro à esquerda. No primeiro caso está a *pradakshinâ* tal como é utilizada nas tradições hindu e tibetana. O segundo caso encontra-se, em particular, na tradição islâmica. É interessante observar que o sentido dessas "circunambulações", que vão respectivamente da esquerda para a direita e da direita para a esquerda, corresponde também à direção da escrita nas línguas sagradas dessas mesmas formas tradicionais. Na maçonaria, em sua forma atual, o sentido das "circunambulações" é "solar"; mas parece ter sido ao contrário, ou seja, "polar", no antigo ritual "operativo", de acordo com o qual o "trono de Salomão" estava aliás colocado ao ocidente e não ao oriente.

6. *Bhagavad-Gîtâ*, 8, 26. Pode-se notar que a "claridade" e a "obscuridade", que caracterizam respectivamente esses dois caminhos, correspondem de forma exata aos dois princípios complementares, *yang* e *yin*, da tradição extremo-oriental.

baixo; e o solstício de verão, que corresponde ao sul, onde termina o movimento ascendente, é sob esse mesmo ângulo o ponto mais alto, a partir do qual começará a seguir o movimento descendente, que terminará no solstício de inverno. A solução dessa dificuldade reside na distinção que deve ser feita entre a ordem "celeste", à qual pertence o curso do Sol, e a ordem "terrestre", à qual pertence, ao contrário, a sucessão das estações. Segundo a lei geral da analogia, essas duas ordens devem, em sua própria correlação, ser inversas uma da outra, de tal modo que o que é o mais alto de acordo com uma, torna-se o mais baixo de acordo com a outra, e vice-versa. É por isso que, segundo a palavra hermética da *Tábua de Esmeralda*, "o que está no alto (na ordem celeste) é como o que está embaixo (na ordem terrestre)", ou ainda que, segundo a palavra evangélica, "os primeiros (na ordem primordial) serão os últimos (na ordem manifestada)".[7] Além disso, é também verdadeiro que, no que se refere às "influências" inerentes a esses pontos, é sempre o norte que permanece "benéfico", quando o consideramos como o ponto para o qual se dirige o curso ascendente do Sol no céu, ou, em relação ao mundo terrestre, como a entrada do *dêva-loka*. Do mesmo modo, o sul permanece sempre "maléfico", se o considerarmos como ponto para o qual se dirige a marcha descendente do Sol no céu, ou, em relação ao mundo terrestre, como a entrada do *pitri-loka*.[8] É preciso acrescentar que o mundo

7. A esse duplo ponto de vista corresponde, entre outras aplicações, o fato de que, nas figurações geográficas ou outras, o ponto colocado no alto pode ser o norte ou o sul; na China é o sul e, no mundo ocidental, ocorreu o mesmo com os romanos e durante um período da Idade Média. Aliás, esse uso é na verdade, segundo o que acabamos de dizer, o mais correto no que diz respeito à representação das coisas terrestres, enquanto que, ao contrário, quando se trata das coisas celestes, é o norte que deve normalmente ser colocado no alto. Sem dúvida, a predominância de um ou outro desses pontos de vista, segundo as formas tradicionais, ou segundo as épocas, pode determinar a adoção de uma disposição única para todos os casos indistintamente. A esse respeito, o fato de colocar o norte ou o sul no alto aparece em geral ligado sobretudo à distinção das modalidades "polar" e "solar", colocando-se no alto o ponto que se tem diante de si, ao orientar-se por uma ou outra dessas modalidades, tal como explicaremos na nota seguinte.

8. A esse respeito podemos assinalar como complemento outro caso em que um mesmo ponto guarda também uma significação constante através de certas mudanças que constituem inversões aparentes: a orientação pode ser tomada de acordo com uma ou outra das duas modalidades, "polar" ou "solar", do simbolismo. No primeiro caso, olhando-se para a estrela polar, isto é, voltando-se para o norte, tem-se o leste à direita; no segundo, olhando-se o Sol no meridiano, isto é, voltando-se para o sul, tem-se ao contrário o leste à esquerda. Essas duas modalidades foram particularmente utilizadas na China em épocas diferentes. Desse modo, o lado ao qual se dava preeminência era às vezes à direita e, às vezes, à esquerda, mas tratava-se sempre, de fato, do leste, isto é,

terrestre pode ser considerado aqui, por transposição, como uma representação de todo o conjunto do "cosmo", enquanto que o céu representará, de acordo com a mesma transposição, o domínio "extracósmico". Desse ponto de vista, é à ordem "espiritual", entendida em sua acepção mais elevada, que deverá aplicar-se a consideração do "sentido inverso" em relação, não apenas à ordem sensível, mas à ordem cósmica como um todo.[9]

do "lado da luz". Podemos acrescentar que existem ainda outros modos de orientação, por exemplo, voltando-se para o sol nascente. É a este que se refere a designação sânscrita do sul como *dakshina* ou o "lado da direita". Essa mesma modalidade no Ocidente, foi praticada pelos construtores da Idade Média para a orientação das igrejas [ver *A Grande Tríade*, cap. VII].

9. Para dar um exemplo dessa aplicação, que por sinal tem estreita relação com o que estamos tratando, pode-se dizer que se a "culminação" do Sol visível ocorre ao meio-dia, a do "Sol espiritual" deve ser considerada simbolicamente como ocorrendo à meia-noite. É por isso que se diz que os iniciados aos "grandes mistérios" da Antiguidade "contemplavam o Sol à meia-noite". Desse ponto de vista, a noite representa não mais a ausência ou a privação da luz, mas seu estado primordial de não-manifestação, o que corresponde, aliás, estritamente à significação superior das trevas ou da cor negra como símbolo do não-manifestado. E é nesse sentido também que devem ser entendidos certos ensinamentos do esoterismo islâmico, de acordo com os quais "a noite é preferível ao dia". Pode-se notar, além disso, que se o simbolismo "solar" possui uma relação evidente com o dia, o simbolismo "polar" possui, por seu lado, uma certa relação com a noite. É ainda muito significativo, a esse respeito, que o "sol da meia-noite" tenha literalmente, na ordem dos fenômenos sensíveis, sua representação nas regiões hiperbóreas, isto é, exatamente onde se situa a origem da tradição primordial.

36

O SIMBOLISMO DO ZODÍACO ENTRE OS PITAGÓRICOS*

Ao tratarmos da questão das portas solsticiais, fizemos referências diretas sobretudo à tradição hindu, porque é nela que os dados relacionados ao tema são apresentados de modo mais claro. Trata-se porém de algo que, na realidade, é comum a todas tradições, podendo inclusive ser encontrado na Antiguidade ocidental. No pitagorismo, em particular, o simbolismo zodiacal parece ter tido também uma importância muito considerável. As expressões "porta dos homens" e "porta dos deuses", que empregamos antes, pertencem além disso à tradição grega; no entanto, as informações que chegaram até nós são de tal modo fragmentárias e incompletas, que sua interpretação pode dar margem a confusões, cometidas de fato, como veremos, por aqueles que consideraram tais informações isoladamente, sem cotejá-las com as de outras tradições.

Antes de mais nada, para evitar certos equívocos sobre a respectiva situação das duas portas, é preciso lembrar do que dissemos sobre a aplicação do "sentido inverso", segundo as consideramos em relação à ordem terrestre ou à ordem celeste: a porta solsticial de inverno, ou o signo de Capricórnio [hemisfério norte], corresponde ao norte no ano, mas ao sul no que diz respeito ao percurso do Sol no céu. Do mesmo modo, a porta solsticial de verão, ou o signo de Câncer, corresponde ao sul no ano e ao norte quanto ao percurso do Sol. É por isso que, enquanto o movimento "ascendente" do sol vai do sul para o norte e seu movimento "descendente" do norte para o sul, o período "ascendente" do ano deve ser considerado, ao contrário, como realizando-se a partir do norte, indo para o sul, e seu período "descendente", indo do sul para o norte, tal como já o dissemos anteriormente.

* Publicado na revista *Études Traditionnelles*, jun. 1938.

É em relação a este último ponto de vista que, de acordo com o simbolismo védico, a porta do *vêda-loka* está situada na direção do norte e a do *pitri-loka* na direção do sul, sem que haja aí, apesar das aparências, qualquer contradição com o que encontraremos agora em outras partes.

Citaremos, acompanhando-o das explicações e retificações necessárias, o resumo dos dados pitagóricos expostos pelo sr. Jérôme Carcopino:[1] "Os pitagóricos, diz ele, construíram toda uma teoria sobre as relações do Zodíaco com a migração das almas. A que data ela remonta, é impossível saber. A verdade é que até o segundo século da nossa era, ela se difundia nos escritos do pitagórico Numênio, os quais nos é permitido conhecer por um resumo seco e tardio de Proclo, em seu comentário à *República* de Platão, e por uma análise, ao mesmo tempo mais ampla e mais antiga, de Porfírio aos capítulos XXI e XXII de *De Antro Nympharum.*" Há aí, como podemos notar de imediato, um belo exemplo de "historicismo": a verdade é que não se trata, de forma alguma, de uma teoria "construída" mais ou menos artificialmente, em tal ou qual data, pelos pitagóricos ou por outros, como se fosse uma simples consideração filosófica ou uma concepção individual qualquer. Trata-se de um conhecimento tradicional, referente a uma realidade de ordem iniciática e que, precisamente em razão de seu caráter tradicional, não tem e nem pode ter uma origem cronológica assinalável. É claro que essas considerações podem escapar a um "erudito"; mas uma coisa é possível compreender: se a teoria em questão foi "construída pelos pitagóricos", como explicar que ela se encontre por toda parte, fora de qualquer influência grega, e em especial nos textos védicos, que sem dúvida são muito anteriores ao pitagorismo? Isso também o sr. Carcopino, enquanto "especialista" da antiguidade greco-latina, pode infelizmente ignorar; porém, de acordo com o que ele próprio relata a seguir, tal dado já se encontra em Homero. Portanto, mesmo entre os gregos, ela era conhecida, não apenas antes de Numênio, o que é evidente, mas antes do próprio Pitágoras. Trata-se de um ensinamento tradicional, transmitido de modo contínuo através dos séculos, e pouco importa a data talvez "tardia" em que certos autores, que nada inventaram e nem tiveram essa pretensão, o formularam por escrito de um modo mais ou menos preciso.

Dito isso, voltemos a Proclo e Porfírio: "Nossos dois autores concordam em atribuir a Numênio a determinação dos pontos extremos do céu, o trópico de inverno, sob o signo de Capricórnio, e o trópico de verão, sob

1. *La Basilique pythagoricienne de la Porte Majeure.* Não estando o volume à nossa disposição, citamos de acordo com o artigo publicado anteriormente sob o mesmo título na *Revue des Deux Monde* (número de 15 de novembro de 1926).

o de Câncer, e em definir (evidentemente, segundo ele e os "teólogos" que cita e que lhe serviram de guias) Câncer e Capricórnio como as duas portas do céu. Quer para descer na geração, quer para tornar a subir até Deus, as almas deviam pois necessariamente transpor uma delas." Por "pontos extremos do céu", expressão por demais elíptica para ser perfeitamente clara em si mesma, é preciso entender aqui os pontos extremos alcançados pelo Sol em sua marcha anual e onde, de algum modo, ele se detém; daí o nome "solstícios". É a esses pontos solsticiais que correspondem as duas "portas do céu", de que trata a doutrina tradicional que já conhecemos. Como já indicamos em outra ocasião,[2] esses dois pontos eram às vezes simbolizados – por exemplo sob o trípode de Delfos e sob os pés dos corcéis do carro solar – pelo polvo e o delfim, que representam respectivamente Câncer e Capricórnio. Sem dúvida, por outro lado, os autores em questão não puderam atribuir a Numênio a determinação dos pontos solsticiais, que eram conhecidos de todas as épocas. Simplesmente referiram-se a ele como um dos que haviam falado antes sobre o assunto, do mesmo modo que o próprio Numênio fizera referência a outros "teólogos".

A seguir, o autor trata de precisar o papel específico de cada uma das portas, e é aí que surge a confusão: "Segundo Proclo, Numênio as teria especializado de forma estrita: pela porta de Câncer, a queda das almas sobre a terra; pela de Capricórnio, a ascensão das almas ao éter. Em Porfírio, ao contrário, é dito apenas que Câncer está ao norte e é favorável à descida, e que Capricórnio, ao sul, é favorável à subida, de modo que ao invés de estarem submetidas de forma estrita ao 'sentido único', as almas teriam conservado, tanto para ir, quanto para voltar, uma certa liberdade de circulação". O final desta citação exprime apenas, para dizer a verdade, uma interpretação cuja responsabilidade deve ser atribuída por inteiro ao sr. Carcopino. Não vemos, de modo algum, em que o que diz Porfírio seria "contrário" ao que diz Proclo; está formulado talvez de um modo um pouco mais vago, mas parece no fundo dizer a mesma coisa. O que é "favorável" à descida ou à subida deve sem dúvida ser entendido como o que a torna possível, pois é pouco provável que Porfírio tenha pretendido deixar subsistir desse modo alguma espécie de indeterminação, o que, sendo incompatível com o caráter rigoroso da ciência tradicional, seria apenas para ele uma prova de ignorância pura e simples desse ponto. Seja como for, é visível que Numênio nada mais fez que repetir, sobre o papel das duas portas, o ensinamento tradicional conhecido. Por outro lado, se ele coloca, como indica Porfírio, Câncer

2. Ver [Cap. 22] *Alguns Aspectos do Simbolismo do Peixe*.

ao norte e Capricórnio ao sul, é porque viu sua posição no céu. É o que, aliás, indica de forma muito clara o fato de, na citação precedente, tratar-se dos "trópicos", que não podem ter outro significado, e de modo algum referir-se aos "solstícios", que dizem respeito mais diretamente ao ciclo anual. É por isso que a situação enunciada aqui é a inversa daquela fornecida pelo simbolismo védico, sem que isso no entanto faça qualquer diferença real, pois trata-se de dois pontos de vista igualmente legítimos, e que concordam de modo perfeito entre si, desde que se conheça sua relação.

Veremos ainda uma coisa muito mais extraordinária: o sr. Carcopino prossegue dizendo que "é difícil, na ausência do original, distiguir essas referências divergentes", mas que na realidade, devemos acrescentar, apenas são divergentes em seu pensamento, "a verdadeira doutrina de Numênio", que, como vimos, não é de modo algum sua doutrina pessoal, mas somente o ensinamento relatado por ele, o que é aliás mais importante e mais digno de interesse. "Mas ressalta-se do contexto de Porfírio que, mesmo exposta sob sua forma mais elástica", como se pudesse existir "elasticidade" em uma questão que é unicamente assunto de conhecimento exato, "ela permaneceria em contradição com a teoria de alguns dos seus predecessores, e, em especial, com o sistema sobre o qual os pitagóricos mais antigos tinham apoiado sua interpretação dos versos da *Odisséia*, em que Homero descreveu a gruta de Ítaca", isto é, o "antro das Ninfas", que nada mais é que uma das figurações da "caverna cósmica", da qual falamos anteriormente. "Homero, nota Porfírio, não se limitou a dizer que essa gruta tinha duas portas. Especificou que uma estava voltada para o lado do norte, e a outra, mais divina, para o lado do sul, e que se descia pela porta do norte. Mas ele não indicou se era possível descer pela porta do sul. Disse apenas: é a entrada dos deuses. Jamais o homem toma o caminho dos imortais." Pensamos que este deve ser o texto do próprio Porfírio e não descobrimos a contradição anunciada. E eis agora o comentário do sr. Carcopino: "Nos termos desta exegese, percebem-se, nesse resumo do universo que é o antro das Ninfas, as duas portas que se erguem para os céus e pelas quais passam as almas, e, ao inverso da linguagem que Proclo atribui a Numênio, a do norte, de Capricórnio, foi de início reservada à saída das almas, e a do sul, de Câncer, por conseguinte, destina-se ao retorno das almas a Deus."

Agora que concluímos a citação podemos com facilidade nos dar conta de que a pretensa contradição, também aqui, só ocorre por causa do sr. Carcopino. Existe de fato, na última frase, um erro evidente, e até mesmo um duplo erro, que parece na verdade inexplicável. Em primeiro lugar, é o sr. Carcopino que acrescenta, por iniciativa própria, a menção a Capricórnio e Câncer. Homero, segundo Porfírio, designa apenas as duas portas situadas uma ao norte e outra ao sul, sem indicar os signos zodiacais correspondentes. Mas, visto que Homero indica com precisão que a porta "divina" é a do sul, torna-se necessário concluir que esta é a que corresponde para ele a Capricórnio, do mesmo modo que para Numênio, ou seja, ele também situa essas portas de acordo com sua situação no céu, o que parece portanto ter sido, de modo geral, o ponto de vista dominante em toda a tradição grega, mesmo antes do pitagorismo. Depois, a saída das almas do "cosmo" e o seu "retorno a Deus" são exatamente uma única e mesma coisa, de modo que o sr. Carcopino atribui, aparentemente sem o perceber, o mesmo papel às duas portas. Homero diz, muito pelo contrário, que é pela porta do norte que se efetua a "descida", isto é, a entrada na "caverna cósmica", ou, em outros termos, no mundo da geração ou da manifestação individual. Quanto à porta do sul, é a saída do "cosmo" e, por conseqüência, através dela se efetua a "subida" dos seres em via de libertação. Homero não diz de forma expressa que se pode também descer por essa porta; mas isso não é necessário porque, designando-a como a "entrada dos deuses", indica de forma suficiente que são "descidas" excepcionais que se efetuam por aí, conforme explicamos em nosso estudo precedente.

Enfim, seja a situação das duas portas consideradas em relação ao percurso do Sol no céu, como na tradição grega, ou em relação às estações no ciclo anual terrestre, como na tradição hindu, Câncer é sempre a "porta dos homens" e Capricórnio a "porta dos deuses". Não pode haver qualquer variação a esse respeito e, de fato, não há; trata-se apenas de incompreensão dos "eruditos" modernos que acreditam descobrir, entre os diversos intérpretes das doutrinas tradicionais, divergências e contradições que não existem de modo algum.

37

O SIMBOLISMO SOLSTICIAL DE JANO*

Acabamos de ver que, no Ocidente, o simbolismo das duas portas solsticiais existia entre os gregos e de modo especial entre os pitagóricos, sendo também encontrado entre os latinos, onde estava essencialmente ligado ao simbolismo de Jano. Como já fizemos referências a este último e aos seus diversos aspectos em inúmeras oportunidades, examinaremos aqui apenas os pontos que se referem de forma mais direta ao que expusemos em nossos últimos estudos, embora seja difícil isolá-los por completo do conjunto muito complexo de que fazem parte.

Jano, sob o aspecto que estamos tratando agora, é na verdade o *janitor* ["porteiro"] que abre e fecha as portas (*januae*) do ciclo anual, com as chaves que constituem um de seus principais atributos. Lembraremos, a esse respeito, que a chave é um símbolo "axial". Isso se refere, é claro, ao lado "temporal" do simbolismo de Jano: seus dois rostos, de acordo com a interpretação mais habitual, representam respectivamente o passado e o futuro. Tal consideração do passado e do futuro é reencontrada em qualquer ciclo, por exemplo no ciclo anual, quando o encaramos de uma ou outra de suas extremidades. Desse ponto de vista, além disso, é importante acrescentar, para completar a noção do "tríplice tempo", que, entre o passado que não é mais e o futuro que ainda não é, o verdadeiro rosto de Jano, aquele que olha o presente, não é nenhum dos dois que podemos ver. Esse terceiro rosto, de fato, é invisível, porque o presente, em sua manifestação temporal, é apenas um instante imperceptível.[1] Mas ao contrário, quando

* Publicado na revista *Études Traditionnelles*, jul. 1938.

1. É também por essa razão que certas línguas como o hebreu e o árabe não têm a forma verbal que corresponde exatamente ao presente.

nos elevamos acima das condições dessa manifestação transitória e contingente, o presente contém toda realidade. O terceiro rosto de Jano corresponde, num outro simbolismo da tradição hindu, ao olho frontal de *Shiva*, também invisível, pois não é figurado por qualquer órgão corporal e representa o "sentido da eternidade". Um olhar desse terceiro olho reduz tudo a cinzas, isto é, destrói toda manifestação. Mas quando a sucessão é transmutada em simultaneidade, o temporal em intemporal, todas as coisas reencontram-se e permanecem no "eterno presente", de modo que a aparente destruição é, na verdade, apenas uma "transformação".

Voltemos ao que diz respeito de forma mais particular ao ciclo anual, ou seja, suas portas, que Jano tem por função abrir e fechar, e que nada mais são que as portas solsticiais de que falávamos. Não há possibilidade de qualquer dúvida a esse respeito. De fato, Jano deu o seu nome ao mês de janeiro (*januarius*), o primeiro, pelo qual se abre o ano quando começa normalmente no solstício de inverno [no hemisfério norte]. Por outro lado, e o que é ainda mais claro, a festa de Jano, em Roma, era celebrada pelos *Collegia Fabrorum* nos dois solstícios. Iremos agora insistir mais sobre esse último ponto. As portas solsticiais, como já vimos antes, dão acesso às duas metades, ascendente e descendente, do ciclo zodiacal que aí têm seus respectivos pontos de partida; por essa razão, Jano, que já vimos aparecer como o "Mestre do tríplice tempo" (designação também aplicada a *Shiva* pela tradição hindu), é o "Mestre dos dois caminhos", os caminhos da direita e da esquerda, que os pitagóricos representavam pela letra Y,[2] e que são, no fundo, idênticos ao *dêva-yâna* e ao *pitri-yâna*.[3] Pode-se compreender facilmente, por aí, que as chaves de Jano são na realidade as mesmas que, segundo a tradição cristã, abrem e fecham o "Reino dos céus" (sendo que o caminho pelo qual este é alcançado corresponde, nesse sentido, ao *dêva-yâna*),[4] e isso

2. É o que também figurava, sob uma forma exotérica e "moralizada", o mito de Hércules entre a Virtude e o Vício, cujo simbolismo foi conservado na sexta lâmina do Tarô. O antigo símbolo pitagórico teve aliás outras "sobrevivências" bastante curiosas, tal como pode ser encontrada, na época do Renascimento, na marca do impressor Nicolas du Chemin, desenhada por Jean Cousin.

3. A palavra sânscrita *yâna* tem a mesma raiz da *ire* latina e, de acordo com Cícero, é dessa raiz que deriva o próprio nome Jano [*Ianus*], cuja forma é, aliás, singularmente próxima de *yâna*.

4. A propósito do simbolismo dos dois caminhos, cabe acrescentar que existe um terceiro, o "caminho do meio", que conduz diretamente à "Libertação"; a esta via corresponderia o prolongamento superior não traçado da parte vertical da letra Y, e isso pode ser relacionado com o que foi dito mais acima a respeito do terceiro rosto invisível de Jano.

tanto mais que, sob um outro ponto de vista, essas duas mesmas chaves, uma de ouro e outra de prata, eram também as dos "grandes mistérios" e dos "pequenos mistérios".

De fato, Jano era o deus da iniciação,[5] e essa atribuição é das mais importantes, não apenas em si mesma, mas também do ponto de vista em que nos colocamos nesse momento, pois existe aí uma conexão evidente com o que dissemos sobre o papel verdadeiramente iniciático da caverna e de outras "imagens do mundo" que lhe são equivalentes, papel este que nos levou a examinar a questão das portas solsticiais. É, aliás, a esse título que Jano presidia aos *Collegia Fabrorum*, sendo estes os depositários das iniciações que, como em todas civilizações tradicionais, estavam ligadas ao exercício dos ofícios. E o mais notável é que existe nisso alguma coisa que, longe de ter desaparecido com a antiga civilização romana, continuou sem interrupção no próprio cristianismo, podendo alguns traços ser encontrados até nossos dias, por mais estranho que isso possa parecer àqueles que ignoram certas "transmissões".

No cristianismo, as festas solsticiais de Jano tornaram-se as dos dois São Joões, celebradas nas mesmas épocas, ou seja, nas proximidades dos solstícios de inverno e de verão.[6] Também muito significativo é que o aspecto esotérico da tradição cristã sempre foi visto como "joanita", o que dá a esse fato um sentido que ultrapassa de modo claro, sejam quais forem as aparências exteriores, o simples domínio religioso e exotérico. A sucessão dos antigos *Collegia Fabrorum* foi, além disso, transmitida regularmente às corporações que através de toda Idade Média guardaram o mesmo caráter iniciático, em especial a dos construtores. Esta teve, como é natural, os dois São Joões por patrono, e daí vem a expressão bem conhecida de "Loja de

5. Notemos que a palavra *initiatio* vem de *in-ire*, e que desse modo reencontramos o verbo *ire*, ao qual se liga o nome de Jano.

6. A festa de São João do inverno [no hemisfério norte] está desse modo muito próxima do Natal, que, sob um outro ponto de vista, também corresponde exatamente ao solstício de inverno, tal como já explicamos. Um vitral do século XII da igreja de Saint-Rémi, em Reims, apresenta uma figuração praticamente curiosa, e sem dúvida excepcional, em relação ao que estamos tratando aqui; discutiu-se em vão a questão de saber qual dos dois São Joões está ali representado. A verdade é que, sem precisarmos ver nisso qualquer confusão, o vitral representa os dois, sintetizados na figura de um único personagem, o que é demonstrado pelos dois girassóis colocados em sentidos opostos acima de sua cabeça e que correspondem aos dois solstícios e aos dois rostos de Jano. Podemos ainda assinalar, a título de curiosidade, que a expressão popular francesa "João que chora e João que ri" é na realidade uma lembrança dos dois rostos opostos de Jano.

São João", conservada pela maçonaria, que nada mais é que a continuação, por filiação direta, das organizações que acabamos de falar.[7]

Mesmo sob sua forma "especulativa" moderna, a maçonaria sempre conservou também, como um dos testemunhos mais explícitos de sua origem, as festas solsticiais consagradas aos dois São Joões após terem sido dedicadas às duas faces de Jano.[8] É assim que o dado tradicional das duas portas solsticiais, com suas conexões iniciáticas, manteve-se ainda vivo até no mundo ocidental atual, mesmo que de um modo geral incompreendido.

7. Devemos lembrar que a "Loja de São João", ainda que não seja assimilada simbolicamente à caverna, nem por isso deixa de ser também uma figura do "cosmo"; a descrição de suas "dimensões" é particularmente clara a esse respeito: seu comprimento vai "do oriente ao ocidente", sua largura do "sul ao setentrião", sua altura "da terra ao céu" e sua profundidade "da superfície da terra ao seu centro". Vale a pena observar, como paralelo notável ao que diz respeito à altura da Loja, que, segundo a tradição islâmica, o local de uma mesquita é considerado consagrado, não apenas na superfície da terra, mas desde esta até o "sétimo céu". Por outro lado, diz-se que "na Loja de São João" levantam-se templos à virtude e escavam-se cárceres ao vício; as idéias de "levantar" e "escavar" referem-se às duas "dimensões" verticais, altura e profundidade, que são contadas segundo as duas metades de um mesmo eixo que vai do "zênite ao nadir", tomadas em sentido inverso, uma em relação a outra. As duas direções opostas correspondem respectivamente a *sattwa* e *tamas* (enquanto *rajas* corresponde à expansão das duas "dimensões" horizontais), ou seja, às duas tendências do ser na direção dos Céus (o templo) e dos Infernos (o cárcere). Tais tendências são aí "alegorizadas", mais que simbolizadas, para falar de modo exato, pelas noções de "virtude" e de "vício", exatamente como no mito de Hércules que lembramos mais acima.

8. No simbolismo maçônico, duas tangentes paralelas a um círculo são consideradas, entre diversos outros significados, como representações dos dois São Joões; se o círculo for visto como uma figura do ciclo anual, os pontos de contato das duas tangentes, diametralmente opostas entre si, corresponderão então aos dois pontos solsticiais.

38

A PROPÓSITO DOS DOIS SÃO JOÕES*

Ainda que o verão seja de modo geral considerado uma estação alegre e o inverno uma estação triste, e que por isso o primeiro represente de certa maneira o triunfo da luz e o segundo o da obscuridade, os dois solstícios correspondentes têm, na realidade, um caráter exatamente oposto. Pode parecer que existe aí um paradoxo bastante estranho, mas no entanto é bem fácil compreender a razão disso, desde que se tenha algum conhecimento dos dados tradicionais sobre o curso do ciclo anual. De fato, o que atingiu ao seu máximo só pode decrescer, e o que chegou ao seu mínimo só pode inversamente começar a crescer.[1] É por isso que o solstício de verão marca o início da metade descendente do ano, e o solstício de inverno, ao contrário, o começo da metade ascendente. É também o que explica, do ponto de vista de sua significação cósmica, as seguintes palavras de São João Batista, cujo nascimento coincide [no hemisfério norte] com o solstício de verão: "É necessário que ele cresça (Cristo nascido no solstício de inverno) e eu diminua."[2] Sabe-se que, na tradição hindu, a fase ascendente é relacionada ao *dêva-yâna*, e a fase descendente ao *pitri-yâna*; assim, no Zodíaco, o signo de Câncer, que corresponde ao solstício de verão [no hemisfério norte], é a "porta dos homens" e dá acesso ao *pitri-yâna*, enquanto que o signo de Capricórnio, que corresponde ao solstício de inverno, é a "porta dos deuses" e dá acesso ao *dêva-yâna*. Na realidade, é a metade ascendente do ciclo anual que se constitui no período "alegre", isto é, benéfico ou favorável, e a meta-

* Publicado na revista *Études Traditionnelles*, jun. 1949.

1. Essa idéia encontra-se enunciada especialmente em muitas passagens, e sob diversas formas, no *Tao-te-King*; ela é atribuída de modo particular, na tradição extremo-oriental, às vicissitudes do *yin* e do *yang*.
2. *João*, 3, 30.

de descendente é o período "triste", isto é, maléfico ou desfavorável. E o mesmo caráter é naturalmente atribuído à porta solsticial que abre cada um desses dois períodos, nos quais o ano encontra-se dividido em razão do próprio percurso do Sol.

Sabemos por outro lado que, no cristianismo, as festas dos dois São Joões possuem uma relação direta com os solstícios.[3] E o mais notável, embora não tenhamos visto jamais uma referência sequer a respeito, é que o que acabamos de lembrar está de uma certa forma enunciado pelo duplo sentido do próprio nome João.[4] De fato, a palavra *hanan*, no hebreu, tem ao mesmo tempo o sentido de "benevolência" e "misericórdia" e de "louvor" (e é pelo menos curioso constatar que palavras como "grâce" e "merci", no francês [e como graça(s), no português], têm exatamente a mesma dupla significação); por conseguinte, o nome *Jahanan* pode significar "misericórdia de Deus" e também "louvor a Deus". É fácil portanto perceber que o primeiro desses dois sentidos parece convir de modo particular a São João Batista e o segundo a São João Evangelista; aliás, pode-se dizer que a misericórdia é evidentemente "descendente" e o louvor "ascendente", o que nos leva de volta à sua relação com as duas metades do ciclo anual.[5]

Com relação aos dois São Joões e seu simbolismo solsticial, é também interessante considerar um símbolo que parece ser peculiar à maçonaria anglo-saxônica, ou que pelo menos só foi conservado por ela: trata-se do círculo com um ponto no centro, compreendido entre duas tangentes paralelas. Essas tangentes são tidas por representar os dois São Joões. O círculo é aqui, de fato, a figura do ciclo anual e sua significação solar torna-se mais clara pela presença do ponto central, pois essa figura é também o

3. Elas se situam na realidade um pouco após a data exata dos dois solstícios, o que ressalta de modo ainda mais claro o seu caráter, pois a descida e a subida já se iniciaram na realidade; a isso corresponde, no simbolismo védico, o fato de se dizer que as portas do *pitri-loka* e do *dêva-loka* situam-se, respectivamente, não ao sul e ao norte exatamente, mas na direção do sudoeste e do nordeste.

4. Pretendemos falar aqui da significação etimológica desse nome no hebreu; quanto à aproximação entre João e Jano, é claro que se trata de uma assimilação fonética que não tem evidentemente qualquer relação com a etimologia, mas nem por isso é menos importante do ponto de vista simbólico, pois, de fato, as festas dois São Joões ocuparam o lugar das de Jano nos solstícios de verão e inverno.

5. Lembraremos aqui, ligando-a em especial às idéias de "tristeza" e "alegria" que indicamos mais acima, a figura "folclórica" francesa bem conhecida, mas sem dúvida em geral muito pouco compreendida, de "João que chora e João que ri", que no fundo é uma representação equivalente aos dois rostos de Jano; "João que chora" é o que implora a misericórdia de Deus, ou seja, São João Batista, e o "João que ri" é o que lhe dirige louvores, isto é, São João Evangelista.

signo astrológico do Sol. E as duas retas paralelas são tangentes ao círculo nos dois pontos solsticiais, marcando assim seu caráter de "pontos-limites", pois tais pontos são como que o limite que o Sol não pode jamais ultrapassar em seu percurso. É por essas linhas corresponderem assim aos dois solstícios que se pode também dizer que representam os dois São Joões. Existe contudo nessa figuração uma anomalia pelo menos aparente: o diâmetro solsticial do ciclo anual, como explicamos em outras ocasiões, deve ser entendido como relativamente vertical em comparação com o diâmetro equinocial, e é aliás apenas desse modo que as duas metades do ciclo, que vão de um solstício ao outro, podem na realidade aparecer como respectivamente ascendente è descendente, pois então os pontos solsticiais permanecerão como o ponto mais alto e o mais baixo do círculo. Nessas condições, as tangentes às extremidades do diâmetro solsticial, portanto perpendiculares a este último, serão necessariamente horizontais. No entanto, no símbolo em questão, as duas tangentes estão ao contrário figuradas como verticais; ocorre portanto nesse caso especial uma certa modificação no simbolismo geral do ciclo anual, mas que se explica de modo muito simples. Trata-se com toda evidência de uma assimilação estabelecida entre essas duas linhas paralelas e as duas colunas [maçônicas]. Além disso, estas últimas, que naturalmente só podem ser verticais, em virtude de se encontrarem situadas ao norte e ao sul, possuem uma relação efetiva com o simbolismo solsticial, ao menos de um certo ponto de vista.

Esse aspecto das duas colunas pode ser visualizado de forma mais nítida no caso do símbolo das "colunas de Hércules".[6] O caráter de Hércules como "herói solar" e a correspondência zodiacal de seus doze trabalhos são por demais conhecidos para que seja necessário insistir a respeito. É em particular por esse caráter solar que se justifica a significação solsticial das duas colunas, às quais seu nome está ligado. Assim sendo, a divisa *non plus ultra*, que está relacionada a essas duas colunas, passa a evidenciar uma dupla significação; por um lado, ela exprime, segundo a interpretação habitual referente ao ponto de vista terrestre e aliás válida em sua ordem, que as colunas marcam os limites do "mundo conhecido", ou seja, que na realidade elas são os limites que, por razões que seria interessante investigar, não era permitido aos viajantes ultrapassar; por outro lado, essa divisa indica ao mesmo tempo, e sem dúvida seria preciso dizer em primeiro lugar, que, do ponto de vista celeste, as colunas são os limites que o Sol não pode transpor

6. Na representação geográfica que coloca essas duas colunas em cada um dos lados do atual estreito de Gibraltar, é evidente que a situada na Europa é a coluna do norte, e a situada na África é a coluna do sul.

e entre as quais, como entre as duas tangentes que estávamos examinando há pouco, realiza-se interiormente seu curso anual.[7] Essas últimas considerações poderão parecer muito afastadas do nosso ponto de partida, mas, para dizer a verdade, não é o que ocorre, pois contribuem para a explicação de um símbolo que se refere de modo expresso aos dois São Joões. Além disso, pode-se dizer que, na forma cristã da tradição, tudo o que diz respeito ao simbolismo solsticial tem por isso mesmo relação mais ou menos direta com os dois São Joões.

7. Em antigas moedas espanholas, pode observar-se uma figuração das colunas de Hércules, ligadas entre si por uma espécie de bandeirola, sobre a qual está inscrita a divisa *non plus ultra*; mas o fato que parece muito pouco conhecido, e que assinalaremos aqui a título de curiosidade, é que desta figuração derivou o signo usual do dólar americano. No cifrão, contudo, a importância maior foi dada à bandeirola, que era de início apenas um acessório, e que foi transformado na letra S, com a qual se assemelhava, enquanto que as duas colunas, que constituíam o elemento essencial, foram reduzidas a dois pequenos traços paralelos, verticais como as duas tangentes ao círculo dos símbolos maçônico que acabamos de explicar. Isso se reveste de uma certa ponta de ironia, pois justamente a "descoberta" da América anulou de fato a antiga aplicação geográfica do *non plus ultra*.

SIMBOLISMO CONSTRUTIVO

39

O SIMBOLISMO DO DOMO*

Em um artigo da revista *The Indian Historical Quarterly* (março 1938), Ananda K. Coomaraswamy estudou a questão do simbolismo do domo, que é muito importante e tem, além disso, estreita ligação com certas considerações que desenvolvemos precedentemente, o que nos leva agora a examinar de modo especial os seus principais aspectos. O primeiro ponto essencial a esse respeito, em conexão com o valor propriamente simbólico e iniciático da arte arquitetônica, é que todo edifício construído de acordo com os dados tradicionais estritos apresenta, na estrutura e na disposição das diferentes partes de que se compõe, uma significação "cósmica", que dá margem além disso a uma dupla aplicação, conforme a relação analógica do macrocosmo e do microcosmo, ou seja, refere-se simultaneamente ao mundo e ao homem. Na verdade isso é válido, em primeiro lugar, para os templos e outros edifícios que tinham uma destinação "sagrada" no sentido mais estrito dessa palavra. Por outro lado, contudo, o mesmo ocorre com as simples habitações humanas, pois é preciso não esquecer que, na realidade, não existe nada "profano" nas civilizações integralmente tradicionais, de tal modo que só por efeito de uma profunda degeneração pôde-se chegar a construir casas sem se propor nada além de responder às meras necessidades materiais de seus habitantes, e que estes, por sua vez, tenham podido contentar-se com moradias concebidas segundo preocupações tão estreitas e rasteiramente utilitárias.

É evidente que a significação "cósmica" a que estamos nos referindo pode ser realizada de múltiplas formas, correspondentes a diferentes pontos de vista, que darão, assim, nascimento a diversos "tipos" arquitetônicos, cada um deles ligados em particular a uma ou outra forma tradicional.

* Publicado na revista *Études Traditionnelles*, out. 1938.

Limitar-nos-emos desta feita a examinar apenas um desses "tipos", que se constitui, aliás, num dos mais fundamentais e que é, também, por isso mesmo, de uma maneira geral, dos mais difundidos. Trata-se de uma estrutura constituída essencialmente por uma base de secção quadrada (pouco importa aqui que essa parte inferior tenha uma forma cúbica ou mais ou menos alongada), encimada por um domo ou uma cúpula de forma hemisférica mais ou menos rigorosa. Entre os exemplos mais característicos pode-se citar, com Coomaraswamy, o *stûpa* budista, e também, podemos acrescentar, a *qubbah* islâmica, cuja forma geral é muito semelhante.[1] É preciso ainda incluir nesse caso, entre outras, uma estrutura que pode não ser distinguida de modo claro à primeira vista, ou seja, a das igrejas cristãs nas quais está edificada uma cúpula acima da parte central.[2] Cabe também observar que um arco, repousando em seus dois pilares retilíneos, nada mais é que o corte vertical do domo. Nesse arco, a "chave de abóbada" que ocupa o topo corresponde evidentemente ao ponto mais elevado do domo; sobre a sua significação especial voltaremos a seguir.[3]

É fácil perceber, antes de mais nada, que as duas partes da estrutura que acabamos de descrever representam a Terra e o Céu, aos quais correspondem respectivamente as formas quadrada e circular (ou esférica, numa construção de três dimensões). Embora essa correspondência encontre-se indicada com maior insistência na tradição extremo-oriental, está muito longe de lhe ser exclusiva.[4] Visto que fizemos referência à tradição extremo-orien-

1. A finalidade desses dois edifícios é similar, pois o *stûpa*, ao menos na origem, era feito para conter relíquias, e a *qubbah* era erigida sobre o túmulo de um *walî* [equivalente a um "santo"].

2. Se a igreja tiver no seu conjunto a forma de uma cruz latina, tal como é o mais usual, convém notar que essa cruz pode ser obtida pelo desdobramento de um cubo, cujas faces são rebatidas sobre o plano da base (esse ponto encontra-se indicado de forma expressa no simbolismo maçônico do *Royal Arch*); a face da base, que naturalmente permanece em sua posição primitiva, corresponde então à parte central sobre a qual se eleva a cúpula.

3. Em certas figurações pertencentes à maçonaria do *Royal Arch*, a significação "celeste" do arco está formalmente indicada pela representação sobre ele de uma parte do zodíaco, ficando desta forma uma das "portas solsticiais" colocada na "chave de abóbada"; esta "porta" deveria normalmente ser diferente de acordo com o ponto em questão ser considerado como uma "entrada" ou uma "saída", tal como explicamos anteriormente.

4. Na iniciação maçônica, a passagem *from square to arch* ["do quadrado ao arco"] representa exatamente uma passagem "da Terra ao Céu" (daí o termo *exaltação* para designar a admissão ao grau de *Royal Arch*), ou seja, do âmbito dos "pequenos mistérios" para os dos "grandes mistérios", em seu duplo aspecto "sacerdotal" e "real",

tal, é interessante assinalar a esse respeito que, na China, a vestimenta dos antigos imperadores devia ser redonda no alto e quadrada embaixo. Tal vestimenta tinha, de fato, uma significação simbólica (do mesmo modo que todas as ações de sua vida, que estavam pautadas de acordo com os ritos), significação essa que é precisamente a mesma que estamos considerando a propósito da realização arquitetônica.[5] Podemos acrescentar desde já que, se considerarmos nesta última o todo da construção como "hipogeu", tal como ocorre às vezes de fato, literalmente em certos casos e simbolicamente em outros, retornaremos ao simbolismo da caverna como imagem do conjunto do "cosmos".

A essa significação geral acrescenta-se uma outra ainda mais precisa: o conjunto do edifício, considerado de cima para baixo, representa a passagem da Unidade primordial (à qual corresponde o ponto central ou o topo do domo, do qual a abóbada toda é apenas uma certa forma de expansão) ao quaternário da manifestação elementar;[6] inversamente, considerado de baixo para cima, é o retorno dessa manifestação à Unidade. A esse respeito, Coomaraswamy lembra, como tendo a mesma significação, o simbolismo védico dos três *Ribhus* que, do cálice (*pâtra*) único de *Twashtri*, fazem quatro cálices (e é evidente que sua forma é hemisférica como o domo). O número ternário que intervém aqui como intermediário entre a Unidade e o quaternário significa em particular, neste caso, que é só por meio das três dimensões do espaço que o "um" original pode tornar-se "quatro", o que é exatamente figurado pelo símbolo da cruz de três dimensões. O processo

pois o título completo correspondente é *Holy (and) Royal Arch*, ainda que, por razões históricas que não cabem aqui, a "arte sacerdotal" tenha acabado por desaparecer de certa forma diante da "arte real". As formas circular e quadrada são também lembradas pelo compasso e pelo esquadro que serviam para traçá-las, e que se associam como símbolos dos dois princípios complementares, tais como o são efetivamente o Céu e Terra. [Ver *A Grande Tríade*, cap. III.]

5. O Imperador, assim vestido, representava o "Homem verdadeiro", mediador entre o Céu e a Terra, cujos poderes reunia em sua própria natureza; e é exatamente nesse mesmo sentido que um mestre maçom (que também deveria ser um "homem verdadeiro" se tivesse realizado de modo efetivo sua iniciação) "encontra-se sempre entre o esquadro e o compasso". Assinalemos ainda, a esse respeito, um dos aspectos do simbolismo da tartagura; a parte inferior da carapaça, que é plana, corresponde à Terra, e a parte superior, que é arredondada em forma de domo, corresponde ao Céu. O próprio animal, entre essas duas carapaças, representa o homem entre o Céu e a Terra, completando assim a "Grande Tríade" que desempenha um papel de particular importância no simbolismo das organizações iniciáticas taoístas. [Cf. *A Grande Tríade*, cap. XV.]

6. De maneira idêntica, o plano crucial de uma igreja possui uma forma quaternária; o simbolismo numérico permanece portanto o mesmo nesse caso e no da base quadrada.

inverso é representado do mesmo modo pela lenda de Buda, que, tendo recebido quatro tigelas de esmolas dos *Mahârâjas* dos quatro pontos cardeais, fez delas uma só tigela, o que indica que, para o ser "unificado", o "Graal" (para empregar o termo tradicional ocidental que designa evidentemente o equivalente do *pâtra*) é de novo único como era no começo, isto é, no ponto de partida da manifestação cósmica.[7]

Antes de prosseguir, assinalaremos que a estrutura que estamos considerando também pode ser realizada horizontalmente: a um edifício de forma retangular, junta-se uma parte semicircular que será colocada em uma de suas extremidades, que está dirigida para o lado ao qual se atribui o significado de uma correspondência "celeste", numa espécie de projeção sobre o plano horizontal da base. Esse lado, nos casos mais conhecidos pelo menos, será aquele de onde vem a luz, ou seja, do oriente. O exemplo que se oferece de imediato, nesse caso, é o de uma igreja terminada por uma abside semicircular. Um outro exemplo é fornecido pela forma completa de um templo maçônico: sabe-se que a Loja propriamente dita é um "quadrado longo", ou seja, na realidade, um duplo quadrado, sendo o comprimento (do oriente para o ocidente) o dobro da largura (do norte para o sul).[8] Mas a esse duplo quadrado, que é o *Hikal*, acrescenta-se, no oriente, o *Debir* em forma de hemiciclo;[9] e esse plano é exatamente o mesmo da "basílica" romana.[10]

Dito isso, voltemos à estrutura vertical; como observa Coomaraswamy, o seu conjunto deve ser considerado em relação a um eixo central. Evidentemente é esse o caso de uma cabana, cujo teto em forma de domo está suportado por um poste que liga o topo do teto ao solo, e também o de

7. A propósito do *Twashtri* e dos três *Ribhus*, considerados como uma tríade de "artistas", podemos observar que, nas regras estabelecidas pela tradição hindu para a construção de um edifício, encontram de certa forma sua correspondência no arquiteto (*sthapati*) e seus três companheiros ou assistentes, o agrimensor (*sûtragrâhi*), o pedreiro (*vardhakî*) e o carpinteiro (*takashaka*); pode-se ainda encontrar equivalente desse ternário na maçonaria, onde se tornam, além disso, sob um aspecto "inverso", os "maus companheiros" assassinos de Hirão.

8. Segundo *O Críton* ["Crítias"] de Platão, o grande templo de Poseidonis, capital da Atlântida, tinha também por base um duplo quadrado; tomando o lado do quadrado como unidade, a diagonal do duplo quadrado é igual a $\sqrt{5}$.

9. No Templo de Salomão, o *Hikal* era o "Santo" e o *Debir* o "Santo dos Santos".

10. Em uma mesquita, o *mihrab*, que é um nicho semicircular, corresponde à abside de uma igreja, e indica de igual modo a *qiblah*, isto é, a orientação ritual; mas aqui, sendo essa orientação dirigida para um centro que é um ponto definido da superfície terrestre, torna-se naturalmente variável segundo os lugares.

certos *stûpas*, em que o eixo está figurado no interior, prolongando-se às vezes até mesmo acima do domo. No entanto, não é necessário que esse eixo, que representa o "Eixo do Mundo" esteja sempre presente de modo material. O que importa é que o centro do solo ocupado pelo edifício, isto é, o ponto situado diretamente sob o topo do domo, seja sempre virtualmente identificado ao "Centro do Mundo". Este, com efeito, não é um "lugar" no sentido transcendente e primordial, e, em conseqüência, pode realizar-se em todo "centro" regularmente estabelecido e consagrado, donde a necessidade de ritos que fazem da construção do edifício uma verdadeira imitação da própria formação do mundo.[11] Esse ponto é portanto um verdadeiro *omphalos* (*nâbhih prithivyâh* [sânscrito: "umbigo da terra"] em inúmeros casos é aí que está colocado o altar ou o lar,* quer se trate de um templo ou de uma casa. O altar é aliás, na realidade, um lar e inversamente, numa civilização tradicional, o lar deve ser visto como um verdadeiro altar doméstico; simbolicamente é aí que se realiza a manifestação de *Agni*, e lembraremos a esse respeito o que dissemos do nascimento do *Avatâra* no centro da caverna iniciática, pois é evidente que a significação é ainda a mesma, diferindo apenas a sua aplicação. Quando se executa uma abertura no topo do domo, é por aí que escapa a fumaça que se eleva do lar. E isso ainda, longe ter apenas uma razão puramente utilitária como poderiam imaginar os modernos, tem ao contrário um sentido simbólico muito profundo, que passaremos agora a examinar, precisando também a significação exata do topo do domo nas ordens macrocósmica e microscósmica.

11. Por vezes o próprio domo pode inexistir na construção, sem que, no entanto, o sentido simbólico seja alterado. Podemos nos referir ao tipo tradicional de uma casa disposta em quadrado em torno de um pátio interior; a parte central fica então a céu aberto, mas nesse caso é a própria abóbada celeste que desempenha o papel de um domo natural. Diremos de passagem a esse respeito que existe certa relação, em uma dada forma tradicional, entre a disposição da casa e a constituição da família. Assim, na tradição islâmica, a disposição quadrilateral da casa (que normalmente deveria ser inteira fechada para fora, abrindo-se as janelas para o pátio interior) está relacionada à limitação do número de esposas a no máximo quatro, tendo cada uma delas então por domínio exclusivo um dos lados do quadrilátero.

* O termo *lar* é aqui utilizado para designar estritamente a "parte da habitação, ou da cozinha, onde se acende o fogo" [N. T.].

40

O DOMO E A RODA *

Sabe-se que, de um modo geral, a roda é um símbolo do mundo: a circunferência representa a manifestação, produzida pela irradiação do centro. Esse simbolismo tem ainda naturalmente significações mais ou menos particularizadas, pois, além de se aplicar à totalidade da manifestação universal, pode também ser aplicado a uma certa esfera da manifestação. Um exemplo de particular importância desse último caso é aquele em que se encontram associadas duas rodas, correspondendo a partes diferentes do conjunto cósmico. Isso tem relação com o simbolismo do carro, tal como se encontra com particular freqüência na tradição hindu. Ananda Coomaraswamy expôs esse simbolismo em diversas oportunidades, entre as quais ao tratar do *chhatra* e do *ushnîsha*, num artigo do *The Poona Orientalist* (número de abril de 1938), do qual utilizaremos a seguir algumas considerações.

Em razão desse simbolismo, a construção de um carro, do mesmo modo que a construção arquitetônica que acabamos de tratar, é em essência a realização "artesanal" de um modelo cósmico. Vale a pena lembrar que é em razão de considerações dessa ordem que os ofícios de uma civilização tradicional possuem um valor espiritual e, na verdade, um caráter "sagrado", sendo isso o que normalmente os habilita a servir de "suporte" para uma iniciação. Há entre as duas construções em questão um exato paralelismo, como se nota de imediato ao constatarmos que o elemento fundamental do carro é o eixo (*aksha*, palavra idêntica a "axe", "eixo"), que representa aqui o "Eixo do Mundo" e equivale também ao pilar (*skambha*) central de um edifício, ao qual todo conjunto deve estar referido. Pouco importa de resto, como já dissemos, que o pilar esteja materialmente figurado ou não. Do

* Publicado na revista *Études Traditionnelles*, abr. 1938.

mesmo modo, diz-se em certos textos que o eixo do carro cósmico é apenas um "sopro separador" (*vyâna*) que, ocupando o espaço intermediário (*antarikasha*, explicado como *antary-aksha*), mantém o Céu e a Terra em seus respectivos lugares,[1] e que, além disso, ao mesmo tempo em que os separa, une-os também como uma ponte (*sêtu*) e permite passar de um ao outro.[2] As duas rodas, colocadas nas duas extremidades do eixo, representam então, de fato, o Céu e a Terra. E o eixo se estende de uma a outra, do mesmo modo que o pilar central se estende do solo ao topo da abóbada. Entre as duas rodas, e suportada pelo eixo, está a "caixa" (*kosha*), o corpo do carro, em que, de um outro ponto de vista, o soalho corresponde também à Terra, o envoltório lateral ao espaço intermediário, e o teto ao Céu. Como o soalho do carro cósmico é quadrado ou retangular, e o seu teto tem a forma de domo, reencontramos aqui a estrutura arquitetônica estudada antes.

Se considerarmos as duas rodas como representações do Céu e da Terra, poder-se-ia talvez objetar que, como são ambas circulares, a diferença de formas geométricas que lhes corresponde mais comumente não aparece nesse caso. Porém, nada nos impede de admitir que existe aí uma certa mudança de ponto de vista, em que a forma circular se justifica de qualquer modo como símbolo das revoluções cíclicas a que está submetida toda manifestação, tanto "terrestre" quanto "celeste". Entretanto, pode-se também, de uma certa maneira, recobrar essa diferença supondo que, enquanto a roda "terrestre" é plana a roda "celeste" tem, como o domo, a forma de uma secção da esfera [uma calota].[3] Tal consideração pode parecer estranha à primeira vista, mas existe de fato um objeto simbólico que une em si a estrutura da roda e do domo. Esse objeto, cuja significação "celeste" não sofre a menor dúvida, é o guarda-sol (*chhatra*): suas varetas são claramente similares aos raios da roda e, tal como estes, se juntam no cubo da roda; elas se reúnem de igual modo, em uma peça central (*karnikâ*) que as suporta e que é descrita como um "globo perfurado". O eixo, isto é, o cabo do

1. A isso corresponde exatamente, na tradição extremo-oriental, a comparação do Céu e da Terra às duas pranchas de um fole. O *antariksha* é também, na tradição hebraica, o "firmamento no meio das águas", separando as águas inferiores das superiores (*Gênesis*, 1, 6); a idéia expressada em latim pela palavra *firmamentum* corresponde, além disso, ao caráter "adamantino" atribuído com freqüência ao "Eixo do Mundo".

2. Encontram-se aqui, com toda nitidez, as duas significações complementares do *barzakh* na tradição islâmica [o "intervalo" ou "istmo" que une e separa].

3. Essa diferença de forma é a mesma que existe entre a parte inferior e a superior da carapaça da tartaruga, cujo simbolismo equivalente já indicamos em uma nota anterior [nota 5 do cap. 39].

guarda-sol, atravessa essa peça central, da mesma forma que o eixo do carro penetra no cubo da roda. O prolongamento desse eixo além do ponto de encontro das varetas ou dos raios corresponde ainda ao eixo de um *Stûpa*, no caso em que este se eleva em forma de mastro acima do topo do domo. É aliás, evidente que o próprio guarda-sol, pelas funções a que se destina, nada mais é que o equivalente "portátil", por assim dizer, de um teto abobadado.

É em razão de seu simbolismo "celeste" que o guarda-sol constitui-se numa das insígnias da realeza; é, para falar exatamente, um emblema do *Chakravartî* ou monarca universal[4] e, se ocorre ser atribuído também aos soberanos comuns, é apenas na medida em que estes o representam de certo modo, cada um no interior de seu próprio domínio, participando assim de sua natureza e identificando-se a ele em sua função cósmica.[5] Agora, importa observar que, por uma estrita aplicação do sentido inverso da analogia, o guarda-sol, na utilização comum que é feita no "mundo de baixo", é uma proteção contra a luz, ao passo que, enquanto representa o céu, suas varetas são ao contrário os próprios raios da luz. Bem entendido, é nesse sentido superior que o guarda-sol deve ser considerado enquanto atributo da realeza. Uma observação semelhante aplica-se também ao *ushnîsha*, entendido em seu sentido primitivo como uma cobertura para a cabeça, tendo de hábito a função de proteger contra o calor, mas que, quando atribuída simbolicamente ao Sol, representa inversamente o que irradia calor (e esse duplo sentido está contido na própria etimologia da palavra *ushnîsha*). Podemos acrescentar que, por sua significação "solar", o *ushnîsha*, que é um turbante e também pode ser uma coroa, o que aliás é no fundo a mesma coisa,[6] constitui-se ainda, como o guarda-sol, numa insígnia da realeza. Ambos estão assim associados ao caráter de "glória" inerente à realeza, ao invés de suprir uma simples necessidade prática, como ocorre com o homem comum.

Por outro lado, enquanto o *ushnîsha*[6] envolve a cabeça, o guarda-sol idenfica-se à própria cabeça; em sua correspondência "microcósmica", de fato, representa o crânio e os cabelos. Convém notar a esse respeito que,

4. Lembraremos, a esse respeito, que a própria designação *Chakravartî* refere-se também ao simbolismo da roda.

5. Já fizemos referência antes à função cósmica reconhecida ao Imperador pela tradição extremo-oriental; é evidente que estamos tratando aqui da mesma coisa. Em conexão com o que acabamos de dizer sobre a significação do guarda-sol, observaremos que, na China, o cumprimento dos ritos integrantes do "culto do Céu" estava reservado exclusivamente ao Imperador [cf. *A Grande Tríade*, cap. XVII].

6. Na tradição islâmica, o turbante, considerado em particular como a marca distinti-

no simbolismo de diversas tradições, os cabelos representam com maior freqüência os raios luminosos. Na antiga iconografia budista, o conjunto constituído pelo relevo dos pés, o altar ou o trono[7] e o guarda-sol (que correspondem respectivamente à Terra, ao espaço intermediário e ao Céu) representa de uma forma completa o corpo cósmico do *Mahâpurusha* ou do "Homem universal".[8] Do mesmo modo, o domo, em casos como o do *stûpa*, é também, sob certos aspectos, uma representação do crânio humano.[9] Essa observação é de particular importância em razão do fato de que a abertura pela qual passa o eixo, quer se trate do domo ou do guarda-sol, corresponde no ser humano ao *brahma-randhra*. Forneceremos a seguir maiores detalhes sobre esse último ponto.

va de um *sheikh* (quer na ordem exotérica, quer na esotérica), é designado de modo corrente como *tâj el-Islâm*; trata-se, portanto, de uma coroa (*tâj*) que, nesse caso, é o signo, não do poder temporal como o dos reis, mas de uma autoridade espiritual. Lembraremos ainda, a respeito da correspondência da coroa com os raios solares, a estreita relação existente entre seu simbolismo e o dos cornos, do qual já falamos em outra oportunidade [cf. Cap. 28].

7. O trono, enquanto assento é equivalente em certo sentido ao altar, sendo este o assento de *Agni*. O carro cósmico é também conduzido por Agni, ou pelo Sol, que tem por assento a "caixa" do carro. E no que se refere à relação do "Eixo do Mundo" com o *antariksha*, pode-se notar ainda que, quando o altar ou o lar está colocado sob a abertura central da abóbada de um edifício, a "coluna de fumaça" de *Agni*, que se eleva e sai por essa abertura, representa o "Eixo do Mundo".

8. Pode também, a propósito, referir-se à descrição do corpo "macrocósmico" de *Vaishwânara*, no qual o conjunto de esferas luminosas celestes é assimilada à parte superior da cabeça, ou seja, à abóbada craniana [ver *L'Homme et son devenir selon le Vêdânta*, cap. XII].

9. A. K. Coomaraswamy assinalou-nos que a mesma observação aplica-se aos "tumulus" pré-históricos, cuja forma parece ter com freqüência imitado intencionalmente a do crânio. Como além disso o "tumulus" ou o montículo é uma imagem artificial da montanha, a mesma significação deve ser atribuída ao seu simbolismo. A esse respeito, é interessante notar que o nome do *Gólgota* significa precisamente "crânio", do mesmo modo que o nome *Calvarium* pelo qual foi traduzido no latim; segundo uma lenda da Idade Média, mas cuja origem pode ser muito anterior, essa designação refere-se ao crânio de Adão, que teria sido enterrado nesse lugar (ou que, num sentido mais esotérico, identificar-se-ia à própria montanha). E isso nos leva de novo à consideração do "Homem universal". É esse crânio que, com grande freqüência, aparece figurado ao pé da cruz, e sabe-se que esta é ainda uma das representações do "Eixo do Mundo".

41

A PORTA ESTREITA*

No transcorrer de seu estudo sobre o simbolismo do domo, Ananda K. Coomaraswamy assinalou um ponto em particular digno de atenção no que se refere à figuração tradicional dos raios solares e sua relação com o "Eixo do Mundo": na tradição védica, o Sol está sempre no centro do Universo, e não em seu ponto mais alto, ainda que, no entanto, de um ponto qualquer, apareça situado no "topo da árvore".[1] Isso é fácil de compreender se considerarmos o Universo simbolizado pela roda, em cujo centro está o Sol, ficando todo estado de ser sobre a circunferência.[2] De qualquer ponto desta, o "Eixo do Mundo" é ao mesmo tempo um raio do círculo e um raio do Sol, que passa geometricamente através do Sol e prolonga-se além do centro até completar o diâmetro. Mas não é tudo; ele é também um "raio solar" cujo prolongamento não é passível de qualquer representação geométrica. Trata-se aqui da fórmula segundo a qual o Sol é descrito como tendo sete raios, dos quais seis, opostos dois a dois, formam o *trivid vajra* ["tríplice *vajra*], ou seja, a cruz de três dimensões. Uma dessas dimensões, que corresponde ao zênite e ao nadir, coincide com o nosso "Eixo do Mundo", enquanto que as correspondentes ao norte-sul e ao leste-oeste determinam a extensão de um "mundo" (*loka*) figurado pelo plano horizontal. Quanto ao "sétimo raio", que passa através do Sol, mas num sentido diferente dos que acabamos de indicar, por conduzir aos mundos supra-solares (considerados

* Publicado na revista *Études Traditionnelles*, dez. 1938.

1. Já indicamos em outras ocasiões a representação do Sol, em diferentes tradições, como fruto da "Árvore da Vida".

2. Essa posição central do Sol, e portanto invariável, dá-lhe aqui o caráter de um verdadeiro "pólo", ao mesmo tempo em que o situa sempre no zênite em relação a qualquer ponto do Universo.

como domínio da "imortalidade"), corresponde essencialmente ao centro e, por conseguinte, só pode ser representado pela própria intersecção dos braços da cruz de três dimensões.[3] Seu prolongamento além do Sol não é portanto de modo algum representável, o que corresponde de forma precisa ao seu caráter "incomunicável" e "inexprimível". Do nosso ponto de vista e de todo ser situado sobre a "circunferência" do Universo, esse raio termina no próprio Sol e identifica-se de certo modo com ele enquanto centro, pois ninguém pode ver através do disco solar por qualquer meio físico ou psíquico que seja. A passagem "além do Sol" (que é a "última morte" e a passagem para a verdadeira "imortalidade") só é possível na ordem puramente espiritual.

Agora importa observar, para unir essas considerações às que expusemos antes, que é por meio do "sétimo raio" que o "coração" de todo ser particular liga-se diretamente ao Sol. Ele é, portanto, o "raio solar" por excelência, o *sushumna* pelo qual essa conexão se estabelece de uma forma constante e invariável;[4] ele é também o *sutrâtmâ* ["fio do *Âtmâ*"] que une todos os estados do ser entre si e ao seu centro total.[5] Para aquele que retornou ao centro do seu próprio ser, o "sétimo raio" coincide necessariamente com o "Eixo do Mundo; e é para um tal ser que se diz que "o Sol se levanta sempre no zênite e se põe no nadir".[6] Assim, ainda que atualmente o "Eixo do Mundo" não seja o "sétimo raio" para um ser qualquer situado nesse ou naquele ponto particular da circunferência, ele o é no entanto de forma virtual, no sentido de que existe a possibilidade de identificar-se a ele pelo retorno ao centro, em qualquer estado da existência em que esse retorno seja efetuado. Poderíamos dizer ainda que o "sétimo raio" é o único "Eixo" verdadeiramente imutável, o único que, do ponto de vista universal, pode ser verdadeiramente designado por esse nome, e que todo "eixo" particular, relativo a uma situação contingente, só é na realidade um "eixo" em virtude dessa possibilidade de identificação com ele; aí está, em definitivo, o que dá toda significação a qualquer representação simbólica "localizada" do

3. Deve-se notar que, nas figurações simbólicas do Sol de sete raios, em especial nas antigas moedas indianas, ainda que os raios sejam forçosamente traçados em disposição circular em torno do disco central, o "sétimo raio" distingue-se dos demais pela sua forma diferenciada.

4. Ver *L'Homme et son devenir selon le Vêdânta*, cap. XX.

5. Refere-se a isso, na tradição islâmica, um dos sentidos da palavra *es-sirr*, literalmente o "segredo", empregada para designar o que existe de mais central em todo ser, e ao mesmo tempo sua relação direta com o "Centro" supremo, em razão desse caráter de "incomunicabilidade" que estamos falando.

6. *Chhândogya Upanishad*, 3º Prapâthaka, 8º Khanda, shrudi 10.

"Eixo do Mundo", como por exemplo a que já examinamos na estrutura dos edifícios construídos de acordo com as regras tradicionais, e em particular daqueles que são encimados por um teto em forma de domo. E é ao tema do domo que agora, em especial, devemos retornar.

Seja o eixo figurado materialmente sob a forma de árvore ou de pilar central, ou seja representado pela chama que se eleva e pela "coluna de fumaça" de *Agni* no caso em que o centro do edifício está ocupado pelo altar ou pelo lar,[7] ele sempre termina exatamente no topo do domo e, às vezes, como já assinalamos, até mesmo o atravessa e prolonga-se em forma de mastro, ou como o cabo do guarda-sol em outro exemplo cujo simbolismo é equivalente. É aqui visível que o topo do domo identifica-se ao cubo da roda celeste do "carro cósmico". Como já vimos que o centro dessa roda é ocupado pelo Sol, conclui-se que a passagem do eixo por esse ponto representa a passagem "além do Sol" e através dele, tal como tratamos mais acima. Acontece o mesmo quando, na ausência de uma figuração material do eixo, o domo é vazado, no topo, por uma abertura circular (pela qual escapa, no caso que acabamos de lembrar, a fumaça do lar colocado diretamente abaixo). Essa abertura é uma representação do próprio disco solar enquanto "Olho do Mundo", e é por ela que se efetua a saída para o "cosmo", tal como explicamos nos estudos consagrados ao simbolismo da caverna.[8] De qualquer forma, é por essa abertura central e apenas por ela que o ser pode passar ao *Brahma-loka* ["mundo de *Brahma*"], que é essencialmente um domínio "extracósmico".[9] Ela é também a "porta estreita" que, no simbolismo evangélico, de igual modo dá acesso ao "Reino de Deus".[10]

7. No caso que já assinalamos de uma habitação disposta em torno de um pátio interior a céu aberto (e só recebendo luz pelo lado interior), o centro desse pátio é, às vezes, ocupado por uma fonte; esta representa então a "Fonte da Vida", que sai do pé da "Árvore do Meio" (se bem que, na verdade, a árvore possa não estar aí figurada de modo material).

8. Entre os índios da América do Norte, que parecem ter conservado mais dados tradicionais perfeitamente reconhecíveis do que se acredita em geral, os diferentes "mundos" são com freqüência representados por uma série de cavernas superpostas, e é subindo por uma árvore central que os seres passam de um para o outro. É claro que o nosso próprio mundo é uma dessas cavernas, tendo o céu por abóbada.

9. Podemos nos referir, a esse respeito, às descrições do *dêva-yâna*, do qual o *Brahma-loka* é o ponto final "além do Sol".

10. No simbolismo do tiro com arco, o centro do arco tem idêntica significação. Sem insistir aqui sobre esse tema, lembraremos apenas que a flecha é ainda um símbolo "axial" e também uma das figuras mais freqüentes do "raio solar". Em certos casos, um fio está preso à flecha e deve atravessar o alvo; isso lembra de uma forma supreendente a figura evangélica do "buraco da agulha". E o símbolo do fio (*sûtra*) encontra-se também no termo *sûtrâtma*.

A correspondência "microcósmica" dessa "porta solar" é fácil de ser encontrada, sobretudo se nos referirmos à similaridade do domo com o crânio humano, que mencionamos anteriormente: o topo do domo é a "coroa" da cabeça, isto é, o ponto em que termina a "artéria coronária" sutil ou *sushumnâ*, que está no prolongamento direto do "raio solar" também denominado *sushumnâ*, e que é na realidade, ou pelo menos virtualmente, sua porção axial "intra-humana", se é que se pode assim falar. Esse ponto é o orifício denominado *brahma-randhra*, pelo qual escapa o espírito do ser em via de libertação, quando os laços que o unem ao composto corporal e psíquico humano (enquanto *jîvâtmâ*) foram rompidos.[11] É claro que esta via está exclusivamente reservada para o caso do ser "conhecedor" (*widwân*), para o qual o "eixo" identifica-se de forma efetiva ao "sétimo raio", e que está desde então pronto para sair em definitivo do "cosmo", passando "além do Sol".

11. A isso se relaciona, de forma muito clara, o rito da trepanação póstuma, cuja existência foi constatada em inúmeras sepulturas pré-históricas, e que se conservou até mesmo em épocas muito mais recentes entre certos povos. Na tradição cristã, aliás, a tonsura dos padres, cuja forma é também a do disco solar e do "olho" do domo, refere-se evidentemente ao mesmo simbolismo ritual.

42

O OCTÓGONO *

Voltemos agora à questão do simbolismo, comum à maior parte das tradições, relativo aos edifícios constituídos por uma base de secção quadrada, encimada por um domo ou por uma cúpula com forma hemisférica mais ou menos rigorosa. As formas quadradas ou cúbicas referem-se à Terra e as formas circulares ou esféricas ao Céu, do que resulta, de imediato, a significação dessas duas partes. Acrescentaremos que a Terra e o Céu não designam aqui, de modo único, os dois pólos entre os quais se produz toda manifestação, como ocorre em particular na Grande Tríade extremo-oriental, mas compreendem também, como no *Tribhuvana* hindu, os aspectos dessa manifestação que estão mais próximos desses dois pólos, e que, por essa razão, são denominados mundo terrestre e mundo celeste. Existe um ponto sobre o qual não tivemos ocasião de insistir anteriormente e que, no entanto, merece ser levado em consideração: na medida em que o edifício representa a realização de um "modelo cósmico", o conjunto de sua estrutura, se reduzido apenas a essas duas partes, estaria incompleto, pois na superposição dos "três mundos", faltaria o elemento correspondente ao "mundo intermediário". De fato, esse elemento existe também, visto que o domo ou a abóbada circular não pode repousar diretamente sobre a base quadrada e faz-se necessária, para permitir a passagem entre elas, uma forma de transição de algum modo intermediária entre o quadrado e o círculo, que é em geral a forma octogonal.

O octógono está na realidade, do ponto de vista geométrico, mais próximo do círculo que do quadrado, visto que um polígono regular aproxima-se cada vez mais do círculo, na medida em que aumenta o número de seus lados. Sabe-se com efeito que o círculo pode ser considerado como o limite para o qual tende um polígono regular quando o número de seus la-

* Publicado na revista *Études Traditionnelles*, jul.-ago. 1949.

dos cresce indefinidamente. E é possível ver aqui, de modo claro, o caráter do limite entendido no sentido matemático: não é o último termo de uma série que tende para ele, mas está fora e além desta série, pois, por maior que seja o número dos lados de um polígono, este jamais chegará a se confudir com o círculo, cuja definição é essencialmente diferente da dos polígonos.[1] Por outro lado, pode-se notar que na série de polígonos obtidos a partir do quadrado, dobrando a cada vez o número de lados, o octógono é o primeiro termo.[2] Ele é portanto o mais simples de todos os polígonos e pode ao mesmo tempo ser considerado como representativo de toda essa série de intermediários.

Do ponto de vista do simbolismo cósmico, visto em particular no seu aspecto espacial, a forma quaternária, isto é, a do quadrado em se tratando de polígonos, está em relação natural com os quatro pontos cardeais e suas diversas correspondências tradicionais. Para obter a forma octogonal é preciso considerar além disso, entre os quatro pontos cardeais, os quatro pontos intermediários,[3] que formam com eles o conjunto de oito direções, designadas pelas diversas tradições como os "oito ventos".[4] A consideração dos "ventos" apresenta aqui algo de muito notável: no ternário védico, as "deidades" que presidem respectivamente os três mundos, *Agni, Vâyu* e *Aditya*, é de fato *Vâyu* ["Vento"], que correponde ao mundo intermediário. A propósito, no que diz respeito às partes inferior e superior do edifício, que representam os mundos terrestre e celeste, cabe observar que o lar ou o altar, ao ocupar normalmente o centro da base, corresponde de modo evidente a *Agni* ["Fogo"], e que o "olho" que se encontra no topo do domo representa a "porta solar" e corresponde assim, de forma não menos rigorosa, à *Aditya* ["Sol"]. E *Vâyu*, na medida em que se identifica ao "sopro vital", tem relação evidente e imediata com o domínio psíquico ou a manifestação sutil, o que acaba por justificar completamente essa correspondência, quer considerada na ordem macrocósmica ou microcósmica.

1. Cf. *Les Principes du calcul infinitésimal*, caps. XII e XIII.
2. Ou o segundo, se contarmos o próprio quadrado como o primeiro termo; mas se falarmos da série de intermediários entre o quadrado e o círculo, como estamos fazendo aqui, na verdade o octógono é o primeiro termo.
3. Quando os pontos cardeais são relacionados com os elementos corporais, os pontos intermediários correspondem às qualidades sensíveis: quente e frio, seco e úmido.
4. Em Atenas, a "Torre dos Ventos" era octogonal. Cabe ainda ao menos indicar o caráter singular do termo "rosa dos ventos", empregado no dia-a-dia sem se prestar maior atenção: no simbolismo rosa-cruz, *Rosa Mundi* e *Rota Mundi* eram expressões equivalentes, e a *Rosa Mundi* era precisamente figurada com oito raios, correspondentes aos elementos e às qualidades sensíveis.

Na construção, a forma do octógono pode, é claro, ser realizada de diferentes modos, em particular pelos oito pilares que suportam a abóbada. Um exemplo disso pode ser encontrado na China, no caso do *Ming-tang*,[5] cujo "teto redondo é suportado por oito colunas que repousam sobre uma base quadrada como a Terra, visto que, para realizar tal quadratura do círculo, que vai da unidade celeste da abóbada ao quadrado dos elementos terrestres, é preciso passar pelo octógono, que se refere ao mundo intermediário das oito direções, das oito portas e dos oito ventos.[6] O mencionado simbolismo das "oito portas" explica-se pelo fato de que a porta é essencialmente um lugar de passagem, representando, como tal, a transição de um estado a outro e, de modo mais especial, de um estado "exterior" a um estado "interior", ao menos relativamente, já que a relação do "exterior" com o "interior", quanto ao mais e em qualquer nível que se situe, é sempre comparável à relação entre o mundo terrestre e o mundo celeste.

No cristianismo, os antigos batistérios tinham a forma octogonal e, apesar do esquecimento ou da negligência com o simbolismo a partir da época do Renascimento, essa forma encontra-se em geral ainda hoje nas pias batismais.[7] Aqui também se trata, de forma evidente, de um lugar de passagem ou de transição. Aliás, nos primeiros séculos, o batistério situava-se fora da igreja e só aqueles que haviam recebido o batismo eram admitidos no seu interior. É claro que o fato de as pias terem sido depois transferidas para a própria igreja, e sempre próximas à entrada, em nada muda sua significação. Em certo sentido, de acordo com o que acabamos de dizer, a igreja tem uma relação com o mundo exterior que corresponde à imagem do mundo celeste em relação ao mundo terrestre, e o batistério, pelo qual é preciso passar para ir de um ao outro, corresponde portanto ao mundo intermediário. Mas o batistério possui uma relação ainda mais direta com o mundo intermediário devido ao caráter do rito que nele se realiza, e que é na verdade o meio pelo qual se efetua uma regeneração no domínio psíquico, isto é, nos elementos do ser que pertencem pela sua natureza a esse mundo intermediário.[8]

A propósito das oito direções ressaltamos uma concordância entre diferentes formas tradicionais que, embora referindo-se a uma outra ordem

5. Cf. *A Grande Tríade*, cap. XVI.
6. Luc Benoist, *Art du monde*, p. 90.
7. Cf. *ibid.*, p. 65.
8. Ao consagrar a água, o padre traça sobre a sua superfície, com seu sopro, um sinal com a forma da letra grega *psi*, inicial da palavra *psyché*, o que é muito significativo, pois efetivamente é na ordem psíquica que deve operar a influência para a qual a água serve como veículo. É fácil também ver a relação desse rito com o "sopro vital" de que falamos mais acima.

de considerações, parece-nos bastante digna de atenção e nos leva a observar uma citação de Luc Benoist,[9] que assinala: "No *Scivias* de Santa Hildegarda, o trono divino que rodeia os mundos é representado por um círculo sustentado por oito anjos." O "trono que rodeia os mundos" é uma tradução tão exata quanto possível da expressão árabe *El-Arsh El-Muhît*, e uma representação idêntica encontra-se também na tradição islâmica, segundo a qual o trono é sustentado por oito anjos que, como já explicamos em outra parte,[10] correspondem às oito direções e aos grupos de letras do alfabeto árabe. É preciso reconhecer que tal "coincidência" é antes de mais nada supreendente! Aqui já não é mais do mundo intermediário que se trata, a menos que se possa dizer que a função desses anjos estabelece uma conexão entre o mundo intermediário e o mundo celeste. Seja como for, esse simbolismo pode no entanto, sob um certo aspecto pelo menos, ser ligado ao anterior, lembrando-se do texto bíblico segundo o qual Deus "fez dos Ventos seus mensageiros"[11] e observando que os anjos são literalmente os "mensageiros" divinos.

9. *Op. cit.*, p. 79.
10. *Note sur l'angélologie de l'alphabet arabe*, na *Études Traditionnelles*, ago.-set. 1938.
11. *Salmos*, 104, 4.

43

A "PEDRA ANGULAR"*

O simbolismo da "pedra angular", na tradição cristã, baseia-se no seguinte texto: "A pedra que os construtores rejeitaram tornou-se a principal pedra de ângulo" ou, mais exatamente, "a cabeça de ângulo" (*caput anguli*).[1] O estranho é esse simbolismo ser no mais das vezes mal compreendido, em conseqüência de uma confusão que em geral se faz entre a "pedra angular" e a "pedra fundamental", à qual se refere esse outro texto ainda mais conhecido: "Tu és Pedro e sobre esta pedra edificarei minha Igreja, e as portas do Inferno nunca prevalecerão contra ela."[2] Essa confusão é estranha, afirmamos, pois do ponto de vista específico do cristianismo significa, de fato, confundir São Pedro com o próprio Cristo, visto ser este designado de forma expressa como "pedra angular", tal como mostra a seguinte passagem de São Paulo, que, além do mais, distingue-a claramente das "fundações" do edifício: "Sois um edifício construído sobre o fundamento dos apóstolos e dos profetas, com o próprio Jesus Cristo como pedra principal do ângulo (*sumo angulari lapide*); Nele, bem ajustado, o edifício inteiro se ergue em templo sagrado, no Senhor; e vós, também, nele sois co-edificados para serdes uma habitação de Deus, no Espírito."[3] Se o equívoco em questão fosse apenas moderno, sem dúvida não haveria motivo para surpresa, mas parece já encontrar-se em tempos nos quais não é mais possível atribuí-lo pura e simplesmente à ignorância do simbolismo. Somos portanto levados a perguntar se, na realidade, não se trataria antes, na origem, de uma "substituição" intencional, que se explica pelo papel de São Pedro como "substituto"

* Publicado na revista *Études Traditionnelles*, abr.-mai. 1940.

1. *Salmos*, 118, 22; *Mateus*, 21, 42; *Marcos*, 12, 10; *Lucas*, 20, 17.
2. *Mateus*, 16, 18.
3. *Epístola aos Efésios*, 2, 20-22.

de Cristo (no latim *vicarius*, correspondendo nesse sentido ao árabe *Khalîfah*). Se assim for, esse modo de "velar" o simbolismo da "pedra angular" parece indicar que esta era considerada como algo que encerrava um particular mistério, e veremos a seguir que tal suposição está longe de ser injustificada.[4] Seja como for, existe nesta identificação das duas pedras, mesmo do ponto de vista da simples lógica, uma impossibilidade que aparece de forma clara, desde que se examinem com um pouco de atenção os textos citados: a "pedra fundamental" é colocada em primeiro lugar, exatamente no início da construção de um edifício (e é por isso que ela é também denominada "primeira pedra").[5] Conseqüentemente, como poderia ela ser transferida durante o desenrolar dessa própria construção? Para que assim seja, é preciso ao contrário que a "pedra angular" tenha uma tal forma que não possa ainda encontrar seu lugar. E, de fato, como veremos, ela só pode encontrá-lo no momento da conclusão do edifício como um todo, tornando-se, assim, em realidade a "cabeça de ângulo".

Em um artigo já indicado,[6] Ananda Coomaraswamy observa que a intenção do texto de São Paulo é evidentemente representar Cristo como o único princípio do qual depende todo edifício da Igreja, e acrescenta que "o princípio de uma coisa não é nem uma de suas partes em relação às demais, nem a totalidade de suas partes, mas sim aquilo a que todas as partes são reduzidas numa unidade sem composição". A "pedra fundamental" (*foundation-stone*) pode também, num certo sentido, denominar-se "pedra de ângulo" (*corner-stone*) tal como se faz habitualmente, porque ela é colocada em um ângulo ou em um "canto" (*corner*) do edifício,[7] mas ela não é única

4. A "substituição" também pode ser ajudada pela similaridade fonética existente entre o nome hebreu *Kephas*, que significa "pedra", e a palavra grega *Kephalê*, "cabeça"; mas não há entre essas duas palavras qualquer outra relação, e o fundamento de um edifício não pode evidentemente ser identificado à sua "cabeça", ou seja, ao seu topo, o que resultaria em inverter todo o edifício. Poderíamos, além disso, nos perguntar se tal "inversão" não tem alguma correspondência simbólica com a crucificação de São Pedro de cabeça para baixo.

5. Essa pedra deve ser colocada no ângulo nordeste do edifício. Devemos notar a esse respeito que cabe distinguir, no simbolismo de São Pedro, diversos aspectos ou funções correspondentes a diferentes "situações", visto que, por outro lado, enquanto *janitor* ["porteiro"], seu lugar está no ocidente, onde se encontra a entrada de toda igreja normalmente orientada. Além disso, São Pedro e São Paulo são também representados como as duas "colunas" da Igreja, sendo então de hábito figurados, o primeiro com as chaves e o outro com a espada, na atitude de dois *dwârapâlas* [*yaksha* ou "gênios" que, no hinduísmo, guardam o umbral de certas portas sagradas].

6. *Eckstein*, na *Speculum*, jan. 1939.

7. Seremos obrigados, neste estudo, a nos referir com freqüência aos termos "técni-

nesse caso, pois o edifício tem necessariamente quatro ângulos. Mesmo que se queira falar da "primeira pedra" em particular, ela não difere em nada das pedras de base dos outros ângulos, salvo pela sua situação,[8] e não se distingue nem por sua forma nem por sua função, nada mais sendo, em suma, que um dentre os quatro suportes iguais entre si. Seria possível dizer que qualquer uma dessas quatro *corner-stones* "reflete" de alguma forma o princípio dominante do edifício, mas não se poderia de modo algum considerá-la como o próprio princípio.[9] Além disso, se a questão estivesse aí na verdade, não se poderia logicamente falar "da pedra angular", visto que, de fato, seriam quatro. Esta portanto deve ser em essência alguma coisa diferente da *corner-stone*, entendida no sentido corrente de "pedra fundamental", tendo apenas em comum o caráter de pertencerem ao mesmo simbolismo "construtivo".

Acabamos de nos referir à forma da "pedra angular", o que é de fato um ponto de particular importância, pois essa pedra tem uma forma especial e única, que a diferencia de todas as outras, e também porque não só não encontra seu lugar no transcurso da construção, como que ainda os próprios construtores não podem compreender qual seja a sua finalidade. Se eles a compreendessem, é evidente que não a rejeitariam e se contentariam em guardá-la até o fim. Porém, perguntam-se: "o que farão com a pedra"? – e não podendo encontrar uma resposta satisfatória para essa questão decidem, acreditando-a inutilizável, "lançá-la entre os entulhos" (*to heave it over among the rubbish*).[10] A destinação dessa pedra só pode ser compreendida por uma outra categoria de construtores, que não intervém ainda nesse estágio: são os que transpuseram "o esquadro e o compasso", e por essa distinção é preciso naturalmente entender a diferença das formas geométricas que esses dois instrumentos servem para traçar, isto é, o quadrado e o

cos" ingleses que, por pertencerem primitivamente à linguagem da antiga maçonaria operativa, foram conservados por toda parte, em especial nos rituais da *Royal Arch Masonry* e nos graus acessórios que lhe estão ligados, rituais estes que não têm qualquer equivalente em francês; veremos que certos termos são de difícil tradução.

8. De acordo com o ritual operativo, esta "primeira pedra" é, como dissemos, a do ângulo nordeste; as pedras dos demais ângulos são a seguir colocadas sucessivamente, de acordo com o sentido do curso aparente do Sol, ou seja, na ordem: sudeste, sudoeste, noroeste.

9. Essa "reflexão" tem evidentemente relação direta com a substituição que indicamos.

10. A expressão *to heave over* é muito singular e, ao que parece, inusitada nesse sentido no inglês moderno; aparentemente, significa "levantar" ou "erguer", mas de acordo com o resto da frase citada, fica claro que, na realidade, trata-se mais da "rejeição" da pedra.

círculo, que simbolizam de um modo geral, como se sabe, a Terra e o Céu. Aqui, a forma quadrada corresponde à parte inferior do edifício, e a forma circular à sua parte superior, que, nesse caso, deve ser constituída por um domo ou uma abóbada.[11] De fato, a "pedra angular" é na realidade uma "chave de abóbada" (*keystone*). A. Coomaraswamy diz que, para exprimir o verdadeiro significado da expressão, "tornou-se a cabeça de ângulo" (*is become the head of the corner*), poder-se-ia traduzi-la por *is become the keystone of the arch*, o que é perfeitamente exato. E assim essa pedra, tanto por sua forma, quanto por sua posição, é com efeito única no edifício todo, tal como deve ser para poder simbolizar o princípio do qual tudo depende. Poderá parecer surpreendente que a representação do princípio seja apenas colocada em último lugar na construção; esta porém, em seu conjunto, poderíamos dizer, está ordenada em relação a ela (o que São Paulo exprime ao dizer que "nela o edifício inteiro se ergue em templo sagrado, no Senhor"), e que é nela que encontra finalmente sua unidade. Existe aí, também, uma aplicação da analogia, que já explicamos em outras ocasiões, entre o "primeiro" e o "último", ou o "princípio" e o "fim": a construção representa a manifestação na qual o princípio só aparece como o arremate último. É precisamente em virtude dessa mesma analogia que a "primeira pedra", ou "pedra fundamental", pode ser considerada como um "reflexo" da "última pedra", que é a verdadeira "pedra angular".

O equívoco implícito numa expressão como *corner-stone* repousa em definitivo sobre os diferentes sentidos possíveis da palavra "ângulo". Coomaraswamy observa que, nas diferentes línguas, as palavras que significam "ângulo" estão com freqüência relacionadas a outras que significam "cabeça" e "extremidade": no grego, *kephalê*, "cabeça", e na arquitetura "capitel" (*capitulum*, diminutivo de *caput*) só pode aplicar-se a um topo; porém, *akros* (sânscrito *agra*) pode indicar uma extremidade em qualquer direção, ou seja, no caso de um edifício, tanto o topo como um dos quatro "cantos" (sendo esta última palavra, *coin* no francês, etimologicamente aparentada do grego *gônia*, "ângulo"), ainda que muitas vezes se aplique de preferência ao topo. Porém, o mais importante do ponto de vista dos textos que se referem à "pedra angular" na tradição judaico-cristã, é a consideração da palavra hebréia que significa "ângulo" – a palavra *pinnah* – encontrada em expressões como *eben pinnah*, "pedra de ângulo", e *rosh pinnah*, "ca-

11. Essa distinção é, em outros termos, a mesma que existe entre a *Square Masonry* e a *Arch Masonry*, que por suas respectivas relações com a "Terra" e o "Céu", ou com as partes do edifício que representam, correspondem aqui aos "pequenos mistérios" e aos "grandes mistérios".

beça de ângulo". Mas é particularmente notável que, em sentido figurado, a mesma palavra *pinnah* é empregada para significar "chefe". Uma expressão que designa os "chefes do povo" (*pinnoth ha-am*) é traduzida literalmente na Vulgata por *angulos populorum.*[12] O "chefe" é etimologicamente o "cabeça" (*caput*) e *pinnah* liga-se por sua raiz a *pnê*, que significa "face". É evidente a estreita relação entre as idéias de "cabeça" e de "face" e, além disso, o termo "face" pertence a um simbolismo em geral muito difundido e que mereceria ser examinado à parte.[13]

Uma outra idéia conexa é a de "ponta" (que se encontra no sânscrito *agra*, no grego *akros*, no latim *acer* e *acies*). Já falamos do simbolismo das pontas a propósito das armas e dos cornos,[14] e vimos que se refere à idéia de extremidade e, mais em particular, de extremidade superior, isto é, o ponto mais elevado ou o topo. Todos esses paralelos apenas confirmam o que dissemos a respeito da situação da "pedra angular" no topo do edifício: mesmo existindo outras "pedras angulares" no sentido mais geral dessa expressão,[15] só aquela é na, realidade, "*a* pedra angular' por excelência.

Podemos encontrar outras indicações interessantes nas significações da palavra árabe *rukn*, "ângulo" ou "canto". Essa palavra, por designar as extremidades de uma coisa, isto é, suas partes mais recuadas e por conseqüência mais ocultas (*recondita* e *abscondita*, poderíamos dizer em latim), toma, às vezes, o sentido de "segredo" ou de "mistério". Sob esse aspecto, o plural *arkân* está próximo do latim *arcanum*, que tem o mesmo sentido, e com o qual apresenta uma semelhança surpreendente. Quanto ao mais, na linguagem dos hermetistas pelo menos, o emprego do termo "arcano" foi certamente influenciado de uma forma direta pela palavra árabe em questão.[16] Por outro lado, *rukn* tem ainda o sentido de "base" ou "fundação",

12. *I Samuel*, 14, 38; a versão grega dos *Setenta* emprega também nessa passagem a palavra *gônia*.

13. Cf. A. M. Hocart, *Les Castes*, pp. 151-4, a propósito da expressão "faces da terra". empregada nas ilhas Fuji para designar os chefes. A palavra grega *Karai*, nos primeiros séculos do cristianismo, servia para designar as cinco "faces" ou "cabeças da Igreja", ou seja, os cinco patriarcados principais, cujas iniciais reunidas formavam exatamente essa mesma palavra: Constantinopla, Alexandria, Roma, Antióquia e Jerusalém.

14. Pode-se observar que a palavra inglesa *corner* é evidentemente derivada de "corno".

15. Nesse sentido, não só existem quatro "pedras angulares" na base, mas também em um nível qualquer da construção. E essas pedras são todas da mesma forma comum: retilínea e retangular (ou seja, talhadas *on the square*; a palavra *square* tem, aliás, o duplo sentido de "esquadro" e "quadrado"), ao contrário do que ocorre no caso único da *keystone*.

16. Poderia ser interessante investigar se existe um parentesco etimológico real entre

o que nos reconduz à *corner-stone* entendida como "pedra fundamental". Na terminologia alquímica, *el-arkân*, quando essa designação é empregada sem outra indicação, refere-se aos quatro elementos, isto é, às "bases" substanciais do nosso mundo, que são comparáveis, assim, às pedras de base dos quatro ângulos de um edifício, visto ser sobre elas que, de algum modo, é construído todo o mundo corporal (representado pela forma quadrada).[17] E por aí retornamos diretamente ao próprio simbolismo que nos ocupa no momento. De fato, não existe apenas esses quatro *arkân* ou elementos "básicos", mas também um quinto *rukn*, um quinto elemento ou a "quintessência" (isto é, o éter, *el-athîr*), que não se encontra sobre o mesmo "plano" dos outros, pois não é simplesmente uma base como eles, mas sim o próprio princípio deste mundo.[18] Ele será portanto representado pelo quinto "ângulo" do edifício, localizado em seu topo. É a esse "quinto", na realidade o "primeiro", que convém propriamente a designação de ângulo supremo, de ângulo por excelência ou "ângulo dos ângulos" (*rukn el-arkân*), pois é nele que a multiplicidade dos outros ângulos fica reduzida à unidade.[19] Podemos ainda notar que a figura geométrica obtida pela junção desses cinco ângulos é a pirâmide com base quadrangular: as arestas laterais da pirâmide emanam do seu topo como raios, do mesmo modo que os quatro elementos comuns, representados pelas extremidades inferiores dessas arestas, procedem do quinto e são produzidos por ele. É também de acordo com essas mesmas arestas, que intencionalmente comparamos aos raios por essa razão (e também em virtude do caráter "solar" do ponto do qual provêm, conforme examinamos ao tratar do "olho" do domo), que a "pedra angular" do topo

essas duas palavras, árabe e latina, mesmo no uso antigo desta última (por exemplo na *disciplina arcani* dos cristãos dos primeiros tempos), ou se decorre apenas de uma "convergência" que só se produziu posteriormente, entre os hermetistas da Idade Média.

17. Essa assimilação dos elementos aos quatro ângulos de um quadrado está naturalmente relacionada à correspondência existente entre esses mesmos elementos e os pontos cardeais.

18. Estaria no mesmo plano (em seu ponto central) se tal plano fosse considerado como representação de um estado completo de existência, mas que não é aqui o caso, pois é todo o conjunto do edifício que representa a imagem do mundo. Notemos a propósito que a projeção horizontal da Pirâmide, da qual falamos mais atrás, é constituída pelo quadrado da base com suas diagonais, onde se projetam as arestas laterais, ficando o topo no ponto de encontro dessas diagonais, isto é, no próprio centro do quadrado.

19. No sentido de "mistério" que indicamos mais acima, *rukn el-arkân* equivale a *sirr el-asrâr* ["mistério dos mistérios"], que é representado, como explicamos em outra ocasião, pelo ponto superior da letra *alif*, que por sua vez figura o "Eixo do Mundo". Este último, conforme veremos ainda melhor a seguir, corresponde exatamente à posição da *keystone*.

se "reflete" em cada uma das "pedras fundamentais" dos quatro ângulos da base.

Enfim, no que acaba de ser dito encontra-se a indicação muito clara de uma correlação entre o simbolismo alquímico e o simbolismo arquitetônico, que se explica, aliás, pelo seu caráter "cosmológico" comum. Trata-se de um ponto importante, sobre o qual voltaremos a propósito de outros paralelos da mesma ordem.

A "pedra angular", tomada em seu verdadeiro sentido de pedra "do topo", é designada ao mesmo tempo, em inglês, por *keystone, capstone* (encontrando-se escrito às vezes *capestone*), e por *copestone* (ou *coping-stone*). A primeira dessas três palavras é facilmente compreensível, pois é o equivalente exato do termo "chave de abóbada" (ou de arco, pois a palavra pode na realidade aplicar-se tanto à pedra que forma o topo de um arco, como o de uma abóbada). Mas as duas outras palavras pedem maiores explicações. Em *capstone*, a palavra *cap* é evidentemente o *caput* latino, "cabeça", o que nos leva à designação desta pedra como a "cabeça de ângulo"; é exatamente a pedra que "acaba" ou "coroa" um edifício; é ainda um capitel, ou seja, o "coroamento" de uma coluna.[20] Falávamos do "acabamento", e ambas as palavras, *cap* e "cabeça", são de fato etimologicamente idênticas.[21] A *capstone* é portanto o *chef*, o "cabeça" do edifício ou da "obra", e em razão de sua forma especial, que para ser talhada requer conhecimentos ou capacida-

20. O termo "coroamento" é aqui comparável à designação "coroa" da cabeça, em razão da assimilação simbólica que assinalamos anteriormente do "olho" do domo ao *Brahma-randhra.* Sabe-se aliás, que a coroa, como os cornos, exprime em essência a idéia de elevação. Cabe notar ainda, a esse respeito, que o juramento do grau de *Royal Arch* contém uma alusão à "coroa do crânio" (*The crown of the skull*), que sugere uma relação entre a sua abertura (como nos ritos de trepanação póstuma) e o levantamento (*removing*) da *keystone.* Quanto ao mais, de um modo geral, as ditas "penalidades" enunciadas nos juramentos dos diferentes graus maçônicos, bem como os sinais que lhes correspondem, referem-se na realidade aos diversos centros sutis do ser humano.

21. Na significação da palavra "acabar" [*achever* no francês], ou da antiga expressão equivalente "levar a cabo" [no francês, "*mener à chef*"], a idéia de "cabeça" está associada à de "fim", o que corresponde inteiramente à situação da "pedra angular", ao mesmo tempo como "pedra do topo" e como "última pedra" do edifício. Mencionaremos ainda um outro termo francês derivado de *chef:* o *chevet* [extremidade da nave de uma igreja, onde está o altar-mor, em geral mais elevada que o resto da igreja, ("cabeceira" em português)]; o *chevet* é a "cabeça" da igreja, isto é, a extremidade oriental em que se encontra a abside, cuja forma semicircular corresponde, no plano horizontal, ao domo ou à cúpula em elevação vertical, tal como explicamos numa outra ocasião.

des particulares, é também, ao mesmo tempo, uma *chef-d'oeuvre* [ou seja, uma "obra-prima", uma "obra capital"], nos termos das corporações de ofícios.[22] É através dela que o edifício fica completamente terminado, ou, em outros termos, é finalmente levado à sua "perfeição".[23]

Quanto ao termo *copestone*, a palavra *cope* expressa a idéia de "cobrir", o que explica pelo fato, não apenas de que a parte superior do edifício é exatamente a sua "cobertura", mas também, e diríamos mesmo sobretudo, porque essa pedra se coloca de modo a cobrir a abertura do topo, ou seja, o "olho" do domo ou da abóbada, do qual já falamos anteriormente.[24] É em suma, sob esse aspecto, o equivalente de uma *roof-plate*, tal como observa o sr. Coomaraswamy, o qual acrescenta ainda que essa pedra pode ser considerada como a terminação superior ou o capitel do "pilar axial" (*skambha* no sânscrito, *stauros* no grego).[25] Esse pilar, como já explicamos, pode não estar representado materialmente na estrutura do edifício, mas nem por isso deixa de ser sua parte essencial, em torno da qual se ordena todo o conjunto. O caráter de topo do "pilar axial", presente de uma forma apenas "ideal", é indicado de um modo particularmente surpreendente no caso em que a "chave de abóbada" desce em forma de "pendente", passando para o interior do edifício, sem ser suportado de

22. A palavra "obra" é empregada ao mesmo tempo na arquitetura e na alquimia, e não é sem razão que fizemos essa comparação: na arquitetura, o acabamento de uma obra é a "pedra angular", e na alquimia é a "pedra filosofal".

23. É notável que, em certos ritos maçônicos, os graus que correspondem de modo mais ou menos exato à parte superior da construção que estamos tratando aqui (dizemos que é de modo mais ou menos exato, pois (ocorre às vezes em tudo isso uma certa confusão) são precisamente designados pelo nome de "graus de perfeição". Por outro lado, a palavra "exaltação", que designa o acesso ao grau de *Royal Arch*, pode ser entendida como referindo-se à posição elevada da *keystone*.

24. Encontra-se, para a colocação dessa pedra no lugar, a expressão *to bring forth the copestone*, cujo sentido é muito pouco claro à primeira vista. *To bring forth* significa literalmente "produzir" (no sentido etimológico do latim *producere*) ou "dar à luz", pois como a pedra tinha sido rejeitada anteriormente no decorrer da construção, não se trata agora, no dia da conclusão da obra, de "produzi-la" no sentido de uma "confecção", mas já que ela foi enterrada "entre os entulhos", significa antes desembaraçá-la, "dá-la novamente à luz", para colocá-la em evidência no topo do edifício, de modo que ela se torne a "cabeça de ângulo". Assim *to bring forth* opõe-se aqui a *to heave over*.

25. *Stauros* significa também "cruz" e sabemos que, no simbolismo cristão, a cruz é assimilada ao "Eixo do Mundo". Coomaraswamy relaciona esse termo ao sânscrito *sthâvara*, "firme" ou "estável", o que convém de fato a um pilar, e que, por outro lado, concorda exatamente com a significação de "estabilidade" dada à reunião dos nomes das duas colunas do Templo de Salomão.

modo visível por nada em .sua parte inferior.[26] Toda a construção tem seu princípio nesse pilar e todas as suas diferentes partes vêm finalmente unificar-se em sua "cumeeira", que é o topo desse mesmo pilar e a "chave de abóbada" ou a "cabeça de ângulo".[27]

A interpretação real da "pedra angular" como "pedra do topo" parece ter sido muito bem conhecida de um modo geral na Idade Média, tal como mostra em particular uma ilustração do *Speculum Humanae Salvationis* que reproduzimos aqui (fig. 14).[28] Essa obra foi muito difundida,

Fig. 14

26. O topo de um "pilar axial" corresponde, como dissemos, ao ponto superior da *alif* no simbolismo literal árabe. Recordemos também, a respeito dos termos *keystone* e "chave de abóbada", que o próprio simbolismo da chave tem de igual modo uma significação "axial".

27. Coomaraswamy lembra a identidade simbólica do teto (em especial quando tem a forma de abóbada) com o guarda-sol; acrescentaremos também que o símbolo chinês do "Grande Extremo" (*Tai-ki*) designa literalmente uma "cumeeira" ou "cume", ou seja, o topo "do teto do mundo".

28. *Manuscrito de Munique,* col. 146, fol. 35 (Lutz e Perdrizet, II, lâm. 64): a fotografia nos foi remetida por A. K. Coomaraswamy e reproduzida na *Art Bulletin,* XVII, p. 450, fig. 20, por Erwin Panofski, que considera essa ilustração como a mais próxima do protótipo, e que a esse respeito fala do *lapis in caput anguli* como uma *keystone.* Pode-

pois existem dela ainda várias centenas de manuscritos. Vemos nessa ilustração dois pedreiros com uma colher numa das mãos e, com a outra, sustentam a pedra que se preparam para colocar no topo de um edifício (aparentemente a torre de uma igreja, onde a pedra deve completar o topo), o que não deixa qualquer dúvida quanto à sua significação. É oportuno observar, a respeito dessa figura, que a pedra em questão, enquanto "chave de abóbada", ou em qualquer outra função similar, de acordo com a estrutura do edifício que irá "coroar", só pode, em virtude de sua própria forma, ser colocada pelo alto (sem o que, aliás, é evidente que poderia cair no interior do edifício). Por isso, ela representa de algum modo a "pedra descida do céu", expressão que se aplica muito bem a Cristo,[29] e que lembra também a pedra do *Graal* (o *lapsit exillis* de Wolfram von Eschenbach, que pode ser interpretado como *lapis ex coelis*).[30] Existe ainda um outro ponto importante a ser assinalado: o sr. Erwin Panofski observou que essa mesma ilustração mostra a pedra sob o aspecto de um objeto em forma de diamante (o que a aproxima de novo da pedra do *Graal*, igualmente descrita como tendo sido talhada em facetas). Essa questão merece ser examinada de perto, pois embora tal representação esteja longe de ser o caso mais geral, liga-se a outros aspectos do complexo simbolismo da "pedra angular", além daqueles que estudamos até aqui, e que também são interessantes para destacar os seus laços com todo o conjunto do simbolismo tradicional.

Antes de chegar a esse ponto, no entanto, resta-nos uma questão acessória por elucidar. Falávamos que a "pedra do topo" pode não ser uma "chave de abóbada" em todos os casos e, de fato, ela só o é em uma construção cuja parte superior tem a forma de domo. Em todos outros casos, por exemplo no de uma construção encimada por um teto pontiagudo ou em forma de tenda, nem por isso deixa de existir uma "última pedra" que, colocada no topo, desempenha desse ponto de vista o mesmo papel da "chave de abóbada" e, por conseqüência, corresponde também a esta simbolicamente, sem que no entanto seja possível designá-la por esse nome. É preciso

ríamos também dizer, segundo nossas explicações anteriores, que essa figura representa *the bringing forth of the copestone.*

29. Seria oportuno, desse ponto de vista, estabelecer um paralelo entre a "pedra descida do céu" e o "pão descido do céu", pois existem relações simbólicas importantes entre a pedra e o pão; mas isso está fora do tema do presente estudo. Em todos os casos a "descida do céu" representa naturalmente o *avatarana* ["descida do Avatar"].

30. Cf. também a pedra simbólica da *Estoile Internelle,* da qual falou o sr. Charbonneau-Lassay e que, do mesmo modo que a esmeralda do *Graal,* é uma pedra facetada; essa pedra, no cálice em que está colocada, corresponde exatamente à "jóia no lótus" (*mani padmê*) do budismo mahaiânico.

também falar do caso especial do *pyramídion*, ao qual já nos referimos numa outra ocasião. Deve ficar bem entendido que, no simbolismo dos construtores da Idade Média, que se apóia na tradição judaico-cristã e está ligado, como seu "protótipo", à construção do Templo de Salomão,[31] é certo que se trata, no que diz respeito à "pedra angular", de uma "chave de abóbada". E se a forma exata do Templo de Salomão deu margem a discussões do ponto de vista histórico, concorda-se em todo caso que sua forma não era piramidal. Trata-se de fatos que precisamos necessariamente levar em conta na interpretação dos textos bíblicos que se referem à "pedra angular".[32]

O *pyramídion*, ou seja, a pedra que forma a ponta superior da pirâmide, não é de modo algum uma "chave de abóbada", mas nem por isso deixa de ser o "coroamento" do edifício, e podemos observar que ele reproduz reduzidamente a forma da pirâmide inteira, como se todo o conjunto da estrutura estivesse assim sintetizado nessa pedra única; a expressão "cabeça de ângulo", no sentido literal, lhe convém de forma exata, do mesmo modo que o sentido figurado da palavra "ângulo" no hebreu, que designa o "chefe", ainda mais porque a pirâmide, partindo da multiplicidade da base para finalizar gradualmente na unidade do topo, é com freqüência tomada como símbolo de uma hierarquia. Por outro lado, segundo o que explicamos antes, a respeito do topo e dos quatro ângulos da base, em conexão com o significado da palavra árabe *rukn*, poderíamos dizer que a forma da pirâmide está de algum modo contida implicitamente em toda estrutura arquitetônica. O simbolismo "solar" dessa forma, que indicamos então, encontra-se expresso em particular no *pyramídion*, como mostram de modo claro as diversas descrições arqueológicas citadas pelo sr. Coomaraswamy: o ponto central ou o topo corresponde ao próprio Sol, e as quatro faces (cada uma das quais compreendida entre dois "raios" extremos que delimitam o domínio por ela representado) têm os mesmos aspectos secundários do próprio Sol, em relação aos quatro pontos cardeais para os quais essas faces estão

31. As "lendas" das corporações de ofícios em todos os seus ramos provam isso, tanto quanto as "sobrevivências" próprias da antiga maçonaria operativa que consideramos aqui.

32. Não poderia de modo algum tratar-se nesse caso, como pretenderam alguns, de uma referência a um incidente ocorrido na construção da "Grande Pirâmide", e em decorrência do qual ela teria permanecido inacabada, o que é, aliás, uma hipótese muito duvidosa e uma questão histórica provavelmente insolúvel. Por outro lado, o fato de ter ficado "inacabada" iria diretamente ao encontro do simbolismo segundo o qual a pedra rejeitada toma finalmente o seu lugar eminente como "cabeça de ângulo".

respectivamente voltadas. Apesar de tudo, não é menos verdadeiro que o *pyramídion* é apenas um caso particular da "pedra angular" e só a representa em uma forma tradicional especial, ou seja, a dos antigos egípcios. Para corresponder ao simbolismo judaico-cristão dessa pedra, que pertence a uma outra forma tradicional, seguramente muito diferente, falta-lhe um caráter essencial, que é o de ser uma "chave de abóbada".

Dito isso, podemos voltar à figuração da "pedra angular" sob a forma de um diamante. A. Coomaraswamy, no artigo a que nos referimos, parte de uma observação feita a respeito da palavra alemã *Eckstein*, que tem ao mesmo tempo o sentido de "pedra angular" e de "diamante".[33] Ele lembra, a propósito, as significações simbólicas do *vajra*, que já consideramos em diversas oportunidades: de um modo geral, a pedra ou o metal, considerado como o que há de mais duro e mais brilhante, foi tomado nas diferentes tradições como "um símbolo de indestrutibilidade, invulnerabilidade, estabilidade, luz e imortalidade". E, em particular, essas qualidades são com freqüência atribuídas ao diamante. A idéia de "indestrutibilidade" ou de "indivisibilidade" (ambas estão estreitamente ligadas e são expressas no sânscrito pela mesma palavra *akshara*) convém evidentemente à pedra que representa o princípio único do edifício (pois a verdadeira unidade é essencialmente indivisível). A idéia de "estabilidade" que, na ordem arquitetônica, se aplica com propriedade a um pilar, cabe igualmente a essa mesma pedra que constitui o capitel do "pilar axial", que, por sua vez, simboliza o "Eixo do Mundo". Este último, que Platão em especial descreve como um "eixo de diamante", é também, por outro lado, um "pilar de luz" (como símbolo de *Agni* e como "raio solar"). E, com mais forte razão, esta última qualidade aplica-se ("eminentemente", poderíamos dizer) ao seu "coroamento", que representa a própria fonte da qual emana enquanto raio luminoso.[34] No simbolismo hindu e budista, tudo o que tem uma significação "central" ou "axial" é, em geral, comparado ao diamante (por exemplo,

33. Stoudt, *Consider the lilies, how they grow*, a propósito da significação de um motivo ornamental em forma de diamante, explicado por escritos em que se fala de Cristo como sendo o *Eckstein*. O duplo sentido dessa palavra explica-se provavelmente, do ponto de vista etimológico, pelo fato de que pode ser entendida de igual modo como "pedra de ângulo" e como "pedra com ângulos", isto é, com facetas. Mas, bem entendido, essa explicação não esclarece o valor do paralelo simbólico indicado pela reunião dessas duas significações numa mesma palavra.

34. O diamante não talhado tem naturalmente oito ângulos, e o poste sacrifical (*yûpa*) deve ser feito "com oito ângulos" (*ashtashri*) para representar o *vajra* (que aqui também é entendido em seu outro sentido de "raio"). A palavra páli *attansa*, literalmente "com oito ângulos", significa ao mesmo tempo "diamante" e "pilar".

nas expressões tais como *vajrâsana*, "trono de diamante"). É fácil dar-se conta de que todas essas associações fazem parte de uma tradição que se pode dizer verdadeiramente universal.

E isso ainda não é tudo: o diamante é considerado a "pedra preciosa" por excelência. E, enquanto "pedra preciosa", é também um símbolo de Cristo, que se encontra desse modo identificado a um outro símbolo seu, a "pedra angular", ou então, se o preferimos, esses dois símbolos ficam assim reunidos em um só. Pode-se dizer, então, que a "pedra angular", enquanto representa um "acabamento" ou uma "realização",[35] é, na linguagem da tradição hindu, um *chintâmani*, o que equivale à expressão alquímica ocidental "pedra filosofal".[36] É muito significativo, sob esse ponto de vista, que os hermetistas cristãos falem de Cristo como sendo a verdadeira "pedra filosofal", com a mesma freqüência que se referem a ele como "pedra angular".[37] Desta forma, somos reconduzidos ao que dizíamos antes a propósito do duplo sentido em que pode compreender-se a expressão árabe *rukn el-arkân*, sobre a correspondência existente entre os simbolismos arquitetônico e alquímico.

Para terminar com uma nota de alcance geral este estudo já longo, mas sem dúvida ainda incompleto, pois trata-se de um assunto quase inesgotável, podemos acrescentar que a própria correspondência entre os simbolismos da arquitetura e da alquimia nada mais é, no fundo, que um caso particular da que existe também, ainda que de um modo talvez nem sempre tão manifesto, entre todas as ciências e artes tradicionais, que são simplesmente, na realidade, expressões e aplicações diversas das mesmas verdades de ordem primordial e universal.

35. Do ponto de vista "construtivo", é a "perfeição" da realização do plano do arquiteto; do ponto de vista da alquimia, é a "perfeição" ou o fim último da "Grande Obra"; existe uma correspondência exata entre ambos.

36. O diamante, entre as pedras, e o ouro, entre os metais, são o que existe de mais precioso, e têm de igual modo um caráter "luminoso" e "solar". Mas o diamante, da mesma maneira que a "pedra filosofal" à qual se assimila aqui, é tido como mais precioso ainda que o ouro.

37. O simbolismo da "pedra angular" encontra-se expressamente mencionado, por exemplo, em diversas passagens das obras herméticas de Robert Fludd, citadas por A. E. Waite, *The Secret Tradition in Freemasonry*, pp. 27-8. É preciso além disso dizer que esses textos parecem conter a confusão com a "pedra fundamental", que falamos no início; o próprio autor que os cita, ao falar em várias passagens do livro sobre a "pedra angular", não ajuda em nada a esclarecer a questão e acaba antes contribuindo para manter ainda essa confusão.

44

"LAPSIT EXILLIS"*

Ao falarmos do simbolismo da "pedra angular", tivemos a ocasião de mencionar de modo circunstancial o *lapsit exillis* de Wolfram von Eschenbach, e seria interessante retornar a essa questão, em particular devido aos múltiplos paralelos que propicia. Sob sua estranha forma,[1] essa expressão enigmática pode encerrar mais de uma significação: é certamente, antes de tudo, uma espécie de contração fonética de *lapis lapsus ex caelis*, a "pedra caída dos céus". Além disso, em razão de sua própria origem, está como que "em exílio" na morada terrestre,[2] de onde ela deve, segundo as diversas tradições referentes a essa pedra ou seus equivalentes, retornar finalmente aos céus.[3] No que se refere ao simbolismo do Graal, é necessário observar que, embora seja mais habitualmente descrito como um vaso e seja essa a sua forma mais conhecida, é também, às vezes, citado como uma pedra, o que ocorre em particular no caso de Wolfram von Eschenbach. E, de fato, pode ser as duas coisas ao mesmo tempo, pois se diz que o vaso foi talhado numa pedra preciosa que, por ter-se desprendido da fronte de Lúcifer quando de sua queda, é também "caída dos céus".[4]

* Publicado na revista *Études Traditionnelles*, ago. 1946.

1. A. E. Waite, em sua obra sobre *The Holy Grail*, dá as variantes *lapis exilis* e *lapis exilix*, pois parece que a ortografia difere segundo os manuscritos; ele assinala também que, de acordo com o *Rosarium Philosophorium*, citando Arnaud de Villeneuve, *lapis exilis* era para os alquimistas uma das designações da "pedra filosofal", o que pode ser comparado às considerações que indicamos no final do mesmo estudo.
2. *Lapis exilii* ou *lapis exsulis*, segundo as possíveis interpretações sugeridas por Waite.
3. Pensamos que não se deve ter em grande conta a palavra latina *exilis*, tomada literalmente no sentido de "fino" ou "tênue", a menos talvez que se queira atribuir a ela uma certa idéia de "sutileza".
4. Sobre o simbolismo do Graal, ver *O Rei do Mundo*, cap. V. Lembraríamos ainda, a propósito, o símbolo da *Estoile Internelle*, no qual a taça e a pedra preciosa encontram-se reunidas, embora permanecendo nesse caso distintas uma da outra.

O que parece aumentar ainda mais a complexidade desse simbolismo, mas que pode na realidade fornecer a "chave" de certas conexões, é que, como já explicamos em outra parte, o Graal além de vaso (*grasale*) é também um livro (*gradale* ou *graduale*). Em certas versões da lenda, fala-se não exatamente de um livro, mas de uma inscrição traçada sobre o cálice por um anjo ou pelo próprio Cristo. Ora, inscrições de origem igualmente "não-humana" aparecem também em certas circunstâncias sobre o *lapsit exillis,*[5] que se torna então uma "pedra falante", ou seja, se o quisermos, uma "pedra oracular", pois se uma pedra pode "falar" produzindo sons, pode ainda muito bem (como a carapaça da tartaruga na tradição extremo-oriental) fazê-lo por meio de caracteres ou de figuras que aparecem em sua superfície. Agora, o que também é digno de nota desde esse ponto de vista, é que a tradição bíblica menciona uma "taça oracular" de José,[6] que poderia, ao menos sob esse aspecto, ser vista como uma das formas do próprio Graal. E, coisa curiosa, encontramos precisamente um outro José, José de Arimatéia, do qual se diz ter-se tornado o possuidor ou o guardião do Graal e tê-lo trazido do Oriente para a Bretanha. É surpreendente que não se tenha jamais prestado atenção a tais "coincidências", no entanto muito significativas.[7]

Para voltar ao *lapsit exillis*, assinalaremos que alguns o relacionaram à *Lia Fail* ou "pedra do destino". De fato, esta era também uma "pedra

5. Do mesmo modo que sobre a "pedra negra" de Urga, que deveria ser, tal como todas as "pedras negras" que representam algum papel nas diferentes tradições, um aerólito, ou seja, de novo uma "pedra caída dos céus" (ver *O Rei do Mundo,* cap. I).
6. *Gênesis,* 44, 5.
7. A "taça oracular" é de algum modo o protótipo dos "espelhos mágicos", e devemos fazer a esse respeito uma observação importante: é que a interpretação puramente "mágica", que reduz os símbolos a nada mais terem que um caráter "divinatório" ou "talismânico", conforme o caso, indica uma certa etapa na degeneração desses símbolos, ou melhor, da forma pela qual são compreendidos: trata-se no entanto de uma etapa menos avançada (pois se refere, apesar de tudo, a uma ciência tradicional) que o total desvio profano de lhes atribuir apenas um valor meramente "estético". É preciso acrescentar, de resto, que certos símbolos podem ser conservados e transmitidos na condição de sobrevivências "folclóricas", quando encobertos por uma interpretação "mágica", o que mostra que ela também tem a sua utilidade. Notemos ainda, a propósito da "taça divinatória", que a visão de todas as coisas como no presente, se o entendermos em seu verdadeiro sentido (o único ao qual pode ser atribuído a "infalibilidade" expressamente enunciada no caso de José), está em clara relação com o simbolismo do "terceiro olho", e portanto com a pedra caída da testa de Lúcifer, que lhe ocupava o lugar. É pelo mesmo motivo que, com sua queda, o próprio homem perdeu o "terceiro olho", ou seja, o "sentido da eternidade", que o Graal restitui àquele que chega a conquistá-lo.

falante" e, além disso, podia ser de certo modo uma "pedra vinda dos céus", pois, segundo a lenda irlandesa, os *Tuatha de Danann* a teriam trazido consigo de sua primeira morada, à qual se atribuía um caráter "celeste" ou pelo menos "paradisíaco". Sabe-se que a *Lia Fail* era a pedra de sagração dos antigos reis da Irlanda, tornando-se a seguir a dos reis da Inglaterra, tendo sido de acordo com a opinião mais comum trazida por Eduardo I à abadia de Westminster. Mas o que pode parecer ao menos singular é que, por outro lado, essa mesma pedra é identificada à que Jacó consagrou a Betel.[8] E não é tudo: essa pedra, segundo a tradição hebraica, parece ter sido a mesma que seguia os israelitas no deserto e de onde saía a água que bebiam[9] e que, segundo a interpretação de São Paulo, era o próprio Cristo.[10] Ela se tornaria a seguir a pedra *shethiyah* ou "fundamental", colocada no Templo de Jerusalém sob o lugar ocupado pela Arca da Aliança,[11] marcando desta maneira simbólica o "centro do mundo", do mesmo modo que o *Omphalos* de Deltos[12] em uma outra forma tradicional. E já que essas identificações são evidentemente simbólicas, pode-se dizer com segurança que se trata sempre na verdade de uma única e mesma pedra.

É preciso notar entretanto, no que diz respeito ao simbolismo "construtivo", que a pedra fundamental não deve de modo algum ser confundida com a "pedra angular", pois esta é o coroamento do edifício, enquanto que a outra situa-se no centro de sua base[13] e, estando assim colocada no centro, difere igualmente da "pedra de fundação", entendida no sentido comum dessa expressão, que ocupa um dos ângulos da mesma base. Dissemos que existia, nas pedras de base dos quatro ângulos, como que um reflexo e uma participação da verdadeira "pedra angular" ou "pedra do

8. Cf. *O Rei do Mundo*, cap. IX.

9. *Êxodo*, 17, 6. A bebida dada por essa pedra deve ser comparada ao alimento fornecido pelo Graal, considerado como "vaso de abundância".

10. *I Coríntios*, 10, 4. Observe-se a relação existente entre a unção da pedra por Jacó, bem como a dos reis para a sua sagração, e o caráter de Cristo ou do Messias, que é o "Ungido" por excelência [*Khristós*, no grego, e *Mashiah*, no hebraico, significam "ungido"].

11. No simbolismo das *Sephiroth*, essa "pedra fundamental" refere-se a *Iesod* ["fundamento"] a "pedra angular", sobre a qual voltaremos a seguir, refere-se a *Kether* ["coroa"].

12. Cf. ainda *O Rei do Mundo*, cap. IX. O *Omphalos* era aliás um "bétilo", designação idêntica a *Beith-El* ou "casa de Deus".

13. Não sendo angular, a situação dessa "pedra fundamental" não pode, ao menos sob esse aspecto, dar margem a confusões, e é por isso que não falamos dela ao tratar da "pedra angular".

topo". Aqui, pode-se muito bem falar ainda de reflexo, mas trata-se de uma relação mais direta que na precedente, pois a "pedra do topo" e a "pedra fundamental" em questão situam-se sobre uma mesma vertical, de modo que esta última é como que a projeção horizontal da primeira sobre o plano da base.[14] Poderíamos dizer que a "pedra fundamental" sintetiza em si, permanecendo no mesmo plano, os aspectos parciais representados pelas pedras dos quatro ângulos (caráter parcial este representado pela obliqüidade das linhas que os ligam ao topo do edifício). De fato, a "pedra fundamental" do centro e a "pedra angular" são respectivamente a base e o topo do pilar axial, esteja ele figurado visivelmente ou tenha apenas uma existência "ideal". Neste último caso, a "pedra fundamental" pode ser uma pedra do lar ou uma pedra do altar (o que aliás, em princípio, é a mesma coisa), correspondendo de certo modo ao próprio "coração" do edifício.

Dissemos, a propósito da "pedra angular", que ela representa a "pedra descida do céu", e vimos agora que o *lapsit exillis* é mais exatamente a "pedra caída do céu", o que pode aliás ser ainda relacionado à "pedra que os construtores tinham rejeitado", se for considerado, do ponto de vista cósmico, que esses "construtores" eram os Anjos ou os *Dêvas*.[15] Mas como nem toda "descida" é necessariamente uma "queda",[16] é oportuno fazer uma certa diferenciação entre as duas expressões. Em todo caso, a idéia de uma "queda" não poderia mais de modo algum ser aplicada quando a "pedra angular" ocupa sua posição definitiva no topo.[17] Pode-se ainda falar de uma "descida" se compararmos o edifício a um conjunto mais vasto (o que corresponde, como dissemos, ao fato de que a pedra só pode ser colocada

14. Isso corresponde ao que já indicamos a respeito da projeção horizontal da pirâmide, cujo topo se projeta no ponto de encontro das diagonais do quadrado da base, ou seja, no próprio centro do quadrado. Na maçonaria operativa, a locação de um edifício era determinada, antes de se empreender a construção, pelo que se denomina "método dos cinco pontos", que consistia em fixar em primeiro lugar os quatro ângulos, em que deviam ser colocadas as quatro primeiras pedras, e depois o centro, ou seja, o ponto de encontro das diagonais, sendo a base normalmente quadrada ou retangular. As estacas que marcavam esses cinco pontos denominavam-se *landmarks*, e está aí sem dúvida o sentido inicial e original desse termo maçônico.

15. Estes devem ser entendidos como trabalhando sob a direção de *Vishwakarma*, que é, tal como já explicamos em outras ocasiões, o mesmo que o "Grande Arquiteto do Universo" (cf. em especial *Le Règne de la quantité et les signes des temps*, cap. III).

16. É claro que essa observação se aplica antes de tudo à "descida" do Avatâra, ainda que a presença deste no mundo moderno possa ser também um "exílio", mas apenas segundo as aparências exteriores.

17. Ou poderia apenas quando, antes de ser colocada no lugar, essa pedra era considerada em seu estado de "rejeição".

pelo alto), mas, se considerarmos esse edifício apenas em si mesmo e o simbolismo de suas diferentes partes, tal posição pode ser dita "celeste", pois a base e o teto correspondem respectivamente, quanto ao seu "modelo cósmico", à Terra e ao Céu.[18]

É preciso acrescentar ainda, e é com essa observação que concluiremos, que tudo o que está situado no eixo, em seus diversos níveis, pode ser visto, de uma certa forma, como representativo das diferentes situações de uma única e mesma coisa, situações estas que se relacionam às diferentes condições de um ser ou de um mundo, segundo se coloque do ponto de vista "microcósmico" ou "macrocósmico". E, nesse sentido, indicaremos apenas, a título de aplicação ao ser humano, que as relações da "pedra fundamental" do centro com a "pedra angular" do topo tem algo a ver com o que dissemos em outra ocasião sobre as diferentes "localizações" do *luz* ou do "núcleo" da imortalidade.[19]

18. Ver [Cap. 39] *O Simbolismo do Domo.*

19. Ver *Aperçus sur l'initiation,* cap. XLVIII. Tal relação com o *luz* é aliás sugerida claramente pelos paralelos que indicamos mais acima com Betel e com o "terceiro olho" (ver a esse respeito *O Rei do Mundo*, cap. VII).

45

EL-ARKÂN*

Às considerações apresentadas a propósito da "pedra angular", pensamos que será útil acrescentar alguns detalhes complementares sobre um ponto em particular: trata-se das indicações que demos sobre a palavra árabe *rukn*, "ângulo", e suas diferentes significações. Pretendemos sobretudo, sob esse aspecto, assinalar uma concordância notável encontrada no antigo simbolismo cristão e que se esclarece aliás, como sempre, pelas comparações que se podem fazer com certos dados de outras tradições. Falaremos do *gammadion*, ou antes, deveríamos dizer, dos *gammadia*, pois esse símbolo se apresenta sob duas formas claramente diferentes, ainda que lhes seja em geral atribuído o mesmo sentido. Ele deve esse nome ao fato de que os seus elementos constitutivos, em ambos os casos, e que na realidade são esquadros, têm uma similaridade de forma com a letra grega *gamma.* [1]

A primeira forma desse símbolo (fig. 15), também às vezes denominado "cruz do Verbo",[2] é constituída por quatro esquadros, cujos vérti-

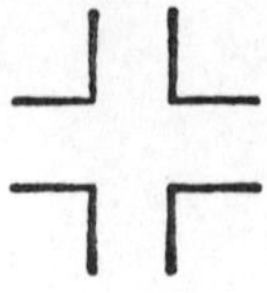

Fig. 15

* Publicado na revista *Études Traditionnelles*, set. 1946.

1. Ver *Le Symbolisme de la Croix*, cap. X. Como assinalamos então, esses *gammadia* são as verdadeiras "cruzes gamadas", e é apenas entre os modernos que essa designação foi aplicada à suástica, o que só pode causar uma lastimável confusão entre dois símbolos inteiramente diferentes e que não têm de modo algum a mesma significação.

2. A razão disso, sem dúvida, de acordo com a significação geral do símbolo, é ter sido

ces estão voltados para o centro; a cruz é formada por esses esquadros, ou mais exatamente pelo espaço vazio que deixa entre seus lados paralelos e que representam de certo modo quatro caminhos que partem do centro ou que aí terminam, segundo sejam percorridos em um ou outro sentido. Essa mesma figura, precisamente considerada como a representação de uma encruzilhada, é a forma primitiva do caráter chinês *hing*, que designa os cinco elementos, e onde se vêem as quatro regiões do espaço que correspondem aos pontos cardeais (que são de fato denominados *fang*, "esquadros"[3]), enquanto que a região central refere-se ao quinto elemento. Devemos dizer, contudo, que esses elementos, apesar da similaridade parcial de sua nomenclatura,[4] não poderiam nunca ser identificados aos da tradição hindu e da antiguidade ocidental. E, para evitar qualquer confusão, seria sem dúvida melhor, como propuseram alguns, traduzir *hing* por "agentes naturais", pois são na verdade "forças" que agem no mundo corporal, e não elementos constitutivos dos próprios corpos. No entanto, por serem resultantes de uma correspondência espacial, os cinco *hing* podem ser vistos como os *arkân* desse mundo, do mesmo modo que os elementos propriamente ditos o são de um outro ponto de vista, mas com uma diferença quanto à significação do elemento central. De fato, enquanto o éter, por não se situar no plano de base em que se encontram os quatro outros elementos, corresponde à verdadeira "pedra angular" do topo (*rukh el-arkân*), a "terra" da tradição extremo-oriental deve ser colocada em correspondência direta com a "pedra fundamental" do centro, da qual falamos anteriormente.[5]

A figuração dos cinco *arkân* aparece de modo ainda mais claro em uma outra forma do *gammadion* (fig. 16), onde quatro esquadros for-

considerado como representação do Verbo que se exprime pelos quatro Evangelhos. Nessa interpretação, os Evangelhos devem ser considerados como correspondentes aos quatro pontos de vista (relacionados simbolicamente aos "quartéis" ou "quadrante" do espaço), cuja reunião é necessária para a expressão integral do Verbo, do mesmo modo que os quatro esquadros formam a cruz pela união de seus vértices.

3. O esquadro é essencialmente, na tradição extremo-oriental, o instrumento empregado para "medir a Terra"; cf. *A Grande Tríade*, caps. XV e XVI. É fácil ver a relação existente entre essa figura e o quadrado dividido em nove partes (*ibid.*, cap. XVI); basta, de fato, para obtê-lo, traçar o contorno exterior e ligar os vértices dos esquadros de modo a enquadrar a região central.

4. São a água ao norte, o fogo ao sul, a madeira ao leste, o metal ao oeste, e a terra no centro. Existem três designações comuns com os elementos de outras tradições, no entanto a terra não tem a mesma correspondência espacial.

5. É preciso também observar a esse respeito que o montículo erigido no centro de uma região corresponde, de fato, ao altar ou ao lar colocado no ponto central de um edifício.

mam os ângulos (*arkân* no sentido literal da palavra) de um quadrado que cerca uma cruz traçada em seu centro. Os vértices dos esquadros estão vol-

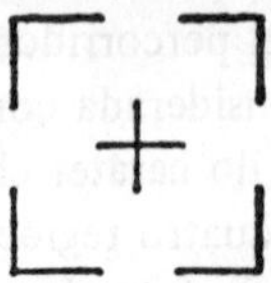

Fig. 16

tados para o exterior, ao contrário do caso precedente em que se voltavam para o centro.[6] Pode-se aqui considerar a figura toda como correspondendo à projeção horizontal de um edifício sobre seu plano de base: os quatro esquadros correspondem então às pedras de base dos quatro ângulos (que devem ser de fato talhados "à esquadro"), e a cruz à "pedra angular" do topo que, embora não estando no mesmo plano, projeta-se no centro da base de acordo com a direção do eixo vertical. E a assimilação simbólica de Cristo à "pedra angular" justifica ainda de forma mais categórica essa correspondência.

De fato, do ponto de vista do simbolismo cristão, considera-se de igual modo que os dois *gammadia* representam Cristo, figurado pela cruz, entre os quatro Evangelistas, representados pelos esquadros. O conjunto equivale, portanto, à figuração bem conhecida de Cristo em meio aos quatro animais da visão de Ezequiel e do *Apocalipse,*[7] que são os símbolos mais habituais dos Evangelistas.[8] A assimilação destes últimos às pedras de base dos quatro ângulos não está de modo algum em contradição com o fato de que, por outro lado, São Pedro é expressamente designado como a "pedra de fundação" da Igreja. É preciso ver nisso apenas a expressão de dois pontos de vista diferentes, referindo-se um à doutrina e outro à constituição da Igreja. E, certamente, não se pode contestar que, com relação à doutrina cristã, os Evangelhos se constituem em verdadeiros fundamentos.

6. Os vértices dos quatro esquadros e o centro da cruz, sendo os quatro ângulos e o centro do quadrado, correspondem aos "cinco pontos" pelos quais determinava-se tradicionalmente a locação de um edifício.

7. Esses quatro animais simbólicos correspondem ainda aos quatro *Mahârâjas* ["Grandes reis"] que são, nas tradições hindu e tibetana, os regentes dos pontos cardiais e dos "quadrantes" do espaço.

8. A antiga tradição egípcia figurava, segundo uma disposição similar, Horus no meio de seus quatro filhos. Além disso, nos primeiros tempos do cristianismo, Horus foi, no Egito, tomado freqüentemente como um símbolo de Cristo.

Na tradição islâmica encontra-se também uma figura disposta de forma semelhante, estando o nome do Profeta no centro e os dos quatro primeiros *Kholafâ* nos ângulos. Aqui também, o Profeta, que aparece como *rukn el-arkân*, deve ser considerado, do mesmo modo que Cristo na figuração precedente, situado num outro nível que não o da base e, por conseqüência, correspondendo, na realidade, à "pedra angular" do topo.

É preciso notar ainda que, dos dois pontos de vista que indicamos no que diz respeito ao cristianismo, essa figuração lembra diretamente a que considera São Pedro como a "pedra de fundação", pois é evidente que São Pedro, como já dissemos, é também o *Khalîfah*, isto é, o "vigário" ou o "substituto" de Cristo. Neste caso, contudo, considera-se apenas uma única "pedra de fundação", ou seja, aquela que, dentre as quatro pedras de base dos ângulos, é colocada em primeiro lugar, sem levar mais longe as correspondências, enquanto que o símbolo islâmico compreende as quatro pedras de base. A razão dessa diferença é que os quatro primeiros *Kholafâ* têm de fato um papel especial do ponto de vista da "história sagrada", enquanto que, no cristianismo, os primeiros sucessores de São Pedro não têm qualquer caráter que possa, de forma comparável, distingui-los de forma clara de todos aqueles que vieram depois.

Acrescentaremos ainda que, em correspondência com os cinco *arkân* manifestados no mundo terrestre e humano, a tradição islâmica considera também cinco *arkân* celestes ou angélicos, que são *Jibrîl, Rufaîl, Mikaîl, Israfîl* e, por fim, *El-Rûh*. Este último, que é idêntico a *Metatron* como explicamos em outras ocasiões, situa-se de igual em um nível superior aos quatro outros, que são como seus reflexos parciais nas diversas funções mais particularizadas ou menos essenciais e, no mundo celeste, ele é precisamente *rukn el-arkân*, aquele que ocupa, no limite que separa *el-Khalq* [a Criação] de *El-Haqq* [o Criador], o único e exato "lugar" pelo qual se pode efetuar a saída do Cosmo.

46

"REUNIR O DISPERSO"*

Em uma de nossas obras,[1] a propósito do *Ming-tang* e da *Tien-ti-Houei*, citamos uma fórmula maçônica segundo a qual a tarefa dos Mestres consiste em "difundir a luz e reunir o disperso". E, de fato, a comparação que fizemos então referia-se apenas à primeira parte dessa fórmula;[2] quanto à segunda parte, que pode parecer mais enigmática, mas que tem notáveis conexões com o simbolismo tradicional, parece-nos interessante dar algumas indicações que não cabiam naquela ocasião.

Para se compreender do modo mais completo possível do que se trata, convém nos reportarmos antes de tudo à tradição védica, que é a mais explícita a esse respeito. De acordo com ela, de fato, "o que está disperso" são os membros do *Purusha* ["Homem"] primordial, que foi dividido no primeiro sacrifício realizado pelos *Dêvas* no começo, e do qual nasceram, por essa divisão, todos os seres manifestados.[3] Trata-se, é evidente, de uma descrição simbólica da passagem da unidade à multiplicidade, sem a qual não se poderia ter manifestação alguma, e por aí torna-se possível compreender que a "reunião do disperso", ou a reconstituição do *Purusha* tal como era "antes do começo", se for permitido falar assim, ou seja, no estado não-manifestado, nada mais é que o retorno à unidade original. *Purusha* é idêntico a *Prajâpati*, "Senhor dos seres produzidos", sendo todos estes originários dele e, por conseqüência, considerados num certo sentido como sua progênie.[4] Ele é também *Vishwakarma*, isto é, o "Grande Arquiteto do Universo"

* Publicado na revista *Études Traditionnelles*, out.-nov. 1946.

1. *A Grande Tríade*, cap. XVI.

2. A divisa da *Tien-ti-Houei* em questão é: "Destruir a obscuridade (*tsing*), restaurar a luz (*ming*)".

3. Ver *Rig-Veda*, X, 90.

4. A palavra sânscrita *prajâ* é idêntica ao latim *progenies*.

e, enquanto *Vishwakarma*, é ele próprio que realiza o sacrifício ao mesmo tempo em que é a vítima.[5] E se é dito que ele é sacrificado pelos *Dêvas*, isso não faz a menor diferença na realidade, pois os *Dêvas* nada mais são, em suma, que as "potências" que ele traz em si.[6]

Já dissemos várias vezes que todo sacrifício ritual deve ser visto como uma imagem desse primeiro sacrifício cosmogônico. E, em todo sacrifício também, como observa M. Coomaraswamy, "a vítima, tal como os *Brâhmanas* mostram com toda evidência, é uma representação do sacrificante, ou, como exprimem os textos, *é* o próprio sacrificante; de acordo com a lei universal, segundo a qual a iniciação (*dîkshâ*) é uma morte e um renascimento, torna-se evidente que o 'iniciado é a oblação' (*Taittiriya Samhitâ*, VI, 1, 4, 5), a vítima é substancialmente o próprio sacrificante" (*Aitarêya Brâhmana*, II, II).[7] Isso nos leva diretamente ao simbolismo maçônico do grau de Mestre, no qual o iniciado identifica-se de fato à vítima. Insiste-se, aliás com freqüência, nas relações da lenda de Hiram com o mito de Osíris, de modo que, quando se trata de "reunir o disperso", pode-se logo pensar em Ísis reunindo os membros dispersos de Osíris. Mais exatamente, no fundo, a dispersão dos membros de Osíris é a mesma coisa que a dos membros de *Purusha* ou de *Prajâpati*: trata-se apenas, poderíamos dizer, de duas versões que descrevem o mesmo processo cosmogônico em formas tradicionais diferentes. É verdade que, no caso de Osíris e de Hiram, não se trata mais de um sacrifício, ao menos explicitamente, e sim de um homicídio; mas isso, em essência, não muda nada, pois na verdade é a mesma coisa que se considera sob dois aspectos complementares: como um sacrifício em seu aspecto "dévico", e como um homicídio em seu aspecto "asúrico".[8] Contentamo-nos em assinalar de passagem esse ponto, pois não poderíamos insistir sobre

5. Na concepção cristã do sacrifício, Cristo é também ao mesmo tempo a vítima e o sacerdote por excelência.

6. Ao comentar a passagem do hino do *Rig-Veda* mencionado acima, no qual se diz que é "pelo sacrifício que os *Dêvas* oferecem o sacrifício", Sâyana diz que os Dêvas são as formas da respiração (*prâna-rûpa*) de *Prajâ-pati.* Confronte com o que dissemos a respeito dos anjos no *Monothéisme et Angélougie.* [Os anjos são, nas tradições judaica, cristã e islâmica, o equivalente exato dos Dêvas na tradição hindu]. Deve ficar bem entendido que, em tudo isso, trata-se sempre de aspectos do Verbo divino ao qual o "Homem universal" identifica-se em definitivo.

7. *Atmayajna: Self sacrifice*, no *Harvard Journal of Asiatic Studies*, fev. 1942.

8. Confronte também, nos mistérios gregos, o assassínio e o desmembramento de *Zagreu* pelos Titãs; sabe-se que estes são o equivalente dos *Asura* da tradição hindu. Não será talvez inútil observar, por outro lado, que na própria linguagem corrente aplica-se a palavra "vítima" tanto no caso do sacrifício quanto no do homicídio.

ele sem entrar em desenvolvimentos muito longos, estranhos à questão que temos em vista no momento.

Na Cabala hebraica, também, ainda que não se trate em particular nem de sacrifício nem de homicídio, mas antes de uma espécie de "desintegração" cujas conseqüências são aliás as mesmas, fala-se da fragmentação do corpo de *Adam Qadmon*, que formou o Universo com todos os seres que contém, de modo que estes são como que parcelas desse corpo, e que sua "reintegração" na unidade manifesta-se como a própria reconstituição de *Adam Qadmon*. Ele é o "Homem Universal", e *Purusha*, conforme um dos sentidos dessa palavra, é também o "Homem" por excelência. É portanto sempre exatamente da mesma coisa que se trata em tudo isso. Podemos acrescentar, a propósito, antes de ir mais adiante, que pelo fato do grau de Mestre representar, ao menos virtualmente, o limite final dos "pequenos mistérios", o que precisamos ter em vista nesse caso é em particular a reintegração no centro do estado humano. Mas, como se sabe, o mesmo simbolismo é sempre aplicável a diferentes níveis, em virtude das correspondências existentes entre eles;[9] desse modo, pode ser referido tanto a um mundo determinado, quanto ao conjunto da manifestação universal. E a reintegração no "estado primordial", que aliás é também "adâmico", representa como que uma figura de reintegração total e final, ainda que na realidade seja apenas uma etapa do caminho que leva a ela.

No estudo que citamos mais acima, A. Coomaraswamy diz que "o essencial no sacrifício é, em primeiro lugar, dividir e, em segundo, reunir". O sacrifício comporta assim duas frases complementares – "desintegração" e "reintegração" – que constituem o processo cósmico em seu conjunto: *Purusha*, "sendo um, torna-se muitos, e sendo muitos, torna a ser um". A reconstituição do *Purusha* opera-se simbolicamente, em particular, na construção do altar védico, que compreende em suas diferentes partes uma representação de todos os mundos,[10] e o sacrifício, para ser corretamente realizado, exige a cooperação de todas as artes, o que assimila o sacrificante ao próprio *Vishwakarma*.[11] Por outro lado, como toda ação ritual, ou seja, em suma, toda ação verdadeiramente normal e de acordo com a "ordem" (*rita*), pode ser considerada como dotada de algum modo de um caráter "sacrifical", conforme o sentido etimológico dessa palavra (de *sacrum*

9. É da mesma forma que, no simbolismo alquímico, existe correspondência entre o processo da "obra no branco" e da "obra no vermelho", de modo que o segundo reproduza de algum modo o primeiro num nível superior.

10. Ver [Cap. 58] Janua Caeli.

11. Cf. A. K. Coomaraswamy, *Hinduism and Buddhism*, p. 26.

facere), o que é verdadeiro para o altar védico vale também, de uma certa maneira e num certo grau, para toda construção edificada de acordo com as regras tradicionais, que procedem sempre na realidade de um mesmo "modelo cósmico", tal como explicamos em outras ocasiões.[12] Podemos ver que isso tem relação direta com um simbolismo "construtivo" como o da maçonaria. De fato, mesmo no sentido mais imediato, o construtor reúne materiais dispersos para formar um edifício que, se é verdadeiramente o que deve ser, terá uma unidade "orgânica", comparável à de um ser vivo, se nos colocarmos do ponto de vista microcósmico, ou à de um mundo, se nos colocarmos do ponto de vista macrocósmico.

Resta-nos ainda, para terminar, falar um pouco de um simbolismo de outro gênero, que pode parecer muito diferente quanto às aparências exteriores, mas que tem, entretanto, no fundo, uma significação equivalente: trata-se da reconstituição de uma palavra a partir de seus elementos literais tomados isoladamente.[13] Para se compreender o que acaba de ser dito, é preciso lembrar que o verdadeiro nome de um ser nada mais é, do ponto de vista tradicional, que a expressão da própria essência desse ser. A reconstituição de um nome é portanto, simbolicamente, a mesma coisa que a reconstituição do próprio ser. Sabe-se também do papel que desempenham as letras, num simbolismo tal como o da Cabala, no que diz respeito à criação ou à manifestação universal; poder-se-ia dizer que esta é formada pelas letras separadas, que correspondem à multiplicidade de seus elementos, e que, ao reunir essas letras, retorna-se por isso ao seu Princípio, se realmente essa reunião for operada de forma a reconstituir de fato o nome do Princípio.[14] Desse ponto de vista, "reunir o disperso" é a mesma coisa que "reencontrar a Palavra perdida", pois, na realidade e no seu sentido mais profundo, a "Palavra perdida" é simplesmente o verdadeiro nome do "Grande Arquiteto do Universo".

12. Os ritos de fundação de um edifício comportam além disso, em geral, um sacrifício ou uma oblação no sentido estrito dessas palavras. No próprio Ocidente uma certa forma de oblação mantém-se até nossos dias, nos casos em que a colocação da primeira pedra é realizada segundo os ritos maçônicos.

13. Isso corresponde naturalmente, no ritual maçônico, ao método de comunicação das "palavras sagradas".

14. Enquanto se permanece na multiplicidade da manifestação, só se pode "soletrar" o nome do Princípio, discernindo o reflexo de seus atributos nas criaturas, onde se exprimem apenas de uma forma fragmentária e dispersa. O maçom que não alcançou ainda o grau de Mestre é ainda incapaz de "reunir o disperso", e é por isso que "sabe apenas soletrar".

47

O BRANCO E O PRETO *

O símbolo maçônico do "pavimento mosaico" (*tessellated pavement*) está entre aqueles que são com freqüência compreendidos de modo insuficiente ou mal interpretados; esse pavimento é formado de quadrados brancos e pretos alternados, dispostos exatamente da mesma forma que as casas dos tabuleiros de xadrez ou damas. Acrescentaremos que o simbolismo é sem dúvida o mesmo nos dois casos, pois, tal como já dissemos em diversas ocasiões, os jogos foram na origem coisa muito diferentes dos simples entretenimentos profanos que se tornaram na atualidade; o jogo de xadrez, aliás, é um daqueles em que os traços do caráter "sagrado" original permaneceram mais aparentes, apesar dessa degeneração.

No sentido mais imediato, a justaposição do branco e do preto representa naturalmente a luz e as trevas, o dia e a noite, e, por conseqüência, todos os pares de opostos ou de complementares (vale a pena lembrar que a oposição num certo nível torna-se complementaridade em outro nível, de modo que o mesmo simbolismo é aplicável a ambos). Tem-se aqui, portanto, a esse respeito, um exato equivalente do simbolismo extremo-oriental do *yin-yang*.[1] Pode-se mesmo notar que a interpenetração e a inseparabilidade dos dois aspectos, o *yin* e o *yang*, representadas nesse último caso pelo fato de as duas metades da figura serem delimitadas por uma linha sinuosa,

* Publicado na revista *Études Traditionnelles*, jun. 1947.

1. Ver *A Grande Tríade*, cap. IV. Tivemos ocasião de ler um artigo cujo autor atribuía a parte branca ao *yin* e a parte preta ao *yang*, enquanto que o verdadeiro é o contrário, e pretendia apoiar essa opinião errônea mediante experiências "radiestésicas"; disso só podemos concluir que, em tal caso, o resultado obtido deve-se pura e simplesmente à influência das idéias preconcebidas do experimentador.

são também evidenciadas pela disposição axadrezada das duas espécies de quadrado. Já uma outra disposição, como por exemplo a de faixas retilíneas brancas e pretas alternadas não tornaria tão clara a mesma idéia e poderia mesmo levar a pensar-se numa justaposição pura e simples.[2]

Seria inútil repetir a esse respeito todas as considerações já expostas em outra ocasião a propósito do *yin-yang*; lembraríamos apenas de forma mais particular que não se deve ver nesse simbolismo, bem como no reconhecimento das dualidades cósmicas que expressa, a afirmação de algum "dualismo", pois se essas dualidades existem de modo muito real em sua ordem, seus termos contudo são derivados da unidade de um mesmo princípio (o *Tai-Ki* da tradição extremo-oriental). Aí está de fato um dos pontos mais importantes, visto que dá margem a falsas interpretações. Algumas pessoas acreditaram poder falar de "dualismo" a propósito do *yin-yang*, provavelmente por incompreensão, mas talvez algumas vezes com intenções de caráter mais ou menos suspeito. Em todo caso, no que se refere ao "pavimento mosaico", tal interpretação é feita com maior freqüência pelos adversários da maçonaria, que gostariam de basear sobre isso a acusação de "maniqueísmo".[3] É bem possível que certos "dualistas" tenham desviado esse simbolismo do seu verdadeiro sentido para interpretá-lo de acordo com suas próprias doutrinas, assim como puderam alterar pela mesma razão os símbolos que exprimem uma unidade e uma imutabilidade inconcebível para eles. Trata-se no entanto, em todo caso, de desvios heterodoxos que não afetam em absoluto o simbolismo em si, e, quando nos colocamos no ponto de vista propriamente iniciático, não são tais desvios que nos importa examinar.[4]

Além do significado que examinamos até aqui, existe ainda um outro de uma ordem mais profunda, que resulta de imediato do duplo sentido da cor preta, que explicamos em outras ocasiões. Acabamos de considerar

2. Essa última disposição foi no entanto empregada em certos casos; aparece em especial no estandarte (*Beaucéant*) dos Templários, cuja significação era a mesma.

3. Essas pessoas, se fossem lógicas, deveriam, de acordo com o que dissemos mais acima, ter o maior cuidado e absterem-se de jogar xadrez para não correrem o risco de cair sob a mesma acusação. Esta simples observação não bastará para mostrar todo vazio de sua argumentação?

4. Lembraríamos também, a esse respeito, o que dissemos em outra oportunidade sobre a questão da "inversão dos símbolos", e em particular a observação que fizemos então sobre o caráter verdadeiramente diabólico que representa atribuir ao simbolismo ortodoxo, e em especial ao das organizações iniciáticas, uma interpretação ao contrário do que é na realidade, fato este que acaba por se constituir numa verdadeira "contra-iniciação" (*Le Règne de la quantité et les signes des temps,* cap. XXX).

apenas o seu sentido inferior e cosmológico, mas é preciso também considerar o seu sentido superior e metafísico. Um exemplo de particular clareza pode ser encontrado na tradição hindu, onde aquele que é iniciado deve sentar-se sobre um couro com pêlos pretos e brancos, que simbolizam respectivamente o não-manifestado e o manifestado.[5] O fato de que se trata de um rito essencialmente iniciático justifica de modo suficiente o paralelo com o "pavimento mosaico" e a atribuição expressa do mesmo significado a este último, ainda que no estado atual das coisas esse significado tenha sido completamente esquecido. Encontramos portanto aí um simbolismo equivalente ao de *Arjuna*, o "branco", e de *Krishna*, o "preto", que são, no próprio ser, o mortal e o imortal, o "ego" e o "Eu";[6] e visto serem eles também os "dois pássaros inseparavelmente unidos" de que trata os *Upanishads*, isso evoca ainda um outro símbolo, ou seja, o da águia branca e preta de duas cabeças, que figura em certos altos graus maçônicos, novo exemplo que, após tantos outros, mostra uma vez mais que a linguagem simbólica tem na verdade um caráter universal.

5. *Shatapata Brâhmana,* III, 2; I, 5-7. Em um outro nível, essas duas cores representam também o Céu e a Terra, mas é necessário prestar atenção ao fato de que em razão da correspondência destes últimos com o não-manifestado e o manifestado, é então o preto que se refere ao Céu e o branco à Terra, de modo que as relações existentes no caso do *yin-yang* encontram-se invertidas; trata-se aliás de uma aplicação do sentido inverso da analogia. O iniciado deve tocar a junção dos pêlos pretos e brancos, unindo assim os princípios complementares do qual ele nascerá enquanto "Filho do Céu e da Terra" (cf. *A Grande Tríade,* cap. IX).
6. Esse simbolismo é o mesmo que o dos Dioscuros; a relação destes com os dois hemisférios ou as duas metades do "Ovo do Mundo" nos leva em primeiro lugar à consideração do Céu e da Terra que indicamos na nota precedente (cf. *A Grande Tríade,* cap. V). [Quanto aos termos "ego" e "Eu", veja N. do T., p. 154.]

48

PEDRA NEGRA E PEDRA CÚBICA*

Indicamos algumas vezes de modo ocasional as diversas fantasias lingüísticas surgidas a propósito do nome Cibele; não retomaremos agora aquelas que, com toda evidência, são desprovidas de qualquer fundamento e que se devem apenas à imaginação excessiva de certas pessoas.[1] Examinaremos apenas alguns paralelos que podem parecer mais sérios à primeira vista, mas que nem por isso deixam de ser injustificados. Assim, vimos ser lançada recentemente a suposição de que Cibele "parece ter seu nome derivado" do árabe *qubbah*, porque ela "era adorada nas grutas" em razão de seu caráter "ctoniano".** Essa pretensa etimologia tem no entanto dois defeitos, um dos quais bastaria para descartá-la: como a outra que examinaremos a seguir, ela só leva em conta as duas primeiras letras da raiz do nome Cibele, [*Kybelê*] e não seria necessário insistir que a terceira letra é tão importante quanto as duas outras; em segundo lugar, ela na realidade repousa sobre um contra-senso puro e simples. De fato, *qubbah* jamais quis dizer "abóbada, sala abobadada, cripta", como acredita o autor dessa hipótese; essa palavra designa uma cúpula ou um domo, cujo simbolismo é "celeste" e não "terrestre", portanto exatamente o oposto do caráter atribuído a Cibele ou à "Grande Mãe". Como já explicamos em outros estudos, a cúpula domina um edifício de base quadrada, portanto de forma geralmente cúbica, e é essa parte quadrada ou cúbica que, no conjunto assim constituído, tem um

* Publicado na revista *Études Traditionnelles,* dez. 1947.

1. Não voltaremos portanto à assimilação de Cibele a uma "cavala" ["égua"], nem ao paralelo que se pretendeu estabelecer com a designação da "cavalaria", nem também a outra comparação igualmente imaginária com a "Cabala".

** "Ctoniano", qualificativo aplicado às divindades infernais de origem subterrânea (N. do T.).

simbolismo "terrestre". Isso nos leva diretamente a examinar uma outra hipótese que foi formulada com muita freqüência a respeito da origem do próprio nome Cibele, e que tem uma particular importância para o que nos propomos no momento.

Pretendeu-se que *Kybelê* derivava de *kybos*. Aqui, pelo menos, não há o contra-senso que acabamos de assinalar; mas, por outro lado, essa etimologia tem em comum com a precedente o defeito de só levar em consideração as duas primeiras das três letras que constituem a raiz de *Kybelê*, o que a torna igualmente impossível do ponto de vista específico da lingüística.[2] Se quisermos ver apenas entre as duas palavras uma certa similaridade fonética que pode, como acontece muitas vezes, ter algum valor do ponto de vista simbólico, isso é uma coisa bem diferente. Antes porém de estudar mais de perto esse ponto, diremos que, na realidade, o nome *Kybelê* não é de origem grega, e que além disso sua verdadeira etimologia nada tem de enigmático ou de duvidoso. Esse nome, de fato, liga-se diretamente ao hebreu *gebal* e ao árabe *jabal*, "montanha"; a diferença da primeira letra não pode dar margem a qualquer objeção a esse respeito, pois a mudança de *g* em *k*, ou inversamente, é uma modificação apenas secundária e que pode ser encontrada em muitos outros exemplos.[3] Assim, Cibele é exatamente a "deusa da montanha";[4] e, fato digno de nota, seu nome, nessa significação, é o equivalente exato de *Pârvatî* na tradição hindu.

Esse mesmo significado do nome Cibele está visivelmente ligado ao da "pedra negra", que era seu símbolo. Sabe-se, de fato, que essa pedra tinha forma cônica e, como todos os "béticos" de mesma forma, deve ser

2. É mesmo muito duvidoso, apesar de uma sinonímia exata e da similaridade fonética parcial, que possa existir um verdadeiro parentesco lingüístico entre o grego *Kybos* e o árabe *Kaab*, [ambos significam "cubo"], em razão da presença no segundo da letra *ayn*. Pelo fato desta letra não ter equivalente nas línguas européias e não poder realmente ser transcrita, os ocidentais a esquecem ou a omitem com grande freqüência, o que leva como conseqüência a inúmeras assimilações errôneas entre palavras cujas raízes são claramente diferentes.

3. Assim, a palavra hebréia e árabe *kabir* tem um parentesco evidente com o hebreu *gibor* e o árabe *jabbâr;* é verdade que a primeira tem o sentido principal de "grande" e as duas outras de "forte", o que nada mais é que uma simples nuance; os *Giborim* do Gênesis são ao mesmo tempo "gigantes" e "homens fortes".

4. *Gebal* era também o nome da cidade fenícia de Biblos; seus habitantes eram denominados *Giblim*, e esse nome permaneceu como "senha" na maçonaria. Há a esse respeito um paralelo que parece jamais ter sido feito: seja qual for a origem histórica da designação dos gibelinos (*ghibellini*) na Idade Média, ela apresenta como o nome *Giblim* uma similaridade das mais surpreendentes e, se nada mais for que uma "coincidência", é ao menos bastante curiosa.

considerado como uma figuração reduzida da montanha enquanto símbolo "axial". Por outro lado, como as "pedras negras" sagradas são aerólitos, sua origem "celeste" leva a pensar que o caráter "ctoniano" ao qual nos referíamos no início só corresponde, na realidade, a um dos aspectos de Cibele. Além disso, o eixo representado pela montanha não é "terrestre", mas sim liga o Céu e a Terra entre si.[5] Não caberia, bem entendido, contestar que Cibele foi com freqüência assimilada à "Terra-Mãe", mas apenas indicar que ela tinha ainda outros aspectos. É aliás muito provável que o esquecimento mais ou menos completo destes, em decorrência da predominância atribuída ao aspecto "terrestre", tenha dado origem a certas confusões, em especial àquela que levou à assimilação da "pedra negra" à "pedra cúbica", que são no entanto dois símbolos muito diferentes.[6]

A "pedra cúbica" é, em essência, uma "pedra de fundação"; ela é portanto "terrestre", como indica aliás a sua forma e, além disso, a idéia de "estabilidade" expressada por essa mesma forma[7] cabe inteiramente à função de Cibele enquanto "Terra-Mãe", ou seja, representando o princípio "substancial" da manifestação universal. É por isso que do ponto de vista simbólico, a relação de Cibele com o "cubo" não deve ser rejeitada por completo, enquanto "convergência" fonética. Mas, bem entendido, isso não é motivo para querer extrair uma "etimologia" e nem para identificar à "pedra cúbica" uma "pedra negra" que na realidade era cônica. Há apenas um caso particular em que existe certa relação entre a "pedra negra" e a "pedra cúbica", ou seja, quando esta última é, não mais uma das "pedras de fundação" colocadas nos quatro ângulos de um edifício, mas a pedra

5. Ver [Cap. 44] *Lapsit exillis.* Existe na Índia uma tradição segundo a qual as montanhas voavam outrora; *Indra* precipitou-as sobre a terra e fixou-as com o raio: isso pode ser evidentemente relacionado à origem das "pedras negras".

6. Já assinalamos em um comentário a incrível suposição da existência de uma tal "deusa *Kaabah*", que teria sido representada pela "pedra negra" da Meca, também denominada *Kaabah.* Trata-se aqui de um outro exemplo da mesma confusão, e, desde então, tivemos a surpresa de ler ainda a mesma coisa em outros lugares, o que parece indicar que esse erro tem livre curso em certos meios ocidentais. Lembraremos portanto que a *Kaabah* não é de modo algum o nome da "pedra negra", que não é cúbica, mas sim do edifício. Esse edifício tem de fato a forma de um cubo, e em um dos seus ângulos está inscrustada a "pedra negra". E se a *Kaabah* é também *Beyt Allah* ("casa de Deus", como o *Beith-El* do Gênesis), ela jamais, no entanto, foi considerada como uma divindade. É aliás muito provável que a singular invenção da pretensa "deusa *Kaabah*" foi sugerida de fato pela aproximação de *Kybelê* e *Kybos,* sobre a qual falamos mais acima.

7. Ver *Le Règne de la quantité et les signes des temps,* cap. XX.

shetiyah ["fundamental"] que ocupa o centro da base, que corresponde ao ponto de queda da "pedra negra", assim como, sobre o mesmo eixo vertical, mas na extremidade oposta, encontra-se a "pedra angular" ou "pedra do topo" e que, ao contrário, não sendo cúbica, corresponde à situação "celeste" inicial e final dessa mesma "pedra negra".

Não insistiremos mais sobre essas últimas considerações, visto que já tratamos do assunto com maiores detalhes.[8] Lembraremos apenas, para terminar, que, de um modo geral, o simbolismo da "pedra negra", com as diferentes situações e formas que pode assumir, está relacionado, do ponto de vista "microcósmico", com as diversas "localizações", no ser humano, do *luz* ou do "núcleo" da imortalidade.

8. Ver ainda [Cap. 44] *Lapsit exillis.*

49

PEDRA BRUTA E PEDRA TALHADA*

Em um artigo que tratava dos altares que, entre os antigos hebreus, deviam ser formados exclusivamente de pedras brutas, tivemos ocasião de ler esta frase espantosa: "O simbolismo da pedra bruta foi alterado pela franco-maçonaria, que a transpôs do domínio sagrado para o nível profano; um símbolo, destinado na origem a exprimir as relações sobrenaturais da alma com o Deus "vivo" e "pessoal", exprime desde então realidade de ordem alquímica, moralizante, social e ocultista".

O autor dessas linhas, de acordo com o que sabemos dele, está entre aqueles em que a parcialidade pode com facilidade chegar até à má-fé. Que uma organização iniciática tenha descido um símbolo ao "nível profano", é uma coisa de tal modo absurda e contraditória, que acreditamos não poder ser sustentada de modo sério por ninguém. Por outro lado, a insistência sobre as palavras "vivo" e "pessoal" mostra de forma evidente uma intenção bem determinada de limitar o "domínio sagrado" ao ponto de vista único do exoterismo religioso! Que nos dias atuais a grande maioria dos maçons não compreenda mais o verdadeiro sentido dos seus símbolos, do mesmo modo que os cristãos não compreendem os seus, é uma questão muito diferente. No que poderia a maçonaria, mais do que a Igreja, ter responsabilidade por um estado de fato que só se deve às próprias condições do mundo moderno, para o qual ambas são de igual modo "anacrônicas", em virtude de seu caráter tradicional? A tendência "moralizante", que se tornou muito real desde o século XVII, foi em suma uma conseqüência quase que inevitável, se tivermos em conta a mentalidade geral, da degeneração "especulativa", sobre a qual temos insistido tão freqüentemente. Pode-se dizer o mesmo da importância excessiva atribuída ao ponto de vista

* Publicado na revista *Études Traditionnelles,* set. 1949.

social e, quanto a isso, os maçons estão muito longe de constituírem uma exceção em nossa época: basta examinar o que se ensina hoje em nome da Igreja e ver se é possível encontrar alguma coisa além de simples considerações morais e sociais! Para encerrar essas observações, é necessário apenas ressaltar a impropriedade, provavelmente intencional, da palavra "ocultista", pois a maçonaria, por certo, nada tem a ver com o ocultismo, ao qual é muito anterior, mesmo sob sua forma "especulativa". No que se refere ao simbolismo alquímico, ou mais exatamente hermético, não há com certeza nada de profano, e se refere, como já explicamos em outras partes, ao domínio dos "pequenos mistérios", que é o domínio próprio das iniciações de ofícios em geral e da maçonaria em particular.

Não foi apenas para fazer essa correção, por mais necessária que seja, que citamos a frase acima, mas sim porque ela nos pareceu adequada para propiciar alguns esclarecimentos úteis sobre o simbolismo da pedra bruta e da pedra talhada. A verdade é que, na maçonaria, a pedra bruta tem um sentido diferente do que ocorre no caso dos altares hebraicos, ao qual é preciso acrescentar o dos monumentos megalíticos. E isso acontece porque tal sentido não se refere ao mesmo tipo de tradição. A compreensão desse ponto é fácil para todos aqueles que têm conhecimento das considerações que expusemos sobre as diferenças essenciais que existem, de uma forma geral, entre as tradições dos povos nômades e as dos povos sedentários. Aliás, quando Israel passou do primeiro desses estados ao segundo, a proibição de levantar edifícios com pedras talhadas desapareceu, pois ela não tinha mais razão de ser, como testemunha a construção do Templo de Salomão, que com certeza não foi um empreendimento profano, e à qual se liga, pelo menos de forma simbólica, a própria origem da maçonaria. Pouco importa, a esse respeito, que os altares tenham então continuado a ser feitos de pedras brutas, pois trata-se de um caso muito particular, para o qual o simbolismo primitivo podia ser conservado sem qualquer inconveniente, enquanto que, por outro lado, é evidentemente impossível construir o mais modesto edifício com tais pedras. E que "nada de metálico possa encontrar-se" nos altares como também assinala o autor do artigo em questão, isso se refere ainda a uma outra ordem de idéias, que também já explicamos em outra oportunidade, e que se encontra, aliás, na própria maçonaria com o símbolo do "despojamento de metais".

Não resta dúvida que, em virtude das leis cíclicas, os povos "pré-históricos" que levantaram monumentos megalíticos, sejam quais forem, estavam necessariamente num estado mais próximo do princípio do que aqueles que os sucederam. Mas também é certo que esse estado não podia perpetuar-se indefinidamente, e que as mudanças sobrevindas nas diferentes épocas de sua história deviam exigir adaptações sucessivas da tradição, o que pôde acontecer no curso da existência de um mesmo povo, sem qualquer solução de continuidade, como mostra o exemplo que acabamos de citar a respeito dos hebreus. Por outro lado, também é verdade que, tal como já dissemos em outras oportunidades, entre os povos sedentários a substituição das construções de madeira pela de pedra corresponde a um grau mais acentuado de "solidificação", de conformidade com as etapas da "descida" cíclica. E desde que tal modo de construção tornou-se necessário às novas condições do meio, era preciso que, numa civilização tradicional, por intermédio de ritos e símbolos apropriados, recebesse da própria tradição a consagração, que era o único meio de legitimá-lo e integrá-lo a essa civilização. É exatamente por isso que falamos, a esse respeito, de uma adaptação. Tal legitimação compreendia todos os ofícios, a começar pela talha das pedras requeridas para a construção, o que só poderia tornar-se verdadeiramente efetivo sob a condição de que o exercício de cada um desses ofícios estivesse relacionado a uma iniciação correspondente, pois, de acordo com a concepção tradicional, devia representar a aplicação regular dos princípios em sua ordem contingente. Sempre e em todos os lugares foi assim, salvo naturalmente no mundo ocidental moderno, cuja civilização perdeu todo caráter tradicional, o que não só é verdade para os ofícios da construção que estamos aqui examinando em particular, mas também para todos os outros que de igual modo se tornaram necessários em certas circunstâncias de tempo e lugar. É importante notar que essa legitimação, com tudo o que implica, foi sempre possível em todos os casos, exceto para os ofícios puramente mecânicos que surgiram apenas na época moderna.

Para os entalhadores de pedra e para os construtores que empregavam os produtos desse trabalho, a pedra bruta representava a "matéria-prima" indiferenciada, ou o "caos" com todas as suas correspondências, tanto microcósmicas quanto macrocósmicas, enquanto que a pedra completamente talhada em todas as suas faces representava, ao contrário, o acabamento ou a perfeição da obra. Aí está a explicação da diferença que existe entre o significado simbólico da pedra bruta no caso dos monumentos megalíticos e dos altares primitivos, e o significado da pedra bruta na maçonaria. Acrescentaremos, sem poder aqui insistir mais sobre o assunto, que essa diferença corresponde ao duplo aspecto da *matéria-prima*, segundo seja vista como a "Virgem universal" ou como o "caos" que é a origem de toda manifestação. Na tradição hindu, de igual modo, *Prakriti* é ao mesmo tempo a pura potencialidade, que está literalmente debaixo de toda existência, e também um aspecto de *Shakti*, ou seja, a “Mãe divina”. Deve ficar bem entendido que esses dois pontos de vista não são de modo algum excludentes entre si, o que aliás justifica a coexistência de altares de pedras brutas com edifícios de pedras talhadas. Essas considerações mostrarão ainda que, como em todas as outras coisas, para a interpretação dos símbolos é preciso sempre saber situar cada elemento em seu exato lugar, sem o que se corre o risco de cair em erros dos mais grosseiros.

SIMBOLISMO AXIAL
E SIMBOLISMO DA PASSAGEM

50

OS SÍMBOLOS DA ANALOGIA*

Poderá parecer estranho para certas pessoas que se fale de símbolos da analogia, pois, como se diz com freqüência, o próprio simbolismo fundamenta-se na analogia, e, portanto, todo símbolo, seja qual for, deveria ser a expressão de uma analogia. Mas esse modo de encarar as coisas não é exato, porque os símbolos, de uma forma geral, estão fundamentados nas correspondências que existem entre as diferentes ordens de realidade. Porém, nem toda correspondência é analógica. Entendemos aqui analogia exclusivamente em sua acepção mais rigorosa, ou seja, de acordo com a fórmula hermética, como a relação de "o que está embaixo" com "o que está em cima", relação esta que, tal como explicamos muitas vezes a propósito dos casos que tivemos ocasião de tratar, implica essencialmente a consideração do "sentido inverso" de seus dois termos. Essa consideração, aliás, está inscrita de forma tão clara e evidente nos símbolos que abordaremos, que é surpreendente ter passado despercebida mesmo àqueles que pretendem conhecer tais símbolos, o que mostra sua incapacidade de compreendê-los e interpretá-los corretamente.

A construção dos símbolos em questão repousa sobre a figura da roda de seis raios. Como já dissemos, a roda, em geral é antes de tudo um símbolo do mundo, em que a circunferência representa a manifestação produzida pelos raios emanados do centro. Naturalmente, o número de raios traçados, variável conforme o caso, acrescenta outros significados mais particulares. Por outro lado, em certos símbolos derivados, a própria circunferência pode não estar figurada; mas nem por isso a construção geométrica desses símbolos pode deixar de ser considerada como inscrita na circunferência. É por essa razão que devemos considerar tais símbolos como ligados ao da

* Publicado na revista *Études Traditionnelles*, jan. 1939.

roda, mesmo que a forma exterior desta, ou seja, a circunferência que lhe determina o contorno e o limite, não apareça de modo explícito e visível, o que apenas indica que, nesse caso, a nossa atenção não deve dirigir-se à manifestação em si e nem ao domínio especial em que ela se desenvolve, e que tal domínio deve permanecer num certo estado de indeterminação, anterior ao traçado efetivo da circunferência.

A figura mais simples, base de todas as outras, é a constituída unicamente pelo conjunto de seis raios. Estes, sendo opostos dois a dois a partir do centro, formam três diâmetros, um vertical e os dois outros oblíquos e igualmente inclinados em relação ao primeiro. Se considerarmos o Sol ocupando o centro, teremos então os seis raios de que falamos num estudo anterior,* e, nesse caso, o "sétimo raio" ficará representado pelo próprio centro. Quanto à relação que indicamos com a cruz de três dimensões, ela se estabelece de modo imediato: o eixo vertical permanece sem mudança e os dois outros diâmetros oblíquos são projeção, no plano da figura, dos dois eixos que formam a cruz horizontal. Esta última consideração, ainda que necessária para o entendimento completo do símbolo, não se inclui entre as que fazem dele uma representação da analogia; quando isso ocorre, basta tomá-lo sob a forma em que se encontra, sem que haja necessidade de compará-lo a outros símbolos com os quais se assemelha sob diferentes aspectos de sua complexa significação.

No simbolismo cristão, essa figura é denominada crisma simples. Considera-se então que seja formada pelas letras I e X [*iôta* e *khi*], ou seja, as iniciais gregas das palavras *Iêsous Khristos*, e é este um dos sentidos que parece ter recebido desde os primeiros tempos do cristianismo. Não é necessário insistir, contudo, que esse símbolo, em si, é muito anterior e, de fato, está entre aqueles que se encontram difundidos por toda parte e em todas as épocas. O crisma de Constantino, formado pela união das letras gregas X e P, as duas primeiras do nome *Khristos*, parece à primeira vista derivada diretamente do crisma simples, do qual conserva a exata disposição fundamental, distinguindo-se apenas pelo acréscimo, na parte superior do diâmetro vertical, de uma alça destinada a transformar o I em P. Essa alça, por ter naturalmente uma forma mais ou menos circular, pode ser considerada, nessa posição, como correspondente à figuração do disco solar que aparece no topo do eixo vertical ou da "Árvore do Mundo". Esta observação reveste-se de particular importância quando em conexão com o que diremos a seguir a propósito do símbolo da árvore".[1]

* [Cap. 41: *A Porta Estreita.*]

1. Certas formas intermediárias mostram, por outro lado, um parentesco entre o cris-

É interessante notar, no que diz respeito em especial ao simbolismo heráldico, que os seis raios constituem uma espécie de esquema geral segundo o qual foram dispostas, no brasão, as mais diversas figuras. Veja-se, por exemplo, uma águia ou qualquer outro pássaro heráldico, e não será difícil dar-se conta que se encontra de fato nessa disposição, onde a cabeça, a cauda, as extremidades das asas e os pés correspondem respectivamente às pontas dos seis raios. Veja-se também um emblema como o da flor-de-lis e se fará a mesma constatação. Pouco importa, neste último caso, a origem histórica do emblema em questão, que deu aliás margem a inúmeras hipóteses diferentes: a flor-de-lis seria verdadeiramente uma flor – o que concorda com a equivalência da roda com certos símbolos florais como o lótus, a rosa e o lírio (este último, além disso, tem na verdade seis pétalas) – ou que teria sido primitivamente uma ponteira de ferro da lança, ou um pássaro, ou uma abelha, antigo símbolo caldeu da realeza (hieróglifo *sâr*), ou mesmo um sapo,[2] ou ainda, como é o mais provável, que resultaria de uma espécie de "convergência" e fusão de várias dessas figuras, deixando subsistir apenas os seus traços comuns. No entanto, o que importa essencialmente para determinar sua significação principal é que o emblema se encontra precisamente de acordo com o esquema de que estamos falando.

Por outro lado, se juntarmos duas a duas as seis extremidades dos seis raios obteremos a figura bastante conhecida do hexagrama ou "selo de Salomão", formado por dois triângulos eqüiláteros opostos e entrelaçados; a estrela de seis pontas, que tem como fator diferencial o fato de que apenas o contorno exterior é traçado, trata-se de uma variante do mesmo símbolo. O hermetismo cristão da Idade Média identificava entre outras coisas, nos dois triângulos do hexagrama, uma representação da união das naturezas divina e humana na pessoa de Cristo. E o número seis, ao qual esse símbolo

ma e a cruz egípcia, "cruz ansada", o que pode ser facilmente compreendido pelo que dissemos mais acima a respeito da cruz de três dimensões. Em certos casos, o anel do P toma a forma particular do símbolo egípcio do "anel de Horus". Uma outra variante do crisma é representado pelo "quatro de cifra" das antigas marcas corporativas, cujas múltiplas significações exigem aliás um estudo especial [Cap. 67]. Assinalaremos também que o crisma, às vezes, é cercado por um círculo, o que o assimila de modo ainda mais claro à roda de seis raios [v. também Cap. 8].

2. Essa opinião, por mais extravagante que possa parecer, deve ter sido admitida antigamente, pois, nas tapeçarias do século XV da catedral de Reims, o estandarte de Clóvis traz três sapos. É muito possível que, primitivamente, o sapo tenha sido na realidade uma rã, animal que, em razão de suas metamorfoses, é um antigo símbolo da "ressurreição", e tenha guardado essa significação no cristianismo dos primeiros séculos.

está naturalmente relacionado, tem dentre suas significações a de união e meditação, o que lhe convém de modo perfeito nesse caso.[3] Esse mesmo número é também, de acordo com a Cabala hebraica, o número da criação (a "obra dos seis dias" do Gênesis, em relação às seis direções do espaço) e, sob esse ângulo, justifica-se plenamente a atribuição de seu símbolo ao Verbo: é, em suma, a esse respeito, uma espécie de tradução gráfica do *omnia per ipsum facta sunt* ["todas as coisas foram feitas por meio dele"] do Evangelho de São João.

No que diz respeito aos dois triângulos opostos do "selo de Salomão" – e é a isso, em especial, que gostaríamos de chegar no presente estudo –, pode-se afirmar que representam dois ternários em que um é como que o reflexo ou a imagem invertida do outro; é por isso que esse símbolo consiste em uma figuração exata da analogia. Pode-se também, na figura de seis raios, considerar os dois ternários formados respectivamente pelas extremidades dos três raios superiores e dos três raios inferiores. Como ficam então situados de um e outro lado do plano de reflexão, acham-se separados, ao invés de se entrelaçarem como no caso precedente; mas a sua relação inversa é exatamente a mesma. Para tornar ainda mais exato o sentido do símbolo, uma parte do diâmetro horizontal é, às vezes, indicada no hexagrama (o mesmo acontecendo com a flor-de-lis). O diâmetro horizontal representa evidentemente o traço do plano de reflexão ou da "superfície das Águas". Poderíamos ainda acrescentar uma outra representação do "sentido inverso", considerando os dois diâmetros oblíquos como que formando o contorno aparente de dois cones opostos pelo vértice e tendo por eixo o diâmetro vertical. Aqui também, com seu vértice comum, que está no centro exato da figura, no plano de reflexão, temos que cada um desses dois cones é a imagem invertida do outro.

Finalmente, a figura de seis raios, às vezes um pouco modificada, mas sempre perfeitamente reconhecível, forma ainda o esquema de um outro símbolo muito importante, ou seja, da árvore de três ramos e três raízes, onde reencontramos de forma clara os dois ternários inversos dos quais estamos tratando. Esse esquema pode ainda ser considerado nos dois sentidos opostos, de tal modo que seus ramos podem tomar o lugar das raízes e vice-versa. Retomaremos essa consideração quando estudarmos de forma mais completa alguns dos aspectos do simbolismo da "Árvore do Mundo".

3. No simbolismo extremo-oriental, seis traços dispostos de outro modo, sob a forma de linhas paralelas, representam igualmente o termo médio da "Grande Tríade", ou seja, o Mediador entre o Céu e a Terra, o "Homem verdadeiro" que une em si as naturezas celeste e terrestre.

51

A ÁRVORE DO MUNDO*

Já nos referimos, em diversas ocasiões, à "Árvore do Mundo" e ao seu simbolismo "axial".[1] Sem voltar aqui ao que dissemos então, acrescentaremos algumas observações referentes a certos pontos mais particulares desse simbolismo, em especial no que concerne aos casos em que a árvore aparece invertida, isto é, com as raízes para cima e os ramos para baixo, questão à qual Ananda K. Coomaraswamy consagrou um estudo especial, *The Inverted Tree*.[2] Torna-se fácil compreender que a razão disso é, antes de tudo, a raiz representar o princípio, enquanto que os ramos representam o desdobramento da manifestação. Mas, a essa explicação geral, é oportuno acrescentar certas considerações de caráter mais complexo, baseadas na aplicação do "sentido inverso" da analogia, à qual se refere de modo evidente a posição invertida da árvore. A esse respeito já indicamos que o esquema da árvore de três ramos e três raízes é construído na verdade sobre o símbolo da analogia propriamente dito, ou seja, sobre a figura de seis raios cujas extremidades agrupam-se em dois ternários inversos entre si. Tal esquema pode ser ainda considerado em dois sentidos opostos, o que mostra que as duas posições correspondentes da árvore devem referir-se a dois pontos de vista diferentes e complementares, caso seja vista de baixo para cima ou de cima para baixo, isto é, segundo se coloque do ponto de vista da manifestação ou do princípio.[3]

* Publicado na revista *Études Traditionnelles*, fev. 1939.

1. V. em especial *Le Symbolisme de la Croix*, caps. IX e XXV.

2. Em *L'Homme et son devenir selon le Vêdânta*, cap. V, citamos os textos da *Katha Upanishad*, VI, 1, e do *Bhagavad-Gitâ*, XV, 1, em que a árvore apresenta-se com esse aspecto; Coomaraswamy cita vários outros que também são muito explícitos, em particular *Rig-Véda*, I, 24, 7 e *Maîtri Upanishad*, VI, 4.

3. Assinalamos em outra parte que a árvore ternária pode ser considerada como a sín-

Em apoio a essa consideração, A. K. Coomaraswamy cita as duas árvores invertidas descritas por Dante[4] como próximas do topo da "montanha", imediatamente abaixo do plano em que está situado o Paraíso terrestre; quando este é alcançado, as árvores parecem restituídas a sua posição normal. Assim, essas árvores, que na realidade parecem ser tão-somente aspectos diferentes da "Árvore" única, "apenas estão invertidas abaixo do ponto em que ocorre a retificação e a regeneração do homem". É importante notar que, embora o Paraíso terrestre seja ainda, de fato, uma parte do "cosmos", sua posição é virtualmente "supracósmica"; poderíamos dizer que representa o "ápice do ser contingente" (*bavâgra*), de modo que seu plano se identifica à "superfície das Águas". Com esta superfície, que deve ser considerada essencialmente como um "plano de reflexão", somos reconduzidos ao simbolismo da imagem invertida por reflexo, à qual nos referimos ao tratar da analogia: "o que está em cima", ou acima da "superfície das Águas", isto é, o domínio principal ou "supracósmico", reflete-se em sentido inverso "no que está embaixo", ou abaixo dessa mesma superfície, isto é, no domínio "cósmico". Em outros termos, tudo o que se encontra acima do "plano de reflexão" está direito, e tudo o que se encontra abaixo está invertido. Portanto, supondo que a árvore esteja acima das Águas, o que vemos quando estamos no "cosmo" é sua imagem invertida, com as raízes para cima e os ramos para baixo. Ao contrário, se nos colocarmos acima das Águas, não veremos mais essa imagem que, agora, por assim dizer, acha-se sob os nossos pés, mas teremos sua fonte diante de nós, ou seja, a árvore real, que se apresenta então em sua posição direita. A árvore é sempre a mesma, o que mudou foi a nossa situação em relação a ela e, por conseguinte, também o ponto de vista pelo qual a encaramos.

Isso é ainda confirmado pelo fato de que certos textos tradicionais hindus referem-se a duas árvores, uma "cósmica" e outra "supracósmica". Como essas duas árvores estão superpostas, pode-se considerar uma como sendo o reflexo da outra e, ao mesmo tempo, seus troncos

tese da unidade e da dualidade que, no simbolismo bíblico, são respectivamente representadas pela "Árvore da Vida" e a "Árvore da Ciência": a forma ternária encontra-se em especial nas três "colunas" da "árvore sefirótica" da Cabala, em que a "coluna do meio" é, sem dúvida, "axial" (ver *Le Symbolisme de la Croix*, cap. IX); para aliar esta forma à do esquema que indicamos acima, é preciso reunir as extremidades das "colunas" laterais por meio de duas linhas que se cruzam sobre a "coluna do meio" no ponto central, isto é, em *Tipheret* ['Esplendor'], cujo caráter "solar" justifica inteiramente essa posição de centro "irradiante".

4. *Purgatório*, XXII-XXV.

contínuos, de modo que se apresentam como duas partes de um tronco único, o que corresponde à doutrina de "uma essência e duas naturezas" em *Brahma*. Na tradição avéstica encontra-se um equivalente com as duas árvores *Haoma*, a branca e a amarela, uma celeste (ou antes "paradisíaca", visto crescer no topo da montanha *Alborj*) e outra terrestre; a segunda aparece como "substituta" da primeira para a humanidade afastada da "morada primordial", do mesmo modo que a visão indireta da imagem é um "substituto" da visão direta da realidade. O *Zohar* fala também de duas árvores, uma superior e outra inferior; e em algumas figurações, em particular sobre um selo assírio, distingue-se de forma clara duas árvores superpostas.

A árvore invertida não é apenas um símbolo "macrocósmico" como acabamos de ver; é também, às vezes, e pela mesma razão, um símbolo "microcósmico", ou seja, um símbolo do homem. Assim, diz Platão que "o homem é uma planta celeste, o que significa que ele é como uma árvore invertida, cujas raízes estendem-se para o céu e os ramos embaixo para a terra". Em nossa época, os ocúltistas abusaram desse simbolismo, que nada mais é para eles que uma simples comparação, mas cujo sentido profundo lhes escapa por completo, e que interpretam da forma mais grosseira e "materializada", tentando justificá-la por meio de considerações anatômicas, ou antes "morfológicas", de extraordinária puerilidade. Aí está um exemplo, entre tantos outros, da deformação a que submeteram as noções tradicionais fragmentárias que, sem compreendê-las, procuraram incorporar às suas próprias concepções.[5]

Um dos dois termos sânscritos que servem especialmente para designar a "Árvore do Mundo", um deles, *nyagrodha*, permite uma observação interessante sobre o mesmo aspecto, pois significa literalmente "que cresce para baixo", não só porque esse crescimento está representado de fato pelo desenvolvimento de raízes aéreas na espécie de árvore que traz esse nome, mas também porque, quando se trata da árvore simbólica, considera-se, ela própria, como invertida.[6] É portanto a essa posição da árvore que se refere em particular o nome *nyagrodha*, enquanto que o outro termo, *ashwattha*, parece designar, ao menos na origem, a árvore direita, embora a distinção nem sempre tenha sido feita posteriormente, de modo assim tão claro. A palavra *ashwattha* é interpretada como "estação do cavalo" (*ashwa-stha*); considera-se assim que o cavalo, enquanto símbolo de *Agni* ou do Sol, ou de ambos ao mesmo tempo, chegou ao termo de seu curso e se deteve ao alcan-

5. A assimilação do homem a uma árvore, mas sem referência à sua posição invertida, desempenha um grande papel no ritual do Carbonarismo.

6. Cf. *Aitarêya Brahmana*, VII, 30; *Shatapatha Brâhmana*, XII, 2, 7, 3.

çar o "Eixo do Mundo".[7] Lembraríamos a esse respeito que, nas diversas tradições, a imagem do Sol está também ligada à da árvore de uma outra forma, pois é representado como fruto da "Árvore do Mundo". Ele deixa sua árvore no início de um ciclo e volta a pousar nela no final, de modo que, nesse caso ainda, a árvore é de fato a "estação do Sol.[8]

No que se refere a *Agni*, existe ainda algo mais: ele é identificado à "Árvore do Mundo"; daí seu nome *Vanaspati* ou "Senhor das árvores". Essa identificação, que confere à "Árvore" axial uma natureza ígnea, estabelece um parentesco evidente com a "Sarça Ardente", que, além disso, enquanto local e suporte da manifestação da Divindade, deve também ser concebida como situada numa posição "central". Já falamos anteriormente da "coluna de fogo" ou da "coluna de fumaça" de *Agni*, que substitui, em certos casos, a árvore ou o pilar enquanto representação "axial". A observação que acaba de ser feita completa a explicação dessa equivalência e lhe dá toda sua significação.[9] A. K. Coomaraswamy cita a esse respeito uma passagem do *Zohar* em que a "Árvore da Vida", descrita como "estendendo-se de cima para baixo", invertida portanto, é representada como uma "Árvore de Luz", o que concorda inteiramente com essa identificação. Podemos acrescentar uma outra concordância extraída da tradição islâmica e que também é notável. Na *Sûrat En-Nûr* ["Surata da Luz"],[10] fala-se de uma "árvore abençoada", isto é, carregada de influências espirituais,[11] que "não é oriental nem ocidental", o que define de forma clara a sua posição "central" ou "axial".[12] Trata-se de uma oliveira cujo azeite mantém a luz de uma lâmpada. Essa luz simboliza a luz de *Allah*, que na realidade é o próprio *Allah*, pois, tal como se diz no início do mesmo versículo, "*Allah* é a Luz dos céus e da terra". Evidentemente, a árvore aqui é uma oliveira em razão do poder

7. Do mesmo modo, segundo a tradição grega, as águias, outro símbolo solar, tendo partido das extremidades da terra, detiveram-se no *Omphalos* de Delfos, que representa o "Centro do Mundo".

8. Ver *Le Symbolisme de la Croix*, cap. IX. O ideograma chinês que designa o pôr-do-sol representa-o pousando sobre sua árvore no final do dia.

9. Pode-se notar que essa "coluna de fogo" e a "coluna de fumaça" são exatamente as mesmas que guiaram os hebreus em sua saída do Egito (Êxodo, 14) e que eram, além disso, uma manifestação da *Shekinah* ou "Presença divina".

10. *Alcorão*, 24, 35.

11. Na Cabala hebraica, essas mesmas influências espirituais são simbolizadas pelo "orvalho de luz", que emana da "Árvore da Vida".

12. Do mesmo modo, e no mais literal sentido "geográfico", o Pólo não está situado no oriente nem no ocidente.

iluminador do azeite que dela se retira, portanto da natureza ígnea e luminosa que nela existe; não resta dúvida que se trata ainda da "Árvore de Luz", à qual acabamos de nos referir. Por outro lado, em pelo menos um dos textos hindus que descrevem a árvore invertida,[13] ela é expressamente identificada a *Brahma*. Se ocorrem em outras passagens ser relacionada a *Agni*, isso não significa a menor contradição, pois *Agni*, na tradição védica, é apenas um dos nomes e dos aspectos de *Brahma*; e, no texto do Alcorão, é *Allah* sob o aspecto de Luz que ilumina todos os mundos.[14] Seria por certo difícil levar mais longe a semelhança, e temos aqui de novo um exemplo admirável do acordo unânime de todas as tradições.

13. *Maitri Upanishad*, VI, 4.

14. Essa Luz é, inclusive, na seqüência do texto, "luz sobre luz", portanto uma dupla luz superposta, o que evoca a superposição das duas árvores que citamos mais acima. Encontra-se aí também "uma essência" da Luz única, e "duas naturezas", uma do alto e outra de baixo, ou o não-manifestado e o manifestado, às quais correspondem respectivamente a luz oculta na natureza da árvore e a luz visível da chama da lâmpada, sendo a primeira o "suporte" essencial da segunda.

52

A ÁRVORE E O *VAJRA* *

Tratamos há pouco do esquema da árvore de três ramos e três raízes, construído sobre o símbolo geral da analogia e que pode ser considerado em dois sentidos opostos. Acrescentaremos agora a esse respeito algumas notas complementares, que destacarão melhor a estreita conexão existente entre símbolos do "Eixo do Mundo" aparentemente diferentes. De fato, como é fácil de se dar conta, de acordo com a figura abaixo, o esquema em questão é, no fundo, idêntico à figura do duplo *vajra*, cujas extremidades

Fig. 17

opostas reproduzem também o simbolismo analógico do qual falamos. Num de nossos estudos anteriores, em que tratamos do *vajra*, havíamos indicado essa semelhança a propósito da triplicidade que se encontra com freqüência no simbolismo "axial", para representar ao mesmo tempo o próprio eixo, que ocupa naturalmente a posição central, e as duas correntes cósmicas, da direita e da esquerda, que o acompanham, triplicidade esta que certas representações da "Árvore do Mundo" oferecem um exemplo claro. Observávamos então que, "nesse caso, a dupla triplicidade dos ramos e das raízes lembra de modo ainda mais exato as duas extremidades do *vajra*, que como se sabe tem a forma de tridente ou *trishûla*. [1]

* Publicado na revista *Études Traditionnelles*, mar. 1939.

1. V. *As Armas Simbólicas* [Cap. 26]. Sobre as figurações do *vajra*, ver A. K. Coomaraswamy, *Elements of Buddhist Iconography*.

Entretanto, poderíamos perguntar se o paralelo assim estabelecido entre a árvore e o símbolo do raio, que podem parecer à primeira vista duas coisas muito distintas, seria passível de alguma ampliação, incluindo outros elementos além da significação "axial" que lhes é claramente comum. A resposta a essa questão encontra-se no que já dissemos da natureza ígnea da "Árvore do Mundo", à qual o próprio *Agni*, enquanto *Vanaspati*, está identificado no simbolismo védico, e do qual, por conseguinte, a "coluna de fogo" é um exato equivalente como representação do eixo. É evidente que o raio possui, de igual modo, natureza ígnea ou luminosa; o relâmpago é, aliás, um dos símbolos mais habituais da "iluminação", entendida no sentido intelectual ou espiritual. A "Árvore de Luz", da qual falávamos, atravessa e ilumina todos os mundos. De acordo com a passagem do *Zohar* citada a esse propósito por A. Coomaraswamy, "a iluminação começa no topo e se estende em linha reta através do tronco todo". E essa propagação da luz pode com facilidade evocar a idéia de relâmpago. De resto, em geral, o "Eixo do Mundo" é sempre considerado, de modo mais ou menos explícito, como luminoso. Já tivemos ocasião de lembrar que Platão, em particular, descreve-o como um "eixo luminoso de diamante", o que, precisamente, também se refere de modo direto a um dos aspectos do *vajra*, pois este termo tem ao mesmo tempo o sentido de "raio" e "diamante".[2]

Outra coisa ainda: uma das significações mais difundidas da árvore axial, nas diversas tradições, é "Árvore da Vida"; e sabe-se qual é a relação imediata que as doutrinas tradicionais estabelecem entre a "Luz" e a "Vida". Não insistiremos mais sobre isso, pois já tratamos dessa questão.[3] Lembraremos apenas, por se referir de modo direto ao nosso assunto, o fato de que a Cabala hebraica une as duas noções no simbolismo do "orvalho de luz" que emana da "Árvore da Vida". Além disso, em outras passagens do *Zohar*, que Coomaraswamy cita ainda no correr de seu estudo sobre a "árvore invertida", e onde se fala de duas árvores, uma superior e outra inferior, portanto de certa forma superpostas, essas duas árvores são respectivamente designadas como "Árvore da Vida" e "Árvore da Morte". Isso, que lembra

2. Fizemos também, a esse respeito, um paralelo com o simbolismo budista do "Trono de diamante", situado ao pé da árvore axial; em tudo isso é preciso considerar no diamante, de um lado, sua luminosidade, e, de outro, o caráter de indivisibilidade e inalterabilidade, uma imagem da imutabilidade essencial do eixo.

3. *Verbum, Lux et Vita* [cap. XLVIII de *Aperçus sur l'initiation*].

ainda o papel das duas Árvores simbólicas do Paraíso Terrestre, é particularmente significativo para completar o paralelo que temos em vista no momento, pois as significações de "vida" e "morte" também estão ligadas, de fato, ao duplo aspecto do raio, representado pelas duas direções opostas do *vajra*, tal como já explicamos antes.[4] Como dizíamos então, trata-se, na verdade, em sentido mais geral, do duplo poder de produção e destruição, do qual a vida e a morte são a expressão em nosso mundo, e que está relacionado às duas fases, o "expir" e o "aspir", da manifestação universal. A correspondência dessas duas fases aparece claramente indicada também num dos textos do *Zohar*, ao qual acabamos de nos referir; as duas árvores estão aí representadas como ascendente e descendente, tomando de certa forma uma o lugar da outra, de acordo com a alternância do dia e da noite. Isso não acaba por tornar evidente a perfeita coerência de todo simbolismo?

4. V. [Cap. 26] *As Armas Simbólicas* e também [Cap. 25] *As Pedras-de-raio.*

53

A ÁRVORE DA VIDA E A BEBIDA DA IMORTALIDADE*

Ao falarmos da "Árvore do Mundo", mencionamos em especial, entre suas diferentes figurações, a árvore *Haoma* da tradição avéstica. Esta (e mais precisamente o *Haoma* branco, árvore "paradisíaca", já que a outra, o *Haoma* amarelo, é apenas um "substituto" posterior) tem uma particular relação com seu aspecto de "Árvore da Vida", pois o licor que dela se extrai, também denominado *haoma*, é a mesma coisa que o *soma* védico, o qual por sua vez, como se sabe, identifica-se ao *amrita* ou "bebida da imortalidade". Embora se diga que o *soma* era extraído mais de uma simples planta do que de uma árvore, não existe nisso qualquer objeção válida contra sua comparação com o simbolismo da "Árvore do Mundo". De fato, esta é designada por múltiplos nomes, e, ao lado daqueles que se referem a árvores propriamente ditas, encontra-se também o de "planta" (*oshadhi*) e inclusive o de "cana" (*vêtasa*).[1]

Se nos reportarmos ao simbolismo bíblico do Paraíso Terrestre, a única diferença notável que se constata a esse respeito é a imortalidade ser dada, não por um licor tirado da "Árvore da Vida", mas pelo seu próprio fruto. Trata-se nesse caso, portanto, de um "alimento de imortalidade", ao invés de uma bebida.[2] Mas, de qualquer forma, é sempre um produto da árvore ou da planta, e um produto no qual se encontra concentrada a seiva que, de certo modo, é a própria "essência" do vegetal.[3] É também notável

* Publicado na revista *Études Traditionnelles*, abr. 1939.

1. Cf. A. K. Coomaraswamy, *The Inverted Tree*, p. 12.

2. Entre os gregos, a "ambrosia", enquanto distinta do "néctar", é também um alimento, embora seu nome seja etimologicamente idêntico a *amrita.*

3. No sânscrito, a palavra *rasa* tem ao mesmo tempo o sentido de "seiva" e "essência".

por outro lado que, de todo simbolismo vegetal do Paraíso Terrestre, a "Árvore da Vida" seja a única que subsista com esse caráter na descrição da Jerusalém Celeste, onde todo simbolismo restante é mineral. Essa árvore dá então doze frutos que são os doze "Sóis", ou seja, o equivalente aos doze *Adityas* da tradição hindu, para os quais a própria árvore constitui sua natureza comum, a unidade para a qual retornam afinal.[4] Poderá ser lembrado aqui o que já dissemos da árvore considerada como "estação do Sol" e dos símbolos representativos do Sol que vem repousar sobre a árvore no final de um ciclo. Os *Adityas* são os filhos de *Aditi*, e a idéia de "indivisibilidade" que exprime esse nome implica evidentemente "indissolubilidade", portanto, "imortalidade". *Aditi*, além disso, não deixa de ter relação, sob certos aspectos, com a "essência vegetativa", pela razão de ser considerada como "deusa da terra",[5] ao mesmo tempo em que é, por outro lado, a "mãe dos *Dêvas*". A oposição entre *Aditi* e *Diti*, da qual procede a existente entre os *Dêvas* e os *Asuras*, pode ser ligado, sob o mesmo ponto de vista, à oposição que ocorre entre a "Árvore da Vida" e a "Árvore da Morte", de que falamos no estudo precedente. Essa oposição encontra-se, além disso, no próprio simbolismo do Sol, visto ser ele também identificado à "Morte" (*Mrityu*) quanto ao aspecto de estar voltado para o "mundo de baixo",[6] mas que ao mesmo tempo é a "porta da imortalidade", o que permitiria dizer que sua outra face, voltada para o domínio "extracósmico", identifica-se à própria imortalidade. Esta última observação nos leva ao que dissemos antes a respeito do Paraíso terrestre, que é também, de fato, uma parte do "cosmos", mas cuja posição, no entanto, é virtualmente "supracósmica". Assim se explica que, daí, o fruto da "Árvore da Vida" possa ser alcançado, o que quer dizer que o ser que chegou ao centro do nosso mundo (ou de qualquer outro estado de existência) já conquistou, por esse fato, a imortalidade. E o que é verdadeiro para o Paraíso Terrestre vale também, naturalmente, para a Jerusalém Celeste, pois ambos nada mais são, afinal, que dois aspectos complementares de uma mesma realidade, conforme seja considerada em relação ao começo ou ao fim de um ciclo cósmico.

Evidentemente todas essas considerações devem ser relacionadas ao fato de que, nas diferentes tradições, os símbolos vegetais aparecem co-

4. Cf. *O Rei do Mundo,* caps. IV e XI. Poderíamos também nos referir ao que aí dissemos sobre a "bebida" da imortalidade e os seus diferentes "substitutos" tradicionais (*ibid.*, caps. V e VI).

5. Cf. A. K. Coomaraswamy, *The Inverted Tree,* p. 28.

6. A esse respeito poderiam também ser desenvolvidas considerações sobre a relação do Sol e de suas revoluções com o tempo (*Kala*) que "devora" os seres manifestados.

mo "penhor" da ressurreição e imortalidade; é o caso do "ramo de ouro" dos Mistérios antigos, da acácia que o substitui na iniciação maçônica, bem como dos ramos ou das palmas na tradição cristã, e também do papel que desempenham de um modo geral, no simbolismo, as árvores que permanecem sempre verdes e as que produzem gomas ou resinas incorruptíveis.[7] Por outro lado, o fato de o vegetal ser por vezes considerado na tradição hindu como de natureza "asúrica" ["demoníaca"] não poderá constituir-se numa objeção ao que acaba de ser dito; na verdade, o crescimento do vegetal é, em parte, aéreo, mas também, subterrâneo, o que implica de certo modo uma dupla natureza que corresponde ainda em certo sentido à "Árvore da Vida" e à "Árvore da Morte". Além disso, a raiz, ou seja, a parte subterrânea, constitui o "suporte" original da vegetação aérea, o que corresponde à "prioridade" de natureza dos *Asuras* em relação aos *Dêvas*. Por certo não é sem razão que a luta dos *Dêvas* e dos *Asuras* é representada principalmente em torno da posse da "bebida da imortalidade".

Da estreita vinculação da "bebida da imortalidade" à "Árvore da Vida", resulta uma conclusão muito importante do ponto de vista mais particular das ciências tradicionais: o "elixir da vida" tem relação específica com o que se poderia denominar de aspecto "vegetal" da alquimia,[8] correspondendo ao que é a "pedra filosofal" para o seu aspecto "mineral". Poderíamos dizer, em suma, que o "elixir" é a "essência vegetal" por excelência. Não se deve, por outro lado, objetar com o fato de ocorrer o emprego de expressões tais como "licor de ouro", que, do mesmo modo que "ramo de ouro" por nós lembrado há pouco, faz na realidade referência ao seu caráter "solar". É evidente que esse caráter deve ter sua expressão tanto na ordem vegetal quanto na ordem mineral. Lembraríamos ainda a esse respeito a representação do Sol como "fruto da Árvore da Vida", fruto que, aliás, também é precisamente designado como um "pomo de ouro". Deve ficar bem entendido que, desde que consideremos as coisas em seu princípio, é sobretudo simbolicamente que devemos entender aqui o vegetal e o mineral, ou seja, trata-se antes de tudo de suas "correspondências", ou do que representam respectivamente na ordem cósmica. Mas isso não impede, de modo algum, que se possa também tomá-los no sentido literal quando se chega a certas aplicações mais particulares. Sob esse último aspecto, podemos reencontrar ainda sem dificuldade a oposição da qual falamos, ligada à dupla natureza do vegetal. É assim que a alquimia vegetal, em sua aplicação médi-

7. Cf. *O Esoterismo de Dante*, cap. V, e *O Rei do Mundo*, cap. IV.
8. Esse aspecto foi desenvolvido em especial na tradição taoísta, de um modo muito mais explícito que em qualquer outra.

ca, tem por "avesso", se pudermos nos exprimir desse modo, a "ciência dos venenos". Além do mais, em virtude dessa mesma oposição, tudo o que é "rémedio" sob um certo aspecto é, ao mesmo tempo, "veneno" sob o aspecto contrário,[9] Não podemos naturalmente pensar em desenvolver aqui tudo o que seria possível dessa última observação. Mas ela permitirá ao menos entrever as aplicações precisas que, num domínio como o da medicina tradicional, pode propiciar um simbolismo tão "principial" em si mesmo como é o caso da "Árvore da Vida" e da "Árvore da Morte".

9. No sânscrito, a palavra *visha*, "veneno" ou "bebida da morte", é considerada como a antítese de *amrita* ou "bebida da imortalidade".

54

O SIMBOLISMO DA ESCADA*

Mencionamos anteriormente** o simbolismo que se conservou entre os índios da América do Norte, segundo o qual os diferentes mundos são representados como uma série de cavernas superpostas, enquanto que os seres passam de um mundo ao outro subindo ao longo de uma árvore central. Um simbolismo semelhante encontra-se realizado, em diversos casos, por ritos nos quais o fato de subir numa árvore representa a ascensão do ser pelo "eixo". Por serem tais ritos tanto védicos quanto "xamânicos", temos nesse fato um indício de seu caráter verdadeiramente "primordial".

A árvore pode ser substituída por algum outro símbolo "axial" equivalente; por exemplo, o mastro do navio. Convém notar, a propósito, que, do ponto de vista tradicional, a construção de um navio, do mesmo modo que uma casa ou um carro, é a realização de um "modelo cósmico". É também interessante observar que a "cesta da gávea", que circunda a parte superior do mastro de um navio, equivale exatamente ao "olho" do domo, o qual se admite ser atravessado em seu centro pelo eixo, mesmo quando este não se encontra materialmente figurado. Por outro lado, os apreciadores do "folclore" poderão observar de igual modo que o vulgar "mastro de cocanha" [ou "pau-de-sebo"] das festas interioranas não passa de um vestígio incompreendido de um rito similar aos que acabamos de nos referir. Nesse caso também, um detalhe particularmente significativo é constituído pelo círculo suspenso no alto do mastro [onde se amarram as prendas], círculo este que o mastro atravessa e ultrapassa, do mesmo modo que o mastro do navio ultrapassa a cesta da gávea e que o *stûpa* se eleva acima do domo. Esse círculo é ainda, claramente, a representação do "olho solar", e há de se

* Publicado na revista *Études Traditionnelles*, mai. 1939.

** [V. Cap. 41, *A Porta Estreita.*]

convir que não foi, por certo, a pretensa "alma popular" que pôde inventar tal simbolismo!

Um outro símbolo muito difundido, que se liga de imediato à mesma ordem de idéias, é o da escada, que se constitui também num símbolo "axial". Como disse A. K. Coomaraswamy, "o Eixo do Universo é como uma escada sobre a qual se efetua um perpétuo movimento ascendente e descendente".[1] Permitir a realização de tal movimento, é, de fato, a destinação essencial da escada. E visto que, como acabamos de ver, a árvore ou o mastro desempenham também o mesmo papel, pode-se dizer que a escada, sob esse aspecto, é um de seus equivalentes. Por outro lado, a forma específica da escada exige algumas observações; seus dois montantes verticais correspondem à dualidade da "Árvore da Ciência", ou, na Cabala hebraica, às duas "colunas", da direita e da esquerda, da árvore sefirótica. Nenhuma das duas, portanto, é propriamente "axial", e a "coluna do meio", na verdade o próprio eixo, não está figurada de forma palpável (como acontece também em muitos casos com o pilar central de um edifício). Mas, por outro lado, a escada como um todo, no seu conjunto, está de certo modo "unificada" pelos degraus que juntam os dois montantes entre si, e que, por estarem colocados na horizontal entre estes, têm necessariamente os seus pontos médios situados no próprio eixo.[2] Vê-se que a escada oferece assim um simbolismo muito completo: ela é, poderíamos dizer, como que uma "ponte" vertical que se eleva através dos mundos e permite percorrer toda sua hierarquia, degrau por degrau. Ao mesmo tempo, os degraus são os próprios mundos, isto é, os diferentes níveis ou graus da Existência universal.[3]

Essa significação é evidente no simbolismo bíblico da escada de Jacó, pela qual os anjos sobem e descem. E sabemos que Jacó, no local em que teve a visão dessa escada, colocou uma pedra que "erigiu como um pilar" e que também é uma figura do "Eixo do Mundo", substituindo assim de certo modo a própria escada.[4] Os anjos representam propriamente os estados superiores do ser; a eles portanto correspondem também mais em

1. *The Inverted Tree*, p. 20.

2. No antigo hermetismo cristão, encontra-se, como equivalente sob esse aspecto, um certo simbolismo da letra H, com suas duas pernas verticais e o traço horizontal que as une.

3. O simbolismo da "ponte", sob seus diversos aspectos, poderia naturalmente dar margem a muitas outras considerações [v. Caps. 63 e 64]. Por ter certa relação com o que estamos tratando, lembraríamos também o simbolismo islâmico da "tábua guardada" (*el-lawhul-mahfûz*), protótipo "intemporal" das Escrituras sagradas que, a partir do mais alto dos céus, desce verticalmente atravessando todos os mundos.

4. Cf. *O Rei do Mundo*, cap. IX.

particular os degraus, o que pode ser explicado pelo fato de se considerar que a escada com os seus pés assentados sobre a terra, ou seja, para nós, é necessariamente o nosso próprio mundo que se constitui no "suporte" a partir do qual a ascensão deve-se efetuar. Mesmo supondo que a escada se prolongue subterraneamente, para compreender a totalidade dos mundos, como deve ser na realidade, sua parte inferior seria em todo caso invisível, tal como ocorre, para os seres que alcançaram uma "caverna" situada em certo nível, com toda parte da árvore central que se estende abaixo dela. Em outros termos, tendo sido já percorridos os degraus inferiores, não cabe mais considerá-los de fato no que diz respeito à realização posterior do ser, na qual só poderá intervir o percurso dos degraus superiores.

É por isso que, sobretudo quando a escada é empregada como um elemento de certos ritos iniciáticos, seus degraus são expressamente considerados como representação dos diferentes céus, isto é, dos estados superiores do ser. É assim que, em particular nos mistérios de Mitra, a escada tinha sete degraus, relacionados aos sete planetas, e que, diz-se, eram feitos com os metais correspondentes a cada um desses planetas; o percurso desses degraus representava os graus sucessivos da iniciação. A escada de sete degraus encontra-se em certas organizações iniciáticas da Idade Média, de onde passou sem dúvida, de forma mais ou menos direta, para os altos graus da maçonaria escocesa, tal como dissemos em outra oportunidade a propósito de Dante.[5] Nesse caso os degraus são relacionados às "ciências", mas isso, no fundo, não faz qualquer diferença, pois, segundo o próprio Dante, as "ciências" identificam-se aos "céus".[6] É evidente que para corresponder desse modo aos estados superiores e aos graus de iniciação, essas ciências só podiam ser as tradicionais, entendidas em seu sentido mais profundo e propriamente esotérico, inclusive aquelas ciências cujos nomes, para os modernos, e em virtude da degradação que temos citado repetidamente, designam apenas ciências ou artes profanas, isto é, alguma coisa que, em relação às verdadeiras ciências, não passa na realidade de uma casca vazia e um "resíduo" sem vida.

Em certos casos, encontra-se também o símbolo de uma escada dupla, o que implica a idéia de que a subida deve ser seguida de uma nova descida; sobe-se então, de um lado, pelos degraus que são as "ciências", isto é, por graus de conhecimento que correspondem à realização de outros tantos estados, e torna-se a descer, de outro lado, pelos degraus que são "virtudes",

5. *O Esoterismo de Dante,* caps. II e III.
6. *Convito,* t. II, cap. XIV.

ou seja, os frutos desses mesmos graus de conhecimento aplicados aos seus respectivos níveis.[7] Pode-se além disso notar que, mesmo no caso da escada simples, um dos montantes pode ser considerado de certa forma como "ascendente" e o outro como "descendente", de acordo com a significação geral das duas correntes cósmicas, da direita e da esquerda, às quais correspondem os dois montantes em razão de sua própria situação "lateral" em relação ao verdadeiro eixo que, embora invisível, nem por isso deixa de ser o elemento principal do símbolo, ao qual todas as partes sempre devem ser referidas se quisermos compreender inteiramente sua significação.

Além dessas indicações, mencionaremos ainda, para terminar, o simbolismo um pouco diferente encontrado também em certos rituais iniciáticos, ou seja, a subida por uma escada em espiral. Neste caso, trata-se, poderíamos dizer, de uma ascensão menos direta, visto que, ao invés de se realizar verticalmente na direção do próprio eixo, ela se cumpre seguindo as voltas da hélice que se enrola em torno do eixo, de tal forma que o seu processo parece ser mais "periférico" que "central". Mas, em princípio, o resultado final deve ser o mesmo, pois trata-se sempre de uma subida através da hierarquia dos estados do ser, em que as espiras sucessivas da hélice, como já explicamos em outro lugar,[8] são uma representação exata dos graus da Existência universal.

7. É preciso dizer que essa correspondência da subida e do tornar a descer aparece às vezes invertida; mas isso pode provir simplesmente de alguma alteração do sentido primitivo, tal como acontece com freqüência no estado mais ou menos confuso e incompleto ao qual chegaram na época atual os rituais iniciáticos ocidentais.
8. V. *Le Symbolisme de la Croix.*

55

O "BURACO DA AGULHA"*

Como já nos referimos anteriormente, uma das representações do símbolo da "porta estreita" é o "buraco da agulha", mencionado em especial, com essa significação, num texto evangélico bem conhecido.[1] A expressão inglesa *needle's eye*, literalmente "olho da agulha", é particularmente significativa sob esse aspecto, pois liga de forma mais direta esse símbolo a alguns de seus equivalentes, como o "olho" do domo no simbolismo arquitetônico: tratam-se de figurações diversas da "porta solar", também designada, por sua vez, como o "Olho do Mundo". Nota-se ainda que a agulha, ao ser colocada verticalmente, pode ser tomada como uma figura do "Eixo do Mundo"; nesse caso, estando a extremidade perfurada no alto, há uma exata coincidência entre essa posição do "olho" da agulha e a do "olho" do domo.

O mesmo símbolo tem ainda outras conexões interessantes que foram assinaladas por Ananda K. Coomaraswamy:[2] em um *Jâtaka* [relato das "vidas anteriores" de Buda], em que se trata de uma agulha misteriosa (na realidade idêntica ao *vajra*), o buraco da agulha é designado em páli pela palavra *pâsa.*[3] Esse termo é o mesmo que o sânscrito *pâsha*, que possui originariamente o sentido de "nó" ou "laço"; isso parece indicar em primeiro lugar, como observou Coomaraswamy, que, numa época muito antiga, as agulhas eram, não perfuradas como aconteceu mais tarde, mas simplesmente recurvadas de modo a formar uma espécie de alça ou anel pelo qual passava o fio. Porém, o que há de mais importante a ser considerado por nós, é a relação que existe entre essa aplicação da palavra *pâsha* ao buraco da agulha e suas outras significações mais habituais, que aliás são de igual modo derivadas da idéia primeira de "nó".

* Publicado na revista *Études Traditionnelles,* jan. 1940.

1. *Mateus,* 19, 24.
2. *Some Pâli Words,* s. v. *Pasa,* p. 166-67.
3. *Jâtaka,* 3, 282: *pâsê vijjhiwâ,* "atravessada por um buraco" ou por um "olho".

O *pâsha*, de fato, é com freqüência, no simbolismo hindu, um "nó corredio", ou um "laço" que serve para apanhar animais na caça; sob essa forma, é um dos principais emblemas de *Mrityu* [a Morte] ou de *Yama* [deus dos mortos], e também de *Varuna*; e os "animais" presos por meio desse *pâsha* são, na realidade, todos os seres vivos (*pashu*). Daí também o sentido de "vínculo": o animal, desde que preso, encontra-se atado pelo nó corredio que se aperta sobre ele; do mesmo modo, o ser vivo é amarrado pelas condições limitativas que o retém em seu particular estado de existência manifestada. Para sair desse estado de *pashu*, é preciso que o ser liberte-se dessas condições, ou seja, em termos simbólicos, que escape ao *pâsha*, ou que passe através do nó corredio sem que este se aperte sobre ele. Isso equivale a dizer que o ser passe pelas mandíbulas da Morte sem que estas se fechem sobre ele.[4] O laço do *pâsha* é, na verdade, como diz Coomaraswamy, um outro aspecto da "porta estreita", exatamente como o "enfiamento da agulha" representa a passagem através dessa mesma "porta solar" no simbolismo do bordado. Podemos acrescentar que o fio que passa pelo buraco da agulha tem ainda como um outro equivalente, no simbolismo do tiro com arco, a flecha que atravessa o centro do alvo; e este é, aliás, propriamente designado por "meta", termo a propósito muito significativo, pois a passagem em questão, e pela qual se efetua a "saída do cosmo", é também a meta que deve ser alcançada pelo ser finalmente "libertado" dos laços da existência manifestada.

Essa última observação nos leva a precisar, com Coomaraswamy, que somente no que diz respeito à "última morte", aquela que precede imediatamente a "libertação" e após a qual não há mais qualquer retorno a um estado condicionado, o "enfiamento da agulha" representa a verdadeira passagem pela "porta solar", visto que, em todos os demais casos, não se trata ainda de uma "saída do cosmo". Entretanto, pode-se também, analogicamente e num sentido relativo, falar de "passar pelo buraco da agulha"[5] ou de "escapar" ao *pâsha*, para designar toda passagem de um estado a outro, sendo sempre tal passagem uma "morte" em relação ao estado antecedente, ao mesmo tempo em que é um "nascimento" em relação ao estado conseqüente, como já explicamos em muitas ocasiões.

Há ainda um outro importante aspecto do simbolismo do *pâsha* do qual não falamos até aqui, ou seja, o que se refere em particular ao "nó vi-

4. Cf. as figurações simbólicas de *Shinje*, a forma tibetana de *Yama*.
5. Cf. Dante, *Purgatório*, X, 16.

tal",[6] e resta-nos mostrar como isso também se liga de forma estrita à mesma ordem de considerações. De fato, o "nó vital" constitui-se no laço que mantém reunidos entre si os diferentes elementos constitutivos da individualidade. Conseqüentemente, é ele que mantém o ser em sua condição de *pashu*, pois, a partir do momento que esse laço se desfaz ou se parte, sobrevém a desagregação desses elementos, o que significa exatamente a morte da individualidade, acarretando a passagem do ser para um outro estado. Transpondo o que acaba de ser tido para a situação da "libertação" final, pode-se afirmar que, quando o ser chega a passar através do laço do *pâsha*, sem que este o aperte e o torne a prender, é como se esse laço estivesse desatado para ele, e isso de um modo definitivo. Trata-se, em suma, de duas maneiras diferentes de exprimir a mesma coisa.

Não insistiremos mais sobre a questão do "nó vital", que poderia levar-nos a muitos outros desenvolvimentos. Indicamos em outra ocasião* como, no simbolismo arquitetônico, ele tem sua correspondência no "ponto sensível" de um edifício, sendo este a imagem de um ser vivo ou de um mundo, segundo seja considerado do ponto de vista "microcósmico" ou "macrocósmico". Mas, no momento, o que acabamos de dizer basta para mostrar que a "solução" desse nó, que é também o "nó górdio" da lenda grega, constitui-se ainda, no fundo, um equivalente da passagem do ser através da "porta solar".

6. O símbolo do "nó vital", nos ritos das corporações de ofícios, é representado por uma gravata amarrada com nó de forma especial; é evidente sua equivalência com o nó corredio ou o laço do *pâsha*.

* [V. o artigo *Cologne ou Strasbourg?* incluído em *Formes traditionnelles et cycles cosmiques.*]

56

A PASSAGEM DAS ÁGUAS*

Ananda K. Coomaraswamy chamou a atenção para o fato de que, tanto no budismo, quanto no bramanismo, o "Caminho do Peregrino", representado como uma "viagem", pode ser relacionado ao rio simbólico da vida e da morte de três formas diferentes: a viagem pode ser cumprida, quer remontando a corrente em direção à nascente, quer atravessando as águas na direção da outra margem, quer enfim descendo a corrente para o mar.[1] Como observa com muita razão, o uso de diferentes simbolismos, contrários apenas na aparência e que têm na realidade a mesma significação espiritual, concorda com a própria natureza da metafísica, que jamais é "sistemática", mas que, no entanto, apresenta sempre perfeita coerência. É preciso apenas ter em vista o sentido preciso no qual o símbolo do "rio", com sua fonte, suas margens e sua desembocadura, deve ser entendido em cada caso.

O primeiro caso, "remontar a corrente", é talvez o mais notável sob certos aspectos, pois deve-se então conceber o rio como identificado ao "Eixo do Mundo": trata-se do "rio celeste" que desce para a terra, e que, na tradição hindu, é designado por nomes tais como *Gangâ* [Ganges] e *Saraswatî*, que são exatamente os nomes de certos aspectos da *Shakti*. Na Cabala hebraica esse "rio da vida" encontra sua correspondência nos "canais" da árvore sefirótica, pelos quais as influências do "mundo de cima" são transmitidas ao "mundo de baixo", e que têm também relação direta com a *Shekinah* [Presença divina], que é em suma o equivalente da *Shakti*. Na Cabala também se fala das águas que "correm para o alto", expressão do retorno à fonte celeste representado então, não mais pelo remontar a corrente, mas

* Publicado na revista *Études Traditionnelles*, fev. 1940.

1. *Some Pâli Words*, s. v. *Samudda*, pp. 184-88.

pela inversão de direção da própria corrente. De qualquer forma, existe aí uma "reversão" que, por outro lado, como indica Coomaraswamy, estava figurada nos ritos védicos pelo poste sacrificial, outra imagem do "Eixo do Mundo". E vê-se de imediato que tudo isso se liga estreitamente ao simbolismo da "árvore invertida", do qual já falamos antes.

Pode-se observar ainda que existe ao mesmo tempo uma semelhança e uma diferença com relação aos quatro rios do Paraíso terrestre: estes correm horizontalmente sobre a superfície da terra, e não verticalmente segundo a direção axial; mas têm sua fonte ao pé da "Árvore da Vida", que é também naturalmente o "Eixo do Mundo" e ainda a árvore sefirótica da Cabala. Pode-se dizer, portanto, que as influências celestes, que descem pela "Árvore da Vida" e chegam assim ao centro do mundo terrestre, propagam-se em seguida por meio desses quatro rios, ou então, substituindo a "Árvore da Vida" pelo "rio celeste", que este, ao chegar à terra, divide-se e corre segundo as quatro direções do espaço. Nessas condições, poderão ser consideradas duas fases no "remontar da corrente": a primeira, no plano horizontal, conduz ao centro desse mundo; a segunda, a partir daí, realiza-se verticalmente, na direção do eixo, sendo esta a que se considerava no caso precedente. Podemos acrescentar que essas duas fases sucessivas, do ponto de vista iniciático, correspondem respectivamente aos domínios dos "pequenos mistérios" e "grandes mistérios".

O segundo caso, que se refere ao simbolismo da travessia de uma margem à outra, é sem dúvida o mais habitual e conhecido. A "passagem da ponte" (que também pode ser de um vau) encontra-se em quase todas as tradições e também, particularmente, em certos rituais iniciáticos.[2] A travessia pode também efetuar-se sobre uma jangada ou um barco, o que se liga então ao simbolismo muito geral da navegação.[3] O rio que se atravessa desse modo é especialmente o "rio da morte"; a margem da qual se parte é o mundo submetido à mudança, isto é, o domínio da existência manifestada (considerada em particular, com maior freqüência, em seu estado humano e corporal, vis-

2. Decorre disso a significação simbólica de certas palavras tais como *Pontifex* e *Tirthankara,* de que falamos em outra oportunidade; daí também, no sânscrito, diversos termos que contêm etimologicamente a idéia de "atravessar", entre os quais *Avatâra,* que exprime literalmente uma "travessia descendente" (*avatarana*), isto é, a "descida" de um Salvador.

3. Coomaraswamy assinala a esse respeito que o símbolo da barca salvadora (no sânscrito *nâvâ,* no latim *navis*) pode ser encontrado na designação da "nave" de uma igreja; esse barco é um atributo de São Pedro, após ter sido de Jano, do mesmo modo que as chaves, tal como explicamos em outra parte.

to que é deste que atualmente devemos partir de fato), e a "outra margem" é o *Nirvâna*, estado do ser que está definitivamente libertado da morte.

No que diz respeito afinal ao terceiro caso, de "descida pela corrente", o Oceano[4] deve ser considerado, não como uma extensão de água a ser atravessada, mas, ao contrário, como a própria meta a ser alcançada, portanto como representação do *Nirvâna*. O simbolismo das duas margens é então diferente do que era antes, e temos nesse fato um exemplo do duplo sentido dos símbolos, pois não se trata mais de passar de uma para outra, mas sim de evitá-las igualmente: elas são respectivamente o "mundo dos homens" e o "mundo dos deuses", ou ainda as condições "microcósmicas" (*adhyâtma*) e "macrocósmicas (*adhidêvata*). Há ainda, para alcançar a meta, outros perigos a evitar na própria corrente. Eles são simbolizados em especial pelo crocodilo que se mantém "contra a corrente", o que implica que a viagem se efetua no sentido da corrente. O crocodilo, de cujas mandíbulas se procura escapar, representa a Morte (*Mrityu*), e, como tal, é o "guardião da Porta"; esta última, por sua vez, é figurada pela desembocadura do rio (que mais exatamente, como diz Coomaraswamy, deveria ser considerada como uma "boca" do mar na qual o rio se despeja). Temos aqui, portanto, mais um outro símbolo da "Porta", acrescentável a todos aqueles que já tivemos ocasião de estudar.

4. *Samudra* (no pâli *samudda*) é literalmente a "reunião das águas", o que lembra a palavra do Gênesis: "Que as águas que estão sob o céu se reúnam em um só lugar"; é o lugar em que vão-se reunir todos os rios, do mesmo modo que, nos diversos simbolismos do domo, da roda e do guarda-sol, as vigas e os raios convergem todos para a parte central.

57

OS SETES RAIOS E O ARCO-ÍRIS*

Já falamos em diversas ocasiões do simbolismo dos "sete raios" do Sol.** Pode-se perguntar se esses "sete raios" não têm alguma relação com o que, de hábito, designa-se como as "sete cores do arco-íris", pois estas representam literalmente as radiações de que se compõe a luz solar. Há de fato, uma relação, mas, ao mesmo tempo, as chamadas "sete cores" são um exemplo típico da forma pela qual um dado tradicional autêntico pode ser às vezes deformado pela incompreensão comum. Tal deformação, num caso como esse, é explicável aliás de maneira muito fácil: sabe-se que deve existir um setenário, mas, como um dos seus termos não pôde ser encontrado, foi substituído por um outro que, na realidade, não tem qualquer razão de ser. O setenário parece ter sido assim reconstituído, porém de tal forma que o seu simbolismo ficou inteiramente falseado. Se agora nos perguntarem por que um dos termos do verdadeiro setenário escapa assim ao vulgar, a resposta também é fácil: esse termo é o que corresponde ao "sétimo raio", isto é, ao raio "central" ou "axial", que passa "através do Sol" e que, por não ser um raio como os outros, torna-se impossível de ser representado como eles.[1] Por esse motivo, e em razão ainda de todo o conjunto de suas conexões simbólicas e verdadeiramente iniciáticas, existe nessa questão um particular caráter de mistério. E, desse ponto de vista, seria possível dizer que a substituição em foco tem por efeito dissimular o mistério aos olhos dos profanos. Pouco importa, em tais casos, que sua origem tenha sido intencional ou devida a um equívoco involuntário, o que seria sem dúvida muito difícil de determinar com certeza.[2]

* Publicado na revista *Études Traditionnelles,* jun. 1940.

** [V. Cap. 41, *A Porta Estreita*, e 50, *Os Símbolos da Analogia.*]

1. Pode-se dizer, referindo-se ao início do *Tao-te-king,* que cada um dos outros raios é "um caminho", mas que o sétimo é "o Caminho".

2. Encontramos, infelizmente sem referência precisa, uma indicação muito curiosa a

De fato, o arco-íris não tem sete cores, mas apenas seis. E não é necessário refletir muito tempo para se dar conta disso, pois basta apelar para as noções mais elementares da física: existem três cores fundamentais, o azul, o amarelo e o vermelho, e três cores complementares às primeiras, ou seja, respectivamente, o laranja, o violeta e o verde, o que dá seis cores ao todo. Há ainda, naturalmente, uma infinidade de matizes intermediários entre essas cores, onde a transição de um para outro se opera na verdade de forma contínua e insensível. Não existe evidentemente nenhuma razão válida para acrescentar qualquer um desses matizes à lista das cores, ou então, nesse caso, poder-se-ia considerar um grande número deles; nessas condições, no entanto, a própria limitação das cores a sete se tornaria no fundo incompreensível.

Não sabemos se algum adversário do simbolismo algum dia fez essa observação. Seria surpreendente que não tivesse aproveitado a oportunidade para qualificar esse número de "arbitrário". O índigo [ou anil], que se costuma enumerar entre as cores do arco-íris, não passa na realidade de um simples matiz intermediário entre o violeta e o azul,[3] e não há qualquer razão especial para considerá-lo como uma cor distinta se comparado a outros matizes como, por exemplo, o verde-azul ou o azul-marinho. Além disso, a introdução desse matiz na enumeração das cores destrói completamente a harmonia de sua repartição que, se nos referirmos pelo contrário à noção

esse respeito: o imperador Juliano fez em algum lugar alusão ao "deus dos sete raios" (*Heptaktis*), cujo caráter "solar" é evidente, como sendo, no ensinamento dos Mistérios, um assunto sobre o qual convinha observar a maior reserva. Se ficar provado que a noção errônea das "sete cores" remonta à Antiguidade, será possível perguntar se não foi difundida voluntariamente pelos iniciados nesses Mistérios, que teriam encontrado dessa maneira o meio de assegurar a conservação de um dado tradicional sem no entanto dar a conhecer o seu verdadeiro sentido. No caso contrário, seria preciso supor que o termo substituído tenha sido de certo modo inventado pelo próprio vulgo que teria simplesmente conhecimento da existência de um setenário, mas ignorava sua constituição real. Pode ser, no entanto, que a verdade se encontre numa combinação dessas duas hipóteses, pois é muito possível que a opinião atualmente usual sobre as "sete cores" represente o resultado de várias deformações sucessivas do lado inicial.

3. Possivelmente, a própria designação "índigo", claramente moderna, tenha substituído alguma outra mais antiga, ou que esse próprio matiz, numa certa época, tenha substituído um outro para completar o setenário vulgar das cores. Para se ter certeza seria preciso empreender pesquisas históricas muito complicadas, para as quais não dispomos nem de tempo nem dos materiais necessários. Esse ponto, no entanto, tem apenas uma importância secundária, pois nos propomos tão-somente a mostrar em que medida o conceito atual expresso pela enumeração ordinária das cores do arco-íris está errado e como deforma o verdadeiro dado tradicional.

correta, efetua-se regularmente de acordo com um esquema geométrico muito simples e, ao mesmo tempo, muito significativo do ponto de vista simbólico. Com efeito, podemos colocar as três cores fundamentais nos três vértices de um triângulo e as três cores complementares nos vértices de um segundo triângulo invertido em relação ao primeiro, de tal modo que cada cor fundamental e sua complementar encontrem-se colocadas em pontos diametralmente opostos. A figura assim formada é, em suma, o "selo de Salomão". Se traçarmos o círculo no qual está inscrito o duplo triângulo, cada uma das cores complementares ocupará o ponto situado no meio do arco compreendido entre os outros pontos em que estão colocadas duas cores fundamentais, de cuja combinação ela resulta. Os matizes intermediários corresponderão naturalmente a todos os demais pontos da circunferência;[4] mas, no duplo triângulo, que neste caso é o essencial, só existe de fato lugar para seis cores.[5] Essas considerações poderiam parecer simples demais para que fosse útil insistir tanto sobre elas. Mas, para dizer a verdade, é necessário muitas vezes lembrar coisas desse gênero para retificar idéias comumente aceitas, pois o que deveria ser o mais evidente de imediato é precisamente o que as pessoas não sabem ver. O verdadeiro "bom senso" é muito diferente do "senso comum", com o qual se tem o lastimável hábito de confundi-lo, e sem dúvida está muito longe de ser, como pretendeu Descartes, "a coisa melhor distribuída do mundo"!

Para resolver a questão do sétimo termo que deve realmente acrescentar-se às seis cores para completar o setenário, é necessário voltarmos à

4. Se quiséssemos considerar uma cor intermediária entre cada uma das seis cores principais, como é o caso do anil que se encontra entre o violeta e o azul, teríamos ao todo doze cores e não sete. E se desejássemos levar mais longe ainda a distinção de matizes, seria necessário, sempre por razões evidentes de simetria, estabelecer um mesmo número de divisões em cada um dos intervalos compreendidos entre duas cores, o que consiste, em suma, numa aplicação inteiramente elementar do princípio de razão suficiente.

5. Podemos observar, de passagem, que o fato das cores visíveis ocuparem a totalidade da circunferência e se reunirem sem qualquer descontinuidade, mostra que elas formam na realidade um ciclo completo (onde o violeta participa ao mesmo tempo do azul, do qual é vizinho, e do vermelho que se encontra na outra borda do arco-íris) e que, por conseguinte, as outras radiações solares não visíveis, tais como as que a física moderna designa "raios infravermelhos" e "ultravioletas", não pertencem de modo algum à luz e são de natureza inteiramente diferente. Não há, portanto, como alguns parecem acreditar, "cores" que uma imperfeição dos nossos órgãos impediria de ver, pois essas pretensas cores não poderiam encontrar lugar em parte alguma da circunferência, e não se poderá certamente sustentar que a circunferência seja uma figura imperfeita ou que apresente uma descontinuidade qualquer.

representação geométrica dos "sete raios", tal como já explicamos numa outra oportunidade, constituída pelas seis direções do espaço, que formam a cruz de três dimensões, e pelo próprio centro de onde partem essas direções. É importante notar em primeiro lugar a estreita semelhança dessa representação com a que acabamos de considerar no que diz respeito às cores. Como no caso destas, as seis direções são opostas duas a duas, de acordo com as três linhas retas que, estendendo-se de ambos os lados a partir do centro, correspondem às três dimensões do espaço. E se quisermos estabelecer uma representação plana, poderemos apenas, como é evidente, figurá-las pelos três diâmetros que formam a roda de seis raios (que é o esquema geral do "crisma" e de diversos outros símbolos equivalentes). E como esses diâmetros são os mesmos que ligam entre si os vértices opostos dos dois triângulos do "selo de Salomão", podemos dizer que, na realidade, as duas representações são a mesma coisa.[6] Resulta daí que o sétimo termo deverá, em relação às seis cores, desempenhar o mesmo papel do centro em relação às seis direções. E, de fato, ele também se colocará no centro do esquema, isto é, no ponto em que as oposições aparentes, e que na realidade são apenas complementarismos, acabam por se converter na unidade. Isso quer dizer que o sétimo termo não é mais uma cor, do mesmo modo que o centro não é uma direção, mas que, tal como o centro é o princípio do qual procede todo o espaço com suas seis direções, assim também esse sétimo termo deve ser o princípio do qual as seis cores derivam e no qual elas estão sinteticamente contidas. Nesse caso, só pode ser o branco que, de fato, é "incolor", do mesmo modo que o ponto é "sem dimensões"; não aparece no arco-íris, da mesma forma que o "sétimo raio" não aparece em uma representação geométrica. Mas todas as cores não passam do produto de uma diferenciação da luz branca, tal como as direções do espaço nada mais são que o desenvolvimento das possibilidades contidas no ponto primordial.

O verdadeiro setenário, portanto, está formado neste caso pela luz branca e pelas seis cores nas quais se diferencia. E torna-se evidente que o sétimo termo é, na realidade, o primeiro, pois constitui-se no princípio de todos os outros que, sem ele, não poderiam ter existência alguma. É tam-

6. Seria possível considerar uma variedade indefinida de direções intermediárias, que corresponderiam assim aos matizes intermediários entre as seis cores principais. Mas só cabe considerar distintamente as seis direções "orientadas" [por exemplo: norte e sul, leste e oeste, em cima e embaixo] que formam o sistema de coordenadas ortogonais, às quais o espaço se refere e pelas quais ele é de certo modo inteiramente "medido". Sob esse ângulo, portanto, a correspondência entre as seis direções e as seis cores torna-se perfeitamente exata.

bém o último, no sentido de que todos retornam finalmente a ele: a reunião de todas as cores reconstitui a luz branca que lhes deu origem. Poderíamos dizer que, num setenário assim constituído, *um* é o centro e *seis*, a circunferência; em outros termos, tal setenário é formado pela unidade e pelo senário, onde a unidade corresponde ao princípio não manifestado e o senário ao conjunto da manifestação. Poderíamos estabelecer um paralelo entre esse simbolismo e o da "semana" no Gênesis hebraico, pois, aí também, o sétimo termo é essencialmente diferente dos seis outros: a criação, de fato, é a "obra dos seis dias" e não dos sete; o sétimo dia é de "repouso".

O sétimo termo, que poderia ser designado como o termo "sabático", é na verdade também o primeiro, pois o "repouso" nada mais é que o retorno do Princípio criador ao estado inicial de não-manifestação, estado do qual, aliás, apenas saiu aparentemente, em relação à criação e para produzi-la conforme o ciclo senário, mas que em si, na realidade, jamais saiu. Da mesma forma que o ponto não é afetado pelo deslocamento do espaço, ainda que pareça sair de si mesmo para descrever as seis direções, e da mesma forma que a luz branca não se afeta pela irradiação do arco-íris, embora pareça dividir-se para formar as seis cores, assim também o Princípio não-manifestado, sem o qual a manifestação não poderia de forma alguma ocorrer, ainda que pareça agir e se exprimir na "obra dos seis dias", não é de modo algum afetado por essa manifestação.

O "sétimo raio" é o "Caminho" pelo qual o ser, tendo percorrido o ciclo da manifestação, retorna ao não-manifestado e se une efetivamente ao Princípio, do qual no entanto, na própria manifestação, só esteve separado de modo ilusório.

58

JANUA CAELI *

Em seu importante estudo *Swayamâtrinnâ: Janua Caeli,*[1] Ananda K. Coomaraswamy expôs o simbolismo da superestrutura do altar védico e, mais em particular, o dos três ladrilhos perfurados (*swayamâtrinnâ*) que constituem uma de suas partes essenciais. Esses ladrilhos, que também podem ser pedras (*sharkara*), deveriam em princípio, segundo sua própria designação, ser perfurados "por si mesmos", isto é, naturalmente, ainda que, na prática, essa perfuração possa por vezes ter sido feita de forma artificial. Seja como for, tratam-se de três ladrilhos ou pedras de forma anular que, superpostas, correspondem aos "três mundos" (Terra, Atmosfera e Céu), e que, com três outros ladrilhos que representam as "Luzes universais" (*Agni, Vâyu* e *Aditya*), formam o Eixo vertical do Universo. Existe ainda em antigas moedas indianas (e figurações semelhantes podem ser encontradas também em certos selos babilônicos) uma representação dos "três mundos" sob a forma de três anéis ligados entre si por uma linha vertical que passa pelos seus centros.[2]

Desses três ladrilhos superpostos, o mais baixo corresponde arquitetonicamente ao lar (ao qual se identifica o próprio altar, por ser também

* Publicado na revista *Études Traditionnelles,* jan.-fev. 1946.

1. No *Zalmoxis,* t. II (1939).

2. Na arquitetura islâmica, pode-se ver com freqüência, no topo de um minarete ou de uma *qubbah,* um conjunto de três globos superpostos, encimados por uma lua crescente; esses três globos representam igualmente três mundos, que são *âlam el-mulk, âlam el-malakût* e *âlam el-jabbarût* [mundo da realeza, da majestade e da onipotência], e o crescente que os domina, símbolo da Majestade divina (*El-Jalâl*), corresponde ao quarto mundo, *âlam el-ezzah* [mundo da potência ou glória], que é "extracósmico" e está, portanto, além da "porta" que trataremos no presente estudo. A haste vertical que suporta o conjunto é evidentemente idêntica ao mastro de um *stûpa*, bem como aos diversos outros símbolos axiais semelhantes, dos quais já falamos em outras ocasiões.

o local da manifestação de *Agni* no mundo terrestre) e o mais alto ao "olho" ou abertura central do domo.[3] Eles formam assim, como diz Coomaraswamy, uma "chaminé" e um "caminho"* (e o paralelo dessas duas palavras não está desprovido de significação, mesmo que, como é possível, não tenham uma ligação etimológica direta),[4] "pelo qual *Agni* se encaminha e nós próprios devemos nos encaminhar para o Céu". Além disso, ao permitir a passagem de um mundo ao outro, que se efetua necessariamente de acordo com o Eixo do Universo, e isso nos dois sentidos opostos, eles constituem a via pela qual os *Dêvas* sobem e descem através desses mundos, servindo-se das três "Luzes universais" como degraus, conforme um simbolismo cujo exemplo mais conhecido é o da "escada de Jacó".[5] Unindo esses mundos e sendo-lhes de certo modo comum, ainda que sob modalidades diversas, está o "Sopro total" (*sarva-prâna*), ao qual corresponde o vazio central dos ladrilhos superpostos.[6] É também, segundo um outro modo de expressão equivalente, o *sûtrâtmâ* que, de acordo com o que já explicamos em outras ocasiões, une todos os estados do ser entre si e ao seu centro total, geralmente simbolizado pelo Sol, de modo que o próprio *sûtrâtmâ* é então representado por um "raio solar" e, mais precisamente, pelo "sétimo raio" que passa diretamente através do Sol.[7]

É de fato a essa passagem "através do Sol" que se refere de maneira mais específica o simbolismo do ladrilho superior, pois este, como dizíamos há pouco, corresponde ao "olho" do domo ou do "teto cósmico" (e lembraríamos, a propósito, que o Sol é também designado "Olho do Mundo"), isto é, a abertura pela qual se realiza (e, de fato, só pode-se realizar "pelo

3. V. [Cap. 41] *A Porta Estreita.*

* No original francês, respectivamente, *cheminée* e *chemin;* correspondem aos termos latinos *caminus* e *camminus.* (N. do T.)

4. Coomaraswamy lembra a esse respeito personagens "folclóricos", tais como São Nicolau e as diversas personificações do Natal [como é o caso do Papai Noel], que são representadas descendo e subindo pela chaminé, o que, de fato, não deixa de apresentar certa relação com o que estamos tratando.

5. V. [Cap. 54] *O Simbolismo da Escada.* Deve ficar bem entendido que os *Dêvas,* na tradição hindu, são a mesma coisa que os anjos nas tradições judaico-cristã e islâmica.

6. Isso tem relação evidente com o simbolismo geral da respiração e dos "sopros vitais".

7. Todo esse simbolismo deve ser entendido, ao mesmo tempo, no sentido macrocósmico e microcósmico, pois se aplica inteiramente aos mundos considerados em seu conjunto, como estamos vendo, bem como a cada um dos seres manifestados nesses mundos. Essa conexão de todas as coisas com o Sol é estabelecida naturalmente pelo "coração", isto é, pelo centro. E sabe-se que o próprio coração corresponde ao Sol e é como que sua imagem em cada ser particular.

alto") a saída do Cosmo, o qual, com os diversos mundos que encerra, é representado pelo conjunto do edifício no simbolismo arquitetônico. O correspondente dessa abertura superior no ser humano é o *brahma-randhra*, ou seja, o orifício situado na coroa da cabeça, pelo qual a artéria sutil axial *sushumnâ* mantém continuidade ininterrupta com o "raio solar" igualmente denominado *sushumnâ*, que nada mais é que o *sûtrâtmâ* considerado em sua relação específica com esse ser. O ladrilho superior também pode ser assimilado ao crânio do "Homem cósmico" se for adotado um simbolismo "antropomórfico" para representar o conjunto do Cosmo. Por outro lado, no simbolismo zodiacal, essa mesma abertura corresponde ao Capricórnio, que é a "porta dos deuses" e se refere ao *dêva-yâna*, no qual se realiza a passagem "além do Sol", enquanto que Câncer é a "porta dos homens" e se refere ao *pitri-yâna*, pela qual o ser não sai do Cosmo.[8] Pode-se dizer ainda que essas duas "portas solsticiais" correspondem, para os seres que passam por uma delas, aos casos em que a "porta solar" está respectivamente aberta ou fechada. Como esclarece Coomaraswamy, os dois *yânas*, que estão assim relacionados às duas metades do ciclo anual, passam a se referir ao norte e ao sul, na medida em que o movimento aparente do Sol é, de um lado, uma subida para o norte a partir de Capricórnio e, de outro, uma descida para o sul a partir de Câncer.

É portanto o Sol, ou melhor, o que ele representa na ordem do princípio (pois é evidente que se trata na realidade do "Sol espiritual"),[9] que, enquanto "Olho do Mundo", se constitui na verdadeira "porta do Céu", ou *Janua Caeli*, também descrita em outros termos como um "buraco",[10] uma "boca"[11] e ainda como o cubo de roda de um carro. É clara a significação axial desse último símbolo.[12] No entanto, é oportuno fazer uma distinção, a fim de evitar o que poderia, para certas pessoas ao menos, dar margem a confusão: dissemos de fato em outras ocasiões, a propósito do aspecto lunar do simbolismo de Jano (ou mais exatamente de *Janus-Jana*, identificado a *Lunas-Luna*), que a Lua é ao mesmo tempo *Janua Caeli* e *Janua Inferni*.

8. V. [Cap. 35] *As Portas Solsticiais* e [Cap. 36] *O Simbolismo do Zodíaco entre os Pitagóricos*.
9. Coomaraswamy emprega com freqüência a expressão *Supernal Sun* que não nos parece possível de traduzir exata e literalmente.
10. V. [Cap. 55] *O "Buraco da Agulha"*.
11. Voltaremos em particular a esse ponto [no capítulo seguinte].
12. As duas rodas do "carro cósmico", colocadas nas extremidades do eixo (que é então o Eixo do Universo), são o céu e a terra (v. [Cap. 40] *O Domo e a Roda*); trata-se naturalmente da roda "celeste".

Nesse caso, ao invés das metades ascendente e descendente do ciclo anual, seria necessário naturalmente, para estabelecer uma correspondência análoga,[13] considerar as metades crescente e decrescente da lunação ou do ciclo mensal.

Se o Sol e a Lua podem ser considerados como *Janua Caeli*, isso se deve ao fato de que, na realidade, o céu, nos dois casos, não é tomado no mesmo sentido: de uma maneira geral, na verdade, esse termo pode ser empregado para designar tudo o que se refere aos estados supra-humanos. Mas é evidènte que há uma grande diferença a ser feita entre aqueles estados que pertencem ainda ao Cosmo[14] e o que, ao contrário, está além do Cosmo. No que se refere à "porta solar", trata-se do céu que se pode dizer supremo e "extracósmico"; ao contrário, no que diz respeito à "porta lunar", trata-se apenas do *Swarga*, ou seja, aquele dentre os "três mundos" que, embora seja o mais elevado, está ainda compreendido no Cosmo, da mesma maneira que os outros dois.

Para voltar à consideração do mais alto dos três ladrilhos perfurados do altar védico, pode-se dizer que a "porta solar" situa-se na sua face superior (que é o verdadeiro topo do edifício como um todo) e que, a "porta lunar" situa-se na sua face inferior, visto que esse mesmo ladrilho representa o *Swarga*. Aliás, a esfera lunar é efetivamente descrita como tocando a parte superior da atmosfera ou do mundo intermediário (*Antariksha*), aqui representado pelo ladrilho mediano.[15] Pode-se dizer, portanto, nos termos da tradição hindu, que a "porta lunar" dá acesso ao *Indra-loka* (pois *Indra* é o regente do *Swarga*) e a "porta solar" ao *Brahma loka*. Nas tradições da Antiguidade ocidental, ao *Indra-loka* corresponde o "Elísio" ["morada dos heróis e dos justos"] e ao *Brahma loka*, o "Empíreo" ("morada dos deu-

13. Análogo, dissemos, mas não equivalente, pois, mesmo no caso do *pitrî-yâna*, não se pode jamais falar que o Sol seja *Janua Inferni*.

14. São propriamente os estados de manifestação informal. Deve-se considerar que o Cosmo compreende toda a manifestação, tanto a informal como a formal, enquanto que além do Cosmo está o não-manifestado.

15. O mundo intermediário e a Terra (*Bhûmi*) pertencem ao domínio do estado humano, no qual constituem respectivamente as modalidades sutil e grosseira. É por isso que – como observa Coomaraswamy com muita razão ao assinalar a correspondência do simbolismo védico dos ladrilhos perfurados com o dos jades rituais *pi* e *tsung* da tradição chinesa, que representam respectivamente o Céu e a Terra – o *pi* (um disco furado no centro) corresponde ao ladrilho superior, enquanto que o *tsung*, cuja forma é a de um cilindro oco no interior e a de um paralelepípedo de base quadrada no exterior, deve ser considerado como correspondente ao conjunto dos dois outros ladrilhos, ficando assim todo o domínio humano figurado por um único objeto.

ses"], sendo o primeiro "intracósmico" e o segundo, "extracósmico". E podemos acrescentar que só a "porta solar" é a verdadeira "porta estreita" da qual falamos antes, e pela qual o ser, saindo do Cosmo e estando por isso definitivamente libertado das condições de toda existência manifestada, passa na realidade "da morte para a imortalidade".

59

KĀLA-MUKHA *

No desenvolvimento do estudo que acabamos de nos referir,[1] A. K. Coomaraswamy examina circunstancialmente um outro símbolo cujo significado tem relação com a *Janua Caeli*: trata-se de uma "cabeça de monstro" que, sob variadas formas mais ou menos estilizadas, é encontrada nos mais diferentes países, onde recebe nomes de igual modo diversos, em especial *Kâla-mukha* e *Kîrti-mukha*, na Índia, e *T'ao-t'ie*, na China. É encontrada também, não só no Cambodja e em Java, mas até na América Central, e aparece inclusive na arte européia da Idade Média. O que importa observar, antes de mais nada, é que essa figuração está geralmente colocada sobre o dintel [travessa superior] de uma porta ou na chave de abóboda de um arco, ou ainda no alto de um nicho (*torana*) que contém a imagem de uma divindade. De uma forma ou de outra, ela aparece com maior freqüência ligada à idéia de porta, o que determina de forma clara o seu valor simbólico.[2]

Foram dadas a essa figura um certo número de explicações (não trataremos, bem entendido, daquelas que falam apenas de um motivo "decorativo"), que podem conter uma parte da verdade, mas que na maioria das vezes são insuficientes, na medida em que não poderiam ser aplicadas indistintamente a todos os casos. Assim, K. Marchal observou que, nas figurações por ele estudadas mais em particular, faltava quase sempre a mandíbula inferior; acrescentando-se a isso a forma redonda dos olhos[3] e o fato

* Publicado na revista *Études Traditionnelles*, mar.-abr. 1946.

1. *Swayamâtrinnâ: Janua Caeli*, em *Zalmoxis*, t. II (1939).

2. Coomaraswamy reproduz uma figura de *T'ao-t'ie* do período Han, na qual um anel está como que suspenso, e que poderia ser considerada de certo modo como o protótipo da forma comum das aldravas, em uso até nossos dias, em que a máscara de um animal tem um anel na boca. Esse anel é um símbolo da "porta estreita", tal como a goela aberta do monstro em outros casos.

3. Essa forma é na realidade, com muita freqüência, um traço característico da repre-

dos dentes estarem à mostra, concluiu que devia tratar-se, na origem, da imagem de um crânio humano.[4] No entanto, a mandíbula nem sempre está ausente, aparecendo em particular no *T'ao-t'ie* chinês, ainda que sob um aspecto muito singular, como se tivesse sido cortada em duas partes simétricas, rebatidas de cada lado da cabeça, o que Carl Hentze explica como sendo os despojos desdobrados de um tigre ou de um urso.[5] Isso pode ser exato nesse caso particular, mas não o será mais em outros, onde o monstro tem uma boca de forma normal e mais ou menos aberta. E mesmo no que diz respeito ao *T'ao-t'ie*, essa explicação só possui um valor "histórico" e naturalmente não se aproxima em nada da interpretação simbólica.

O *T'ao-t'ie*, além do mais, não é na realidade nem um tigre nem um urso, e muito menos qualquer outro animal determinado. E o sr. Hentze assim descreve o caráter heterogêneo dessa máscara fantástica: "goela de carnívoro armado de grande presas, chifres de búfalo ou de carneiro, cara e penacho de mocho, coto de asas e garras de ave de rapina, ornamento frontal em forma de cigarra." Essa figura é muito antiga na China, pois encontra-se quase sempre nos bronzes da dinastia Chang.[6] O nome *T'ao-T'ie*, que de hábito se traduz por "glutão" ou "ogro", parece ter-lhe sido atribuído somente muito mais tarde, mas nem por isso essa designação é menos justa, pois trata-se de fato de um monstro "devorador". Isso vale também para os seus equivalentes que pertencem a outras tradições, e que, mesmo quando não apresentam um caráter assim tão heterogêno como o do *T'ao-t'ie*, jamais podem-se reduzir à representação de um único animal. Desse modo, na Índia, pode tratar-se de um leão (ao qual se convencionou dar o nome mais particular de *Kâla*), ou de um *Makara* (símbolo de *Varuna*, que devemos reter em vista das considerações que virão a seguir), ou mesmo de uma águia, isto é, um *Garuda*; mas, sob todas essas formas, a significação essencial permanece sempre a mesma.

No que concerne a essa significação, o Sr. Hentze, no artigo que acabamos de citar, vê antes de tudo no *T'ao-t'ie* um "demônio das trevas".

sentação tradicional das entidades "terríveis; é assim atribuída, pela tradição hindu, aos *Yakshas* e outros gênios "guardiães" e, pela tradição islâmica, aos *Jinn.*

4. *The Head of the Monster in Khmer and Far Eastern Decoration, no Journal of the Indian Society of Oriental Art* (1948).

5. *Le Culte de l'ours et du tigre et le "T'ao-t'ie,* no *Zalmoxis,* t. I (1938).

6. Cf. H. G. Creel, *Studies in Early Chinese Culture.* O autor insiste, em especial, sobre os elementos dessa representação tirados do boi e do carneiro, e vê nisso uma possível relação com o fato de que esses animais eram, no período Chang, os mais utilizados nos sacrifícios.

Isso pode ser verdade num certo sentido, mas sob a condição de ser explicado de modo preciso, tal como ele fez, aliás, mais tarde num outro trabalho.[7] Não se trata de forma alguma de um "demônio" no sentido comum dessa palavra, mas no sentido original do *Asura* védico, e as trevas a que se refere são na realidade as trevas superiores.[8] Em outros termos, trata-se de um símbolo da "Identidade Suprema", na medida em que alternadamente absorve e emite a "Luz do Mundo". O *T'ao-t'ie* e os outros monstros similares correspondem portanto a *Vritra* e aos seus diversos equivalentes, e também a *Varuna*, por meio do qual a luz ou a chuva é alternadamente retida e solta, alternância esta que corresponde aos ciclos involutivos e evolutivos da manifestação universal.[9] Do mesmo modo Coomaraswamy pôde dizer com razão que essa face, sejam quais forem suas diversas aparências, é na verdade a "Face de Deus" que, ao mesmo tempo, "mata e vivifica".[10] Não é exatamente, portanto, uma "cabeça de morto", como queria o sr. Marchal, a menos que não fosse tomada como um símbolo; mas é antes, como disse ainda Coomaraswamy, a "cabeça da Morte", isto é, de *Mrityu*, que tem ainda *Kâla* como um dos seus nomes.[11]

Kâla é propriamente o Tempo "devorador",[12] mas que designa também, por transposição, o próprio Princípio enquanto "destruidor", ou antes, "transformador", em relação à manifestação que ele reconduz ao estado não-manifestado, reabsorvendo-a de algum modo em si mesmo, o que constitui o sentido mais elevado em que se pode entender a Morte. Ele é também assimilado simbolicamente ao Sol, e sabemos, além disso, que o

7. *Die Sakralbronzen und ihre Bedeutung in der Frühchinesischen Kulturen* (Antuérpia, 1941). Não conhecemos diretamente essa obra, mas devemos à Coomaraswamy a indicação do sentido pelo qual o T'ao-t'ie é nela interpretado.

8. V. nosso estudo sobre *Les deux nuits* [Cap. 31 de *Initiation et Réalisation spirituelle*].

9. A luz e a chuva são dois símbolos das influências celestes; voltaremos ainda a essa equivalência [ver Cap. 60].

10. *El-Huhyî* e *El-Mumît* ["O que dá vida" e "O que mata"] são dois nomes divinos na tradição islâmica.

11. Coomaraswamy assinala a esse respeito as empunhaduras de sabres indonésios em que estão figurados monstros devoradores; é evidente que um símbolo da Morte é particularmente apropriado a esse caso. Por outro lado, pode-se também estabelecer um paralelo com certas representações de *Shinje*, a forma tibetana de *Yama*, que tem diante de si a "roda da Existência" e parece prestes a devorar todos os seres ali representados (v. Pallis, *Peaks and Lamas*, p. 146).

12. Essa palavra tem o sentido principal de "negro" o que nos leva de novo ao simbolismo das "trevas", que é ainda aplicável, no interior da manifestação, a toda passagem de um estado para o outro.

leão, de cuja máscara (*sinha-mukha*) se reveste, é em particular um símbolo solar. Isso nos reconduz ao que expusemos antes a respeito da *Janua Caeli*, e Coomaraswamy lembra a esse respeito que Cristo disse: "Eu sou a Porta", ao mesmo tempo em que é também o "Leão de Judá" e o "Sol dos homens".[13] Nas igrejas bizantinas, a figura do *Pantokrator* ou Cristo "em majestade" ocupa a posição central da abóboda, isto é, aquela que corresponde precisamente ao "olho" do domo. Este, tal como explicamos em outra parte, representa, na extremidade superior do "Eixo do Mundo", a porta pela qual se efetua a "saída do Cosmo".[14]

Voltando a *Kâla*, a figuração heterogênea conhecida em Java pelo nome de *Kâla-makara*, e na qual os traços do leão estão combinados com os do *Makara*, tem ainda uma significação essencialmente solar, ao mesmo tempo em que, devido ao seu aspecto de *Makara*, refere-se mais em particular ao simbolismo de *Varuna*. Enquanto este se identifica a *Mrityu* ou a *Yama*,[15] o *Makara* é o crocodilo (*shishumâra* ou *shimshumârî*) de mandíbulas abertas que se mantém "contra a corrente" e representa o caminho único pelo qual todo ser deve necessariamente passar, constituindo-se desse modo no "guardião da porta", que esse ser deve transpor para se libertar das condições limitativas (simbolizadas também pelo *pâsha* de *Varuna*) que o retêm no domínio da existência contingente e manifestada.[16] Por outro lado, o mesmo *Makara* é, no Zodíaco hindu, o signo de Capricórnio, isto é, a "porta dos Deuses".[17] Há, portanto, dois aspectos aparentemente opostos, "benéfico" e "maléfico", se se quiser, que correspondem também à dualidade de *Mitra* e de *Varuna* (reunidos em par indissolúvel sob a forma dual *Mitrâvarunau*), ou à do "Sol diurno" e do "Sol noturno", o que equivale a dizer que, conforme

13. A "porta solar" (*sûrya-dwâra*) é a "porta da Libertação" (*mukti-dwâra*); a porta (*dwâra*) e a boca (*mukha*) são nesse aspecto símbolos equivalentes. O Sol, enquanto "Face de Deus", também está representado por uma máscara de leão sobre um sarcófago cristão em Ravena.

14. V. [Cap. 41] *A Porta Estreita.*

15. V. [Cap. 55] *O "Buraco da Agulha".*

16. V. [Cap. 56] *A Passagem das Águas.* O crocodilo é o *Ammit* dos antigos egípcios, monstro que aguarda o resultado da *psychostasis* ou "pesagem das almas" para devorar aquelas que não satisfizerem a essa prova. É o mesmo crocodilo que, com a goela escancarada, espreita o "louco" da vigésima primeira lâmina do Tarô. O "Louco" é geralmente interpretado como a imagem do profano que não sabe de onde vem, nem para onde vai, e que anda cegamente sem ter consciência do abismo no qual está a ponto de se precipitar.

17. V. [Cap. 22] *Alguns Aspectos do Simbolismo do Peixe.* Ao invés do crocodilo "devorador", o Makara reveste-se então do aspecto do delfim "salvador".

o estado a que chegou o ser que se apresenta diante dele, sua boca é para este a "porta da Libertação" ou as "mandíbulas da Morte".[18] Este último caso é o do homem comum, que deve passar pela morte, retornar a um outro estado de manifestação, enquanto que o primeiro é o do ser que está "qualificado para passar através do meio do Sol",[19] por intermédio do "sétimo raio", pois já está identificado ao próprio Sol. E, assim, diante da pergunta, "quem és tu", que lhe é colocada quando chega a essa porta, pode responder verdadeiramente: "Eu sou Tu."

18. À dualidade *Mitrâvarunau* corresponde, em certas tradições, a associação dos símbolos do Amor e da Morte, que tivemos ocasião de assinalar a propósito dos "Fiéis de Amor". Essa mesma dualidade é também, em certo sentido, a mesma dos "dois hemisférios", a que se refere em particular o simbolismo dos Dioscuros; v. *A Dupla Espiral*, Cap. V de *A Grande Tríade*.
19. *Jaiminîya Upanishad Brâhmana*, I, 6, 1.

60

A LUZ E A CHUVA*

Acabamos de nos referir a uma certa relação existente entre a luz e a chuva, à medida que ambas simbolizam as influências celestes ou espirituais. Essa significação é evidente no que diz respeito à luz; quanto à chuva, já demos indicações em outra ocasião,[1] deixando claro que nesse caso se trata sobretudo da descida das influências no mundo terrestre, e observando ser esse na realidade o sentido profundo, e inteiramente independente de qualquer aplicação "mágica", dos ritos muito difundidos que têm por objetivo "fazer chover".[2] A luz e a chuva têm além disso um poder "vivificante", que representa de forma justa a ação das referidas influências.[3] Liga-se também mais particularmente a esse caráter o simbolismo do orvalho, que, como é natural, tem estreita conexão com o da chuva, sendo comum a inúmeras formas tradicionais, desde o hermetismo[4] e a Cabala hebraica[5] até a tradição extremo-oriental.[6]

É importante observar que a luz e a chuva, assim consideradas, não só estão relacionadas de uma forma geral ao céu, mas também, mais em es-

* Publicado na revista *Études Traditionnelles,* maio 1946.

1. *A Grande Tríade,* Cap. XIV.

2. Esse simbolismo da chuva foi conservado, através da tradição hebraica, até na própria liturgia católica: *Rorate Caeli desuper, et nubes pluant Justum* (*Isaías,* 45, 8) [Gotejai, ó céus, lá do alto, e as nuvens chovam a Justiça].

3. V. sobre o assunto, no que diz respeito à luz, *Aperçus sur l'Initiation,* Cap. XLVII.

4. A tradição rosa-cruz associa muito em especial o orvalho à luz, estabelecendo uma aproximação por assonância entre *Ros-Lux* e *Rosa-Crux.*

5. Lembraremos também, a esse respeito, que o nome *Metatron,* pelas diferentes interpretações que lhe são atribuídas, está ligado ao mesmo tempo à "luz" e à "chuva"; e o caráter propriamente "solar" de *Metraton* coloca-o em relação direta com as considerações a seguir.

6. V. *O Rei do Mundo,* Cap. III, e *Le Symbolisme de la Croix,* Cap. IX.

pecial, ao Sol, o que está de acordo com os fenômenos físicos correspondentes, isto é, com a luz e a chuva entendidas no seu sentido literal. Por um lado, o Sol é realmente a fonte direta da luz em nosso mundo, e, por outro, é ele também que, ao fazer evaporar as águas, aspira-as de certo modo para as regiões superiores da atmosfera, de onde tornam a descer depois como chuva sobre a terra. O que se deve notar ainda a esse respeito é que a ação do Sol na produção da chuva decorre, na verdade, do seu calor. Tornamos a nos deparar, desse modo, com os dois termos complementares, luz e calor, nos quais o elemento ígneo se polariza, tal como já dissemos em outras ocasiões. E esse dado fornece a explicação do duplo sentido apresentado por uma figura simbólica que parece ter sido em geral bem pouco compreendida.

O Sol foi freqüentemente identificado, em tempos e lugares muito diferentes, e até na Idade Média ocidental, com raios de duas espécies, alternadamente retilíneos e ondulados. Um exemplo notável dessa figuração encontra-se numa tábula assíria do *British Museum*, datada do século I antes de Cristo,[7] em que o Sol aparece como uma espécie de estrela com oito raios:[8] cada um dos quatro raios verticais e horizontais é constituído por duas linhas retas que formam entre si um ângulo muito agudo, e cada um dos quatro raios intermediários é formado por um conjunto de três linhas onduladas paralelas. Em outras figurações equivalentes, os raios ondulados são constituídos como os raios retos, por linhas que se unem em suas extremidades, e que reproduzem então o aspecto bem conhecido da "espada flamejante".[9] Em qualquer dos casos, é evidente que os elementos essenciais a considerar são respectivamente a linha reta e a linha ondulada, às quais se reduzem as duas espécies de raios nas representações mais simplificadas. Mas, qual será exatamente a significação dessas duas linhas?

Primeiramente, e de acordo com um sentido que pode parecer o

7. Essa tábula foi reproduzida em *The Babylonian Legends of the Creation and the Fight between Bel and the Dragon as told by Assyrian Tablets from Nineveh* (publicação do *British Museum*).

8. O número 8 pode ter aqui uma certa relação com o simbolismo cristão do *Sol Justitiae* (cf. a oitava lâmina do Tarô). O Deus solar diante do qual está colocada essa figuração tem em uma de suas mãos "um disco e uma barra que são representações convencionais da linha de medir e da vara de justiça"; acerca do primeiro desses dois emblemas, lembraremos a relação existente entre o simbolismo da "medição" e o dos "raios solares" (v. *Le Règne de la quantité et les signes des temps,* Cap. III).

9. Podemos assinalar, de passagem, que a forma ondulada é ainda às vezes uma representação do relâmpago, o qual por sua vez tem relação com a chuva, na medida em que esta aparece como uma conseqüência da ação do raio sobre as nuvens, que libera as águas nelas contidas.

mais natural em se tratando de uma figuração do Sol, a linha reta representa a luz e a linha ondulada, o calor; isso corresponde ainda ao simbolismo das letras hebraicas *resh* e *shin*, enquanto elementos das raízes *ar* e *ash*, que exprimem precisamente as duas modalidades complementares do fogo.[10] No entanto, o que parece complicar as coisas é, por outro lado, a linha ondulada ser também, em geral, um símbolo da água. Nessa mesma tábula assíria que mencionamos há pouco, as águas estão figuradas por uma série de linhas onduladas totalmente semelhantes àquelas que se vê nos raios do Sol. A verdade é que, em virtude do que já explicamos, não existe nisso qualquer contradição: a chuva, que naturalmente se liga ao símbolo geral da água, pode na realidade ser considerada como proveniente do Sol. Além disso, como ela é um efeito do calor solar, sua representação pode legitimamente confundir-se com a do próprio calor.[11] Assim, a dupla radiação que consideramos é luz e calor sob um certo ângulo; mas, ao mesmo tempo, sob outro ângulo, é também luz e chuva, pelos quais o Sol exerce sua ação vivificante sobre todas as coisas.

A propósito dessa questão, é necessário notar ainda que o fogo e a água são dois elementos opostos, oposição esta que, no entanto, consiste apenas na aparência exterior de um complementarismo; além do domínio em que se manifestam as oposições, devem, como todos os contrários, tocarem-se e reunirem-se de uma certa forma. No próprio Princípio, do qual o Sol é uma imagem sensível, eles se identificam de algum modo, o que justifica ainda mais completamente a figuração que acabamos de estudar. E, mesmo nos níveis inferiores a esse, mas que correspondem a estados de manifestação superiores ao mundo corporal, ao qual pertencem o fogo e a água sob o aspecto "grosseiro" que dá margem à sua oposição, pode ainda existir entre eles uma associação que, por assim dizer, equivale a uma identidade relativa. Isso é verdadeiro para as "águas superiores", que são as possibilidades da manifestação informal, e que, num certo sentido, são representadas simbolicamente pelas nuvens, das quais a chuva desce sobre a terra,[12] ao

10. V. Fabre d'Olivet, *La Langue hébraique restituée.*

11. De acordo com a linguagem da tradição extremo-oriental, sendo a luz *yang*, o calor, por ser considerado obscuro, é *yin* em relação a ela, do mesmo modo que a água, por outro lado, é *yin* em relação ao fogo; a linha reta é, portanto, *yang* e a linha ondulada, *yin*, também desses dois pontos de vista.

12. A chuva deve de fato, para representar as influências espirituais, ser considerada uma água "celeste", e sabe-se que os Céus correspondem aos estados informais. A evaporação das águas terrestres pelo calor solar e, além disso, a imagem de uma "transformação", ocorrendo como que uma passagem alternativa das "águas inferiores" para as "águas superiores" e vice-versa.

mesmo tempo em que o fogo nelas reside sob a forma de raio.[13] E isso também ocorre, na ordem da manifestação formal, com certas possibilidades pertencentes ao domínio sutil. É de particular interesse notar que, a esse respeito, os alquimistas "entendem por águas, os raios e o clarão do seu fogo", e que dão o nome de "ablução", não à "ação de lavar alguma coisa com água ou outro líquido", mas a uma purificação que se opera pelo fogo, de modo que "os antigos ocultavam essa ablução sob o enigma da salamandra, da qual dizem alimentar-se no fogo e do linho incombustível,[14] que se purifica e branqueia sem se consumir".[15] Pode-se compreender agora a razão pela qual, no simbolismo hermético, se faz alusões freqüentes a um "fogo que não queima" e a uma "água que não molha as mãos", e também por que o mercúrio "animado", isto é, vivificado pela ação do enxofre, é descrito como uma "água ígnea" e mesmo, às vezes, como um "fogo líquido".[16]

Para voltar ao simbolismo do Sol, apenas acrescentaremos que as duas espécies de raios das quais falamos encontram-se em certas figurações simbólicas do coração, e que o Sol, ou o que ele representa, é considerado de fato como o "Coração do Mundo", de modo que, também nesse caso, trata-se na realidade de uma mesma coisa. Mas, no que diz respeito ao coração como centro, ao mesmo tempo, de luz e de calor, isso poderá dar margem ainda a outras considerações.*

13. Isso se aproxima da observação que fizemos mais acima a propósito do relâmpago, e acaba por justificar a semelhança existente entre a sua representação e o símbolo da água. No antigo simbolismo extremo-oriental, há apenas uma pequena diferença entre a figuração do trovão (*lei-wen*) e a das nuvens (*yunwen*); ambas consistem em séries de espirais, algumas vezes arredondadas e outras quadradas; diz-se habitualmente que as primeiras são *yun-wen* e as segundas *lei-wen*, mas existem formas intermediárias que tornam essa distinção muito pouco evidente na realidade. Além disso, as duas estão igualmente em conexão com o simbolismo do Dragão (cf. H. G. Creel, *Studies in Early Chinese Culture*, pp. 236-37). Podemos notar também que essa representação do trovão por espirais confirma ainda o que dissemos em outra ocasião sobre a relação existente entre o símbolo da dupla espiral e o do *vajra* (*A Grande Tríade*, Cap. VI).

14. Esse "linho incombustível" (*asbestos*) é, na realidade, o amianto.

15. A.-J. Pernéty, *Dictionnaire mytho-hermétique*, p. 2.

16. V. *A Grande Tríade*, Cap. XII.

* [V. Cap. 69, *O Coração Irradiante e o Coração Ardente.*]

61

A CORRENTE DOS MUNDOS*

Pode ler-se no *Bhagavad-Gîtâ*: "Em Mim todas as coisas[1] estão enfiadas como uma fileira de pérolas em um fio.[2] Trata-se do simbolismo do ***sûtrâtmâ***, do qual já falamos em outras ocasiões: é *Atmâ* que, como um fio (*sûtra*), penetra e reúne entre si todos os mundos, ao mesmo tempo que também é o "sopro" que, segundo outros textos, os sustenta e os faz subsistir, e sem o qual não poderiam ter qualquer realidade nem existir de forma alguma. Falamos aqui dos mundos de acordo com o ponto de vista macrocósmico, mas deve ficar bem claro que se poderia também, do ponto de vista microcósmico, considerar os estados da manifestação de um ser; o simbolismo seria exatamente o mesmo nas duas aplicações.

Cada mundo, ou cada estado de existência, pode ser representado por uma esfera que o fio atravessa diametralmente, de forma a constituir o eixo que liga os dois pólos dessa esfera; vemos, portanto, que o eixo desse mundo nada mais é, para falarmos com propriedade, que uma porção do próprio eixo da manifestação universal como um todo, sendo assim que se estabelece a continuidade efetiva de todos os estados que se encontram incluídos nessa manifestação. Antes de avançarmos no exame desse simbolismo, devemos desfazer uma confusão das mais lamentáveis a respeito do que, em tal representação, deve ser considerado como o "alto" e o "baixo"; no domínio das aparências "físicas", se partirmos de um ponto qualquer da

* Publicado na revista *Études Traditionnelles,* jun.-jul.-ago. 1946.

1. *Sarvan idam,* "esse todo", isto é, a totalidade da manifestação, que compreende todos os mundos, e não apenas "tudo o que está nesse mundo", como é dito numa tradução publicada recentemente "segundo Shrî Aurobindo".

2. *Bhagavad-Gîtâ,* VII, 7.

superfície de uma esfera, o baixo será sempre a direção que vai para o centro dessa esfera; mas, observou-se que essa direção não se detém no centro, continuando daí para o ponto oposto da superfície e, depois, além da própria esfera. Acreditou-se então ser possível dizer que com a descida deveria ocorrer do mesmo modo, de onde se concluiu que não só haveria uma "descida para a matéria", isto é, no que diz respeito ao nosso mundo, ao que há de mais grosseiro na ordem corporal, mas também uma "descida para o espírito".[3] Se admitíssimos tal concepção, o próprio espírito teria um aspecto "maléfico". Mas, na realidade, as coisas devem ser consideradas de uma forma inteiramente diferente: numa figuração dessa espécie, o ponto mais baixo é o centro[4] e, além dele, só se pode tornar a subir, do mesmo modo que Dante subiu do Inferno continuando a seguir a mesma direção que tinha tomado inicialmente para descer, ou pelo menos o que parece ser geometricamente a mesma direção,[5] visto que a montanha do Paraíso terrestre situa-se, no simbolismo espacial, nos antípodas de Jerusalém.[6] Afinal, basta refletir um instante para se dar conta que de outro modo a representação não poderia ser coerente, pois não concordaria de forma alguma com o simbolismo da gravidade, cuja consideração é aqui particularmente importante, e, além disso, como poderia o que é o "baixo" para um ponto da esfera ser ao mesmo tempo o "alto" para o ponto diametralmente oposto, e como as coisas seriam apresentadas se, ao contrário, se tivesse partido desse último ponto?[7] A única coisa verdadeira é que o ponto de parada da descida não se situa na ordem corporal, pois existe realmente o "infracorporal" nos prolongamentos do nosso mundo. Mas, esse "infracorporal" é o domínio psíquico inferior, que, além de não poder ser assimilado a nada que se refira ao espiritual, é precisamente o que há de mais afastado de toda espi-

3. V. Poucel, *La Parabole du Monde*, p. III. O abuso que se faz em nossos dias das palavras "espírito" e "espiritual" tem alguma coisa a ver com esse equívoco; mas teria sido justamente necessário denunciar esse abuso ao invés de parecer aceitá-lo e chegar assim a conclusões errôneas.

4. Ele é, ao contrário, o ponto mais alto quando se trata de operar uma espécie de reversão da figura para fazer aplicação do "sentido inverso", que é aliás o que corresponde ao verdadeiro papel do centro como tal (v. *A Grande Tríade*, Cap. XXIII).

5. Fazemos essa ressalva porque a própria passagem pelo centro ou pelo ponto mais baixo implica na verdade um "endireitamento" (representado em Dante pelo modo com que contorna o corpo de Lúcifer), isto é, uma mudança de direção, ou, mais precisamente ainda, uma mudança do sentido "qualitativo" no qual essa direção é percorrida.

6. V. *O Esoterismo de Dante*, Cap. VIII.

7. É por um erro semelhante, mas limitado à ordem "física" e ao sentido literal, que, por vezes, se representou os habitantes dos antípodas como tendo a cabeça embaixo.

ritualidade, a tal ponto que pareceria de certo modo ser o seu contrário sob todos os aspectos, se fosse possível dizer que o espírito tem um contrário. A confusão que acabamos de assinalar nada mais é, afinal, que um caso particular da confusão muito difundida entre o psíquico e o espiritual.[8]

A única objeção que se poderia levantar ao que acabamos de dizer é que, pelo fato dos estados da existência serem hierarquizados, ou seja, desde que entre eles há estados relativamente superiores e inferiores, deve haver também, no próprio "fio" que os une, uma direção que vai para o alto e outra oposta, que vai para baixo. Isso é verdade num certo sentido, mas além disso é necessário acrescentar, em primeiro lugar, que tal distinção não afeta de modo algum o *sûtrâtmâ*, que é sempre e em toda parte idêntico a si mesmo, seja qual for a natureza ou a qualidade dos estados que penetra e sustenta; em segundo lugar, isso diz respeito ao próprio encadeamento dos mundos, e não a cada um desses mundos tomado à parte e considerado isoladamente dos outros. De fato, qualquer um desses mundos, em toda extensão que for capaz, só constitui um elemento infinitesimal no conjunto da manifestação universal, de tal modo que se deveria, a rigor, considerar sua representação como que reduzida a um ponto. Poderíamos também, aplicando o simbolismo geométrico do sentido vertical e horizontal, figurar os mundos por uma série indefinida de discos horizontais enfiados num eixo vertical.[9] De qualquer forma, vemos assim, que, nos limites de cada mundo, o eixo só pode ser verdadeiramente alcançado num único ponto e, por conseguinte, é apenas saindo desses limites que se pode considerar sobre o eixo um alto e um baixo, ou uma direção descendente.

Acrescentaremos ainda uma outra observação: o eixo em questão é assimilável, de acordo com outro simbolismo já tratado, ao "sétimo raio" do Sol. Se o mundo for representado por uma esfera, esse eixo não poderia ser, na realidade, qualquer dos diâmetros de tal esfera, porque, se considerarmos os três diâmetros ortogonais que formam os eixos de um sistema de

8. Podemos acrescentar a esse respeito que, ao contrário do que diz o autor na mesma passagem que acabamos de citar, não pode haver "ilusão espiritual". O medo constante (e, é preciso dizer, em certa medida muito justificável) que tem a maior parte dos místicos de ser enganada pelo diabo, mostra com toda clareza que não ultrapassaram o domínio psíquico, pois, como já explicamos em outra parte, o diabo só pode ter influência direta sobre o psíquico (e a partir daí, de modo indireto sobre o domínio corporal), e tudo o que na realidade pertence à ordem espiritual encontra-se, pela sua própria natureza, absolutamente fechado para ele.

9. Essa representação mostra também de modo claro que, por estar a continuidade estabelecida exclusivamente pelo eixo, a comunicação entre os diferentes estados só pode se operar, de fato, pelos seus respectivos centros.

coordenadas de três dimensões, teremos que as seis direções opostas duas a duas que eles determinam nada mais são que os outros seis raios do Sol. O "sétimo raio" deveria ser igualmente perpendicular em relação a todos os outros, pois apenas ele, enquanto eixo da manifestação universal, poderia ser chamado de vertical absoluto, em relação ao qual os eixos das coordenadas do mundo considerado são todos relativamente horizontais. Evidentemente isso não é representável geometricamente,[10] o que mostra que toda representação é inevitavelmente inadequada; pelo menos o "sétimo raio" só pode ser representado por um único ponto, que coincide com o centro da própria esfera. E isso indica ainda que, para todo ser encerrado nos limites de um certo mundo, ou seja, nas condições especiais de um determinado estado de existência, o eixo é, na realidade, "invisível" e dele só pode ser percebido o ponto que é o seu "traço" nesse mundo.

Evidentemente essa última observação, necessária para que o simbolismo do eixo e suas relações com os mundos por ele ligados possam ser concebidos da forma mais completa possível, não impede que a "corrente dos mundos" seja habitualmente representada, tal como dissemos em primeiro lugar, por uma série de esferas[11] enfiadas como as pérolas de um colar;[12] e, para dizer a verdade, não seria praticamente possível dar outra figuração sensível.

É importante notar ainda que a "corrente" só pode ser percorrida, na realidade, num único sentido, que corresponde ao que denominamos direção ascendente do eixo. Isso se torna muito claro quando se utiliza um simbolismo temporal, comparando os mundos ou os estados de existência aos ciclos sucessivos, de tal modo que, em relação a um dado estado, os ciclos anteriores representam os estados inferiores e os ciclos posteriores, os estados superiores, o que implica que o seu encadeamento deve ser concebido como irreversível. Além disso, essa irreversibilidade está de igual modo implicada na concepção do encadeamento como dotado de caráter essencialmente "causal", pois, ainda que esta na verdade suponha a simultaneidade e

10. Alguns poderiam ser tentados a colocar aqui a "quarta dimensão", mas esta não é representável, pois se trata na realidade de uma construção algébrica expressa em linguagem geométrica.

11. Em certos casos as esferas são substituídas por arruelas, que correspondem aos discos de que falamos há pouco e que se consideram horizontais em relação ao eixo.

12. Pode-se legitimamente pensar que o colar deve ter sido, na origem, um símbolo da "corrente dos mundos", visto que, como já dissemos muitas vezes, o fato de se atribuir a um objeto apenas um caráter simplesmente "decorativo" ou "ornamental" é sempre o resultado de certa degeneração acarretada pela incompreensão do ponto de vista tradicional.

não mais a sucessão, na relação de causa e efeito os dois termos não podem jamais ser invertidos. No fundo, a noção de encadeamento causal constitui o verdadeiro sentido daquilo que se traduz simbolicamente sob a aparência de uma sucessão cíclica, enquanto que o ponto de vista da simultaneidade corresponde sempre a uma ordem de realidade mais profunda que a da sucessão.

A "corrente dos mundos" é, em geral, figurada sob forma circular[13] porque, se cada mundo é considerado como um ciclo, e por isso simbolizado por uma figura circular ou esférica, a manifestação como um todo, que é o conjunto dos mundos, aparecerá de certo modo como o "ciclo dos ciclos". Assim, não só a corrente poderá ser percorrida de uma forma contínua desde sua origem até o seu fim, mas também a seguir poderá ser percorrida de novo, e sempre no mesmo sentido, o que aliás corresponde, no desenvolvimento da manifestação, a um nível diferente daquele em que se situa a simples passagem de um mundo ao outro.[14] E como esse percurso pode prosseguir indefinidamente, o próprio caráter indefinível da manifestação fica assim expressado de uma forma mais sensível ainda. Entretanto, é essencial acrescentar que, se a corrente se fecha,[15] o ponto exato em que isso ocorre não é comparável de maneira alguma aos seus outros pontos, pois não pertence mais à série dos estados manifestados. A origem e o fim se reúnem e coincidem, ou melhor, nada mais são na realidade que uma única e mesma coisa, mas que só pode ser assim porque se situam, não num nível qualquer da manifestação, mas além desta, no próprio Princípio.[16]

13. Essa forma não se opõe de modo algum à "verticalidade" do eixo ou do fio que o representa, pois, sendo este de comprimento indefinido, é assimilável, em cada uma de suas porções, a uma reta sempre vertical, isto é, perpendicular ao domínio da existência constituído pelo mundo que ela atravessa, domínio este que, como já dissemos mais acima, é apenas um elemento infinitesimal da manifestação, a qual compreende necessariamente uma quantidade indefinida de tais mundos.

14. Nos termos da tradição hindu, essa passagem de um mundo ao outro é um *pralaya,* e a passagem pelo ponto em que as extremidades da corrente se encontram é um *mahâpralaya.* Isso também poderia ser aplicado analogicamente, num grau mais particularizado, se, ao invés de se considerar os mundos em relação à totalidade da manifestação, fossem consideradas apenas as diferentes modalidades de certo mundo em relação à integralidade desse mesmo mundo.

15. Talvez fosse mais exato dizer, num certo sentido, que ela parece se fechar, para evitar assim que se suponha que um novo percurso da mesma corrente seja apenas uma repetição do percurso precedente, o que é uma impossibilidade; mas, num outro sentido ou sob uma outra relação, ela se fecha realmente, na medida em que, do ponto de vista do princípio (e não mais do ponto de vista da manifestação), o fim é necessariamente idêntico à origem.

16. Poderíamos nos reportar aqui ao que dissemos em *La jonction des extrêmes* [que,

Nas diversas formas tradicionais, o símbolo mais usual da "corrente dos mundos" é o rosário. Podemos inicialmente observar a esse respeito, em conexão com o que dissemos no começo sobre o "sopro" que sustenta os mundos, que a fórmula pronunciada em cada conta corresponde, ao menos em princípio, quando não de fato, a uma respiração, em que as duas fases simbolizam respectivamente, como se sabe, a produção de um mundo e a sua reabsorção. O intervalo entre duas respirações, que corresponde naturalmente à passagem de uma conta a outra e, ao mesmo tempo, a um instante de silêncio, representa por isso um *pralaya* [dissolução]; o sentido geral desse simbolismo é, portanto, bastante claro, sejam quais forem as formas mais particulares de que se reveste em cada caso. É preciso também notar que o elemento mais essencial, na realidade, é o fio que une as contas entre si; isso pode parecer mais que evidente, pois é impossível existir um rosário sem o fio no qual se enfiam as contas "como as pérolas de um colar". Se no entanto deve ser chamada a atenção para tal fato, é que, do ponto de vista exterior, vê-se antes as contas que o fio; e isso é ainda mais significativo, porque são as contas que representam a manifestação, enquanto que o *sûtrâtmâ*, representado pelo fio, é em si mesmo não-manifestado.

Na Índia, o rosário denomina-se *aksha-mâlâ* ou "grinalda de *akshas*" (e também *aksha-sûtra*). Mas, o que se deve entender exatamente por *aksha*? Essa questão, para dizer a verdade, é bastante complexa.[17] A raiz verbal *aksh*, da qual essa palavra deriva, significa atingir, penetrar, passar através, do que decorre para *aksha* o sentido principal de "eixo"; aliás, as palavras *aksha* e "eixo" [*axe*, no francês; *axis*, no latim] são claramente idênticas. Pode-se de imediato, com referência às considerações já expostas, ver aí uma relação direta com a significação essencialmente "axial" do *sûtrâtmâ*. Mas como explicar que *aksha* tenha chegado a designar, não mais o fio, porém as contas do rosário? Para compreender é necessário dar-se conta que, na maior parte de suas aplicações secundárias, a designação do próprio eixo foi de certa forma transferida (por uma passagem, poderíamos dizer, do sentido ativo ao passivo) para o que ele atravessa e, mais em particular, para o seu ponto de penetração. É assim que, por exemplo, *aksha* é o "olho" de uma roda, isto é, seu cubo.[18] A idéia de "olho" (sentido que a

publicado inicialmente na revista *Études Traditionnelles*, mai. de 1940, compõe o Cap. XXIX de *Initiation et Réalisation spirituelle*].

17. Devemos as indicações que se seguem sobre o tema à amabilidade de A. K. Coomaraswamy.

18. Poder-se-ia lembrar aqui o que dissemos anteriormente sobre vários símbolos similares, tais como o "olho" do domo e o "olho" da agulha.

palavra *aksha* tem com freqüência nas suas composições) leva-nos ainda à concepção simbólica do eixo como "raios solares" que iluminam os mundos ao penetrá-los. *Aksha* é também um dado de jogar, aparentemente por causa dos "olhos" ou pontos com que são marcadas suas diferentes faces.[19] E é ainda o nome de uma espécie de semente com que se fazem comumente os rosários, pois a perfuração dessas sementes constitui um "olho", destinado a permitir a passagem do fio "axial".[20] Isso, aliás, vem mais uma vez confirmar o que dissemos há pouco sobre a importância primordial deste último no simbolismo da "corrente dos mundos", visto ser dele, em suma, que as sementes recebem secundariamente sua designação, do mesmo modo que, poderíamos dizer, os mundos apenas tornam-se realmente "mundos" na medida em que são penetrados pelo *sûtrâtmâ*.[21]

O número de contas do rosário varia de acordo com as tradições e também segundo certas aplicações mais especiais. Mas, nas formas orientais pelo menos, tem sempre um número cíclico: é o que ocorre em particular na Índia e no Tibet, onde o rosário tem de hábito 108 contas. Na realidade, os estados que constituem a manifestação universal são em quantidade indefinida, mas é evidente que tal quantidade não poderia ser adequadamente representada num símbolo de ordem sensível como esse que estamos tratando, e é preciso que as contas tenham um número definido.[22] Assim sendo, um número cíclico convém naturalmente para uma figura circular, como a que estamos considerando aqui, e que representa um ciclo, ou antes, como já dissemos, um "ciclo de ciclos".

Na tradição islâmica, o número de contas é 99, número este que também é "circular" pelo seu fator 9, e que nesse caso se refere além disso aos nomes divinos.[23] Visto que cada conta representa um mundo, isso pode ser de igual modo relacionado aos anjos, considerados "regentes das esfe-

19. O que também se deve notar, do ponto de vista das doutrinas dos ciclos, é que as designações das faces do dado, de acordo com o número de pontos, são as mesmas dos *Yugas*.

20. O nome da semente *rudrâksha* é explicado por "ter um olho vermelho" (no estado natural e antes da perfuração). O rosário é também denominado *rudrâksha-valaya*, ou seja, anel ou círculo de *rudrâkshas*.

21. Sabe-se que a palavra sânscrita *loka*, "mundo", tem etimologicamente, relação com a luz e a vista, e, por conseguinte, com o simbolismo do "olho" e do "raio solar".

22. É de uma forma similar que, na própria linguagem, o caráter de indefinibilidade é com freqüência expressado simbolicamente por números tais como dez mil, conforme explicamos em outra parte (cf. *Les Principes du Calcul infinitésimal*, Cap. IX).

23. As 99 contas são ainda divididas em três séries de 33; reencontramos aqui, portanto, os múltiplos cuja importância simbólica já assinalamos em outras ocasiões.

ras";[24] cada anjo representa ou exprime de certo modo um atributo divino,[25] que estará assim particularmente vinculado a um mundo do qual esse anjo é o "espírito". Por outro lado, diz-se que falta uma conta para completar a centena (o que equivale reconduzir a multiplicidade à unidade), pois 99 = 100 – 1, e que essa conta, aquela que se refere ao "Nome da Essência" (*Ismudh-Dhât*), só pode ser encontrada no Paraíso.[26] Esse é um ponto que exige ainda algumas explicações.

O número 100, bem como o 10 do qual é o quadrado, só pode normalmente referir-se a uma medida retilínea e não a uma medida circular,[27] de modo que não pode ser contado na circunferência da "corrente dos mundos". Contudo, a unidade faltante corresponde exatamente ao que denominamos ponto de junção das extremidades dessa corrente, ponto este que, tornamos a lembrar, não pertence à série dos estados manifestados. No simbolismo geométrico, esse ponto, ao invés de estar sobre a circunferência que representa o conjunto da manifestação, estará no seu próprio centro; portanto, o retorno ao Princípio é sempre figurado como um retorno ao centro.[28] O Princípio, de fato, só pode aparecer de certa forma na manifestação através de seus atributos, isto é, de acordo com a linguagem da tradição hindu, por seus aspectos "não-supremos", que são, poderíamos ainda dizer, as formas de que se reveste o *sûtrâtmâ* em relação aos diferentes mundos que atravessa (ainda que, na realidade, o *sûtrâtmâ* não seja de modo algum afetado por essas formas, que nada mais são, afinal, que as aparências decorrentes da própria manifestação). Já o Princípio em si, ou seja, o "Supremo" (*Paramâtmâ* e não mais *sûtrâtmâ*), ou a "Essência" considerada como absolutamente independente de qualquer atribuição ou determinação, não poderia ser considerado como entrando em relação com a manifestação, mesmo que seja de modo ilusório, embora a manifestação dele proceda e de-

24. Pode ser lembrado que, também no Ocidente, São Tomás de Aquino ensinou expressamente a doutrina segundo a qual *angelus movet stellam* ["o anjo move a estrela"]; essa doutrina era aliás corrente na Idade Média, mas está entre aquelas que os modernos, mesmo quando se dizem "tomistas", preferem passar em silêncio para não contradizer as concepções "mecanicistas" comumente aceitas.

25. Embora já tenhamos feito essa indicação em diferentes oportunidades, propomonos voltar a ela de forma mais particular num próximo artigo.

26. Na correspondência angélica que acabamos de mencionar, a centésima conta deveria ser referida ao "Anjo da Face" (que na verdade é mais que um anjo), *Metraton* ou *Er-Rûh.*

27. Cf. *A Grande Tríade*, Cap. VIII.

28. Esse "retorno" é expresso no *Alcorão*, 2, 156, pelas palavras *innâ li'Llahi wa innâ ilayhi râjiûn* [Somos de Deus e a Ele retornaremos].

penda inteiramente em tudo que é, e sem o que não teria o menor grau de realidade:[29] a circunferência só existe pelo centro; mas o centro não depende da circunferência de modo algum, nem sob qualquer ponto de vista.

O retorno ao centro pode ser considerado sob dois diferentes níveis, e o simbolismo do "Paraíso", do qual falamos há pouco, é de igual modo aplicável aos dois casos: se de início se considera apenas as múltiplas modalidades de um certo estado de existência, tal como o estado humano, a integração dessas modalidades conduzirá ao centro desse estado, que é de fato o Paraíso (*El-Jannah*) entendido em sua acepção mais imediata e literal. Mas esse é ainda um sentido apenas relativo, e, quando se considera a totalidade da manifestação, é necessário, para se tornar livre de qualquer traço da existência condicionada, efetuar uma transposição do centro de um estado para o centro do ser total, que é exatamente o que se designa por analogia como o "Paraíso da Essência" (*Jannatu-dh-Dhât*). Podemos acrescentar que, nesse último caso, a "centésima conta" do rosário é, na verdade, a única que subsiste, sendo todas as demais nela reabsorvidas. Na realidade absoluta, de fato, não há mais lugar para qualquer dos nomes que exprimem "distintamente" a multiplicidade de atributos, nem mesmo para *Allahumma* (nome equivalente ao *Elohim* hebreu), que sintetiza essa multiplicidade de atributos na unidade da Essência. Nada existe além de *Allah*, exaltado *ammâ yaçifûn*, isto é, acima de todos os atributos, que são apenas, da Verdade Divina, os aspectos refratados que os seres contigentes, como tais, são capazes de conceber e exprimir.

29. Da transcendência absoluta do Princípio em si, decorre necessariamente a "irreciprocidade de relação" que, como já explicamos em outra parte, exclui formalmente toda concepção "panteísta" ou "imanentista".

62

AS "RAÍZES DAS PLANTAS"*

Conforme a tradição cabalística, entre aqueles que penetraram no *Pardes,*[1] alguns "devastaram o jardim", e se diz que essa devastação consistiu precisamente em "cortar as raízes das plantas". Para compreender o que isso significa, é necessário antes de mais nada referir-se ao simbolismo da árvore invertida, do qual já falamos em outras ocasiões:[2] as raízes estão no alto, ou seja, no próprio Princípio. Cortar as raízes, portanto, significa considerar que as "plantas", ou os seres por elas simbolizados, têm de algum modo existência e realidade independentes do Princípio. No caso em questão, tais seres são principalmente os anjos, pois trata-se de uma referência a graus de existência de ordem supra-humana. E é fácil compreender quais possam ser as conseqüências disso, em especial para o que se convencionou denominar "Cabala prática". De fato, a invocação dos anjos assim considerados, ou seja, não como os "intermediários celestes", segundo o ponto de vista da ortodoxia tradicional, mas como verdadeiras potestades independentes, constitui exatamente a "associação" (em árabe *shirk*), no sentido dado pela tradição islâmica a essa palavra, pois tais potências aparecem então inevitavelmente como associadas à própria Potência divina, ao invés de simplesmente dela derivarem. Tais conseqüências encontram-se ainda, e com maior razão, nas aplicações inferiores que pertencem ao domínio

* Publicado na revista *Études Traditionnelles,* set. 1946.

1. O *Pardes,* representado simbolicamente como um "jardim", deve ser aqui considerado como a figuração do domínio do conhecimento superior e reservado: as quatro letras, P R D S, relacionadas aos quatro rios do Éden, designam então, respectivamente, os diferentes sentidos contidos nas Escrituras sagradas e aos quais correspondem igual número de graus de conhecimento. É evidente que aqueles que "devastaram o jardim" só haviam alcançado um grau em que ainda é possível extraviar-se.

2. V. em especial [Cap. 51] *A Árvore do Mundo.*

da magia, domínio este, aliás, no qual se acharão necessariamente encerrados, mais cedo ou mais tarde, todos aqueles que cometem esse erro, pois, devido a ele, perdem o contato com a "teurgia", visto tornar-se impossível qualquer comunicação efetiva com o Princípio quando "as raízes são cortadas". As mesmas conseqüências estendem-se às formas mais degeneradas da magia, tal como a "magia cerimonial"; só que neste último caso, embora o erro seja sempre essencialmente o mesmo, os perigos efetivos são ao menos atenuados pela própria insignificância dos resultados que podem ser obtidos.[3] Finalmente, podemos observar que isso nos oferece a explicação de pelo menos um dos motivos pelos quais se atribui a origem de semelhantes desvios aos "anjos decaídos". Os anjos, de fato, são verdadeiramente "decaídos" quando considerados dessa forma, pois é de sua participação no Princípio que mantêm na realidade tudo aquilo que constitui seu ser, de modo que, quando essa participação é desprezada, nada mais resta além de um aspecto puramente negativo, como uma espécie de sombra invertida desse próprio ser.[4]

De acordo com a concepção ortodoxa, um anjo, enquanto "intermediário celeste", nada mais é no fundo que a expressão de um atributo divino na ordem da manifestação informal, pois somente isso permite estabelecer, através dele, uma comunicação real entre o estado humano e o próprio Princípio, do qual representa assim um aspecto mais particularmente acessível aos seres que estão nesse estado humano. É o que mostra, aliás, de forma muito clara os nomes dos anjos, que sempre, de fato, são a designação de atributos divinos. É aqui sobretudo que o nome corresponde de maneira plena à natureza do ser, estabelecendo uma verdadeira unidade com sua essência. Desde que não se perca de vista essa significação, as "raízes" não podem portanto ser "cortadas". Poder-se-ia dizer, por conseguinte, que o erro a esse respeito, que consiste em se admitir que o nome divino pertence com exclusividade ao anjo como tal e enquanto ser "separado", só se

3. Sobre a questão da "magia cerimonial", cf. *Aperçus sur l'initiation*, Cap. XX. O emprego de nomes divinos e angélicos em suas formas hebraicas é sem dúvida uma das principais razões que levaram A. E. Waite a pensar que toda magia cerimonial tinha sua origem nos judeus (*The Secret Tradition in Freemasonry*, pp. 397-99). Essa opinião não nos parece bem fundamentada, pois a verdade é que há na "magia cerimonial" elementos tomados de formas ainda mais antigas e autênticas, e que estas, no mundo ocidental, só podiam dispor realmente do hebreu como língua sagrada para as suas fórmulas.

4. Poderíamos afirmar, e pouco importa que seja literal ou simbolicamente, que, nessas condições, aquele que acredita dirigir seus apelos a um anjo, corre o grande risco de, ao contrário, ver aparecer um demônio diante de si.

torna possível quando a inteligência da língua sagrada se obscurece. E se nos dermos conta do que isso tudo implica na realidade, poderemos compreender que essa observação dá margem a um sentido muito mais profundo do que pareceria à primeira vista.[5]

Essas considerações propiciam também o reconhecimento de todo o valor da interpretação cabalística de *Malaki,* "Meu anjo" ou "Meu enviado"[6] como "o anjo no qual está o Meu nome", ou seja, em suma, no qual está o próprio Deus, ou pelo menos sob alguns de seus aspectos "atributivos".[7] Essa interpretação aplica-se em primeiro lugar e no mais alto grau a *Metatron*, o "Anjo da Face",[8] ou a *Mikaël* [Miguel] (do qual *Malaki* é o anagrama), na medida em que, no seu papel "solar", ele se identifica de certa maneira a *Metatron;* mas é também aplicável a todos os anjos, pois na verdade, em relação à manifestação, e no sentido mais rigoroso da palavra, são "portadores" de um nome divino; inclusive, visto pelo lado da "Verdade" *(El-Haqq)*, nada mais são realmente que esses próprios nomes. A única diferença existente resulta de uma certa hierarquia que pode ser estabelecida entre os atributos divinos, de acordo com sua procedência mais ou menos direta da Essência, de modo que a sua manifestação poderá ser encarada como situada em diferentes níveis, e esse é, em suma, o fundamento das hierarquias angélicas. Tais atributos ou aspectos devem ser também necessariamente concebidos em quantidade indefinida, sempre que os considerarmos "distintivamente", e é a isso que corresponde a profusão dos anjos.[9]

Seria possível perguntar por que, em tudo isso, trata-se apenas dos anjos; na verdade, todo ser, seja qual for e em qualquer ordem de existência

5. Lembraríamos a propósito o que indicamos antes quanto à correspondência dos diferentes graus de conhecimento com os sentidos mais ou menos "interiores" das Escrituras sagradas; é evidente que se trata de uma coisa que nada tem em comum com o saber inteiramente exterior, que é tudo o que pode fornecer o estudo de uma língua profana, e até mesmo, acrescentaríamos, de uma língua sagrada por meio de processos profanos tais como os utilizados pelos lingüistas modernos.

6. Sabe-se que a significação etimológica da palavra "Anjo" (*aggelos* no grego) é "enviado" ou "mensageiro" e que a correspondente palavra hebréia, *maleak*, tem o mesmo sentido.

7. Cf. *O Rei do Mundo*, Cap. III. Do ponto de vista do princípio, é o anjo, ou melhor, o atributo por ele representado, que está em Deus; mas, do ponto de vista da manifestação, a relação parece como que invertida.

8. A palavra *Metatron* é numericamente equivalente ao nome divino *Shaddaï*.

9. Deve ficar bem entendido que se trata aqui de uma profusão "transcendental", e não de uma indeterminação numérica (cf. *Les Principes du Calcul infinitésimal*, Cap. III); os anjos não são de forma alguma "numeráveis", pois não pertencem ao domínio da existência condicionada pela quantidade.

a que pertencer, depende também inteiramente do Princípio em tudo o que é, e essa dependência, que ao mesmo tempo representa uma participação, constitui, poderíamos dizer, a própria medida de sua realidade. Além disso, todo ser tem em si, e mais precisamente no seu "centro", ao menos de modo virtual, um princípio divino sem o qual sua existência não seria nem mesmo uma ilusão, mas sim um nada puro e simples. Isso corresponde aliás, de forma exata, ao ensinamento cabalístico segundo o qual os "canais", por onde as influências emanadas do Princípio se comunicam aos seres manifestados, não se detêm de modo algum em certos níveis, e estendem-se progressivamente a todos os graus da Existência universal, inclusive aos mais inferiores.[10] Desse modo, para voltar ao simbolismo precedente, não poderia haver em parte alguma um ser que fosse comparável a uma "planta sem raízes". No entanto, é evidente que existem graus a serem considerados na participação de que estamos tratando e que esses graus correspondem precisamente aos da própria Existência. É por isso que estes terão maior realidade quanto mais elevados forem, isto é, quanto mais próximos estiverem do Princípio (embora certamente não exista termo de comparação entre um estado qualquer da manifestação, mesmo o mais elevado de todos, e o próprio estado do princípio).

É conveniente, antes de mais nada, estabelecer uma distinção entre o caso dos seres situados no domínio da manifestação não-formal ou supra-individual, ao qual se referem os estados angélicos, e o dos seres situados no domínio da manifestação formal ou individual. E isso exige ainda uma explicação mais precisa.

Somente na ordem não-formal pode dizer-se que um ser exprime ou manifesta verdadeiramente, e de maneira tão integral quanto possível, um atributo do Princípio. É a distinção desses atributos que, neste caso, estabelece a própria distinção entre os seres, e que pode ser caracterizada como uma "distinção sem separação" (*bhêdâbhêdâ* na terminologia hindu),[11] pois é evidente que todos os atributos são realmente "um"; essa é também a menor limitação concebível num estado que, por ser manifestado, está por isso mesmo condicionado. Por outro lado, como a natureza de cada ser em certo sentido se resume então por inteiro à expressão de um

10. O simbolismo dos "canais" que descem gradualmente através de todos os estados pode ajudar a compreender, considerando-os no sentido ascendente, a maneira pela qual, os seres situados num nível superior podem desempenhar, de um modo geral, o papel de "intermediários" para os que estão situados num nível inferior, pois para estes a comunicação com o Princípio só é possível por esse meio.
11. Cf. *Le Règne de la quantité et les signes des temps*, Cap. XI.

atributo único, torna-se evidente que esse ser possui assim, em si mesmo, uma unidade de ordem totalmente diferente e muito mais real que a unidade relativa, ao mesmo tempo fragmentária e "compósita" dos seres individuais enquanto tais. E, no fundo, é por causa dessa redução da natureza angélica a um atributo definido, sem qualquer outra "composição" além da combinação de ato e potência necessariamente inerente a toda manifestação,[12] que Santo Tomás de Aquino pôde considerar as diferenças existentes entre os anjos como comparáveis a diferenças específicas e não a diferenças individuais.[13]

Se agora quisermos encontrar, na ordem da manifestação formal, uma correspondência ou um reflexo do que acabamos de dizer, não é de forma alguma os seres individuais tomados cada um em particular que deveremos considerar (e isso pode ser concluído de forma muito clara da nossa última observação), mas sim os "mundos" ou os próprios estados de existência, pois cada um deles, no seu conjunto, "globalmente", liga-se em particular a um determinado atributo divino, do qual é, se nos for permitido exprimir desse modo, como o produto específico.[14] E isso se liga diretamente à concepção dos anjos como "regentes das esferas" e às considerações que já indicamos a esse respeito em nosso estudo anterior sobre a "corrente dos mundos".

12. Pode-se dizer que o ser angélico está em ato no que diz respeito ao atributo que exprime, mas em potência no que diz respeito aos demais atributos.

13. Cf. *Le Règne de la quantité et les signes des temps*, Cap. XI.

14. É evidente que tal modo de falar só é válido sob o ponto de vista e na medida em que esses atributos puderem ser considerados "distintamente" (o que só ocorre com relação à manifestação) e a indivisível unidade da Essência divina, à qual tudo se resume afinal, não for afetada de modo algum por isso.

63

O SIMBOLISMO DA PONTE *

Apesar de já nos termos referido ao simbolismo da ponte em diversas ocasiões, acrescentaremos agora algumas outras considerações, em conexão com um estudo de Dona Luisa Coomaraswamy sobre o assunto,[1] no qual ela insiste em particular sobre um ponto que mostra a estreita relação desse simbolismo com a doutrina do *sûtrâtmâ*. Trata-se do sentido original da palavra *sêtu*, que é o mais antigo dos termos sânscritos para designar a ponte e o único que se encontra no *Rig-Vêda*. A palavra *sêtu*, derivada da raiz *si*, "atar", "prender", significa essencialmente uma "ligação; e, de fato, a ponte deitada sobre um rio é o que liga as margens entre si. Além dessa observação geral, no entanto, o termo implica alguma coisa muito mais precisa. É necessário imaginar a ponte constituída primitivamente por linhas, que é o modelo natural mais ortodoxo, ou por uma corda fixada da mesma forma, por exemplo em árvores que crescem sobre as duas margens, parecendo assim de fato "presas" entre si pela corda. As duas margens representam simbolicamente dois estados diferentes do ser, o que torna evidente que a corda em tal caso é a mesma coisa que o "fio" que une esses estados entre si, isto é, o próprio *sûtrâtmâ*. O caráter de tal ligação, ao mesmo tempo fina e resistente, é também a imagem adequada de sua natureza espiritual. Por isso a ponte, também assimilada a um raio de luz, é com freqüência descrita em termos tradicionais como sendo tão estreita quanto o fio de uma espada, ou ainda, se for feita de madeira, como sendo formada de uma só viga ou de um único tronco de Árvore.[2]

* Publicado na revista *Études Traditionnelles*, jan.-fev. 1947.

1. *The Perilous Bridge of Welfare*, no *Harvard Journal of Asiatic Studies*, ago. 1944.
2. Pode lembrar-se a esse respeito o duplo sentido da palavra inglesa *beam* que designa ao mesmo tempo a viga e o raio luminoso, como já observamos no estudo *Maçons et Charpentiers* (*Études Traditionnelles*, dez. 1940).

Essa estreiteza torna evidente ainda o caráter "perigoso" do caminho em questão, que é aliás o único possível, mas que nem todos têm êxito em percorrê-lo, sendo mesmo bem poucos aqueles que o conseguem sem ajuda e com seus próprios meios,[3] pois há sempre um certo perigo na passagem de um estado a outro. Isso se relaciona no entanto ao duplo sentido, "benéfico" e "maléfico", que a ponte representa, assim como muitos outros símbolos, e sobre o qual voltaremos a seguir.

Os dois mundos representados pelas duas margens, no sentido mais geral, são o Céu e a Terra, que estavam unidos no começo, mas foram separados em conseqüência da própria manifestação, cujo domínio como um todo é então comparado a um rio ou a um mar que se estende entre eles.[4] A ponte equivale portanto de forma exata ao pilar axial que une o Céu e a Terra, sem deixar porém de mantê-los separados; e é por causa dessa significação que a ponte deve ser essencialmente concebida como vertical,[5] do mesmo modo que os demais símbolos do "Eixo do Mundo", por exemplo o eixo do "carro cósmico", quando as suas duas rodas representam também o Céu e a Terra.[6] Isso também estabelece a identidade fundamental do simbolismo da ponte com o da escada, do qual falamos em outra ocasião.[7] Assim, a passagem da ponte nada mais é, afinal, que o per-

3. Trata-se de um privilégio dos "heróis solares" nos mitos e contos em que aparece a passagem da ponte.

4. Mesmo nas aplicações mais restritas desse simbolismo, trata-se sempre de dois estados que, num certo "nível de referência", estarão entre si numa relação que corresponde à do Céu e da Terra.

5. Com relação ao que acaba de ser dito poderíamos lembrar a "prova da corda", tão freqüentemente descrita, na qual uma corda lançada ao ar permanece ou parece permanecer vertical enquanto que um homem ou uma criança sobe por ela até desaparecer de vista; mesmo que se trate apenas, como é o mais habitual, de um fenômeno de sugestão, isso pouco importa do ponto de vista em que nos colocamos aqui, e da mesma forma que a ascensão por um mastro [no jogo do "pau de sebo"; por exemplo], representa uma figuração muito significativa daquilo que estamos considerando.

6. A Sra. Coomaraswamy observa que se existem casos em que a ponte é descrita sob a forma de um arco, o que a identifica mais ou menos explicitamente ao arco-íris, tais casos na realidade estão longe de ser os mais freqüentes no simbolismo tradicional. Podemos acrescentar ainda que isso não está necessariamente em contradição com a concepção da ponte como vertical, pois, tal como dissemos a propósito da "corrente dos mundos", uma linha curva de comprimento indefinido pode ser comparada, em cada uma de suas porções, a uma reta que será sempre "vertical", o que significa que será sempre perpendicular ao domínio de existência que atravessa; finalmente, mesmo onde não existe identificação entre a ponte e o arco-íris, nem por isso este último deixará de ser considerado também, de um modo geral, como símbolo da união do Céu e da Terra.

7. V. [Cap. 54] *O Simbolismo da Escada.*

curso do eixo, o único meio que une de fato os diferentes estados entre si. A margem de partida é este mundo, ou seja, o estado em que se encontra no presente o ser que deve percorrê-la; e a margem à qual ele chega, depois de ter atravessado os outros estados de manifestação, é o mundo do princípio. Uma das margens é o domínio da morte, onde tudo está submetido à mudança, e a outra, o domínio da imortalidade.[8]

Lembramos há pouco que o eixo, ao mesmo tempo, liga e separa o Céu e a Terra. Da mesma maneira a ponte, que é na realidade o caminho que une as duas margens e permite passar de uma à outra, também pode ser, num certo sentido, como que um obstáculo colocado entre elas. E isso nos reconduz ao seu caráter "perigoso". Este, aliás, também está implicado na significação da palavra *sêtu*, que é uma ligação com dupla acepção: de um lado, é o que reúne duas coisas entre si, mas também, de outro, é um entrave no qual um ser se encontra preso. Uma corda pode servir igualmente a esses dois fins, e a ponte aparecerá assim sob um dos dois aspectos, isto é, como "benéfica" ou "maléfica", de acordo com o fato de o ser conseguir ou não transpô-la. Pode-se notar que o duplo sentido da ponte resulta ainda de poder ser percorrida nas duas direções opostas, embora só deva ser atravessada numa única direção, que vai "desta margem" para "a outra", enquanto que toda volta constitui um perigo a evitar,[9] salvo no caso único do ser que, estando já libertado da existência condicionada, pode desde então "mover-se à vontade" através de todos os mundos, e para o qual esse retorno não passa de uma aparência puramente ilusória. Nos demais casos, a parte da ponte já percorrida deve normalmente ser "perdida de vista" como se não existisse mais, do mesmo modo que a escada simbólica é sempre considerada como tendo seu pé no próprio domínio em que se encontra atualmente o ser que sobe por ela, enquanto que sua parte inferior desaparece para ele à medida que efetua sua ascensão.[10] Se o ser

8. É evidente que, no simbolismo geral da passagem das águas, considerada condutora "da morte para a imortalidade", a travessia por meio de uma ponte ou de um vau só corresponde ao caso em que a passagem se efetua de uma margem à outra, excluindo-se os outros descritos como o remontar de uma corrente em direção à sua fonte, ou, ao contrário, como a descida para o mar, nos quais a viagem deve necessariamente realizar-se por outros meios, por exemplo, conforme o simbolismo da navegação, o qual aliás é aplicável a todos os casos (v. [Cap. 56] *A Passagem das Águas*).

9. É esse o motivo de encontrar-se com tanta freqüência, nos mitos e lendas de todas as procedências, alusões ao perigo de se virar no meio do caminho e "olhar para trás".

10. Há aí como que uma "reabsorção" do eixo pelo ser que o percorre, tal como já explicamos em *A Grande Tríade*, livro em que se examina ainda alguns outros pontos conexos, em especial no que se refere à identificação do ser com o próprio eixo, seja

ainda não alcançou o mundo do princípio, de onde poderá a seguir tornar a descer na manifestação sem ser afetado de modo algum, a realização só pode de fato realizar-se no sentido ascendente. E para aquele que se ligasse ao caminho, pelo caminho em si, tomando assim o meio pelo fim, esse caminho se tornaria um verdadeiro obstáculo, ao invés de conduzi-lo efetivamente à libertação, o que implica uma destruição contínua dos laços que ligam aos estados já percorridos, até que o eixo seja por fim reduzido ao ponto único que contém tudo o que é o centro do ser total.

qual for o símbolo pelo qual é este representado, e por conseguinte também com a ponte, o que fornece o verdadeiro sentido da função "pontifical" e à qual se refere de forma muito clara, entre outras fórmulas tradicionais, a frase do *Mabinogion* céltico citado em epígrafe pela Sra. Coomaraswamy: "Aquele que quer ser Chefe, deve ser a Ponte."

64

A PONTE E O ARCO-ÍRIS*

A propósito do simbolismo da ponte e de sua significação essencialmente "axial", apontamos que a assimilação desse simbolismo ao do arco-íris não é tão freqüente quanto se pensa de hábito. Existem seguramente casos em que tal assimilação ocorre, e um dos mais claros é aquele encontrado na tradição escandinava, em que a ponte de *Byfrost* é identificada da maneira explícita ao arco-íris. No entanto, quando a ponte é descrita como elevando-se numa parte de seu percurso e abaixando-se em outra, isto é, com a forma de um arco, parece com freqüência que tais descrições foram influenciadas por uma comparação secundária com o arco-íris, sem implicar por isso uma verdadeira identificação entre esses dois símbolos. Essa comparação pode ser facilmente explicada pelo fato de o arco-íris ser, em geral, considerado como símbolo da união do Céu e da Terra. Entre o meio pelo qual se estabelece a comunicação da Terra com o Céu e a linha de sua união, há uma conexão evidente, mas que não acarreta necessariamente uma assimilação ou identificação. Podemos acrescentar, desde já, que essa significação do arco-íris, encontrada sob uma ou outra forma na maior parte das tradições, resulta diretamente de sua estreita relação com a chuva, pois esta, como já explicamos em outra parte, representa a descida de influências celestes ao mundo terrestre.[1]

O exemplo mais conhecido no Ocidente dessa significação tradicional do arco-íris é naturalmente o texto bíblico em que está expressa de forma clara;[2] é dito, em especial: "Porei meu arco na nuvem e ele se tornará um sinal da aliança entre mim e a terra"; mas podemos notar que esse "sinal da aliança" não é de modo algum apresentado como um meio que

* Publicado na revista *Études Traditionnelles*, mar. 1947.

1. V. [Cap. 60] *A Luz e a Chuva*; cf. também *A Grande Tríade*, Cap. XIV.
2. *Gênesis*, 9, 12-17.

permita a passagem de um mundo ao outro, passagem esta aliás que o texto citado não faz a menor referência. Em outros casos, a mesma significação encontra-se expressa sob formas muito diferentes: entre os gregos, por exemplo, o arco-íris identifica-se ao xale de Íris, ou talvez à própria Íris numa época em que, nas figurações simbólicas, o "antropomorfismo" não havia sido ainda levado por eles assim tão longe como aconteceu mais tarde; aqui, tal significação envolve o fato de que Íris era a "mensageira dos Deuses" e desempenhava por conseguinte um papel de intermediário entre o céu e a terra. E é evidente que uma representação como essa está muito afastada, sob todos os pontos de vista, do simbolismo da ponte. No fundo, o arco-íris parece ter sido sobretudo, de um modo geral, relacionado às correntes cósmicas pelas quais se opera a troca de influências entre o Céu e a Terra, muito mais que ao eixo pelo qual se efetua a comunicação direta entre os diferentes estados, o que aliás concorda melhor com sua forma curva,[3] pois, embora já tenhamos observado antes que a curva não está necessariamente em contradição com a idéia de "verticalidade", não é menos verdade que esta idéia não pode ser nesse caso tão bem sugerida pelas aparências imediatas como acontece, ao contrário, com todos os símbolos propriamente axiais.

É necessário reconhecer que o simbolismo do arco-íris é na verdade muito complexo e apresenta múltiplos aspectos. Mas entre eles, um dos mais importantes talvez, ainda que de início possa parecer muito surpreendente, mas que em todo caso se refere de maneira mais clara ao que acabamos de indicar, é aquele que o assimila a uma serpente, podendo ser encontrado nas mais diferentes tradições. Já se observou que os caracteres chineses designativos do arco-íris têm o radical "serpente", embora essa assimilação não seja expressada formalmente na tradição extremo-oriental, fato este que nos permite admiti-lo como lembrança de alguma coisa que vem de uma época muito remota.[4] Parece que esse simbolismo não foi inteiramente desconhecido entre os próprios gregos, ao menos no período arcaico, pois, segundo Homero, o arco-íris estava representado na couraça de Agamenon por três serpentes azuladas, "imitação do arco de Íris, e signo memorável para os humanos, que Zeus imprimiu nas nuvens.[5] Em

3. É evidente que uma forma circular, ou semicircular como a do arco-íris, pode sempre, desse ponto de vista, ser considerada como a projeção plana de uma secção da hélice.

4. Cf. Arthur Waley, *The Book of Songs*, p. 328.

5. *Ilíada*, XI. Lamentamos não ter encontrado a referência de uma forma mais precisa, ainda mais porque essa figuração do arco-íris por três serpentes parece bastante estranha à primeira vista e mereceria sem dúdiva ser examinada de perto.

todo caso, em certas regiões da África, e particularmente no Daomé [atual Benim], a "serpente celeste" é assimilada ao arco-íris e, ao mesmo tempo, considerada como a senhora das pedras preciosas e da riqueza. Pode parecer que haja aí uma certa confusão entre dois aspectos diferentes do simbolismo da serpente, pois, se o papel de senhor ou guardião dos tesouros é com grande freqüência atribuído de fato, dentre outras entidades descritas de variadas formas, às serpentes e aos dragões, estes têm então um caráter subterrâneo, e não celeste. No entanto, é possível que exista entre esses dois aspectos aparentemente opostos uma correspondência comparável à que ocorre entre os planetas e os metais.[6] Por outro lado, é pelo menos curioso observar que, sob esse ângulo, a "serpente celeste" possui uma surpreendente semelhança com a "serpente verde", do conto simbólico bem conhecido de Goethe, que se transforma em ponte e depois se fragmenta em pedras preciosas. Se a "serpente verde" devesse também ser considerada em relação ao arco-íris, concluiríamos que ela se identifica à ponte, o que em suma não seria muito surpreendente, visto que Goethe pode muito bem, nesse ponto, ter pensado mais em particular na tradição escandinava. É necessário dizer, quanto ao mais, que o conto em questão é muito pouco claro, seja quanto à procedência dos diversos elementos do simbolismo em que Goethe se inspirou, seja quanto à sua própria significação, e que todas as interpretações que se tentaram dar a ele são realmente pouco satisfatórias no conjunto.[7] Não pretendemos insistir mais a esse respeito, mas nos pareceu que poderia ter algum interesse assinalar ocasionalmente o paralelo um tanto inesperado a que dá margem.[8]

6. Cf. *Le Règne de la quantité et les signes des temps*, Cap. XXII.

7. Existe além disso com freqüência alguma coisa de confuso e nebuloso na forma pela qual Goethe recorre ao simbolismo, o que também pode ser constatado no arranjo que faz da lenda de Fausto. Podemos acrescentar que há mais de uma questão a ser colocada sobre as fontes que ele teria consultado mais ou menos diretamente, bem como sobre a natureza exata das filiações iniciáticas que ele pode ter tido fora da maçonaria.

8. Para a assimilação mais ou menos completa da serpente de Goethe ao arco-íris, não podemos levar em consideração a cor verde que lhe foi atribuída, embora alguns tenham pretendido que o verde seria uma espécie de síntese do arco-íris, por ser a cor central. Porém, de fato, o verde só ocuparia uma posição verdadeiramente central se fosse admitida a introdução do índigo [ou anil] na lista das cores; no entanto, já explicamos antes as razões pelas quais tal introdução é na realidade insignificante e desprovida de qualquer valor do ponto de vista simbólico (v. [Cap. 51] *Os Sete Raios e o Arco-íris*). A propósito, podemos notar que o eixo corresponde exatamente ao "sétimo raio" e por conseguinte à cor branca, enquanto que a própria diferenciação das cores do arco-íris indica uma certa "exterioridade" em relação a esse raio axial.

Uma das principais significações simbólicas da serpente, como se sabe, refere-se às correntes cósmicas sobre as quais já nos referimos mais acima, correntes estas que, afinal, nada mais são que o efeito e a expressão de ações e reações das forças emanadas respectivamente do céu e da terra.[9] Isso fornece a única explicação plausível da assimilação do arco-íris à serpente, e essa explicação concorda perfeitamente com o caráter que se reconhece ao arco-íris, ou seja, ser o signo da união do céu e da terra. Tal união é, de fato, manifestada de algum modo por essas correntes, que, sem ela, não se poderiam produzir. É necessário acrescentar que a serpente, quando tem essa significação, encontra-se no mais das vezes associada a símbolos axiais, tais como a árvore ou o bastão, o que é fácil de se compreender, pois é a própria direção do eixo que determina a das correntes cósmicas, sem que se confundam as duas direções, do mesmo modo que, para retomar aqui o simbolismo correspondente em sua forma geométrica mais rigorosa, uma hélice traçada sobre um cilindro não se confunde com o eixo desse cilindro.

Uma conexão similar, entre o símbolo do arco-íris e o da ponte, poderia ser considerada como a mais normal; mas, a seguir, essa conexão levou em certos casos a uma espécie de fusão dos dois símbolos, o que só seria inteiramente justificada se fosse considerada ao mesmo tempo a dissolução da dualidade das correntes cósmicas diferenciadas na unidade de uma corrente axial.

Entretanto, deve-se também levar em conta o fato de que as figurações da ponte variam segundo sejam ou não assimiladas ao arco-íris, e, a esse respeito, poderíamos perguntar se não existe entre a ponte retilínea[10] e a ponte em arco, ao menos em princípio, uma diferença de significação que corresponde de certa forma à mesma existente, tal como indicamos em outra parte, entre a escada vertical e a escada em espiral,[11] diferença esta equivalente à do caminho "axial", que leva diretamente o ser ao estado primor-

9. V. *A Grande Tríade*, Cap. V.
10. Lembraríamos que a forma retilínea, e naturalmente vertical, é a que corresponde em particular ao sentido preciso da expressão *eç-çirâtul-mustaqîm* [o caminho reto] na tradição islâmica (cf. *Le Symbolisme de la Croix*, Cap. XXV).
11. V. [Cap. 54] *O Simbolismo da Escada.*

dial, e do caminho mais "periférico", que implica a passagem diversa através de uma série de estados hierarquizados, ainda que em ambos os casos a meta final seja necessariamente a mesma.[12]

12. O uso iniciático da escada em espiral pode ser explicado pela identificação dos graus de iniciação aos diferentes estados do ser; pode-se citar como exemplo, no simbolismo maçônico, a escada de caracol (*winding stairs*) de 15 degraus, repartidos em 3 + 5 + 7, que conduz à "Câmara do Meio". No outro caso, os mesmos estados hierarquizados são também representados pelos degraus de uma escada de mão, mas a disposição e a própria forma destes indicam que não se pode parar e que são o meio de uma ascensão contínua, enquanto que é sempre possível deter-se nos degraus de uma escadaria, ou pelo menos nos "patamares" existentes entre as diferentes séries de degraus em que se divide a escadaria.

65

A CORRENTE DE UNIÃO*

Entre os símbolos maçônicos que hoje em dia parecem ser muito pouco compreendidos encontra-se o da "corrente de união",[1] que cerca a parte superior da Loja. Alguns querem ver nela o cordel de que se serviam os maçons operativos para traçar e delimitar o contorno de um edifício; têm razão, por certo, mas isso contudo não basta e seria necessário ao menos perguntar qual era o valor simbólico do próprio cordel.[2] E também se poderia julgar anômala a posição atribuída a um "instrumento" que devia servir para efetuar um traçado sobre o solo, e isso ainda exigiria algumas explicações.

Para compreender a questão é necessário, antes de mais nada, lembrar que do ponto de vista tradicional qualquer edifício era sempre construído segundo um modelo cósmico; além disso, está expressamente especificado que a Loja é uma imagem do Cosmo, o que é sem dúvida a última lembrança desse dado que subsistiu até hoje no mundo ocidental. Assim sendo, a locação de um edifício devia ser determinada e "enquadrada" por alguma coisa que correspondesse, de certa forma, ao que se poderia denominar o próprio "quadro"** do Cosmo; veremos a seguir o que isso significa, mas podemos dizer desde já que o traçado "materializado" pelo cordel representava, para se falar exatamente, uma projeção terrestre

* Publicado na revista *Études Traditionnelles*, set. 1947.

1. Nas corporações de ofício se fala em "corrente de aliança".

2. Esse símbolo é também denominado "borla denteada", que mais parece designar propriamente o contorno de um dossel; sabe-se também que o dossel é um símbolo do céu (por exemplo, o dossel do carro na tradição extremo-oriental; mas, como veremos, não existe nisso qualquer contradição.

** *"Cadre"*, no original francês; essa palavra também significa "moldura", "limites" [N. T.].

do Cosmo. Já vimos em outra ocasião alguma coisa semelhante no que diz respeito ao plano das cidades estabelecidas de acordo com as regras tradicionais;[3] de fato, nesse caso e no dos edifícios tomados isoladamente, inexiste uma diferença essencial desse ponto de vista, pois se trata sempre da imitação de um modelo cósmico.

A partir do momento que o edifício está concluído, e mesmo a partir do momento em que começa a ser levantado, o cordel evidentemente não desempenha mais qualquer função. Desse modo, a posição da "corrente de união" não se refere exatamente ao traçado que serviu para realizar, mas sim ao seu protótipo cósmico, cuja lembrança, pelo contrário, tem sempre sua razão de ser para determinar a significação simbólica da Loja e de suas diferentes partes. O próprio cordel, sob a forma da "corrente de união", torna-se então o símbolo do "quadro" do Cosmo, e sua posição pode ser compreendida sem dificuldades se, como ocorre de fato, esse "quadro" possui um caráter celeste e não mais terrestre.[4] Por tal transposição, podemos acrescentar, a terra nada mais faz que restituir ao céu o que ela antes havia tomado emprestado.

O que torna o sentido do símbolo particularmente claro é que o cordel, na qualidade de "instrumento", constitui-se de uma simples linha, enquanto que a "corrente de união", ao contrário, tem nós de espaço a espaço.[5] Esses nós são ou devem normalmente ser em número de doze[6] e correspondem, como é evidente, aos signos do Zodíaco.[7] E, de fato, o Zodíaco, no interior do qual se movem os planetas, constitui-se num verdadeiro "invólucro" do Cosmo, ou seja, o "quadro" [a "moldura"] de

3. V. [Cap. 13] *O Zodíaco e os Pontos Cardeais.*

4. É por isso que a assimilação ao contorno de um dossel é também justificável, o que não ocorreria evidentemente com a projeção terrestre desse "quadro" celeste.

5. Tais nós são chamados "*lacs d'amour*" ["laços de amor"]; esse nome, bem como a forma particular desses laços, traz talvez, num certo sentido, a marca do século XVIII, mas pode ser que exista aí o vestígio de alguma coisa que remonta a uma época muito anterior, e que poderia mesmo ligar-se diretamente ao simbolismo dos "Fiéis de Amor".

6. O "Quadro da Loja", por sinal inusitado, que figura com destaque em *Maçonnerie occulte* de Ragon, está claramente incorreto, tanto pelo número de nós da "corrente de união", quanto pela posição muito estranha e, até mesmo, inexplicável que atribui aos signos zodiacais.

7. Alguns pensam que esses doze nós implicam, ao menos "idealmente", a existência de igual número de colunas, ou seja, mais dez além das duas colunas do Ocidente correspondentes às extremidades da "corrente de união". Pode-se observar, a propósito, que uma disposição semelhante, ainda que sob a forma circular, encontra-se em certos monumentos megalíticos, cuja relação com o Zodíaco é também evidente.

que já falamos,[8] e é evidente que se trata realmente, como dissemos, de um "quadro" celeste.

Há ainda uma outra coisa importante: é que um "quadro" tem entre suas funções, e talvez por função principal, manter em seu lugar os diversos elementos que contém ou encerra no seu interior, de modo a formar um todo ordenado, o que é aliás, como se sabe, a própria significação etimológica da palavra "Cosmo".[9] Ele deve portanto, de algum modo, "religar" ou "unir" esses elementos entre si, o que de resto exprime formalmente a designação "corrente de união", e é disso que resulta a significação mais profunda desta última, pois, como todos os símbolos que se apresentam sob a forma de uma corrente, de uma corda ou de um fio, refere-se afinal ao *Sûtrâtmâ*.

Limitar-nos-emos a chamar a atenção para esse ponto sem entrar, desta vez, em explicações mais amplas, pois voltaremos a ele. Examinaremos, a seguir, alguns casos de outros "enquadramentos" simbólicos em que esse caráter aparece de forma ainda mais clara.

8. Tornamos a indicar, a propósito da divisão zodiacal das cidades, o estudo ao qual já nos referimos mais acima [Cap. 13]. Convém notar, com relação ao que nos resta a dizer, que essa mesma divisão estabelece os respectivos lugares dos diferentes elementos cuja reunião constitui a cidade. Um outro exemplo do "invólucro" zodiacal pode ser encontrado no simbolismo extremo-oriental do *Ming-tang*, com suas doze aberturas, que já explicamos em *A Grande Tríade*, Cap. XVI.

9. Pode-se dizer que o nosso mundo está "ordenado" pelo conjunto de determinações temporais e espaciais que se ligam ao Zodíaco, de um lado pela relação direta deste com o ciclo anual, e, de outro, por sua correspondência com as direções do espaço (evidentemente este último ponto de vista está todavia em estreita relação com a questão da orientação tradicional dos edifícios).

66

ENQUADRAMENTOS E LABIRINTOS*

A. K. Coomaraswamy estudou[1] a significação simbólica de certos "nós" encontrados entre as gravuras de Alberto Dürer; tais "nós" são entrelaçamentos muito complicados formados pelo traçado de uma linha contínua, dispondo-se o conjunto numa figura circular. Em muitos casos, o nome de Dürer está inscrito na parte central. Esses "nós" foram comparados a uma figura similar atribuída geralmente a Leonardo da Vinci, no centro da qual se lê as seguintes palavras: *Academia Léonardi Vinci*. Alguns pretenderam ver nisso a "assinatura coletiva" de uma "Academia" esotérica, como existia em certo número na Itália por volta dessa época, o que não deixa de ter sua razão de ser. De fato, esses desenhos foram algumas vezes denominados "dédalos" ou "labirintos", e, tal como observa Coomaraswamy, apesar da diferença de forma que se deve em parte a razões de ordem técnica, têm efetivamente estreita relação com os labirintos e mais em particular com aqueles que eram traçados sobre o pavimento de certas igrejas da Idade Média. E, também estes, eram considerados como "assinatura coletiva" das corporações de construtores. Na medida em que simbolizam o laço que une entre si os membros de uma organização iniciática, ou pelo menos esotérica, é evidente que esses traçados apresentam uma semelhança surpreendente com a "corrente de união" maçônica. E se nos lembrarmos dos nós da "corrente de união", torna-se muito significativo o nome de "nós" (*Knoten*) dado a esses desenhos, aparentemente pelo próprio Dürer. Por essa razão, bem como por uma outra à qual voltaremos a seguir, é ainda importante notar que se trata de linhas que não apresentam

* Publicado na revista *Études Traditionnelles*, out.-nov. 1947.

1. *The Iconography of Dürer's "Knots" and Leonardo's "Concatenation"*, publicado em *The Art Quaterly*, primavera de 1944.

qualquer solução de continuidade.[2] Os labirintos das igrejas, de igual modo, podiam ser percorridos de uma ponta a outra sem que se encontrasse em qualquer parte alguma interrupção que obrigasse a parar ou a voltar pelo trecho já percorrido, de modo que se constituíam na realidade em um caminho muito longo que era preciso concluir inteiramente antes de se chegar ao centro.[3] Em certos casos, como em Amiens, o "mestre-de-obras" fez-se representar na parte central, do mesmo modo que Da Vinci e Dürer inscreveram nela os seus nomes; por isso, eles se situam simbolicamente numa "Terra Santa",[4] isto é, num lugar reservado aos "eleitos", tal como já explicamos em outra parte,[5] ou num centro espiritual que era, em todo caso, uma imagem ou um reflexo do verdadeiro "Centro do Mundo", assim como, na tradição extremo-oriental, o Imperador situava-se sempre no lugar central.[6]

Isso nos conduz diretamente a considerações de uma outra ordem, que se referem a um sentido mais "interior" e mais profundo desse simbolismo: o ser que percorre o labirinto, ou qualquer outra figuração equivalente, chega assim finalmente a encontrar o "lugar central", isto é, do ponto de vista da realização iniciática, o seu próprio centro;[7] o percurso em si, por sua vez, com todas suas complicações, significa evidentemente uma representação da multiplicidade de estados ou modalidades da existência manifestada,[8] nos quais o ser deve "errar" inicialmente antes de poder se estabelecer no centro. A linha contínua é então a imagem do *sûtrâtmâ* ligando todos os estados entre si, e se, além disso, nos lembrar-

2. Poderíamos lembrar aqui do *pentalfa* [ou *pentáculo*, estrela de cinco pontas] que, como sinal de reconhecimento dos pitagóricos, devia ser traçado de forma contínua.
3. Cf. W. R. Lethaby, *Architecture, Mysticism and Myth*, cap. VII. O autor, ele próprio um arquiteto, reuniu em seu livro um grande número de informações interessantes relativas ao simbolismo arquitetônico, mas infelizmente não soube distinguir sua verdadeira significação.
4. Sabe-se que os labirintos em questão eram comumente denominados "caminho de Jerusalém", e o fato de percorrê-lo era tido como equivalente à peregrinação à Terra Santa; em Saint-Omer, o centro continha uma representação do Templo de Jerusalém.
5. V. [Cap. 29] *A Caverna e o Labirinto*.
6. V. *A Grande Tríade*, Cap. XVI. Poderíamos lembrar, a propósito desse paralelo, o título *Imperator* dado ao chefe de certas organizações rosa-cruzes.
7. Pode tratar-se naturalmente, segundo o caso, ou do centro de um estado particular de existência, ou do centro do ser total, correspondendo o primeiro ao final dos "pequenos mistérios" e o segundo ao dos "grandes mistérios".
8. Dizemos "modalidades" para o caso em que se considere apenas o conjunto de um único estado de manifestação, tal como ocorre necessariamente no que diz respeito aos "pequenos mistérios".

mos do "fio de Ariadne" em conexão com o percurso do labirinto, essa imagem apresenta-se com tal nitidez, que se torna surpreendente ter passado desapercebida.[9] Torna-se desse modo justificada a observação com que terminamos o nosso estudo precedente sobre a "corrente de união". Por outro lado, inisistimos em particular sobre o caráter de "enquadramento" apresentado por esta última; de fato, basta observar as figuras de Dürer e Da Vinci para se dar conta de que formam verdadeiros "enquadramentos" em torno da parte central, o que constitui um ponto a mais de semelhança entre esses símbolos: e existem outros casos em que também podemos encontrar essa mesma característica, de modo que mais uma vez se ressalta a perfeita concordância das diferentes tradições.

Em um livro ao qual já nos referimos anteriormente,[10] Jackson Knight assinalou terem sido encontrados na Grécia, perto de Corinto, dois modelos reduzidos, em argila, de casas remontando à época arcaica, dita "idade geométrica";[11] sobre as paredes exteriores vêem-se meandros cercando a casa, cujo traçado parece ter-se constituído de certa forma num "substituto" do labirinto. Na medida em que este representava uma defesa, seja contra os inimigos humanos, seja sobretudo contra as influências psíquicas hostis, podem-se também considerar tais meandros como tendo um valor de proteção, e mesmo duplamente, impedindo não só a entrada de influências maléficas na moradia, mas também a saída e a dispersão exterior das influências benéficas. É possível aliás, que, em certas épocas, não se tenha visto nada mais além disso; mas é preciso não esquecer que a redução dos símbolos a um uso mais ou menos "mágico" corresponde já a um estado de degeneração do ponto de vista tradicional, em que o seu sentido profundo foi esquecido.[12] Deve portanto ter existido outra coisa na origem, o que é fácil compreender se nos lembrarmos de que, tradicio-

9. É importante notar, sob o mesmo ângulo, que os desenhos de Dürer e Da Vinci têm uma semelhança evidente com os "arabescos", como assinalou Coomaraswamy; os últimos vestígios de traçados desse gênero no mundo ocidental encontram-se nas rubricas e outros ornamentos complicados, sempre formados de uma só linha contínua, que se mantiveram entre os calígrafos e mestres de escrita até a metade do século XIX, embora sem dúvida já não compreendessem o seu simbolismo.

10. *Cumaean Gates*; ver a respeito o nosso estudo [Cap. 29] sobre *A Caverna e o Labirinto*.

11. A reprodução desses dois modelos encontra-se na página 67 do livro citado.

12. Naturalmente esse sentido profundo não exclui uma aplicação "mágica", bem como qualquer outra aplicação legítima, mas a degeneração consiste em que o princípio foi perdido de vista e que só se considera exclusivamente a simples aplicação isolada e de ordem inferior.

nalmente, todo edifício é construído segundo um modelo cósmico; enquanto inexistia qualquer distinção entre "sagrado" e "profano", ou seja, enquanto o ponto de vista profano não tinha nascido em decorrência de um enfraquecimento da tradição, foi sempre e em toda parte assim no que diz respeito às próprias casas particulares. A casa era então uma imagem do Cosmo, isto é, um "pequeno mundo" fechado e completo em si mesmo; e se observarmos que ela é "enquadrada" [ou "demarcada"] pelo meandro, exatamente da mesma forma que a Loja, cuja significação cósmica não foi perdida, é "enquadrada" pela "corrente de união", a identidade dos dois símbolos torna-se evidente por inteiro: em ambos os casos trata-se apenas, em suma, de uma representação do próprio "quadro" do Cosmo.

Outro exemplo notável, do ponto de vista do simbolismo dos "enquadramentos", é fornecido por certos caracteres chineses, primitivamente relacionados aos ritos de fixação ou estabilização,[13] que consistiam em traçar círculos concêntricos ou uma espiral ao redor dos objetos. O caracter *hêng*, que designa tal rito, era, na antiga escrita, formado de uma espiral ou dois círculos concêntricos entre duas linhas retas. No mundo antigo, as novas fundações, quer se tratassem de acampamento, cidades ou vilas, eram "estabilizadas" com o traçado de espirais ou círculos ao seu redor[14] e acrescentaremos que é possível ver nisso identidade real entre os "enquadramentos" e os labirintos. A propósito do caracter *chieh*, que os comentaristas recentes traduzem simplesmente por "grande", o autor que acabamos de citar afirma denotar a magia que assegura a integridade dos espaços ao "enquadrá-los" com sinais protetores; tal é a finalidade das cercaduras das antigas obras de arte. Um *chieh-fu* é uma bênção que foi direta ou simbolicamente "enquadrada" dessa forma; um flagelo pode também ser "enquadrado" para impedir que se espalhe. Aqui também se trata explicitamente só de "magia", ou do que se supõe que o seja; mas a idéia de "fixação" ou "estabilização" mostra de forma bastante clara do que consiste no fundo: trata-se da função que o "quadro" tem em essência, tal como dissemos antes, de reunir e manter em seu lugar os diferentes elementos que ele cerca. Além disso, aparece em Lao-tse passagens em que figuram os caracteres em questão e que são muitos significativos a esse respeito: "Quando se faz de modo a enquadrar (ou cir-

13. Tais ritos correspondem evidentemente a um caso particular do que no hermetismo é designado por "coagulação" (v. *A Grande Tríade*, Cap. VI).

14. A. Valey, *The Book of Changes*, no *Bulletin of the Museum of Far Eastern Antiquities*, nº 5, Estocolmo, 1934.

cunscrever, *ying*, caractere que evoca uma idéia semelhante a de *hêng*) os sete espíritos animais e abranger a Unidade, pode-se ser fechado, estanque e incorruptível";[15] e, em outra parte: "Graças a um conhecimento convenientemente enquadrado (*chieh*), andamos no mesmo piso do grande Caminho".[16] No primeiro desses dois casos trata-se evidentemente de estabelecer ou manter a ordem normal dos diferentes elementos constitutivos do ser, a fim de unificá-los; no segundo, um "conhecimento bem enquadrado" é na verdade um conhecimento em que cada coisa está colocada exatamente no lugar que lhe convém. Quanto ao mais, a significação cósmica do "quadro" não desaparece de modo algum em tal caso; de fato, não é o ser humano, segundo todas as concepções tradicionais, o "microscosmo"? E não deve também o conhecimento compreender de uma certa forma a totalidade do Cosmo?

15. *Tao-te-king*, cap. X, trad. inédita de Jacques Lionnet. [Publicado em 1962 com ligeiras alterações.]
16. *Ibid*., cap. LIII, mesma tradução.

67

O "QUATRO DE CIFRA"*

Dentre as antigas marcas corporativas, existe uma que possui um caráter particularmente enigmático: trata-se daquela a que se dá o nome de "quatro de cifra", pois tem de fato a forma do algarismo 4, ao qual se acrescentam muitas vezes linhas suplementares, horizontais ou verticais, e que se combina em geral, quer com diversos outros símbolos, quer com letras ou monogramas, para formar um conjunto complexo, ocupando sempre a parte superior. Esse signo era comum a um grande número de corporações, senão a todas; assim, não podemos saber a razão pela qual um escritor ocultista, além de atribuir de forma muito gratuita sua origem aos cátaros, afirmou ainda recentemente que esse signo pertencia com exclusividade a uma "sociedade secreta" de impressores e livreiros. É exato que seja encontrado em muitas marcas de impressores, mas não deixa de ser menos freqüente entre os talhadores de pedras, pintores de vitrais, tapeceiros, para citar apenas alguns exemplos que são suficientes para mostrar que essa opinião é insustentável. Observou-se mesmo que particulares ou famílias haviam figurado esse mesmo signo em suas casas, sobre suas pedras tumulares ou em suas armas; mas aqui, em certos casos, tais incrições devem atribuir-se antes aos talhadores que aos proprietários, embora em outros casos se tratasse de personagens que estavam unidos por algum laço, às vezes hereditário, a certas corporações.[1] Seja como for, não resta dúvida que o signo em questão tem um caráter corporativo e uma relação direta com as iniciações de ofício. E, a julgar pelo seu emprego, parece ter sido essencialmente uma marca do grau de mestre.

* Publicado na revista *Études Traditionnelles*, jun. de 1948, com o título francês *Le "quattre de chiffre"*. (N. T.).

1. Já fizemos em outra ocasião referência a laços desse gênero a propósito dos maçons "aceitos" (*Aperçus sur l'initiation*, cap. XXIX).

Quanto à significação do "quatro de cifra", evidentemente para nós a de maior interesse, os autores que a ele se referiram estão longe de um acordo, tanto que, em geral, parecem ignorar que um símbolo pode muito bem ser passível de várias interpretações diferentes que não se excluem de maneira alguma. Não existe nisso nada de surpreendente, apesar do que possam pensar aqueles que se mantêm num ponto de vista profano, pois não só a multiplicidade de sentidos é, de forma geral, inerente ao próprio simbolismo, como também, nesse caso e em muitos outros, pode ocorrer a superposição e até mesmo a fusão de diversos símbolos num só. W. Deonna, ao citar o "quatro de cifra", entre outros símbolos figurados em armas antigas,[2] e falando então, aliás de forma muito sumária, da origem e da significação dessa marca, mencionou a opinião segundo a qual ela representa o que denominou de maneira bastante extravagante como "o valor místico do algarismo 4". Sem rejeitar inteiramente essa interpretação, preferiu entretanto uma outra, supondo "que se trata de um signo astrológico", o de Júpiter. Este apresenta, de fato, em seu aspecto geral, uma semelhança com o algarismo 4. E é certo também que o uso desse signo pode ter alguma relação com a idéia de "mestria". Apesar disso, no entanto, ao contrário da opinião do sr. Deonna, pensamos que tal associação é apenas secundária e que, por mais legítima que seja,[3] nada mais fez que se juntar à primeira e principal significação do símbolo.

Não nos parece haver margem a dúvida de que se trate, antes de tudo, de um símbolo quaternário, não tanto por causa de sua semelhança com o algarismo 4, o que poderia em suma ser apenas de certo modo "adventício", mas sim por uma outra razão mais decisiva: o algarismo 4, em todas as marcas em que figura, tem a forma exata de uma cruz em que a extremidade superior do esteio vertical e a extremidade de um braço horizontal estão ligadas por uma linha oblíqua. E não se pode contestar que a cruz, sem prejuízo de todas as suas outras significações, é essencialmente um símbolo do quaternário.[4] O que confirma ainda mais essa interpretação é que existem casos em que o "quatro de cifra", em sua associação com outros símbolos, mantém de modo evidente o lugar ocupado pela cruz em outras figurações mais habituais, delas diferindo apenas por esse

2. *Armes avec motifs astrologiques et talismaniques*, na *Revue de l'Histoire des Religions*, jul.-out. 1924.

3. Encontramos por sinal um outro caso da mesma associação do simbolismo de Júpiter ao quaternário na quarta lâmina do Tarô.

4. A cruz representa o quaternário sob seu aspecto "dinâmico", enquanto o quadrado o representa sob seu aspecto "estático".

detalhe. É o que acontece em especial quando o "quatro de cifra" aparece na figura do "globo do Mundo", ou ainda quando encima um coração, tal como ocorre com freqüência nas marcas dos impressores.[5]

Isso não é tudo. Há ainda outra coisa, não menos importante, embora o sr. Deonna tenha-se recusado a admitir: no artigo ao qual nos referimos mais acima, após ter assinalado que se quis "derivar essa marca do monograma constantiniano, já livremente interpretado e desfigurado nos documentos merovíngios e carolíngios",[6] diz ele que "essa hipótese parece totalmente arbitrária" e que "não se impõe por qualquer analogia". Estamos muito longe de partilhar dessa opinião; é aliás curioso constatar que, dentre os exemplos reproduzidos pelo próprio sr. Deonna, existem dois que figuram o crisma completo, e nos quais o P está pura e simplesmente susbtituído pelo "quatro de cifra". Isso, por si só, não deveria ser suficiente para torná-lo mais prudente? É necessário também observar que se encontram indiferentemente duas orientações opostas do "quatro de cifra".[7] Quando está voltado para a direita, ao invés de para a esquerda como é a posição normal do algarismo 4, ele apresenta uma semelhança particularmente palpável com o P.

Já explicamos[8] como se distingue o crisma simples do crisma dito "constantiniano": o primeiro é composto de seis raios opostos dois a dois a partir de um centro, ou seja, de três diâmetros, um dos quais vertical e os outros dois oblíquos, e que, enquanto "Crisma", é tido como formado pela união de duas letras gregas, I e X; o segundo, também considerado como a reunião de duas letras, X e P, deriva-se imediatamente do anterior pelo acréscimo, na parte superior do diâmetro vertical, de uma alça des-

5. O coração encimado por uma cruz é naturalmente, na iconografia cristã, a representação do "Sagrado Coração" que, por outro lado, do ponto de vista simbólico, é uma imagem do "Coração do Mundo"; se nos lembrarmos que o esquema geométrico do coração é um triângulo com a ponta para baixo, teremos que o símbolo em questão é precisamente o símbolo alquímico do enxofre em posição invertida, o que representa a realização da "Grande Obra".

6. Seria preciso, em primeiro lugar, tomar o cuidado de distinguir as deformações acidentais, devidas à incompreensão dos símbolos, das deformações intencionais e significativas.

7. Dizemos indiferentemente, mas pode ser que tenha correspondido a diferenças de ritos ou corporações. Podemos acrescentar a esse respeito, de passagem, que mesmo se a presença de um signo quaternário nas marcas indicava a posse do quarto grau da organização iniciática, o que não é impossível, embora sem dúvida difícil de estabelecer com certeza, isso não afetaria evidentemente em nada o valor simbólico inerente a esse signo.

8. V. [Cap. 50] *Os Símbolos da Analogia.* [V. também o Cap. 8, *A Idéia de Centro nas Tradições Antigas*, figs. 3 e 4.]

tinada a transformar o I em P, mas que tem ainda outras significações e se apresenta além disso sob muitas formas diversas,[9] o que torna ainda menos surpreendente sua substituição pelo "quatro de cifra", que afinal é só uma variante a mais.[10] Tudo isso, aliás, fica esclarecido desde que se observe que a linha vertical, tanto no crisma quanto no "quatro de cifra", é na realidade uma figura do "Eixo do Mundo"; em sua extremidade superior, a alça do P é, da mesma maneira que o "olho" da agulha, um símbolo da "porta estreita". E, no que diz respeito ao "quatro de cifra", basta lembrar sua relação com a cruz e o caráter de igual modo "axial" desta última, e considerar, por outro lado, que a junção da linha oblíqua que completa a figura, unindo as extremidades do topo e de um dos braços da cruz, fechando assim um dos ângulos, combina engenhosamente a significação quaternária com o simbolismo da "porta estreita", inexistente no caso do crisma. E devemos reconhecer que existe nisso algo perfeitamente apropriado para uma marca do grau de mestre.

9. Já mencionamos o caso em que esse laço do P toma a forma particular do símbolo egípcio do "anel de Horus"; nesse caso, o P tem ao mesmo tempo uma semelhança muito clara com certas agulhas "pré-históricas" que, como assinalou Coomaraswamy, ao invés de serem perfuradas como aconteceu mais tarde, eram simplesmente recurvadas numa de suas extremidades, de modo a formar uma espécie de alça pela qual se passava o fio (cf. [Cap. 55] *O "Buraco da Agulha"*).

10. A propósito do Crisma "constantiniano", podemos ainda assinalar que a reunião das letras iniciais das quatro palavras da inscrição *In hoc signo vinces*, que o acompanha, dá I H S V, ou seja, o próprio nome de Jesus. Esse fato, de um modo geral, parece passar despercebido, sendo no entanto expressamente indicado no simbolismo da "Ordem da Cruz Vermelha de Roma e de Constantino", que é um *side-degree*, isto é, um "anexo" dos altos graus da maçonaria inglesa.

68

LAÇOS E NÓS*

Já nos referimos muitas vezes ao simbolismo do fio, que apresenta múltiplos aspectos, mas cuja significação essencial e verdadeiramente metafísica é sempre a representação do *sûtrâtmâ*, que, tanto do ponto de vista macrocósmico quanto microcósmico, liga todos os estados de existência entre si e ao seu Princípio. Por outro lado, pouco importa que nas diferentes figurações originadas por esse simbolismo trate-se de um fio propriamente dito, de uma corda ou de uma corrente, ou de um traçado gráfico como o que assinalamos anteriormente,[1] ou ainda de um caminho realizado por processos arquitetônicos como no caso dos labirintos,[2] caminho este que um ser está sujeito a percorrer de um extremo ao outro para alcançar sua meta. O essencial em todos os casos é que sempre se trata de uma linha que não apresenta qualquer solução de continuidade. O traçado dessa linha pode ser mais ou menos complicado, o que corresponde em geral às modalidades ou às aplicações mais particulares de seu simbolismo geral; assim, o fio ou seu equivalente pode-se dobrar muitas vezes sobre si mesmo de modo a formar entrelaçamentos ou nós. E, na estrutura do conjunto, cada um desses nós representa o ponto em que agem as forças determinantes da condensação e da coesão de um "agregado" que corresponde a um ou outro estado de manifestação, de maneira que se poderia afirmar que é esse nó que mantém o ser no estado considerado e que sua solução provoca imediatamente a morte desse estado. Aliás, é o que exprime de forma muito clara a expressão "nó vital". Naturalmente, o fato de os nós se referirem a diferentes estados e estarem todos representados ao mesmo tempo e de uma forma permanente no traçado simbó-

* Publicado na revista *Études Traditionnelles*, mar. 1950.

1. V. [Cap. 66] *Enquadramentos e Labirintos.*
2. V. [Cap. 29] *A Caverna e o Labirinto.*

lico não deve ser visto como uma objeção ao que acabamos de dizer, pois, além de ser evidentemente imposto pelas condições técnicas da própria figuração, corresponde na realidade ao ponto de vista em que todos os estados são considerados em simultaneidade, ponto de vista este sempre mais primordial que o da sucessão. Podemos observar que, a esse respeito, no simbolismo da tecelagem que estudamos em outra ocasião,[3] os pontos de cruzamento dos fios da urdidura e da trama, mediante os quais se forma o tecido como um todo, têm ainda uma significação similar, na medida em que constituem, de algum modo, as "linhas de força" que definem a estrutura do Cosmo.

Num artigo recente,[4] Mircea Eliade falou da "ambivalência" do simbolismo dos laços e nós, o que é um ponto que merece ser examinado com alguma atenção. Podemos ver nisso, naturalmente, um caso particular do duplo sentido geralmente inerente aos símbolos, mas é preciso ainda levar em conta aquilo que em particular justifica tal duplo sentido no presente caso.[5] Em primeiro lugar, cabe observar a esse respeito que um laço pode ser entendido como o que prende, subjuga, ou como o que une, e, mesmo na linguagem comum, essa palavra tem igualmente as duas significações. Isso corresponde, no simbolismo dos laços, a dois pontos de vista que se poderia dizer inversos entre si. E se, de imediato, o mais aparente desses dois pontos de vista é aquele que tem o laço por um entrave, isso se deve ao fato de corresponder afinal ao ponto de vista do ser manifestado enquanto tal, na medida em que se considera "amarrado" a certas condições especiais de existência e encerrado por elas nos limites do seu estado contingente. Desse ponto de vista, o sentido de nó é como que um reforço do de laço em geral, pois, como dizíamos mais acima, o nó representa mais em particular aquilo que fixa o ser a um estado determinado; e a parte do laço ou da ligadura de que é formado, constitui-se, poderíamos dizer, tudo o que este ser pode ver na medida em que for incapaz de sair dos

3. V. *Le Symbolisme de la Croix*, cap. XIV.
4. *Le "Dieu lieur" et le symbolisme des noeuds*, na *Revue de l'Histoire des Religions*, jul.-dez. 1948 (v. nosso comentário na *Études Traditionnelles*, jul.-ago. 1949).
5. Podemos assinalar em complementação que, nas aplicações rituais e especialmente "mágicas", corresponde a esse duplo sentido, conforme o caso, um uso "benéfico" ou "maléfico" dos laços e nós. Mas, o que nos interessa aqui é o princípio desta ambivalência, fora qualquer outra aplicação particular que não passa sempre de uma simples derivação. O próprio sr. Eliade insistiu, aliás com razão, sobre a insuficiência das interpretações "mágicas" às quais alguns querem limitar-se, por completo desconhecimento do sentido profundo dos símbolos, que, tal como ocorre no caso das interpretações "sociológicas", provoca uma espécie de inversão das relações entre o princípio e suas aplicações contingentes.

limites desse mesmo estado, escapando-lhe então necessariamente a conexão que o laço estabelece com os demais estados.

O outro ponto de vista pode ser verdadeiramente qualificado de universal, pois abrange a totalidade dos estados. E para que isso fique bem compreendido, basta nos reportarmos à noção do *sûtrâtmâ*: o laço, considerado então em toda sua extensão,[6] une os estados, não só entre si, mas também, tornamos a dizer, ao seu próprio Princípio, de modo que, muito longe de ser ainda um entrave, torna-se ao contrário o meio pelo qual o ser pode reunir efetivamente o seu Princípio e o próprio caminho que o conduz a essa meta. Nesse caso, o fio ou a corda tem na verdade um valor "axial", e a ascensão por uma corda estendida verticalmente pode, da mesma maneira que por uma árvore ou por um mastro, representar o processo de retorno ao Princípio.[7] Por outro lado, a conexão com o Princípio por intermédio do *sûtrâtmâ* está ilustrada de forma particularmente admirável pelas marionetes:[8] uma marionete representa nesse caso o ser individual, e o operador que faz o movimento por meio do fio é o "Eu". Sem esse fio, a marionete permaneceria inerte, do mesmo modo que, sem o *sûtrâtmâ*, toda existência seria um puro nada e, segundo uma fórmula extremo-oriental, "todos os seres seriam vazios".

Mesmo no primeiro dos dois pontos de vista que acabamos de mencionar, existe também uma certa ambivalência de outra ordem, referente às diferentes maneiras pelas quais um ser, de acordo com seu grau espiritual, pode apreciar o estado em que se encontra, e que a linguagem traduz muito bem pelas significações que dá à palavra "apego". De fato, quando se tem apego por alguém ou por alguma coisa, naturalmente se considera um mal a separação, mesmo que essa separação deva na realidade provocar a libertação de certas limitações, às quais se encontra submetido por causa desse próprio apego. De uma forma mais geral, o apego de um ser ao seu estado, ao mesmo tempo que o impede de se libertar dos entraves que lhe são inerentes, faz com que considere uma infelicidade deixar tal estado, ou, em outros termos, atribua um caráter "maléfico" à morte e a esse estado, resultante da ruptura do "nó vital" e da dissolução do

6. Bem entendido, essa extensão deve ser considerada como indefinida, embora jamais seja possível figurá-la com esse caráter.

7. É essa, na Índia, a verdadeira significação do que os viajantes denominaram "a prova da corda", independentemente do que se possa pensar dela enquanto fenômeno "mágico" mais ou menos autêntico, pois isso não tem qualquer importância no que diz respeito ao seu caráter simbólico, que é o único que nos interessa.

8. Cf. A. K. Coomaraswamy, *"Spiritual Paternity" and the "Puppet-complex"*, em *Psychiatry*, ago. 1945 (v. nosso comentário na *Études Traditionnelles*, out.-nov. 1947).

agregado que constitui sua individualidade.[9] Apenas o ser que, em decorrência de um certo desenvolvimento espiritual, aspira ao contrário ultrapassar as condições de seu estado, pode "realizá-las" como verdadeiros obstáculos, como o são de fato. E o "desapego" que experimenta desde então com referência a esse estado é já, ao menos virtualmente, uma ruptura desses entraves, ou, se preferirmos uma outra maneira de falar, talvez mais exata, pois não existe jamais ruptura no sentido exato do termo, uma transmutação "daquilo que acorrenta" para "aquilo que une", o que nada mais é no fundo que o reconhecimento ou a tomada de consciência da verdadeira natureza do *sûtrâtmâ*.

9. Observe-se que se diz comumente que a morte é o "desenlace", o "desfecho" da existência individual. Essas expressões, que também têm relação com o simbolismo do teatro, são literalmente exatas, embora aqueles que as empreguem não se dêem conta disso.

SIMBOLISMO DO CORAÇÃO

69

O CORAÇÃO IRRADIANTE E O CORAÇÃO ARDENTE*

Ao nos referirmos a propósito da "luz e da chuva",** às representações do Sol com raios alternadamente retilíneos e ondulados, mencionamos que as duas espécies de raios se encontram também, de modo muito semelhante, em certas figurações simbólicas do coração. Um dos exemplos mais interessantes é o do coração figurado sobre um pequeno baixo-relevo de mármore negro, que data aparentemente do século XVI e provém do Convento Cartuxo de Saint-Denis d'Orques, tendo sido estudado por L. Charbonneau-Lassay.[1] Esse coração irradiante está colocado no centro de dois círculos sobre os quais se encontram respectivamente os planetas e os signos do Zodíaco, o que o caracteriza de forma evidente com o "Centro do Mundo", sob a dupla relação do simbolismo espacial e do simbolismo temporal.[2] Essa figuração é evidentemente "solar", mas no entanto, o fato de que o Sol, entendido no sentido "físico", encontra-se colocado no círculo planetário, tal como deve estar normalmente no simbolismo astrológico, mostra muito bem que se trata nesse caso do "Sol espiritual".

Vale a pena lembrar que a assimilação do Sol ao coração, na medida em que ambos têm igual significação "central", é comum a todas as

* Publicado na revista *Études Traditionnelles*, jun.-jul. 1946.

** [Ver cap. 50.]

1. *Le Marbre astronomique de Saint-Denis d'Orques*, na *Regnabit*, fev. 1924, [republicado no livro *Le Bestiaire du Christ*, cap X].

2. Existem também, na mesma figura, outros detalhes de grande importância do ponto de vista simbólico: assim, em especial, o coração tem uma chaga, ou alguma coisa com a aparência exterior de uma chaga, com forma de um *iod* hebraico, o que se refere ao mesmo tempo ao "Olho do coração" e ao "germe" do avatar que reside no "centro", quer seja este entendido no sentido macrocósmico (o que é aqui claramente o caso) ou no sentido microcósmico (v. *Aperçus sur l'Initiation*, cap. XLVIII).

doutrinas tradicionais, no Ocidente e no Oriente. Proclo, por exemplo, assim fala ao se dirigir ao Sol: "Ocupando acima do éter o trono do meio, e tendo por imagem um círculo deslumbrante que é o Coração do Mundo, tu preenches a tudo com uma providência pronta a despertar a inteligência."[3] Citamos de preferência esse texto, ao invés de muitos outros, em virtude da menção formal que se faz à inteligência. E, tal como já explicamos em muitas oportunidades, o coração é considerado também, antes de mais nada, em todas as tradições, como a sede da inteligência.[4] Aliás, segundo Macróbio, "o nome Inteligência do Mundo que se dá ao Sol corresponde ao de Coração do Céu;[5] fonte da luz etérea, o Sol é para esse fluido o que o coração é para o ser animado.[6] Plutarco, ainda, escreveu que o Sol, "tendo a força de um coração, espalha e emite de si o calor e a luz, como se fosse o sangue e o sopro.[7] Encontramos nessa última passagem, tanto para o coração como para o Sol, a indicação do calor e da luz, que correspondem às duas espécies de raios que considerávamos. E se o "sopro" está aí relacionado à luz, é porque na verdade se constitui no símbolo do espírito, que é em essência a mesma coisa que a inteligência. Quanto ao sangue, é evidentemente o veículo do "calor vivificante", o que se refere mais em particular ao papel "vital" do princípio que é o centro do ser.[8]

Em certos casos, a figuração do coração dispõe de apenas um desses dois aspectos: a luz é naturalmente representada por uma irradiação de tipo comum, isto é, formada apenas de raios retilíneos, enquanto que o calor é representado, de hábito, por chamas que saem do coração. Podemos além disso observar que a irradiação, mesmo quando os dois aspectos estão reunidos, parece sugerir, de modo geral, uma reconhecida preponderância ao aspecto luminoso. Essa interpretação é confirmada pelo fato de

3. *Hymne au Soleil*, trad. de Mario Meunier.

4. É claro (e voltaremos a isso mais adiante) que se trata aqui da inteligência pura, no sentido universal, e não da razão, que é o simples reflexo dela na ordem individual e está relacionada ao cérebro; no ser humano, o cérebro está para o coração em relação análoga a que, no mundo, a Lua está para o Sol.

5. A expressão "Coração do Céu", aplicada ao Sol encontra-se também nas antigas tradições da América Central.

6. *O Sonho de Cipião*, I, 20.

7. *Da face que se vê no círculo da Lua*, 15, 4. Esse texto e o precedente são citados em nota pelo tradutor a propósito da passagem de Proclo que acabamos de reproduzir.

8. Aristóteles assimila a vida orgânica ao calor, no que está de acordo com todas as doutrinas orientais. O próprio Descartes coloca no coração um "fogo sem luz", mas que para ele é apenas o princípio de uma teoria fisiológica exclusivamente "mecanicista" como toda sua física, o que, bem entendido, nada tem em comum com o ponto de vista tradicional dos antigos.

que as representações do coração irradiante, com ou sem distinção das duas espécies de raios, são as mais antigas, datando na maioria dos casos de épocas em que a inteligência era ainda tradicionalmente referida ao coração, enquanto que as representações do coração ardente se difundiram sobretudo com as idéias modernas que reduzem o coração a corresponder apenas ao sentimento.[9] E sabemos que, de fato, quase se chegou ao ponto de se dar apenas este último significado ao coração, e de se esquecer inteiramente sua relação com a inteligência. A origem desse desvio pode sem dúvida ser atribuída em grande parte ao racionalismo, na medida em que este pretende identificar pura e simplesmente a inteligência à razão; porém o coração não está de modo algum relacionado à razão, mas sim ao intelecto transcendente, que no entanto, precisamente, é ignorado e mesmo negado pelo racionalismo. Na verdade, porém, a partir do momento em que o coração passa a ser considerado como o centro do ser, todas as modalidades desse ser podem num certo sentido ser referidas, ao menos indiretamente, ao próprio coração, inclusive o sentimento ou o que os psicólogos denominam "afetividade"; isso torna possível ainda observar as relações hierárquicas que decorrem do fato de apenas o intelecto ser verdadeiramente "central" e das demais modalidades só terem um caráter mais ou menos "periférico". No entanto, na medida em que a intuição intelectual que reside no coração passa a ser desconhecida[10] e tem a sua função "iluminadora"[11] usurpada pelo cérebro, nada mais resta ao coração que a possibilidade de ser considerado como a sede da afetividade.[12] Além disso, o mundo moderno deveria ver nascer ainda, como uma espécie de contrapartida do racionalismo, o que se poderia denominar de sentimentalismo, ou seja, a tendência de ver no sentimento o que há de mais profundo e mais elevado no ser, e de afirmar sua supremacia sobre a inteligência. E é evidente que tal coisa, como tudo que na realidade constitui

9. É notável a esse respeito que, em particular no simbolismo cristão, as mais antigas figurações conhecidas do Sagrado Coração pertencem todas ao tipo do coração irradiante, enquanto que naqueles que não remontam além do século XVII, encontra-se o coração ardente de uma forma constante e quase que exclusiva. Aí está um exemplo muito significativo da influência exercida pelas concepções modernas até no domínio religioso.

10. Essa intuição intelectual é exatamene simbolizada pelo "olho do coração".

11. Cf. o que dissemos em outra parte sobre o sentido racionalista dado aos "luminares" do século XVIII, em especial na Alemanha, e sobre a significação correspondente da denominação Iluminados da Baviera (*Aperçus sur l'Initiation*, cap. XII).

12. É assim que Pascal, contemporâneo dos inícios do racionalismo propriamente dito, já entende "coração" no sentido exclusivo de "sentimento".

a exaltação do "infra-racional", só pôde produzir-se porque a inteligência tinha sido previamente reduzida à razão pura e simples.

Agora, se deixarmos de lado o desvio moderno que acabamos de indicar e quisermos, dentro de seus legítimos limites, estabelecer uma certa relação do coração com a afetividade, deveremos considerar tal relação como resultado direto do papel do coração como "centro vital" e sede do "calor vivificante", ficando assim a vida e a afetividade coisas muito próximas entre si, ou mesmo inteiramente conexas, enquanto a relação com a inteligência é por certo de uma ordem muito diferente. Quanto ao mais, essa estreita relação entre a vida e a afetividade está expressa de maneira clara pelo próprio simbolismo, visto serem ambas representadas sob aspecto de calor.[13] E é em virtude dessa mesma assimilação que, embora de uma forma muito pouco consciente, fala-se habitualmente na linguagem comum do calor do sentimento ou da afeição.[14] É preciso ainda notar a esse respeito que, quando o fogo se polariza em seus dois aspectos complementares, a luz e o calor, estes, em sua manifestação, encontram-se por assim dizer em razão inversa entre si. Sabemos, mesmo do ponto de vista da física, que uma chama é de fato tanto mais quente quanto menos ilumina. Do mesmo modo, o sentimento só é na verdade um calor sem luz.[15] Também no homem pode ser encontrada uma luz sem calor, como a razão, que é uma luz refletida, fria como a luz lunar que a simboliza. Na ordem dos princípios, ao contrário, os dois aspectos, como todos os complementares, estão juntos e unidos indissoluvelmente, pois são constitutivos de uma mesma natureza essencial. É o que acontece também com o que diz respeito à inteligência pura, que pertence exatamente a essa ordem dos princípios, o que vem confirmar mais uma vez, como indicamos antes, que a irradiação simbólica sob sua dupla forma pode ser-lhe integralmente vinculada. O fogo que reside no centro do ser é luz e calor ao mesmo tempo. Mas, se quisermos traduzir esses dois termos respectivamente por inteligência e amor, ainda que sejam no fundo dois aspectos inseparáveis de uma única coisa, será necessário, para que essa tradução se torne aceitável e legítima, acrescentar que o amor em questão difere

13. Trata-se aqui, naturalmente, da vida orgânica em sua acepção mais literal, e não do sentido superior no qual a vida, ao contrário, está em relação com a luz, tal como se vê em especial no início do Evangelho de São João (cf. *Aperçus sur l'Initiation*, cap. XLVII).

14. Entre os modernos, considera-se também com grande freqüência que o coração ardente representa o amor, não só o amor no sentido religioso, mas também no sentido puramente humano. Era essa a representação corrente, sobretudo no século XVIII.

15. É por isso que os antigos representavam o amor como sendo cego.

do sentimento ao qual se dá o mesmo nome, na mesma proporção em que a inteligência pura difere da razão.

Pode-se compreender facilmente, com efeito, que certos termos tomados da afetividade sejam, como tantos outros, passíveis de serem transpostos analogicamente para uma ordem superior, pois todas as coisas têm de fato, além do seu sentido imediato e literal, um valor de símbolos em relação a realidades mais profundas. E é evidente que isso também ocorre, em particular, todas as vezes em que se trata do amor nas doutrinas tradicionais. Entre os próprios místicos, apesar de certas confusões inevitáveis, a linguagem afetiva aparece sobretudo como um modo de expressão simbólica, pois, seja qual for entre eles a parte incontestável do sentimento no sentido usual dessa palavra, é no entanto inadmissível, apesar do que pretendem os psicólogos modernos, que não exista aí mais que emoções e afeições puramente humanas atribuídas, enquanto tais, a um objeto supra-humano. Entretanto, a transposição torna-se ainda muito mais evidente quando se constata que as aplicações tradicionais da idéia de amor não se limitam ao domínio exotérico e sobretudo religioso, mas estendem-se também ao domínio esotérico e iniciático. É o que ocorre em particular com os inúmeros ramos ou escolas do esoterismo islâmico e também com certas doutrinas da Idade Média ocidental, em especial nas tradições próprias das Ordens da cavalaria,[16] bem como na doutrina iniciática, aliás conexa, que encontra sua expressão em Dante e nos "Fiéis de Amor". Podemos acrescentar que a distinção entre a inteligência e o amor, assim entendida, tem sua correspondência na tradição hindu com a distinção entre *Jnâna-mârga* [caminho do conhecimento] e *Bhakti-mârga* [caminho da devoção]. A referência que acabamos de fazer às Ordens da cavalaria indica, além do mais, que o caminho do amor é em particular mais apropriado aos chátrias, enquanto o caminho da inteligência ou do conhecimento é naturalmente aquele que convém sobretudo aos brâmanes. Mas, em suma, trata-se de uma diferença que apenas se aplica à forma de considerar o Princípio, de acordo com a própria diferença das naturezas individuais, mas que não poderia de forma alguma afetar a indivisível unidade do próprio Princípio.

16. Sabe-se que a base principal dessas tradições era o Evangelho de São João: "Deus é Amor", o que seguramente só pode ser compreendido pela transposicão de que falamos; e o grito de guerra dos Templários era: "Viva Deus Santo Amor."

70

CORAÇÃO E CÉREBRO*

Lemos na revista *Vers l'Unité* (de julho-agosto e setembro-outubro de 1926) um estudo, assinado pela senhora Th. Darel, em que se encontram algumas considerações muito próximas, sob certos aspectos, das que já tivemos oportunidade de expor. Talvez algumas ressalvas pudessem ser feitas a respeito de certas expressões que, a nosso ver, carecem de toda precisão desejável; entretanto, nem por isso deixa de ser interessante reproduzir diversas passagens desse estudo.

"... Se existe um movimento essencial, é o que fez do homem um ser vertical, com estabilidade voluntária, um ser cujos impulsos de ideal, cujas preces e sentimentos mais elevados e puros sobem como incenso para o céu. Desse ser, o Ser supremo fez um templo no Templo e para isso dotou-o de um *coração*, isto é, de um ponto de apoio imutável, um centro de movimento que torna o homem adequado às suas origens, semelhante a sua Causa primeira. Ao mesmo tempo, é verdade, o homem foi provido de um *cérebro*; mas esse cérebro, cuja enervação é própria do reino animal como um todo, encontra-se, *de facto*, submetido a uma ordem de movimento secundário (em relação ao movimento inicial). O cérebro, instrumento do pensamento encravado no mundo, é o transformador e o meio de tornar realizável esse *pensamento latente*, para uso do homem e do mundo. Mas só o coração, por um *aspir* e um *expir* secreto, permite ao homem, permanecendo unido ao seu Deus, ser *pensamento vivo*. Do mesmo modo, graças a essa pulsação real, o homem conserva sua palavra de divindade e opera sob a égide de seu Criador, atento à sua Lei, feliz com a sorte, que pertence unicamente a ele, de raptar a si próprio, afastando-se do caminho secreto que leva de seu coração ao Coração universal, ao Coração divino... Recaí-

* Publicado na revista *Regnabit*, jan. 1927.

do no nível da animalidade, por mais superior que por direito possa ser chamado, o homem não mais se utiliza de seu cérebro e seus anexos. Assim fazendo, vive unicamente de suas possibilidades transformadoras; vive do pensamento latente espalhado pelo mundo; mas não pode mais ser pensamento vivo. Contudo, as religiões, os santos, os monumentos, mesmo que erigidos sob o signo de uma ordenação espiritual desaparecida, falam ao homem de sua origem e dos privilégios correspondentes. Por pouco que queira, sua atenção, voltada exclusivamente para as necessidades inerentes ao seu estado relativo, pode exercitar-se para restabelecer nele o equilíbrio, para recuperar a felicidade... O excesso de seus extravios leva o homem a reconhecer que são inúteis. Quase sem alento, eis que por um movimento instintivo dobra sobre si mesmo, refugia-se em seu próprio coração e, timidamente, tenta descer em sua cripta silenciosa. Ali, os vãos ruídos do mundo se calam. Se permanecem, é que a muda profundidade não foi ainda alcançada, que o augusto umbral não foi ainda transposto... O mundo e o homem são *uno*. E o Coração do homem, o Coração do mundo são um *só* Coração."

Nossos leitores encontrarão aí sem dificuldade a idéia do coração como o centro do ser, idéia esta que, tal como explicamos (e a ela voltaremos ainda), é comum a todas as tradições antigas, provenientes da tradição primordial cujos vestígios se encontram ainda por toda parte àqueles que sabem ver. Também pode ser encontrada a idéia da queda que lançou o homem longe do seu centro original e que lhe interrompeu a comunicação direta com o "Coração do Mundo", tal como estava estabelecida de forma normal e permanente no estado edênico.[1] E pode ser encontrada, por fim, no que diz respeito ao papel central do coração, a indicação do duplo movimento, centrípeto e centrífugo, comparável às duas fases da respiração.[2] É verdade que, na passagem que citaremos agora, a dualidade desses movimentos está relacionada à do coração e à do cérebro, o que parece à primeira vista introduzir alguma confusão, ainda que isso também possa ser sustentado quando nos colocamos em um ponto de vista um pouco diferente, em que o coração e o cérebro são considerados de algum modo como pólos do ser humano.

"No homem, a força centrífuga tem por órgão o *Cérebro*, e a força centrípeta, o *Coração*. O Coração, sede e conservador do movimento inicial, é representado no organismo corporal pelo movimento de diástole

1. V. [Cap. 3] *O Sagrado Coração e a Lenda do Santo Graal.*
2. V. [Cap. 8] *A Idéia de Centro nas Tradições Antigas.*

e sístole que continuamente reconduz ao seu propulsor o sangue gerador da vida física, impelindo-o para irrigar o campo de sua ação. Mas o coração é também algo mais. Como o Sol que, mesmo ao espargir os eflúvios da vida, guarda o segredo de sua realeza mística, o Coração reveste-se de funções sutis não discerníveis para quem não se inclina na direção da vida profunda e não concentrou sua atenção sobre o reino interior do qual ele é o Tabernáculo... O Coração, a nosso ver, é a sede e o conservador da vida cósmica. As religiões sabiam disso ao fazer do Coração o símbolo sagrado, o mesmo acontecendo com os construtores de catedrais que erigiram o lugar santo no coração do Templo. Também o sabiam aqueles que, nas tradições mais antigas, nos ritos mais secretos, abstraíam-se da inteligência discursiva, impunham silêncio ao seu cérebro para entrar no Santuário e erguer-se para além do ser relativo até o Ser do ser. O paralelismo entre o Templo e o Coração nos reconduz ao duplo modo de movimento que, de um lado (modo vertical), eleva o homem acima de si mesmo e o livra do processo próprio da manifestação, e, de outro (modo horizontal ou circular), o faz participar de toda essa manifestação."

A comparação entre o Coração e o Templo, tal como foi referida no trecho que acabamos de transcrever, encontra-se em particular na Cabala hebraica.[3] E, como indicamos antes, também podem lhe ser associadas as expressões de certos teólogos da Idade Média que assimilavam o Coração de Cristo ao Tabernáculo ou à Arca da Aliança.[4] Por outro lado, no que diz respeito à consideração do movimento vertical e horizontal, ela se refere a um aspecto do simbolismo da cruz, desenvolvido em especial em certas escolas do esoterismo muçulmano, e do qual falaremos talvez algum dia.* Esse simbolismo, de fato, é tratado na seqüência do mesmo estudo, do qual extrairemos uma última citação, cujo início poderá ser relacionado ao que dissemos, a propósito dos símbolos do centro, sobre a cruz no círculo e a *swastika*.[5]

"A Cruz é o signo cósmico por excelência. Por mais distante que se possa remontar nos tempos, a Cruz representa aquilo que une em sua dupla significação o vertical e o horizontal; ela faz com que o movimento que lhe é próprio participe de um único centro, de um mesmo gerador... Como não admitir o sentido metafísico de um signo capaz de responder

3. *Le Coeur du Monde dans la Kabbale hébraïque*. [V. também *O Rei do Mundo*, cap. III, e *Le Symbolisme de la Croix*, caps. IV e VII.]

4. V. [Cap. 18] *Alguns Aspectos do Simbolismo de Jano*.

* [Cf. *Le Symbolisme de la Croix*, cap. III.]

5. V. [Cap. 8] *A Idéia de Centro nas Tradições Antigas*.

tão completamente à natureza das coisas? Por ter-se tornado o símbolo quase que exclusivo da divina crucificação, a Cruz acentuou mais ainda sua significação sagrada. De fato, se desde as origens esse signo foi representativo das relações do mundo e do homem com Deus, torna-se impossível não identificar a Redenção à Cruz, não pregar na cruz o Homem cujo Coração é, no mais alto grau, representativo do divino num mundo que se esqueceu desse mistério. Se estivéssemos fazendo exegese, seria fácil mostrar a qual ponto os Evangelhos e seu simbolismo profundo são significativos a esse respeito. Cristo é mais que um fato, que o grande Fato de há dois mil anos. Sua figura é de todos os séculos. Ela se levantou do túmulo ao qual desce o homem relativo, para ressuscitar incorruptível no Homem divino resgatado pelo Coração universal que bate no coração do Homem, e cujo sangue é derramado para a salvação do homem e do mundo."

A última observação, ainda que expressa em termos um tanto obscuros, concorda no fundo com o que dissemos sobre o valor simbólico que, além de sua realidade própria (e, bem entendido, sem que esta seja de modo algum afetada), os fatos históricos têm, e sobretudo os fatos da história sagrada;[6] mas não é sobre essas considerações que nos propomos a insistir no momento. O que pretendemos, aproveitando a ocasião que nos foi desse modo oferecida, é voltar à questão das relações entre o coração e o cérebro, ou entre as faculdades representadas por esses dois órgãos. Já demos algumas indicações sobre o assunto,[7] mas acreditamos que não será inútil apresentar novos desenvolvimentos do tema.

Acabamos de ver que, num determinado sentido, podemos considerar o coração e o cérebro como dois pólos, ou seja, como dois elementos complementares. O ponto de vista do complementarismo corresponde de fato a uma realidade de certa ordem, a um certo nível, poderíamos dizer; é ainda menos exterior e superficial que o ponto de vista da oposição pura e simples, que no entanto também compreende uma parte da verdade, mas apenas quando se trata das aparências mais imediatas. Com a consideração do complementarismo, a oposição encontra-se já conciliada e resolvida, ao menos até um certo ponto, na medida em que seus dois termos equilibram-se de algum modo entre si. Entretanto, esse ponto de vista é também insuficiente, pois deixa apesar de tudo subsistir uma dualidade: dizer que existem no homem dois pólos ou centros, entre os quais pode

6. *Les Arbres du Paradis*, na *Regnabit*, mar. 1926, p. 295. [V. também *Le Symbolisme de la Croix.*]

7. V. [Cap. 69] *O Coração Irradiante e o Coração Ardente.*

haver, conforme o caso, antagonismo ou harmonia, é verdadeiro quando se considera o homem num certo estado; trata-se porém de um estado que se poderia chamar de "descentrado" ou desunido" e que, enquanto tal, caracteriza exatamente apenas o homem decaído, separado portanto de seu centro original, como lembramos mais acima. É no momento da queda que Adão torna-se "conhecedor do bem e do mal" (*Gênesis*, 3, 22), isto é, começa a considerar todas as coisas sob o aspecto da dualidade. A natureza dual da "Árvore da Ciência" aparece-lhe quando se encontra fora do lugar da unidade original, à qual corresponde a "Árvore da Vida".[8]

Seja como for, o centro é que a dualidade existe no ser apenas do ponto de vista contingente e relativo. Se nos colocarmos sob um outro ponto de vista, mais profundo e essencial, ou se considerarmos o ser no estado que lhe corresponde, a unidade desse ser deve encontrar-se restabelecida.[9] Desse modo, a relação entre os dois elementos, que apareciam de início como opostos e depois como complementares, torna-se outra: é uma relação, não mais de correlação ou coordenação, mas de subordinação. Os dois termos dessa relação, de fato, não podem ser colocados num mesmo plano, como se houvesse entre eles uma espécie de equivalência; ao contrário, um deles depende do outro, por ter nele o seu princípio; e é esse o caso, respectivamente, do coração e do cérebro.

Para que se compreenda o fato, voltaremos ao simbolismo já indicado,[10] segundo o qual o coração é assimilado ao Sol, e o cérebro, à Lua. O Sol e a Lua, ou melhor, os princípios cósmicos representados por esses dois astros, são com freqüência figurados como complementares, e o são de fato sob um certo ponto de vista; fica então estabelecido entre eles uma espécie de paralelismo ou simetria, cujos exemplos são encontrados facilmente em todas as tradições. É assim que o hermetismo faz do Sol e da Lua (ou de seus equivalentes alquímicos, o ouro e a prata) a imagem dos princípios ativo e passivo, ou masculino e feminino segundo um outro modo de expressão, que são de fato os dois termos de um verdadeiro complementarismo.[11] Além disso, se considerarmos as aparências do nosso mundo, o que é legíti-

8. V. *Les Arbres du Paradis*. A partir de certas comparações que podem ser estabelecidas entre o simbolismo bíblico e apocalíptico e o simbolismo hindu, resulta de forma muito clara que a essência da "Árvore da Vida" é, na verdade, o "Indivisível" (*Aditi*, no sânscrito); mas isso nos afastaria muito do nosso tema.

9. Pode ser lembrado aqui o adágio escolástico: "Esse et unum convertuntur".

10. V. [Cap. 69] *O Coração Irradiante e o Coração Ardente*.

11. É necessário notar também que, sob um certo ângulo, cada um desses dois termos pode por sua vez polarizar-se em ativo e passivo, o que explica as figurações do Sol e da Lua como andróginos; assim é que *Janus*, sob um de seus aspectos, é *Lunus-Luna*, co-

mo fazer, o Sol e a Lua têm na verdade funções comparáveis e simétricas, sendo, de acordo com a expressão bíblica, "os dois grandes luzeiros: um governa o dia e o outro governa a noite" (*Gênesis*, 1, 16); são também designados, em certas línguas extremo-orientais (chinês, anamita, malaio), por termos igualmente simétricos, que significam "olho do dia" e "olho da noite". No entanto, se formos além das aparências, não mais será possível manter esse tipo de equivalência, pois o Sol é por si mesmo uma fonte de luz, enquanto que a Lua apenas reflete a luz que recebe do Sol.[12] A luz lunar é na realidade o reflexo da luz solar, o que nos permitiria dizer que a Lua, enquanto "luzeiro", só existe por causa do Sol.

O que é verdade para o Sol e para a Lua vale também para o coração e o cérebro, ou, melhor dizendo, para as faculdades às quais esses dois órgãos correspondem e que são por eles simbolizadas, isto é, a inteligência intuitiva e a inteligência discursiva ou racional. O cérebro, enquanto órgão ou instrumento desta última, só desempenha na verdade uma função de "transmissor" ou, se quisermos, de "transformador". Não é sem razão que a palavra "reflexão" é aplicada ao pensamento racional, pela qual as coisas são vistas como que num espelho, *quasi per speculum,* como diz São Paulo. E também não deixa de ter razão o fato de que a mesma raiz, *man* ou *men*, serviu em diversas línguas para formar inúmeras palavras que designam, de um lado, a Lua (*mênê* grego, *moon* inglês, *mond* alemão[13]) e, por outro lado, a faculdade racional ou o "mental" (*manas* sânscrito, *mens* latino, *mind* inglês[14]), e também, por conseqüência, o homem considerado em particular segundo a natureza racional pela qual ele se define especificamente (sânscrito *mânava*, inglês *man*, alemão *mann* e *mensch*).[15] A razão, de fato,

mo já assinalamos antes [Cap. 18, *Alguns Aspectos do Simbolismo de Jano*]. Pode-se compreender, por considerações análogas, que as forças centrífuga e centrípeta sejam, de um certo ponto de vista, relacionadas respectivamente ao cérebro e ao coração, e que, de um outro ponto de vista, sejam ambas referidas ao coração, como correspondentes às duas fases complementares de sua função central.

12. Isso poderia ser generalizado: a "receptividade" caracteriza sempre e em toda parte o princípio passivo, de modo que não existe uma verdadeira equivalência entre eles e o princípio ativo, ainda que, num certo sentido, sejam necessários um ao outro, tornando-se ativo ou passivo apenas em sua relação mútua.

13. Daí também o nome do "mês" (latim *mensis*, inglês *month*, alemão *monat*) que é exatamente a "lunação". A mesma raiz se liga ainda à idéia de medida (latim *mensura*) e de divisão ou de repartição; mais isso nos levaria longe demais.

14. A memória também é designada por palavras similares (grego *mnêsis, mnêmosyné*); ela, de fato, nada mais é que uma faculdade "reflexiva", e a Lua, num certo aspecto do seu simbolismo, é considerada representativa da "memória cósmica".

15. Vem daí igualmente o nome da *Minerva* (ou *Menerva*) dos etruscos e latinos; note-

é apenas uma faculdade de conhecimento mediato, o modo propriamente humano da inteligência. Já a intuição intelectual pode ser chamada de supra-humana, pois representa uma participação direta da inteligência universal que, por residir no coração, isto é, no próprio centro do ser onde se encontra o ponto de contato com o Divino, penetra o ser pelo interior e o ilumina com sua irradiação.

A luz é o símbolo mais habitual do conhecimento; é natural portanto representar pela luz solar o conhecimento direto, isto é, intuitivo, próprio do puro intelecto, e pela luz lunar o conhecimento refletido, isto é, discursivo, próprio da razão. Do mesmo modo que a Lua não pode produzir sua luz a menos que seja iluminada pelo Sol, assim também a razão não pode funcionar de maneira válida na ordem de realidade que está no seu domínio, a menos que esteja sob a garantia de princípios que a iluminam e a dirigem, e por ela recebidos do intelecto superior. Existe a esse respeito um equívoco que é necessário dissipar: os filósofos modernos[16] enganam-se estranhamente ao falar desses princípios como se pertencessem com exclusividade à razão, como se fossem de algum modo obra sua, quando, ao contrário, para governá-la, é preciso necessariamente que se imponham a ela, portanto que venham de um nível mais alto. Aí está um exemplo do erro racionalista e que nos permite perceber a diferença essencial existente entre o racionalismo e o verdadeiro intelectualismo. Basta refletir um instante para compreender que um princípio, no verdadeiro sentido da palavra, e na medida em que não pode ser extraído ou deduzido de outra coisa, só é penetrável de forma imediata, portanto intuitivamente, e não poderia ser objeto de um conhecimento discursivo como o que caracteriza a razão. E para nos servirmos da terminologia escolástica, diríamos que o intelecto puro é *habitus principiorum* * enquanto que a razão é apenas *habitus conclusionum.*

se que do *Athêna* dos gregos, que lhe está assimilada, diz-se ter ela saído do cérebro de *Zeus* e possuir por emblema a coruja, a qual, por seu caráter de ave noturna, liga-se também ao simbolismo lunar. Sob esse aspecto, a coruja se opõe à águia que, por poder olhar a face do Sol, representa com freqüência a inteligência intuitiva, ou a contemplação direta da luz, inteligível.

16. É necessário esclarecer que, por essa expressão, entendemos aqueles que representam a mentalidade moderna, tal como tivemos muitas vezes ocasião de definir (veja em especial nossa comunicação publicada no número de junho de 1926 [Cap. 1, *A Reforma da Mentalidade Moderna*]). O próprio ponto de vista da filosofia moderna e sua forma especial de colocar as questões são incompatíveis com a verdadeira metafísica.

* *Habitus principiorum* pode ser traduzido por "hábito (ou posse) dos princípios". V. também a nota 18, a seguir. (N. T.)

Uma outra conseqüência resulta ainda das características fundamentais do intelecto e da razão: um conhecimento intuitivo, por ser imediato, é necessariamente infalível em si mesmo;[17] ao contrário, o erro sempre pode introduzir-se em todo conhecimento que é apenas indireto ou mediato, como no caso do conhecimento racional. E por aí também pode-se ver o quanto Descartes se enganava ao querer atribuir infabilidade à razão. É o que Aristóteles exprime nestes termos: "Dentre os haveres[18] da inteligência, em virtude dos quais alcançamos a verdade, existem aqueles que são sempre verdadeiros, e outros que podem levar ao erro. O raciocínio está neste último caso; mas o intelecto está sempre conforme à verdade e nada é mais verdadeiro que o intelecto. Ora, sendo os princípios mais conhecidos do que a demonstração, e estando toda ciência acompanhada de raciocínio, o conhecimento dos princípios não é uma ciência (mas sim um modo de conhecimento superior ao conhecimento científico ou racional, e que propriamente constitui o conhecimento metafísico). Além disso, o intelecto é por si mais verdadeiro que a ciência (ou que a razão que edifica a ciência); logo, os princípios pertencem ao intelecto."[19] E, para melhor afirmar o caráter intuitivo do intelecto, Aristóteles também diz: "Os princípios não são demonstráveis, mas percebe-se diretamente a sua verdade."[20]

Essa percepção direta da verdade, essa intuição intelectual e supra-racional, da qual os modernos parecem ter perdido até mesmo a mais simples noção, é na verdade o "conhecimento do coração", segundo uma expressão que se encontra com freqüência nas doutrinas orientais. Esse conhecimento, além disso, é em si mesmo algo incomunicável; é necessário tê-lo

17. Santo Tomás de Aquino (*Suma Teológica*, I, q. 58, a. 5 e q. 85, a. 6) nota entretanto que o intelecto pode errar na simples percepção de seu próprio objeto; mas esse erro só se produz *per accidens*, por causa da intervenção de uma afirmação de ordem discursiva; neste caso, em verdade, não se trata mais do intelecto puro. Deve ficar claro também que a infalibilidade só se aplica à apreensão das verdades intuitivas, e não à sua formulação ou à sua tradução em termos discursivos.

18. Traduz-se comumente por "haveres" a palavra grega *exis*, quase intraduzível em nossa língua, que corresponde de forma mais exata ao latim *habitus*, significando ao mesmo tempo natureza, disposição, estado, maneira de ser.

19. *Segundos Analíticos* [II, 19, 100b].

20. Podemos também lembrar as definições de Santo Tomás de Aquino: "*Ratio* discursum quemdam designat, quo ex uno in aliud cognoscendum anima humana pervenit; *intellectus* vero simplicem et absolutam cognitionem (sine aliquo motu vel discursu, statim in prima et subita acceptione) designare videtur." [*Razão* designa um discorrer pelo qual a alma humana chega a conhecer uma coisa a partir de outra; mas *intelecto* parece designar um conhecimento simples e absoluto (de modo imediato, numa primeira e súbita captação, sem movimento ou discurso algum.] (*De Veritate*, q. XV, a. 1.)

"realizado", ao menos numa certa medida, para saber o que é na verdade. E tudo o que se possa dizer dele, dá apenas uma idéia mais ou menos aproximada, sempre inadequada. Sobretudo, seria um erro acreditar que se possa compreender efetivamente de que gênero de conhecimento se trata, limitando-se a considerá-lo "filosoficamente", isto é, de fora, pois não se deve jamais esquecer que a filosofia é só um mero conhecimento humano ou racional, como todo "saber profano". Ao contrário, é sobre o conhecimento supra-racional que se fundamenta essencialmente a "ciência sagrada", no sentido em que empregamos essa expressão em nossos escritos.* Tudo o que dissemos do uso do simbolismo e do ensinamento nele contido, relaciona-se aos meios que as doutrinas tradicionais colocam à disposição do homem para permitir-lhe alcançar esse conhecimento por excelência, do qual todo e qualquer outro conhecimento, na medida em que possa ter alguma realidade, participa de uma forma mais ou menos afastada e reflete de maneira mais ou menos direta do mesmo modo que a luz da Lua nada mais é que um pálido reflexo da do Sol. O "conhecimento do coração" é a percepção direta da luz inteligível, daquela Luz do Verbo de que fala São João no início do seu Evangelho, Luz irradiante do "Sol espiritual", que é o verdadeiro "Coração do Mundo".

Adendo

[O texto a seguir é a transcrição de um comentário de René Guénon, na revista *Voile d'Isis,* de outubro de 1932, sobre um livro de Th. Dareal, *L'Expérience Mystique et le Règne de l'Esprit* (Éditions de la Revue mondiale, Paris), no qual se encontra incluído como capítulo o artigo citado mais acima.]

Essa obra, apesar do incontestável interesse de certas considerações que inclui, deixa no seu conjunto uma impressão um tanto confusa. Isso pode estar ligado, de uma certa forma, ao emprego lastimável que se fez da palavra "introspecção", termo da psicologia profana que só pode aqui prestar-se a equívocos; mas, sobretudo, perguntamo-nos a cada instante em qual sentido a autora entende ao certo a palavra "mística", e mesmo se, no fundo, trata-se verdadeiramente de mística. De fato, parece mais referir-se à "ascese", pois há a exposição de uma tentativa de esforço metódico que

* [V. *L'Homme et son devenir selon le Vêdânta*, Prefácio, e também *Aperçus sur l'Initiation*, cap. XVIII.]

não é de modo algum compatível com o misticismo propriamente dito; mas, por outro lado, o caráter específico dessa ascese está muito pouco determinado; ela não poderia, em todo caso, ser considerada como de ordem iniciática, pois não implica em qualquer ligação com alguma tradição, enquanto que tal ligação é uma condição essencial para toda iniciação, tal como expusemos em outra parte.* Essa ambigüidade, que não deixa de causar um certo mal-estar, é reforçada pela falta de rigor na terminologia, em que se evidencia a independência da autora em relação às doutrinas tradicionais, o que é incontestavelmente o traço mais comum entre os místicos de todas as categorias. Ao lado desses defeitos, que não poderíamos passar em silêncio, o que existe de mais notável nesse livro são as considerações que se referem aos respectivos papéis do "coração" e do "cérebro", e aos sentidos "vertical" e "horizontal" no desenvolvimento interior do ser, considerações essas que coincidem com o simbolismo tradicional, tal como o expusemos em *Le Symbolisme de la Croix;* além disso, há alguns anos, assinalamos essa interessante concordância em um de nossos artigos na *Regnabit,* quando o capítulo em questão apareceu separadamente na revista *Vers l'unité* ** A autora acrescentou, como apêndices a sua obra, a reprodução de dois opúsculos já antigos, um dos quais contém um ensaio de "racionalização" do milagre, interpretado "biologicamente", ao que por certo não daríamos de bom-grado o nosso assentimento.

* [V. *Aperçus sur l'Initiation*, cap. IV.]

** O compilador do presente volume, Michel Vâlsan, acrescentou as seguintes informações: "É útil esclarecer aqui um ponto de história literária, para evitar alguma confusão a respeito de uma questão de fonte tradicional. O artigo da sra. Th. Darel, divulgado pela revista *Vers l'Unité*, em 1926, e que enunciava idéias tão próximas às que René Guénon deveria expor em *Le Symbolisme de la Croix*, publicado em 1931, inspirava-se na realidade em um outro estudo sob o mesmo título, que apareceu em 1911, na revista *La Gnose*, assinado por Palengénius, então pseudônimo de René Guénon. Ele próprio explicou esse ponto mais tarde em sua correspondência com Paul Chacornac (*Carta de 2 de agosto de 1931*), esclarecendo que, na época, havia conhecido particularmente a sra. Darel, para a qual se remetia regularmente a revista *La Gnose*" (N. T.).

71

O EMBLEMA DO SAGRADO CORAÇÃO NUMA SOCIEDADE SECRETA AMERICANA*

Sabe-se que a América do Norte é a terra predileta das sociedades secretas e semi-secretas, que lá pululam tanto como as seitas religiosas ou pseudo-religiosas de todo gênero, as quais, aliás, assumem muito facilmente essa forma. Não deveríamos ver nessa necessidade de mistério, cujas manifestações são com freqüência muito estranhas, um contrapeso ao excessivo desenvolvimento do espírito prático que, por outro lado, é em geral considerado, e a justo título, como uma das principais características da mentalidade americana? É o que pensamos de nossa parte, e vemos de fato nesses dois extremos, tão singularmente associados, dois produtos de um mesmo desequilíbrio, que alcançou seu mais alto ponto nesse país, mas que, deve-se dizer, ameaça atualmente estender-se por todo o mundo ocidental.

Feita essa observação geral, deve-se reconhecer que, dentre as múltiplas sociedades secretas americanas, há muitas distinções a fazer. Seria um grave erro imaginar que todas têm o mesmo caráter e tendem a um mesmo objetivo. Existem algumas que se declaram especificamente católicas, como os "Cavaleiros de Colombo"; existem também as judias, mas sobretudo protestantes; e, mesmo naquelas que são neutras do ponto de vista religioso, a influência do protestantismo é com freqüência preponderante. Eis uma razão para desconfiar: a propaganda protestante é muito insinuante e se reveste de muitas formas a fim de se adaptar aos diferentes meios em que pretende penetrar. Nada há de surpreendente no fato de que ela se exerça de uma forma mais ou menos dissimulada, ao abrigo de associações como as que estamos considerando.

Convém dizer ainda que algumas dessas organizações tem um caráter pouco sério, até mesmo pueril; seus pretensos segredos são inteiramente inexistentes e não têm outra razão de ser além de excitar a curiosidade

* Publicado na revista *Regnabit*, mar. 1927.

e atrair adeptos; o único perigo que representam, em suma, é o de explorar e desenvolver aquele desequilíbrio mental ao qual nos referimos há pouco. É assim que se observa simples sociedades de ajuda mútua utilizarem-se de um pretenso ritual simbólico, mais ou menos imitado das formas maçônicas, mas eminentemente fantasioso, traindo a completa ignorância de seus autores sobre os dados mais elementares do verdadeiro simbolismo.

Ao lado dessas associações meramente "fraternais", como dizem os americanos, e que parecem ser as mais difundidas, existem outras com pretensões iniciáticas ou esotéricas, mas que, na maior parte dos casos, não merecem ser levadas a sério, sendo ainda talvez mais perigosas em razão de tais pretensões, próprias para enganar e extraviar os espíritos ingênuos ou mal informados. O título "Rosa-Cruz", por exemplo, parece exercer especial sedução e foi adotado por um bom número de organizações cujos chefes não têm sequer a menor noção do que foram antigamente os verdadeiros Rosa-Cruzes. O que dizer então dos grupos com etiquetas orientais, ou daqueles que pretendem ligar-se a antigas tradições, mas nos quais só se encontram expostas, na verdade as idéias mais ocidentais e modernas?

Dentre antigas notas relativas a algumas dessas organizações, encontramos uma que reteve nossa atenção, e que, por causa de uma das frases que contém, nos pareceu merecer sua reprodução aqui, ainda que seus termos sejam muito pouco claros e deixem subsistir uma dúvida quanto ao sentido preciso que lhes convém atribuir. Aqui está, exatamente reproduzida, a nota em questão, que se refere a uma sociedade intitulada *Order of Chylena*, e sobre a qual não dispomos de outras indicações:[1] "Essa ordem foi fundada por Albert Staley, em Filadélfia (Pensilvânia), em 1879. Seu manual tem por título *The Standart United States Guide.* A ordem tem cinco pontos de companheirismo derivados do verdadeiro grau *E Pluribus Unum* (divisa dos Estados-Unidos). Seu estandarte traz as palavras *Evangel* e *Evangeline,* inscritas em estrelas de seis pontas. A *Filosofia da vida universal* parece ser seu estudo fundamental, e a palavra perdida do Templo é um dos seus elementos. *Ethiopia,* Ela, é a Noiva; *Chylena,* Ele, é o Redentor. O 'Eu Sou' parece ser o (aqui um signo formado por dois círculos concêntricos). "Veja esse Sagrado-Coração; o contorno mostra esse Eu chamado *Chylena*."[2]

À primeira vista parece difícil descobrir aí alguma coisa clara ou pelo menos inteligível: encontra-se algumas expressões emprestadas da linguagem maçônica, como os "cinco pontos de companheirismo" e a "palavra

1. Trata-se da tradução de uma notícia extraída do folheto intitulado *Arcane Associations*, editado pela *Societas Rosicruciana* da América (Manchester, N. H., 1905).
2. O texto inglês diz: "You see this Sacred Heart; the outline shows you that I".

perdida do Templo"; encontra-se também um símbolo muito conhecido e de uso comum, ou seja, a estrela de seis pontas ou "selo de Salomão", do qual já tivemos ocasião de falar;[3] pode-se reconhecer ainda a intenção de dar à organização um caráter propriamente americano. Mas o que pode significar todo o resto? Sobretudo, o que significa a última frase? Deveríamos ver nela o indício de alguma contrafacção do Sagrado-Coração, que pode ser somada àquelas que o sr. Charbonneau-Lassay expôs anteriormente aos leitores de *Regnabit?*[4]

Devemos confessar que não pudemos descobrir até agora o que significa o nome *Chylena,* nem como pode ser empregado para designar o "Redentor", nem mesmo em qual sentido, religioso ou não, esse último termo deve ser entendido. Parece, no entanto, que na frase em que se trata da "Noiva" e do "Redentor" há referência bíblica, provavelmente inspirada no *Cântico dos Cânticos.* E é bastante estranho que esse mesmo "Redentor" nos mostre o Sagrado-Coração (seria o seu próprio coração?) como se fosse na verdade o próprio Cristo; mas, uma vez mais, por que o nome *Chylena?* Por outro lado, pode-se perguntar o que faz aí o nome *Evangeline,* heroína do célebre poema de Longfellow; mas ele parece ser tomado como forma feminina de *Evangel,* ao lado do qual está colocado. Seria a afirmação de um espírito "evangélico", no sentido um tanto especial em que é entendido pelas seitas protestantes, que tão facilmente ostentam essa denominação? Por fim, se o nome *Ethiopia* se aplica à raça negra, como é a interpretação mais natural,[5] talvez fosse necessário concluir que a sua "redenção" mais ou menos "evangélica" (isto é, protestante) seja um dos objetivos que se propõem os membros da associação. Se assim for, a divisa *E Pluribus Unum* poderia logicamente ser interpretada no sentido de uma tentativa de aproximação, ou mesmo de fusão, entre as diversas raças que constituem a população dos Estados Unidos, e que sempre estiveram profundamente separadas por seu natural antagonismo. Isso não passa de uma hipótese, mas que ao menos nada tem de inverossímil.

Se se tratar de uma organização de inspiração protestante, isso não é uma razão suficiente para se supor que o emblema do Sagrado-Coração tenha sido necessariamente desviado de sua verdadeira significação. Certos protestantes, de fato, têm pelo Sagrado-Coração uma devoção real e since-

3. *Le Chrisme et le Coeur dans les anciennes marques corporatives.* [V. Cap. 50, *Os Símbolos da Analogia.*]
4. *Les Représentations blasphématoires du Couer de Jésus*, ago.-set. 1924.
5. O *Nigra sum, sed formosa* do *Cântico dos Cânticos* talvez justificasse o fato dessa designação ser aplicada à "Noiva".

ra.[6] Contudo, no presente caso, a mistura de idéias heteróclitas, evidenciadas por algumas linhas que reproduzimos, leva-nos a desconfiar. Nós nos perguntamos o que pode ser essa *Filosofia da vida universal* que parece ter por centro o princípio do "Eu Sou" (*I Am*). Tudo isso, seguramente, poderia ser entendido num sentido muito legítimo e mesmo ligar-se, de certa forma, à concepção do coração como centro do ser; porém, dadas as tendências do espírito moderno, cuja expressão mais completa é a mentalidade americana, é muito provável que a questão só possa ser considerada num sentido meramente individual (ou "individualista", se se preferir) e inteiramente humano. É para esse ponto que chamaremos a atenção ao terminar o exame dessa espécie de enigma.

A tendência moderna, tal como vemos se afirmar no protestantismo, é antes de mais nada a tendência ao individualismo, que se manifesta de modo claro pelo "livre exame", negação de qualquer autoridade espiritual legítima e tradicional. Esse mesmo individualismo, do ponto de vista filosófico, afirma-se de igual modo no racionalismo, que é a negação de qualquer faculdade de conhecimento superior à razão, ou seja, ao modo, individual e puramente humano da inteligência. O racionalismo, sob todas as suas formas, decorre de maneira mais ou menos direta do cartesianismo, ao qual o "Eu Sou" naturalmente nos remete, que considera o sujeito pensante, e nada mais, como o único ponto de partida para toda realidade. O individualismo, assim entendido na ordem intelectual, tem como conseqüência quase que inevitável o que se poderia denominar uma "humanização" da religião, que acaba por degenerar em "religiosidade", isto é, por nada mais ser que um simples assunto de sentimento, um conjunto de aspirações vagas e sem objeto definido. O sentimentalismo é, por assim dizer, complementar ao racionalismo.[7] Sem mesmo falar de concepções como o da "experiência religiosa" de William James, podem facilmente ser encontrados exemplos desse desvio mais ou menos acentuado na maior parte das múltiplas variedades do protestantismo, em particular do protestantismo anglo-saxão, onde o dogma de algum modo se dissolve e se desvanece para deixar apenas subsistir esse "moralismo" humanitário cujas manifestações mais ou menos estridentes são um dos traços característicos da nossa época. Desse "moralismo", que é o resultado lógico do protestantismo, ao "moralismo" inteiramente laico e "arreligioso" (para não dizer anti-religioso) não há mais que um

6. Já citamos o exemplo do capelão de Cromwell, Thomas Goodwin, que consagrou um livro à devoção do Coração de Jesus (*Le Crisme et le Coeur dans les anciennes marques corporatives*), na *Regnabit*, nov. 1925, p. 402, nota 1.
7. V. [Cap. 69] *O Coração Irradiante e o Coração Ardente*.

passo, e alguns o transpõem com muita facilidade. Trata-se, em suma, de diferentes graus no desenvolvimento de uma mesma tendência.

Nessas condições, não é surpreendente que se faça, às vezes, uso de uma fraseologia e um simbolismo de origem religiosa, mas despojados desse caráter e desviados de sua significação original, podendo facilmente enganar àqueles que não estão prevenidos contra essa deformação. Que esse engano seja intencional ou não, dá no mesmo. É assim que a figura do Sagrado-Coração sofreu uma contrafacção para representar o "Coração da Humanidade" (entendido além do mais em sentido exclusivamente coletivo e social), como assinalou Charbonneau-Lassay no artigo a que nos referimos mais acima e no qual citou a esse respeito um texto em que se falava "do Coração de Maria simbolizando o coração maternal da Pátria humana, coração feminino, e do Coração de Jesus simbolizando o coração paternal da Humanidade, coração masculino; coração de homem, coração da mulher, ambos divinos em seu princípio espiritual e natural.[8] Não sabemos muito bem o porquê desse texto ter nos voltado de forma irresistível à memória em presença do documento relativo à sociedade secreta americana que acabamos de tratar. Sem podermos ser absolutamente taxativos a esse respeito, temos a impressão de nos encontrar diante de alguma coisa do mesmo gênero. Seja como for, essa paródia do Sagrado Coração como "Coração da Humanidade" constitui-se em "naturalismo", para falar claramente, e que corre o risco de degenerar muito depressa numa grosseira idolatria. A "religião da Humanidade" não é, na época contemporânea, monopólio exclusivo de Augusto Comte e de alguns de seus discípulos positivistas, aos quais se deve ao menos reconhecer o mérito de ter expressado francamente o que outros envolvem em fórmulas traiçoeiramente equivocadas. Já notamos os desvios que certas pessoas, em nossos tempos, impingem em geral à própria palavra "religião", aplicando-a em coisas meramente humanas.[9] Tal abuso, com freqüência inconsciente, não seria o resultado de uma ação que, em si, é perfeitamente consciente e desejada, ação esta exercida por aqueles que, sejam quais forem, parecem ter assumido a incumbência de deformar de maneira sistemática a mentalidade ocidental desde o início dos tempos modernos? Cada um de nós é tentado a admitir tal possibilidade, sobretudo quando se vê, como vem ocorrendo desde a última guerra,* intaurar-se por toda parte uma espécie de culto laico e "cívico", uma pseudo-religião

8. Citação de *L'Écho de l'Invisible* (1917), em *Les Représentations blasphématoires du Coeur de Jésus*, publicado na revista *Regnabit*, ago.-set. 1924, pp. 192-93.
9. V. [Cap. 1] nossa comunicação sobre *A Reforma da Mentalidade Moderna*.
* [Não devemos esquecer que esse artigo foi publicado em 1927. (N. T.)]

em que toda idéia do Divino está ausente. Não pretendemos mais insistir sobre isso no momento, mas sabemos que não somos os únicos a julgar que aí está um sintoma inquietante.

Para concluir, diremos que tudo isso se associa a uma mesma idéia central, que consiste na divinização da humanidade, não no sentido em que o cristianismo permite considerá-la de uma certa forma, mas no sentido de uma substituição de Deus pela humanidade. Assim sendo, é fácil compreender que os propagadores de tal idéia procurem apoderar-se do emblema do Sagrado Coração, de modo a fazer dessa divinização da humanidade uma paródia da união das duas naturezas, divina e humana, na pessoa de Cristo.

72

O OLHO QUE TUDO VÊ *

Um dos símbolos comuns ao cristianismo e à maçonaria é o triângulo no qual está inscrito o Tetragrama hebraico,[1] ou algumas vezes apenas um *iod,* primeira letra do Tetragrama, que pode ser considerado como sua abreviação,[2] e que, além disso, em virtude de sua significação primordial,[3] constitui-se também em um nome divino e mesmo o primeiro de todos segundo certas tradições.[4] Por vezes, também, o próprio *iod* é substituído por um olho, que, em geral, é designado como o "Olho que tudo vê" (*The All-Seeing Eye*). A semelhança de forma entre o *iod* e o olho pode de fato prestar-se a uma assimilação, que tem aliás inúmeras significações e sobre as quais, sem pretender aqui desenvolvê-las inteiramente, talvez seja interessante oferecer ao menos algumas indicações.

Em primeiro lugar, podemos notar que o triângulo em questão ocupa sempre uma posição central[5] e que, mais ainda, na maçonaria, está ex-

* Publicado na revista *Études Traditionnelles*, abr.-mai. 1948.

1. Na maçonaria, esse triângulo é com freqüência chamado de *delta*, pois a letra grega assim denominada tem na verdade uma forma triangular; mas não pensamos que se deva ver nesse paralelo qualquer indicação quanto às origens do símbolo em questão; além disso, é evidente que a significação desse símbolo é essencialmente ternária, enquanto que o *delta* grego, apesar de sua forma, corresponde a 4 pela ordem alfabética e pelo seu valor numérico.
2. No hebreu, o tetragrama também é, às vezes, representado abreviadamente por três *iod*, que têm uma clara relação com o próprio triângulo; quando dipostos triangularmente, correspondem de modo evidente aos três pontos das corporações e da maçonaria.
3. O *iod* é considerado como o primeiro elemento a partir do qual são formadas as demais letras do alfabeto hebraico.
4. Ver a esse respeito *A Grande Tríade*, cap. XXV.
5. Nas igrejas cristãs, em que está figurado, esse triângulo fica normalmente colocado

pressamente colocado entre o Sol e a Lua. Disso resulta que o olho contido no triângulo não deveria ser representado sob a forma de um olho comum, direito ou esquerdo, pois na verdade são o Sol e a Lua que correspondem respectivamente ao olho direito e ao olho esquerdo do "Homem Universal", na medida em que este se identifica ao Macrocosmo.[6] Para que o simbolismo seja inteiramente correto, esse olho deveria ser "frontal" ou "central", isto é, um "terceiro olho", cuja semelhança com o *iod* é ainda mais admirável. E, de fato, é esse "terceiro olho" que "tudo vê" na perfeita simultaneidade do eterno presente.[7] A propósito, há nas figurações comuns uma inexatidão, introduzindo-lhe uma assimetria injustificável, e que se deve, sem dúvida, ao fato de que a representação do "terceiro olho" parece inusitada na iconografia ocidental; no entanto, todo aquele que compreende bem esse simbolismo pode facilmente retificá-la.

O triângulo direito refere-se essencialmente ao Princípio; mas quando está invertido por reflexo na manifestação, o olhar do olho nele contido parece de algum modo estar dirigido "para baixo",[8] isto é, do Princípio para a própria manifestação, e, além do seu sentido geral de "onipresença", adquire então de modo mais claro a significação especial de "Providência". Por outro lado, se o reflexo é considerado em particular no ser humano, deve-se observar que a forma do triângulo invertido é exatamente o esquema geométrico do coração;[9] o olho que está no seu centro é então, na verdade, o "olho do coração" (*aynul-qalb* do esoterismo islâmico), com todas as significações que implica. Convém ainda acrescentar que é por isso que, de acordo com uma outra expressão, o coração está "aberto" (*el-qalbul-maftûh*). Essa abertura, olho ou *iod*, pode ser figurada simbolicamente como uma "chaga", e lembraríamos a propósito o coração irradiante de Saint-

acima do altar; como este além disso é encimado pela cruz, o conjunto da cruz e do triângulo reproduz de modo muito curioso o símbolo alquímico do enxofre.

6. Ver *L'Homme et son devenir selon le Vêdânta*, cap. XII. A esse respeito, e mais particularmente em conexão com o simbolismo maçônico, é bom notar que os olhos são na verdade os "luzeiros" que iluminam o microcosmo.

7. Do ponto de vista do "tríplice tempo", a Lua e o olho esquerdo correspondem ao passado, o Sol e o olho direito, ao futuro, e o "terceiro olho", ao presente, isto é, ao "instante" indivisível que, entre o passado e o futuro, é como que um reflexo da eternidade no tempo.

8. Pode-se fazer uma comparação entre isso e a significação do nome *Avalokitêshwara*, habitualmente interpretado como "o Senhor que olha embaixo" [ou "Senhor da Compaixão"].

9. No árabe, coração é *qalb*, e "invertido" se diz *maqlûb*, palavra derivada da mesma raiz.

Denis D'Orques, do qual já falamos antes[10] e cuja particularidade mais notável é precisamente o fato de que a chaga, ou o que tem essa aparência exterior, assemelha-se visivelmente à forma de um *iod*.

E não é tudo. Ao mesmo tempo em que figura o "olho do coração", como acabamos de dizer, o *iod*, de acordo com uma de suas significações hieroglíficas, representa também o "germe" contido no coração assimilado simbolicamente a um fruto, o que pode aliás ser entendido tanto no sentido macrocósmico quanto no microcósmico.[11] Em sua aplicação ao ser humano, essa última observação é comparável às relações do "terceiro olho" com o *luz*,[12] do qual o "olho frontal" e o "olho do coração" representam em suma duas "localizações" diferentes, e que é também o "núcleo" ou o "germe da imortalidade".[13] Ainda muito significativo sob certos aspectos é que a expressão árabe *aynul-khuld* apresenta o duplo sentido de "olho da imortalidade" e "fonte de imortalidade", o que nos reconduz à idéia de "chaga" sobre a qual falamos mais acima, pois, no simbolismo cristão, o duplo jato de sangue e água que escapa da abertura do coração de Cristo[14] refere-se também à "fonte da imortalidade". É esse "licor da imortalidade" que, segundo a lenda, foi recolhido no Graal por José de Arimatéia. E lembraríamos por fim, a esse respeito, que a própria taça é um equivalente sim-

10. Ver [Cap. 69] *O Coração Irradiante e o Coração Ardente*.

11. Ver *Aperçus sur l'Initiation*, cap. XLVIII. Do ponto de vista macrocósmico, a assimilação em foco é equivalente à do coração ao "Ovo do Mundo". Na tradição hindu, o "germe" contido no "Ovo do Mundo" é *Hiranyagarbha*.

12. Ver *O Rei do Mundo*, cap. VII.

13. A propósito dos símbolos relacionados ao *luz*, podemos observar que a forma da *mandorla* * (ou "amêndoa", que é também a significação da palavra *luz* no hebraico) ou *vesica piscis* [bexiga de peixe] da Idade Média (cf. *A Grande Tríade*, cap. II) evoca igualmente a forma do "terceiro olho". A figura do Cristo glorioso, no seu interior, aparece desse modo identificada ao "*Purusha* no olho" da tradição hindu. A expressão *insânul-ayn* [o homem do olho], empregada no árabe para designar a pupila [ou menina] do olho, refere-se também ao mesmo simbolismo.

* A palavra italiana *mandorla*, utilizada na nota anterior, refere-se às auréolas em forma de amêndoa que rodeiam as representações de Cristo ou da Virgem na arte da Idade Média. (N. T.)

14. O sangue e a água são aqui dois complementares. Poderíamos dizer, empregando a linguagem da tradição extremo-oriental, que o sangue é *yang* e a água *yin*, considerando-se a mútua relação entre esses dois elementos. (Sobre a natureza ígnea do sangue, cf. *L'Homme et son devenir selon le Vêdânta*, cap. XIII.)

bólico do coração[15] e que, como este, constitui-se também num dos símbolos esquematizados tradicionalmente pela forma do triângulo invertido.

15. Além disso, a lenda da esmeralda caída da fronte de Lúcifer, coloca também o Graal em relação direta com o "terceiro olho" (cf. *O Rei do Mundo*, cap. V). Sobre a "pedra caída dos céus", ver também [Cap. 44] *Lapsit exillis.*

73

O GRÃO DE MOSTARDA[1]

A propósito do simbolismo da letra hebraica *iod* figurada no interior do coração,[2] assinalamos que, no coração irradiante do mármore astronômico de Saint-Denis d'Orques,* a chaga tem a forma de um *iod*, e essa semelhança é por demais evidente e significativa para não ser intencional. Por outro lado, numa estampa desenhada e gravada por Callot para uma tese defendida em 1625, vê-se o coração de Cristo com três *iod*. Essa letra, que é a primeira do Nome tetragramático e também aquela a partir da qual se formam todas as demais letras do alfabeto hebraico, quer apareça sozinha para representar a Unidade divina,[3] quer venha repetida três vezes com uma significação "trinitária",[4] será sempre essencialmente a imagem do Princípio. O *iod* no coração é portanto o Princípio que reside no centro, seja, do

1. Este artigo [publicado na revista *Études Traditionnelles*, jan.-fev. 1949], escrito há muitos anos para a revista *Regnabit*, mas que não pôde ser publicado, pois a hostilidade de certos meios "neo-escolásticos" nos obrigou então a cessar nossa colaboração, coloca-se mais em particular na "perspectiva" da tradição cristão, com a intenção de demonstrar seu perfeito acordo com as demais formas da tradição universal. O artigo completa algumas indicações que demos sobre o mesmo assunto em *L'Homme et son devenir selon le Vêdânta*, cap. III. Fizemos apenas umas poucas modificações para dar maior precisão a alguns pontos e, sobretudo, para acrescentar referências às nossas diferentes obras, quando isso nos pareceu representar alguma utilidade aos leitores.
2. Cf. [Cap. 72] *O Olho que tudo vê*.
* [V. o início do Cap. 69.]
3. Cf. *A Grande Tríade*.
4. Essa significação existe certamente, ao menos quando a figuração de três *iod* é executada por autores cristãos, como é o caso da estampa que acabamos de mencionar; de um modo geral (pois não se deve esquecer que os três *iod* são também encontrados como forma abreviada do tetragrama na própria tradição judaica), essa figuração se refere ao simbolismo universal do triângulo, cuja relação com o coração, por outro lado, também já indicamos.

ponto de vista macrocósmico, no "Centro do Mundo", que é o "Santo Palácio" da Cabala,[5] seja, ainda, do ponto de vista microcósmico, e ao menos virtualmente, no centro de todo ser, centro este simbolizado sempre pelo coração nas diferentes doutrinas tradicionais,[6] e que constitui o ponto mais interior, o ponto de contato com o Divino. De acordo com a Cabala, a *Shekinah* ou "Presença divina", identificada à "Luz do Messias",[7] habita (*shakan*) ao mesmo tempo no tebernáculo, denominado por essa razão *mishkan*, e no coração dos fiéis.[8] Existe uma relação muito estreita entre essa doutrina e a significação do nome *Emmanuel*, aplicado ao Messias e interpretado como "Deus em nós". Mas, a esse respeito, há ainda muitas outras considerações possíveis, sobretudo se partirmos do fato de que o *iod* possui, além do sentido de "princípio", também o de "germe": o *iod* no coração é portanto, de certo modo, o germe envolvido pelo fruto. Há nisso a indicação de uma identidade, ao menos sob um certo aspecto, entre o simbolismo do coração e o do "Ovo do Mundo", e podemos assim compreender o porquê do nome "germe" [ou "rebento"] ser aplicado ao Messias em diversas passagens da Bíblia.[9] E é sobretudo a idéia de germe no coração que deve agora nos reter a atenção, ainda mais porque ela tem relação direta com a significação profunda de uma das mais célebres parábolas evangélicas, a do grão de mostarda.

Para melhor compreender essa relação, é preciso nos reportarmos em primeiro lugar à doutrina hindu, que dá ao coração, enquanto centro do ser, o nome de "Cidade divina" (*Brahma-pura*) e, o que é notável, aplica à "Cidade divina" expressões idênticas a algumas empregadas no *Apocalipse* para descrever a "Jerusalém Celeste".[10] O Princípio divino, na medida em que reside no centro do ser, é muitas vezes designado simbolicamente como o "Éter no coração", elemento primordial do qual procedem todos os demais que são naturalmente tomados para representar o Princípio. O Éter (*Akâsha*) é a mesma coisa que o *Avir* hebraico, de cujo mistério brota a luz (*Aor*) que realiza a extensão pela sua irradiação no exterior,[11] "fazendo do

5. Cf. *Le Symbolisme de la Croix*, cap. IV.
6. Cf. *L'Homme et son devenir selon le Vêdânta*, cap. III.
7. Cf. *O Rei do Mundo*, cap. III.
8. Cf. *Le Symbolisme de la Croix*, cap. VII. A residência de *Es-Sakinah* no coração dos fiéis é também afirmada pela tradição islâmica.
9. *Isaías*, 4, 2; *Jeremias*, 23, 5; *Zacarias*, 3, 8 e 6, 12. Cf. *Aperçus sur l'Initiation*, caps. XLVII e XLVIII, e também o nosso estudo já citado [Cap. 72] *O Olho que tudo vê.*
10. Cf. *L'Homme et son devenir selon le Vêdânta*, cap. III.
11. Cf. *Le Règne de la quantité et les signes des temps*, cap. III.

vazio (*thohû*) alguma coisa e do que não era o que é",[12] enquanto que, por uma concentração correlativa a essa expressão luminosa, resta o *iod* no interior do coração, isto é, "o ponto oculto que se tornou manifesto", um em três e três em um.[13] Mas, no momento, deixaremos de lado esse ponto de vista cosmogônico, para nos dedicarmos de preferência ao ponto de vista que diz respeito a um ser em particular, como é o caso do ser humano, tomando o cuidado de notar que existe entre esses dois pontos de vista, macrocósmico e microcósmico, uma correspondência analógica em virtude da qual é sempre possível a transposição de um para o outro.

Nos textos sagrados da Índia, encontramos o seguinte: "O *Atmâ* (o Espírito divino), que reside no coração, é menor que um grão de arroz, menor que um grão de cevada, menor que um grão de mostarda, menor que um grão de milhete, menor que o germe que está no grão de um milhete; o *Atmâ*, que reside no coração, é também maior que a terra, maior que a atmosfera, maior que o céu, maior que todos esses mundos juntos".[14] É impossível não notarmos a semelhança dos termos dessa passagem com os da parábola evangélica à qual nos referimos há pouco: "O Reino dos Céus é semelhante a um grão de mostarda que um homem tomou e semeou em seu campo. É na verdade a mais pequenina de todas as sementes, mas, crescendo, é a maior das hortaliças e faz-se árvore de modo que as aves do céu vêm pousar nos seus ramos."[15]

A esse paralelo, que parece impor-se, uma só objeção poderia ser levantada: é verdadeiramente possível assimilar ao "*Atmâ* que reside no coração" o que o Evangelho designa como o "Reino dos Céus" ou o "Reino de Deus"? O próprio Evangelho fornece resposta a essa questão, e de modo claramente afirmativo. De fato, aos fariseus que perguntavam quando viria o "Reino de Deus", entendendo-o num sentido exterior e temporal, Cristo diz as seguintes palavras: "O Reino de Deus não vem ostensivamente, nem se dirá: ei-lo aqui, ei-lo ali; pois o Reino de Deus está dentro de vós, *Regnum Dei intra vos est*".[16]

12. É o *Fiat Lux (Yehi Aor)* do *Gênesis*, primeira afirmação do Verbo divino na obra da criação; vibração inicial que abre o caminho para o desenvolvimento das possibilidades contidas potencialmente, em estado "informe e vazio" (*tholû va-bohû*), no caos original (cf. *Aperçus sur l'Initiation*, cap. XLVI).
13. Cf. *Le Symbolisme de la Croix*, cap. IV.
14. *Chândogya Upanishad*, 3º Prapâthaka, 14º Khanda, shruti 3.
15. *Mateus*, 13, 31-32; cf. *Marcos*, 4, 30-32 e *Lucas*, 13, 18-19.
16. *Lucas*, 17, 21. Lembraríamos, a esse respeito, o texto taoísta (já citado por nós de modo mais completo em *L'Homme et son devenir selon le Vêdânta*, cap. X): "Não pergunte se o Princípio está nisto ou naquilo. Ele está em todos os seres. Por isso é que

A ação divina sempre se exerce no interior,[17] e é por isso que não impressiona os olhos, que estão necessariamente voltados para as coisas exteriores. É por isso também que a doutrina hindu dá ao Princípio o epíteto de "ordenador interno" (*antar-yâmî*[18]), que realiza sua operação de dentro para fora, do centro para a circunferência, do não-manifestado para a manifestação, de tal modo que o seu ponto de partida escapa a todas as faculdades que pertencem à ordem sensível ou que dela procedem mais ou menos diretamente.[19] O "Reino de Deus", da mesma forma que a "casa de Deus" (*Beith-El*[20]), identifica-se naturalmente ao centro, isto é, ao que existe de mais interior, quer em relação ao conjunto de todos os seres, quer em relação a cada um deles tomados em particular.

Assim sendo, podemos ver claramente que a antítese contida no texto evangélico, ou seja, a figura do grão de mostarda que apesar de ser "a mais pequenina de todas as sementes" torna-se "a maior de todas as hortaliças", corresponde exatamente à dupla gradação, descendente e ascendente, que, na tradição hindu, exprime a idéia de extrema pequenez e de extrema grandeza. Há ainda, no Evangelho, outras passagens em que o grão de mostarda é utilizado para representar o que de menor existe: "Se tivésseis fé como um grão de mostarda..."[21]; e isso não deixa de se ligar ao que estamos examinando, pois a fé, por intermédio da qual são compreendidas de certa maneira as coisas da ordem supra-sensível, está habitualmente relacionada ao coração.[22] Mas o que significa essa oposição, segundo a qual o "Reino dos Céus", ou "o *Atmâ* que reside no coração", é ao mesmo tempo o que há de mais diminuto e mais extenso? É evidente que isso deve ser entendido de dois ângulos diferentes. Mas quais são esse ângulos? Para compreendê-los, basta em suma saber que quando se passa analogicamente do inferior para o superior, do exterior para o interior, do material para o espiri-

lhe são atribuídos cognomes tais como grande, supremo, inteiro, universal, total... Ele está em todos os seres, por uma terminação de norma (o ponto central ou o "invariável meio"), mas ele não é idêntico aos seres, não sendo nem diversificado (na multiplicidade) nem limitado" (*Tchuarang-tseu*, cap. XXII).

17. "No centro de todas as coisas, e superior a todas, está a ação produtora do Princípio Supremo" (*Tchuang-tseu*, cap. IX).

18. Cf. *L'Homme et son devenir selon le Vêdânta*, cap. XV.

19. A ação "ordenadora", que tira o mundo do caos (sabe-se que *kosmos*, no grego, significa ao mesmo tempo "ordem" e "mundo"), identifica-se essencialmente à vibração inicial de que falamos mais acima.

20. Cf. *O Rei do Mundo*, cap. IX.

21. *Lucas*, 17, 6.

22. Poderíamos mesmo descobrir aí, mais particularmente, uma certa relação com o simbolismo do "olho do coração".

tual, essa analogia, para ser corretamente aplicada, deve ser tomada no sentido inverso: assim, do mesmo modo que a imagem de um objeto no espelho está invertida em relação ao objeto, o primeiro ou o maior na ordem do princípio é, ao menos na aparência, o último ou o menor na ordem da manifestação.[23] A aplicação do sentido inverso, de modo geral, é também indicada por outras palavras evangélicas, pelo menos em uma de suas significações: "Os últimos serão os primeiros, e os primeiros serão os últimos";[24] "Todo aquele que se exalta será humilhado, e quem se humilha será exaltado";[25] "Todo aquele que se fizer pequeno como um menino, será o maior no Reino dos Céus";[26] "Quem quiser ser o primeiro, seja o último de todos e o servo de todos";[27] "Aquele que entre vós for o menor, este será grande".[28]

Para nos limitarmos ao caso que nos ocupa em especial neste momento, e para tornar a coisa mais facilmente compreensível, podemos utilizar termos de comparação na ordem matemática, servindo-nos dos simbolismos geométrico e aritmético, entre os quais existe, sob esse aspecto, uma perfeita concordância. Assim, o ponto geométrico, que é quantitativamente[29] nulo e não ocupa espaço algum, é no entanto o princípio pelo qual se produz todo o espaço, o qual não passa de um desenvolvimento das virtualidades próprias do ponto, cuja irradiação, segundo as "seis direções", "efetua" o espaço.[30] Do mesmo modo, a unidade aritmética é o menor dos números se a considerarmos situada na multiplicidade, mas é o maior em princípio, pois contém virtualmente todos os demais e produz a série completa pela simples repetição indefinida de si própria. É assim ainda, para voltarmos ao simbolismo que tratávamos no começo, que o *iod* é a menor de todas as letras do alfabeto hebraico e, no entanto, é dele que se derivam as formas de todas as outras.[31] A essa dupla correspondência, aliás, liga-se o duplo sentido hieroglífico do *iod*, como "princípio" e como "germe": no

23. Cf. *L'Homme et son devenir selon le Vêdânta*, cap. III.
24. *Mateus*, 20, 16; cf. *ibid*., 19, 30; *Marcos*, 10, 31.
25. *Lucas*, 18, 24.
26. *Mateus*. 18. 14.
27. *Marcos*, 9, 34.
28. *Lucas*, 9, 48.
29. Essa nulidade corresponde ao que o taoísmo denomina "nada de forma".
30. Sobre as relações entre o ponto e a extensão, cf. *Le Symbolisme de la Croix*, cap. XVI.
31. Daí as palavras: "até que passem o céu e a terra, nem um só *iota* (isto é, um só *iod*) ou um só traço (parte de letra, forma elementar comparável ao *iod*) da Lei passará, sem que tudo se cumpra" (*Mateus*, 5, 18).

mundo superior, é o princípio, que contém todas as coisas; no mundo inferior, é o germe que está contido em todas as coisas. São os pontos de vista da transcendência e da imanência, conciliados em uma única síntese de harmonia total.[32] O ponto é, ao mesmo tempo, o princípio e o germe das extensões; a unidade é, ao mesmo tempo, o princípio e o germe dos números; assim também, o Verbo divino, conforme seja considerado, ou na eterna subsistência em si mesmo, ou como "Centro do Mundo",[33] é ao mesmo tempo princípio e germe de todos os seres.[34]

O Princípio divino que reside no centro do Ser é representado, na doutrina hindu, por um grão, ou uma semente (*dhâtu*), e por um germe (*bhija*),[35] pois de certo modo só está virtualmente nesse ser, enquanto a "União" não estiver efetivamente realizada.[36] Por outro lado, esse mesmo ser e a manifestação total à qual pertence só existem por causa do Princípio, só têm realidade positiva pela participação em sua essência e na exata medida dessa participação. O Espírito divino (*Atmâ*), sendo o Princípio único de todas as coisas, ultrapassa imensamente toda existência.[37] É por isso que se diz que ele é maior que cada um dos "três mundos", terrestre, intermediário e celeste (os três termos do *Tribhuvana*), que são os diferentes modos da manifestação universal, e também maior que o conjunto desses

32. A identidade essencial dos dois aspectos é também representada pela equivalência numérica dos nomes *El Eliôn*, "o Deus Altíssimo", e *Emmanuel*, "Deus em nós" (cf. *O Rei do Mundo*, cap. VI).

33. Na tradição hindu, o primeiro dos dois aspectos do Verbo é *Swayambhû* [o que subsiste por si mesmo], e o segundo, *Hiranya-garbha* [o Embrião de ouro].

34. De um outro ponto de vista, essa mesma consideração do sentido inverso poderia ser aplicada às duas fases complementares da manifestação universal: desenvolvimento e envolvimento, expiração e aspiração, expansão e concentração, "solução" e "coagulação" (cf. *A Grande Tríade*, cap. VI).

35. Observaríamos, a propósito, o parentesco das palavras latinas *gramen*, grão, e *germen*, germe. No sânscrito, a palavra *dhâtu* serve também para designar a raiz verbal como a "semente" cujo desenvolvimento dá nascimento à linguagem como um todo (cf. *L'Homme et son devenir selon le Vêdânta*, cap. XI).

36. Dizemos "virtualmente" ao invés de "potencialmente", pois nada pode existir de potencial na ordem divina; é apenas no que se refere ao ser individual e em relação a ele que se poderia falar nesse caso de potencialidade. A pior potencialidade é a indiferenciação absoluta da "materia-prima" no sentido aristotélico, idêntica à indistinção do caos primordial.

37. Tomamos a palavra "existência" em sua acepção etimológica rigorosa: *existere*, ou seja, *ex-stare*, manter o seu ser com outra coisa além de si mesmo, ser dependente de um princípio superior. A existência assim entendida diz respeito essencialmente ao ser contingente, relativo, condicionado, ou seja, o modo de ser que não tem em si mesmo sua razão suficiente.

"três mundos", pois está além de toda manifestação, por ser o Princípio imutável, eterno, absoluto e incondicionado.[38]

Existe ainda, na parábola do grão de mostarda, um ponto que exige explicação no que se refere ao que acaba de ser dito:[39] a semente, ao se desenvolver, torna-se uma árvore, e sabemos que a árvore é, em todas as tradições, um dos principais símbolos do "Eixo do Mundo".[40] Essa significação ajusta-se aqui perfeitamente: a semente é o centro; a árvore que dela sai é o eixo, proveniente desse centro, e, através de todos os mundos, ela estende seus ramos, sobre os quais vêm pousar as "aves do céu" que, como em certos textos hindus, representam os estados superiores do ser. Esse eixo invariável, de fato, é o "suporte divino" de toda existência; ele é, como ensinam as doutrinas extremo-orientais, a direção segundo a qual se exerce a "Atividade do Céu", o lugar da manifestação da "Vontade do Céu".[41] Não seria essa uma das razões pelas quais, no *Pater*, logo após o pedido "Venha o teu reino" (trata-se na verdade do "Reino de Deus"), suceda-se este outro: "Seja feita a tua vontade assim na terra como no céu", expressão da união "axial" de todos os mundos entre si e ao Princípio divino, da plena realização daquela harmonia total à qual nos referimos e que só pode ser alcançada se todos os seres acordarem suas aspirações segundo uma única direção, qual seja, a do próprio eixo?[42] "Que todos sejam um", diz Cristo, "assim como tu, meu Pai, estás em mim e eu em ti, também eles sejam um em nós... Que sejam um como nós somos um, eu neles e tu em mim, para que sejam perfeitos na unidade."[43] Essa perfeita união é o verdadeiro advento do "Reino dos Céus" que vem de dentro e desabrocha para fora, na plenitude da ordem universal, acabamento de toda manifestação e restauração da integridade do "estado primordial". É a vinda da "Jerusalém Celeste no

38. Os "três mundos" não são mencionados na parábola do grão de mostarda, mas encontram-se representados pelas três medidas de farinha na parábola do fermento, que lhe segue imediatamente (*Mateus*, 13, 33; *Lucas*, 13, 20-21).

39. Podemos ainda assinalar que o "campo" (*kshêtra*) é, na terminologia hindu, a designação simbólica do domínio no qual se desenvolvem as possibilidades de um ser.

40. Cf. *Le Symbolisme de la Croix*, cap. IX.

41. Cf. *Le Symbolisme de la Croix*, cap. XXIII. Empregaríamos aqui, de bom-grado, a expressão "lugar metafísico", por analogia com o "lugar geométrico", que oferece um símbolo tão exato quanto possível do que estamos tratando.

42. Cabe observar que a palavra "concórdia" significa literalmente "união dos corações" (*cum-cordia*); nesse caso, o coração é utilizado para representar principalmente a vontade.

43. *João*, 17, 21-23.

fim dos tempos":[44] "Eis o tabernáculo de Deus com os homens: Ele habitará com eles, e eles serão o seu povo; e o próprio Deus estará com eles como seu Deus.[45] E lhes enxugará toda lágrima de seus olhos, e a morte não mais existirá..."[46] "Nunca mais haverá qualquer maldição. Nela estará o trono de Deus e do Cordeiro; seus servos o servirão, contemplarão a sua face e nas suas frontes estará o nome dele.[47] Não haverá mais noite,[48] e não mais terão necessidade, nem da luz de lâmpada nem da luz do sol, porque o Senhor Deus brilhará sobre eles e reinarão por todos os séculos.[49]

44. Para vincular essa expressão mais estreitamente ao que acabamos de dizer sobre o simbolismo da árvore, lembraríamos ainda que a "Árvore da Vida", está colocada no centro da "Jerusalém Celeste" (cf. *O Rei do Mundo*, cap. XI, e *Le Symbolisme de la Croix*, cap. IX).

45. Poderíamos naturalmente nos reportar aqui ao que foi dito mais acima a respeito da *Shekinah* e de *Emmanuel*.

46. *Apocalipse*, 21, 3-4. A "Jerusalém Celeste", enquanto "Centro do Mundo", identifica-se de fato à "morada da imortalidade" (cf. *O Rei do Mundo*, cap. VII).

47. É possível ver nisso uma referência ao "terceiro olho", com a forma de um *iod*, tal como explicamos em nosso estudo [Cap. 72] sobre *O Olho que tudo vê*: uma vez restabelecidos no "estado primordial", eles possuirão de fato, por isso mesmo, o "sentido da eternidade".

48. Naturalmente a noite está aqui entendida no seu sentido inferior, em que é assimilada ao caos; evidentemente a perfeição do "cosmo" é o oposto do caos (poderíamos dizer que é o outro extremo da manifestação), de modo que tal perfeição pode ser considerada como um "dia" perpétuo.

49. *Apocalipse*, 22, 3-5. Cf. também *ibid.*, 21, 23: "A cidade não precisa nem de sol, nem de lua, para lhe darem claridade, pois a glória de Deus a ilumina, e o Cordeiro é a sua lâmpada." A "glória de Deus" é ainda uma designação da *Shekinah*, cuja manifestação, de fato, é sempre representada como "Luz" (cf. *O Rei do Mundo*, cap. III).

74

O ÉTER NO CORAÇÃO[1]

Ao nos referirmos em outra ocasião sobre o que a doutrina hindu denomina simbolicamente "o Éter no coração", indicamos que essa designação, na realidade, corresponde ao Princípio divino que reside, ao menos virtualmente, no centro de cada ser. O coração, tanto aí quanto nas demais doutrinas tradicionais, é considerado de fato como representação do centro vital do ser,[2] e isso no sentido mais completo que se possa conceber, pois não se trata unicamente do órgão corporal e da sua função fisiológica; essa noção se aplica de igual modo, por transposição analógica, a todos os pontos de vista e a todos os domínios alcançados pelas possibilidades do ser considerado, do ser humano por exemplo, já que o seu caso, pela simples razão de ser o nosso, é evidentemente aquele que nos interessa de forma mais direta. Mais precisamente ainda, considera-se que o centro vital corresponde ao menor ventrículo do coração. E fica claro que este ventrículo (no qual reencontramos aliás a idéia de "pequenez", que examinamos a propósito do grão de mostarda) adquire uma significação inteiramente simbólica quando transposto além do domínio corporal. Mas deve ficar bem entendido que, como todo simbolismo tradicional verdadeiro e autêntico, ele se fundamenta na realidade, em virtude de uma relação efetiva existente entre o centro considerado no sentido superior ou espiritual e o ponto determinado do organismo que lhe serve de representação.

1. Como o nosso artigo [Cap. 73] sobre *O Grão de Mostarda*, este, que deveria segui-lo, foi escrito inicialmente para a revista *Regnabit*, o que dá margem às mesmas observações. Ainda que a maior parte das considerações que contém não sejam inteiramente novas para os leitores da *Études Traditionnelles*, acreditamos que possam ter algum interesse, na medida em que são apresentadas sob uma luz um tanto diferente. [Publicado na revista *Études Traditionnelles*, abr.-mai. 1949.]
2. Ver *L'Homme et son devenir selon le Vêdânta*, cap. III.

Para voltarmos ao "Éter no coração", um dos textos fundamentais a seu respeito é o seguinte: "Nessa morada de Brahma (isto é, no centro vital que estamos tratando) há um pequeno lótus, uma habitação na qual existe uma pequena cavidade (*dahara*) ocupada pelo Éter (*Akâsha*); devemos buscar o que está nesse local, e o conheceremos".[3] O que assim reside no centro do ser, não é simplesmente o elemento etéreo, princípio dos quatro elementos sensíveis, como poderiam acreditar aqueles que se detivessem no sentido mais exterior, ou seja, que se refere unicamente ao mundo corporal, e no qual esse elemento desempenha por certo a função de princípio, visto que a partir dele, por diferenciação das qualidades complementares (aparentemente opostas em sua manifestação exterior) e pela ruptura do equilíbrio primordial em que estavam contidos no estado "indistinto", foram produzidas e desenvolvidas todas as coisas desse mundo.[4] Nesse caso, porém, trata-se apenas de um princípio relativo, da mesma maneira que o próprio mundo é relativo e não passa de um modo especial da manifestação universal. Mas não é menos verdadeiro que essa função do Éter, enquanto primeiro dos elementos, é o que torna possível a transposição que nos interessa efetuar; todo princípio relativo, por não deixar de ser um verdadeiro princípio em sua ordem, é uma imagem natural, embora mais ou menos distante, e uma espécie de reflexo do Princípio absoluto e supremo. Tal como o final do texto citado indica expressamente, o Éter só está aí designado enquanto suporte para essa transposição, pois se não se tratasse de alguma coisa além do que as palavras empregadas exprimem de forma literal e imediata, não haveria evidentemente nada a ser buscado. O que se busca é a realidade espiritual que corresponde analogicamente ao Éter, sendo este, por assim dizer, a sua expressão no mundo sensível. O resultado dessa busca é o que propriamente se designa por "conhecimento do coração" (*hârda-vidyâ*), que também é, ao mesmo tempo, o "conhecimento da cavidade" (*dahara-vidyâ*), equivalência que se explica no sânscrito pelo fato de que as palavras correspondentes (*hârda* e *dahara*) são formadas pelas mesmas letras, só que numa ordem diferente. É, em outros termos, o conhecimento do que há de mais profundo e mais interior no ser.[5]

Do mesmo modo que acontece com a designação do Éter, outros

3. *Chhândogya Upanishad*, 8º Prapâthaka, 1º Khanda, shruti 2.
4. Ver nosso estudo sobre *La Théorie hindoue des cinq éléments* (publicado na *Études Traditionnelles*, ago.-set. 1935).
5. A propósito da cavidade ou "caverna" do coração, considerada em particular como o "lugar" em que se realiza o nascimento do *Avatâra*, ver também *Aperçus sur l'Initiation*, cap. XLVIII.

termos encontrados no texto, tais como "lótus" e "cavidade", devem também, é claro, ser considerados simbolicamente. Desde que se ultrapasse a ordem sensível, não se trata mais, de modo algum, de uma questão de localização no sentido próprio da palavra, pois não se está mais submetido à condição espacial. As expressões que se referem ao espaço, bem como ao tempo, adquirem então o valor de puros símbolos. E esse gênero de simbolismo é, aliás, natural e inevitável, já que se deve necessariamente utilizar um modo de expressão adaptado ao estado humano individual e terrestre, e uma linguagem que corresponde aos seres que vivem atualmente no espaço e no tempo. Além disso, essas duas formas, espacial e temporal, que sob certos aspectos são mutuamente complementares, têm um emprego muito geral e quase constante, quer unidas numa mesma representação, quer para fornecer duas representações diferentes de uma mesma realidade,[6] a qual, no entanto, em si mesma, está além do espaço e do tempo. Quando se diz, por exemplo, que a inteligência reside no coração, é evidente que não se trata, de modo algum, de localizar a inteligência, de lhe atribuir "dimensões" e uma determinada posição no espaço. Só a filosofia moderna e totalmente profana, com Descartes, pôde colocar a questão, já contraditória em seus próprios termos, de uma "sede da alma", e pretender situá-la literalmente numa determinada região do cérebro. As antigas doutrinas tradicionais, por certo, jamais deram margem a tais confusões, e seus intérpretes autorizados sempre souberam perfeitamente ao que se ater a propósito do que devia ser entendido simbolicamente, estabelecendo as correspondências entre as diversas ordens de realidades sem confundi-las, e observando estritamente sua distribuição hierárquica segundo os graus da existência universal.

Todas essas considerações nos parecem tão evidentes que estaríamos tentados a nos desculpar por tanto insistir sobre elas; contudo, sabemos muito bem o que os orientalistas, em sua ignorância dos dados mais elementares do simbolismo, chegaram a fazer das doutrinas que estudam de fora, sem buscar jamais adquirir um conhecimento direto, e como, ao tomar tudo no sentido material mais grosseiro, deformam essas doutrinas a ponto de muitas vezes apresentarem uma verdadeira caricatura. Sabemos também que a atitude desses orientalistas não é de modo algum uma coisa excepcional, mas que procede, ao contrário, de uma mentalidade que, ao menos no Ocidente, corresponde à maioria dos nossos contemporâneos, e que, no fundo, nada mais é que a própria mentalidade especificamente moderna.

6. Por exemplo, a representação geométrica dos múltiplos estados do ser e sua representação sob a forma de uma série de "ciclos" sucessivos.

O lótus tem um simbolismo com múltiplos aspectos, alguns dos quais já indicamos em outras oportunidades;[7] num desses aspectos, que aparece no texto que citamos há pouco, é empregado para representar os diversos centros, mesmo secundários, do ser humano, tanto os centros fisiológicos (plexos nervosos, em especial), como sobretudo os centros psíquicos (que correspondem a esses mesmos plexos em virtude da ligação existente entre o estado corporal e o estado sutil no composto que constitui propriamente a individualidade humana). Tais centros, na tradição hindu, são habitualmente denominados "lótus" (*padmas* ou *kamalas*), e aparecem figurados com diferentes números de pétalas, tendo cada número uma significação simbólica, do mesmo modo que as cores que lhe são atribuídas (sem falar de certos sons que também correspondem a cada um, ou seja, as *mantras* que se referem a diversas modalidades vibratórias, em harmonia com as faculdades especiais regidas respectivamente pelos centros em questão e que procedem, de certo modo, de sua irradiação, representada pelo desabrochar das pétalas do lótus.[8] Os centros são também denominados "rodas" (*chakras*), o que, como podemos indicar de passagem, confirma ainda a estreita relação, já apontada em outra parte, que existe de um modo geral entre o simbolismo da roda e o das flores tais como o lótus e a rosa.

Cabe ainda outra observação antes de prosseguirmos: nesse caso, como em todos os demais do mesmo gênero, seria um grande erro acreditar que a consideração dos sentidos superiores se opõe à admissão do sentido literal, ou que o sentido superior anula ou destrói o sentido literal, ou ainda que de certa maneira o falseie. Na verdade, a superposição de uma pluralidade de sentidos que, longe de se excluírem, se harmonizam e se completam é, ao contrário, como já explicamos inúmeras vezes, uma das características gerais do verdadeiro simbolismo. Se nos limitarmos a considerar o mundo corporal, o Éter, na realidade, enquanto o primeiro dos elementos sensíveis, desempenha o papel "central" que deve ser reconhecido com relação a tudo o que é princípio numa determinada ordem: seu estado de homogeneidade e equilíbrio perfeito pode ser representado pelo ponto primordial neutro, anterior a todas as distinções e oposições, de onde estas últimas partem e para onde voltam finalmente a se desfazer, no duplo movimento alternativo de expansão e concentração, expiração e aspiração, diástole e sístole, em que consistem essencialmente as duas fases complementares de todo processo de manifestação. Isso se encontra aliás de forma muito exata nas antigas

7. Ver em especial [Cap. 9] *As Flores Simbólicas*.
8. Sobre isso tudo, ver *Kundalinî-Yoga* (*Études Traditionnelles*, out.-nov. 1933).

concepções cosmológicas do Ocidente, em que se representava os quatro elementos diferenciados dispostos nas extremidades dos quatro braços de uma cruz, opostos dois a dois: fogo e água, ar e terra, de acordo com sua participação nas qualidades fundamentais, igualmente opostas aos pares: quente e frio, seco e úmido, segundo a teoria aristotélica.[9] Em algumas dessas figurações, o que os alquimistas denominam de "quintessência" (*quinta essentia*), isto é, o quinto elemento, que nada mais é que o Éter (primeiro na ordem do desenvolvimento da manifestação, mas último na ordem inversa da reabsorção ou do retorno à homogeneidade primordial), aparece no centro da cruz sob a forma de uma rosa de cinco pétalas, que lembra evidentemente, enquanto flor simbólica, o lótus das tradições orientais. Neste caso, o centro da cruz corresponde à "cavidade" do coração, quer seja esse símbolo aplicado do ponto de vista macrocósmico, quer do ponto de vista microcósmico, enquanto, por outro lado, o esquema geométrico sobre o qual a rosa está traçada corresponde exatamente à estrela pentagramática ou *pentalfa* pitagórico.[10] Aí está uma das aplicações particulares do simbolismo da cruz e de seu centro, perfeitamente de acordo com a sua significação geral, tal como tratamos em outra ocasião.[11] Ao mesmo tempo, essas considerações relativas ao Éter também devem ser relacionadas, naturalmente, à teoria cosmogônica da Cabala hebraica, no que diz respeito ao *Avir*.[12]

Nas doutrinas tradicionais, porém, uma teoria física (no sentido antigo dessa palavra) jamais pode ser considerada como auto-suficiente. Ela é apenas um ponto de partida, um "suporte" que permite, por meio de correspondências analógicas, elevar-se ao conhecimento das ordens superiores; aí está, como se sabe, uma das diferenças essenciais entre o ponto de vista da ciência sagrada ou tradicional e o da ciência profana, tal como é concebida pelos modernos. Não é portanto apenas o Éter, no sentido próprio da palavra, que reside no coração; na medida em que o coração é o centro do ser humano considerado em sua integralidade, e não apenas em sua modalidade corporal, o que se encontra nesse centro é a "alma vivente" (*jîvâtmâ*) que contém em princípio todas as possibilidades que se desenvolvem no curso

9. A esse respeito, tornamos a remeter o leitor, para maiores detalhes, ao nosso estudo já mencionado mais acima sobre *La Théorie hindoue des cinq éléments*.

10. Lembraríamos que essa figura, de caráter nitidamente hermético e rosa-cruz, e que é na verdade a *Rota Mundi*, foi colocada por Leibniz com destaque em seu tratado *De Arte combinatoria* (ver *Les Principes du Calcul infinitésimal*, Prefácio).

11. Ver *Le Symbolisme de la Croix*, cap. VII.

12. Ver [Cap. 73] *O Grão de Mostarda*.

da existência individual, da mesma forma que o Éter contém em princípio todas as possibilidades da manifestação corporal ou sensível. É notável, sob o ângulo das concordâncias entre as tradições orientais e ocidentais, que Dante fale também do "espírito da vida que habita a mais secreta câmara do coração,[13] ou seja, precisamente a mesma "cavidade" de que se trata na doutrina hindu. E o que talvez seja o mais singular, é que a expressão por ele empregada a esse respeito, *spirito della vita*, é uma tradução literal, tão rigorosa quanto possível, do termo sânscrito *jîvâtmâ*, do qual no entanto é muito pouco provável que tenha tomado conhecimento por uma via qualquer.

Isso não é tudo: o que diz respeito à "alma vivente" que reside no coração, refere-se apenas, ao menos diretamente, a um domínio intermediário, que constitui na verdade o que se pode chamar de ordem psíquica (no sentido original da palavra grega *psyché*) e não ultrapassa a consideração da individualidade humana como tal. Daí, portanto, é necessário elevar-se ainda a um sentido superior, ou seja, o sentido puramente espiritual ou metafísico; apenas devemos notar que a superposição desses três sentidos corresponde exatamente à hierarquia dos "três mundos". Assim, o que reside no coração, de um primeiro ponto de vista, é o elemento etéreo, mas não consiste apenas nisso; de um segundo ponto de vista, é a "alma vivente" e que também não se resume a isso, pois o coração representa essencialmente o ponto de contato do indivíduo com o universal, ou, em outros termos, do humano com o Divino, ponto de contato este que se identifica naturalmente com o próprio centro da individualidade. Por conseguinte, faz-se necessária aqui a intervenção de um terceiro ponto de vista, que se pode dizer "supra-individual", pois ao exprimir as relações do ser humano como Princípio, ultrapassa por isso mesmo os limites da condição individual, e é desse ponto de vista que se diz por fim que o próprio *Brahma* reside no coração, ou seja, o Princípio divino do qual procede e depende inteiramente toda existência, e que, do interior, penetra, sustenta e ilumina todas as coisas. O Éter, no mundo corporal, pode também ser considerado como o que tudo produz e tudo penetra; é por isso que os textos sagrados da Índia e seus comentários autorizados o apresentam como um símbolo de *Brahma*.[14] O que se designa como "o Éter no coração", no sentido mais elevado, é portanto *Brahma*, e, por conseguinte, o "conhecimento do coração", quando

13. "In quel punto dice veracementa che le spirito della vita, le quale dimora nella segretissima camera del cuore..." (*Vita Nuova*, 2).

14. "*Brahma* é como o Éter, que está por toda parte, e que penetra simultaneamente o exterior e o interior das coisas" (Sankarâchârya, *Atmâ-Bodha*).

alcança o seu grau mais profundo, identifica-se na verdade ao "conhecimento divino" (*Brahma-vidyâ*).[15]

Considera-se, por outro lado, que o Princípio divino reside de certa forma no centro de todo ser, o que está de acordo com o que diz São João ao tratar da "verdadeira Luz que ilumina todo homem que vem ao mundo". Mas essa "presença divina", assimilável à *Shekinah* hebraica, será apenas virtual, na medida em que o ser pode não ter dela consciência atual. A "presença divina" só se torna plenamente efetiva para o ser que tomou consciência e a "realizou" pela "União", entendida no sentido do sânscrito *Yoga*. Então, esse ser sabe, mediante o mais real e imediato de todos os conhecimentos, que "o Atmâ que reside no coração" não é simplesmente o jîvâtmâ, a alma individual e humana, mas também o *Atmâ* absoluto e incondicionado, o Espírito universal e divino, e que ambos, nesse ponto central, estão em contato indissolúvel e além disso inexprimível, pois são na verdade apenas um, assim como, de acordo com a palavra de Cristo, "meu Pai e eu somos um". Aquele que, de fato, alcançou esse conhecimento, atingiu na verdade o centro, e não apenas o seu próprio centro, mas também, por essa razão, o centro de todas as coisas; realizou a união do seu coração com o "Sol espiritual", que é o verdadeiro "Coração do Mundo". O coração assim considerado é, segundo os ensinamentos da tradição hindu, a "Cidade divina" (*Brahma-pura*), que, por sua vez, como já indicamos antes, é descrita com termos semelhantes ao que o *Apocalipse* aplica à "Jerusalém Celeste", ela também, de fato, uma das figurações do "Coração do Mundo".

15. Esse próprio conhecimento divino pode ser ainda de duas espécies, "não supremo" (*apara*) ou "supremo" (*para*), que correspondem respectivamente ao mundo celeste e ao que está além dos "três mundos". Essa distinção, no entanto, apesar de sua extrema importância do ponto de vista da metafísica pura, não interfere nas considerações que estamos expondo, o mesmo acontecendo com os dois diferentes graus em que, correlativamente, a própria "União" pode ser considerada.

75

A CIDADE DIVINA*

Já falamos em várias ocasiões do simbolismo da "Cidade divina" (*Brahma-pura* na tradição hindu).[1] É essa a forma pela qual se designa o centro do ser, representado pelo coração, que, aliás, lhe corresponde de fato no organismo corporal; esse centro é a residência de *Purusha*, identificado ao Princípio divino (*Brahma*) na qualidade de "ordenador interno" (*antaryâmî*) que rege todo o conjunto das faculdades desse ser por meio da atividade "não-atuante", que é uma conseqüência imediata de sua simples presença. O nome *Purusha* é interpretado, por essa razão, como *puri-shaya*, ou seja, aquele que reside ou repousa (*shaya*) no ser como em uma cidade (*pura*). Essa interpretação decorre evidentemente do *Nirukta* **, mas A. K. Coomaraswamy observou que, embora não seja assim na maior parte dos casos, neste poderia também representar ao mesmo tempo uma verdadeira derivação etimológica.[2] Esse ponto, em virtude das conexões que permite estabelecer, merece que nos detenhamos um pouco mais longamente sobre ele.

Em primeiro lugar, devemos notar que *polis* no grego e *civitas* no latim, que designam a cidade, correspondem respectivamente, pelas suas raízes, aos dois elementos que formam a palavra *puru-sha*, ainda que, em razão de certas mudanças fonéticas de uma língua para outra, isso possa não ficar claro à primeira vista. De fato, a raiz sânscrita *pri* ou *pur* torna-se nas línguas

* Publicado na revista *Études Traditionnelles*, set. 1950.

1. Ver *L'Homme et son devenir selon le Vêdânta*, cap. III; cf. também nossos estudos [Cap. 73] sobre *O Grão de Mostarda* e [Cap. 74] *O Éter no Coração.*

** Disciplina de exegese simbólica. (N. T.)

2. *What is civilization? (Albert Schweitzer Festschrift)*; extraímos desse estudo uma parte das considerações que se seguem, em particular no que diz respeito ao ponto de vista lingüístico.

européias *ple* ou *pel*,[3] de modo que *pura* e *polis* são estritamente equivalentes; essa raiz exprime, do ponto de vista qualitativo, a idéia de plenitude (sânscrito *puru* e *pûrna*, grego *pleos*, latim *plenus*, inglês *full*), e, do ponto de vista quantitativo, a de pluridade (grego *polus*, latim *plus*, alemão *viel*). Uma cidade, é evidente, só existe pela reunião de uma pluralidade de indivíduos que a habitam e constituem a "população" (o termo *populus* tem a mesma origem), o que já poderia justificar o emprego, para designá-la, de termos tais como os que estamos tratando. Esse, porém, é o aspecto mais exterior; muito mais importante, quando se quer ir ao fundo das coisas, é a consideração da idéia de plenitude. A esse respeito, sabe-se que o pleno e o vazio, considerados como correlativos, são uma das representações simbólicas tradicionais do complementarismo do princípio ativo e do princípio passivo. No presente caso, pode-se dizer que *Purusha* preenche com sua presença a "Cidade divina" em toda sua extensão ou dependência, isto é, a integralidade do ser que, sem essa presença, nada mais seria que um "campo" (*kshêtra*) vazio, ou, em outros termos, uma simples potencialidade desprovida de qualquer existência atualizada. É *Purusha* que, segundo os textos upanishádicos, ilumina "esse todo" (*sarvam idam*) por meio de sua irradiação, imagem de sua atividade "não-atuante" pela qual se realiza toda manifestação, de acordo com a própria "medida" determinada pela extensão efetiva dessa irradiação,[4] do mesmo modo que, no simbolismo apocalíptico da tradição cristã, a "Jerusalém Celeste" é totalmente iluminada pela luz do Cordeiro que repousa no seu centro "como que imolado", portanto num estado de "não-agir".[5] Podemos acrescentar ainda, a esse respeito, que a imolação do Cordeiro "desde o começo do mundo" é, na realidade, a mesma coisa que o sacrifício védico de *Purusha*, que se divide na aparência, na origem da manifestação, para residir ao mesmo tempo em todos os seres e em todos os mundos,[6] de modo que, embora sendo sempre essencialmente um e tudo contendo em princípio na sua própria unidade, aparece exteriormente como múltiplo, o que corresponde ainda de forma exata às idéias de plenitude e pluralidade que indicávamos há pouco. É também por isso que se diz que "existem dois *Purushas*, um destrutível e o outro indestrutível: o primeiro está repartido entre todos os seres; o segundo é o imutável.[7]

3. Sabe-se que as letras *r* e *l* são foneticamente muito próximas, transformando-se facilmente uma na outra.
4. Ver *Le Règne de la Quantité et les Signes des Temps*, cap. III.
5. Lembraríamos ainda que a manifestação da *Shekinah* ou "presença divina" é sempre representada como uma luz.
6. Ver [Cap. 46] *Reunir o que está disperso*.
7. *Bhagavad-Gîtâ*, XV, 16; segundo a seqüência desse texto, *Purushottama*, que é idên-

Por outro lado, a palavra latina *civitas* deriva da raiz *kei* que, nas línguas ocidentais, equivale à raiz sânscrita *shî* (daí *shaya*); seu primeiro sentido é o de repouso (no grego *keisthai*, estar deitado), do qual resulta o de residência, ou morada estável, que são os atributos de uma cidade. Pode-se dizer de *Purusha* que, repousando na "Cidade divina", é o seu único "cidadão" (*civis*),[8] pois a multidão de habitantes que a "povoam" só existe na verdade por causa dele, inteiramente produzida pela sua própria luz e animada pelo seu próprio sopro (*prâna*), sendo que os raios solares e o sopro vital nada mais são aqui, de fato, que dois aspectos do *sûtrâtmâ*. Se considerarmos a "Cidade divina" (ou o "Reino de Deus" que está "em nós", segundo a palavra evangélica), em sua acepção mais estrita, como sendo unicamente o próprio centro do ser, é evidente que só *Purusha* nela reside na realidade. Porém, a extensão desse termo ao ser inteiro, com todas as suas faculdades e todos os seus elementos constitutivos, é também legítima pelas razões que acabamos de explicar, e ela nada altera a esse respeito, pois tudo isso depende inteiramente de *Purusha* e dele recebe até sua própria existência. As funções vitais e as faculdades do ser são com freqüência comparadas, em sua relação com *Purusha*, aos súditos ou aos servidores de um rei, e existe entre elas uma hierarquia similar à das diferentes castas na sociedade humana;[9] o palácio em que o rei reside e de onde dirige tudo é o centro ou o coração da cidade,[10] sua parte essencial, da qual todo o resto é apenas uma espécie de prolongamento ou "extensão" (sentido também contido na raiz *kei*). Porém, bem entendido, os súditos nunca estão, em relação ao rei num estado de dependência absoluta, tal como o que estamos tratando, pois ainda que a função real seja única na cidade e que a situação do "governante" seja essencialmente diversa da dos "governados",[11] o rei

tico a *Paramâtmâ*, encontra-se além desses dois aspectos, pois é o Princípio supremo, transcendente em relação a toda manifestação: ele não está "no mundo", mas, ao contrário, são todos os mundos que estão nele.

8. A expressão grega equivalente, *monos politès*, foi aplicada a Deus por Fílon.

9. Esse ponto de vista foi desenvolvido em especial por Platão em sua *República*.

10. Na origem, esse palácio era ao mesmo tempo um templo; esse duplo caráter encontra-se ainda por vezes em épocas "históricas", e lembraríamos aqui em particular o exemplo do *Ming-Tang* na China (ver *A Grande Tríade*, cap. XVI).

11. Em sua relação mútua, o "governante" está "em ato" e os "governados" estão "em potência", segundo a linguagem aristotélica e escolástica; é por isso que, na concepção tradicional, o rei e seu reino mantêm entre si a relação de princípio ativo e de princípio passivo; mas, ao contrário, o rei, na medida em que exerce o poder temporal, torna-se por sua vez princípio passivo em relação à autoridade espiritual (cf. A. K. Coomaraswamy, *Spiritual Authority and Temporal Power in the Theory of Indian Government*).

em si é um ser humano como os seus súditos e não um princípio de uma outra ordem. Uma outra imagem mais exata é dada pelo jogo de marionetes, pois estas são animadas pela vontade de um homem que as move como quer (e o fio por meio do qual imprime o movimento é ainda um símbolo do *sûtrâtmâ*). Podemos lembrar a propósito um "mito" particularmente admirável no *Kathâ-Sarit-Sâgara,*[12] que trata de uma cidade inteiramente povoada de autômatos de madeira, que se comportam em tudo como seres vivos, salvo que lhes falta a palavra; no centro existe um palácio em que reside um homem que é a "única consciência" (*êkakam chêtanam*) da cidade e a causa da ação de todos os movimentos desses autômatos que ele próprio fabricou; é dito ainda que esse homem é um carpinteiro, o que o aproxima de *Vishawakarma*, ou seja, ao Princípio divino na medida em que constrói e ordena o Universo.[13]

Essa última observação leva-nos a precisar que o simbolismo da "Cidade divina" comporta uma aplicação "macrocósmica", além de sua aplicação "microcósmica" que consideramos quase que exclusivamente até aqui. Seria mesmo possível falar de várias aplicações "macrocósmicas" em diferentes níveis, quer se trate de um mundo particular, ou seja, de um determinado estado de existência (e é nesse caso em que se encontra na verdade o simbolismo da "Jesuralém Celeste" que lembramos mais acima), quer se refira ao conjunto da manifestação universal. Em qualquer dos casos, considerado como o centro de um mundo ou o centro de todos os mundos, existe nesse centro um Princípio divino (o *Purusha* que reside no Sol, que é o *Spiritus Mundi* das tradições ocidentais) que desempenha, para tudo o que está manifestado no respectivo domínio, a mesma função de "ordenador interno" que o *Purusha*, que reside no coração de cada ser, tem em relação a tudo o que está incluído nas possibilidades desse ser. Basta então apenas transpor, sem qualquer outra modificação, o que, na aplicação "microcósmica", é dito das diferentes faculdades de um ser em particular. O simbolismo do Sol como "Coração do Mundo"[14] explica ainda por que o *sûtrâtmâ*, que liga cada ser ao *Purusha* central, é representado pelo "raio solar" denominado *sushumna.*[15] As diferentes representações do *sûtrâtmâ* mostram ainda

12. Ver A. K. Coomaraswamy, *"Spiritual Paternity" and the "Puppet-Complex"*, em *Psychiatry*, número de agosto de 1945.

13. Ver *Maçons et Charpentiers*, na *Études Traditionnelles*, dez. 1946.

14. Deve ficar bem entendido que não se trata "desse sol que vêem todos os homens", mas do sol espiritual "que poucos conhecem pelo intelecto" (*Atharva-Vêda*, X, 8, 14) e que é representado como imutável no zênite.

15. Cf. *L'Homme et son devenir selon le Vêdânta*, cap. XX; esse "raio solar" é ainda a mesma coisa que a "corda de ouro" de que fala Platão.

que a aparente divisão de *Purusha*, tanto na ordem "macrocósmica" quanto na "microcósmica", não deve ser concebida como uma fragmentação, o que estaria em contradição com sua unidade essencial, mas como uma "extensão" comparável à dos raios a partir do centro. Ao mesmo tempo, como o *sûtrâtmâ* é assimilado a um fio (*sûtra*) em virtude de sua própria designação, esse simbolismo está também em estreita relação com o da tecelagem.[16]

Resta-nos ainda um ponto a indicar brevemente: é que, para ser legítima e válida do ponto de vista tradicional, ou seja, para ser, em suma, verdadeiramente "normal", a constituição e a organização de qualquer cidade ou sociedade humana devem, tanto quanto possível, adotar a "Cidade divina" por modelo. Dissemos "tanto quanto possível" porque, ao menos nas condições atuais do nosso mundo, a imitação desse modelo (que é na verdade um "arquétipo") será necessariamente imperfeita, como mostra o que dissemos mais acima a respeito da comparação de *Purusha* com um rei; mas, seja como for, é apenas à medida que ela for realizada que se terá estritamente o direito de se falar de "civilização". Basta dizer que tudo o que é assim denominado no mundo moderno, o qual pretende inclusive fazer "a civilização" por excelência, não passa de uma caricatura, e mesmo com freqüência, sob muitos aspectos, de algo inteiramente ao contrário. Não só uma civilização antitradicional como essa não merece na verdade esse nome, como também, a rigor, é a antítese da verdadeira civilização.

16. Ver *Le Symbolisme de la Croix*, cap. XIV. Lembraríamos aqui mais em particular o simbolismo da aranha no centro de sua teia, imagem do Sol cujos raios, que são emanações ou "extensões" dele próprio (como a teia da aranha é formada de sua própria substância), constituem de certo modo o "tecido" do mundo, o qual atualizam à medida que se estendem em todas as direções a partir de sua fonte.

Editora Pensamento

Rua Dr. Mário Vicente, 374
04270 São Paulo, SP
Fone 63-3141

Livraria Pensamento

Rua Dr. Rodrigo Silva, 87
01501 São Paulo, SP

Gráfica Pensamento

Rua Domingos Paiva, 60
03043 São Paulo, SP